科研项目
汕头大学科研启动经费项目“英国债法研究：
不当得利法与侵权法（STF18008）”；
教育部人文社会科学规划项目
“医疗合同写入民法典的路径及规则设计研究（19YJA820039）”

英国判例选：
知 情 同 意

Selected Cases on English Law:
Informed Consent

唐超　编译

中国政法大学出版社
2024・北京

图书在版编目（CIP）数据

英国判例选：知情同意/唐超编译. —北京：中国政法大学出版社，2024.3
ISBN 978-7-5764-1384-7

Ⅰ.①英…　Ⅱ.①唐…　Ⅲ.①判例—汇编—英国　Ⅳ.①D956.1

中国国家版本馆CIP数据核字(2024)第057511号

出 版 者　中国政法大学出版社
地　　址　北京市海淀区西土城路25号
邮寄地址　北京100088信箱8034分箱　邮编100088
网　　址　http://www.cuplpress.com (网络实名：中国政法大学出版社)
电　　话　010-58908441(编辑室)　58908334(邮购部)
承　　印　北京旺都印务有限公司
开　　本　720mm×960mm　1/16
印　　张　27.5
字　　数　450千字
版　　次　2024年3月第1版
印　　次　2024年3月第1次印刷
定　　价　120.00元

总　序

汕头大学地处中国改革开放前沿阵地、素有“海滨邹鲁”之称的汕头市，法学院（法律系）成立于1983年，是广东省最早开办法学专业、培养高层次法律人才的高等教育机构。法学院秉承“以人为本、因材施教”的理念，顺应当今世界潮流，融合中西法政精华，和谐敬业，传道授业解惑；承先启后，改革发展创新，努力培养具有良好道德品质、优秀专业水准、开阔社会视野，既能服务当代中国，又能参与世界竞争的法政人才。法学院倡导知行合一的学风，以“博学之、审问之、明辨之、笃行之”的古训为座右铭，追求经世致用的教育目标，激励莘莘学子既立“修身、齐家、治国、平天下”之志向，又存“穷则独善其身，达则兼济天下”之气度，以天地之正气育英才，传法政之精神塑新人。我们深知任重而道远，尤信千里之行，始于足下，锲而不舍，金石可镂。多年来，法学院为社会各界输送了一大批德才兼备的高素质法律人才。

法学院广大师生挺立时代潮头，以追求真知识、大学问为使命，勇于探索，取得了一批反映社会主义市场经济、民主政治和全面推进依法治国发展需要、具有理论和应用价值的学术成果：或注重实践，或精研法理，或解析法条，或钩沉史事，或阐幽发微，或鸿篇巨制；不求阳春白雪、四海皆准，但求言之有物、掷地有声；未必面面俱到、中规中矩，或可发人深思、启迪未来。为及时反映法学院师生开展学术研究的情况，并使已有之成果更好地实现学术转化，产生更大影响，遂发凡起例，编辑出版文库。“学术乃天下之公器。”愿本文库能够助益我国国家治理法治化之事业，并得到各界应有之关注与回应。

是为序。

汕头大学法政文库学术委员会

目 录

CONTENTS

甲帙 英国知情同意法的特色：二元进路

乙帙 非法侵犯：法院命令的剖宫产

丙帙 同意表示的效力：不当影响

丁帙 不必征得同意：必要性原则

辛帙 损害要件：意志自主受侵害?

壬帙 最易混淆的案型：错误怀孕（出生）

甲帙　英国知情同意法的特色：二元进路

相较大陆法系，普通法系知情同意法制最显著的特色莫过于责任构成上的二元进路，即以非法侵犯（battery or trespass）和过失侵权（negligence）两个不同诉因为患者提供救济。

非法侵犯诉因适用的事实情形主要有二。第一，医生并未得到患者同意即施行治疗：在患者明确表示反对的情况下违逆患者意志强行施治比较罕见；[1]更多的情况大概是根本未向患者披露相关信息，在患者不知情的状况下施行治疗，比如手术过程中擅自扩大范围。[2]第二，医生虽得到患者同意，但未向患者披露医疗措施的基本信息（basic information），即有关医疗措施性质和目的之信息，患者同意非为有效同意；尤为恶劣的情况是，医生出于牟取经济利益等动机，告知虚假信息，骗取患者同意。[3]

过失侵权诉因适用的典型情形为：医生告知了患者拟施行之医疗措施的基本信息，故患者同意为有效同意，施行该医疗措施非为不法，但医生未告知该医疗措施的附带信息（collateral informatiion），即有关该医疗措施包含的风险及替代医疗方案的信息，使得患者接受了案涉医疗措施，并因风险实现而死亡或遭受健康损害。

非法侵犯诉因会给医生的声誉甚至职业生涯带来毁灭性打击，基于体恤医疗职业的政策，普通法系国家的法院会尽量以过失侵权法处理知情同意纠纷。不过，英国判例法似乎认可，在特定案情下，这两个诉因可能竞合：在博德诉刘易舍姆与格林威治全民医疗服务基金案中，患者提起过失侵权诉讼，在上诉审阶段，患者希望将诉因更改为非法侵犯，上诉法院以程序上太迟为由未照准该申请，但并不否定该可能。[4]

大陆法系国家采单一进路。德国法的构造颇类英国非法侵犯诉因，中国

---

〔1〕 参见本书乙帙，圣乔治全民医疗服务基金诉S女士案。

〔2〕 See e. g. *Devi v West Midlands RHA* [1981] (CA Transcript 491)（患者同意的是子宫损伤修复手术，医生发现子宫病情远比预料严重，未经同意，将患者子宫切除）.

〔3〕 See e. g. *Appleton v Garrett* [1997] 8 Med LR (QBD)（被告牙医为牟取经济利益，为许多患者做不必要的牙科治疗）.

〔4〕 参见判决第14段、第23—24段、第26段。

司法实务中多采纳相当于英国过失侵权诉因的模式。这些不同责任构造的根本分歧在于如何对待身体法益。在二元进路下，倘医疗措施完全未获同意，表明了医疗服务人对患者意志自主的践踏，法律通过保护身体法益彰显意志自主；倘医疗措施已获同意，患者意志自主得到了基本尊重，法律只保护生命健康利益，牺牲身体法益，以维护医疗职业利益。在德国法构造下，身体法益与生命健康法益在同等位阶上得到保护。中国法需要认真思考，是转向德国模式，还是（或者有没有可能）借鉴英国法而采纳二元模式。

博德诉刘易舍姆与格林威治全民医疗服务基金案

Border v Lewisham And Greenwich NHS Trust [2015] EWCA Civ 8

皇家法院〔1〕
伦敦河岸街
2015 年 1 月 21 日

审判庭
里查德法官（Lord Justice Richards）
汤姆林森法官（Lord Justice Tomlinson）
纽维法官（Mr Justice Newey）

里查德法官

1. 本件上诉针对伦敦中央郡法院王室法律顾问莫洛尼法官（His Honour Judge Moloney QC）驳回原告医疗过失损害赔偿请求的命令。上诉申请获准许只有一个理由，涉及原告［是否］同意特定医疗措施这个争点，该措施是为静脉注射而在患者左臂插入导管。

2. 案情见［初审］判决书第 1 段的概述，内容如下：

"本案是医疗过失诉讼，案件事实发生于 2008 年 10 月 15 日下午。原告［安妮塔·博德（Anita Border）］当时 64 岁，被送入位于伍尔维奇的伊丽莎白女王医院急救科心肺复苏病房。医生怀疑患者右侧肱骨骨折。当班的高级

〔1〕 译注：皇家法院（Royal Courts of Justice），建筑物位于伦敦斯特兰德大街（河岸街，Strand）北侧，在圣克莱门特·戴恩教堂和文秘署巷之间。其中有英格兰和威尔士最高法院的法庭和办公室。现在又向后延伸到卡里街（Carey Street）。参见薛波主编，潘汉典总审订：《元照英美法词典》，法律出版社 2003 年版，第 788 页。

实习医生[1]普伦特（Dr Prenter）不能在患者的右臂静脉注射，原因一目了然，骆膊应该是断了，当然没办法注射。医生建议将静脉注射管线（也就是导管）插入左臂，这是此种状况下的常规操作；但原告说了些话，大意为（为简洁而撮其要），'不，不要这样，我刚做了左侧乳房切除手术和腋窝淋巴结清除手术'（大概没用这些词，但解释说清除了淋巴位置的瘤），'在左臂，你不能切割左臂，否则我会水肿'。但出于稍后会讨论的理由，医生还是决定将静脉注射管线插入患者左臂。对所有相关人等来说都很不幸，最坏的事情发生了。患者左臂导管插入的位置感染，左臂持续水肿，情况很严重，造成永久高度残疾。在这种情况下并不奇怪，患者对医院提起诉讼。"

3. 患者仅提起过失侵权诉讼，［莫洛尼］法官参考既定法律原则处理，尤其是①注意标准，以与案涉医生具有相同水平、处于相同位置的理性医生为标准；②只要医生的行为合乎特定专科领域某派可靠的医生公认为恰当的惯例，即无过失，例外则为博莱索案确立的规则（*Bolitho v City and Hackney Health Authority*［1998］AC 232），即援引的某派观点被证明经不起逻辑分析。案件焦点在于，普伦特医生插入导管的做法是否合乎公认惯例。在庭审中，原告［是否］同意医疗措施这个争点并未受到太多重视，但正如下文在概述法官判决后会解释的，法官对该事实的认定构成了上诉审的核心内容。

4. ［莫洛尼］法官叙述案件事实时在［初审］判决书第 8 段说，不管是原告还是普伦特医生，给法官的印象都是诚实的证人；两人的记忆不一致时，法官倾向于以普伦特医生的记忆为准，但有一两处例外，将在判决书的后面提及。

5. 莫洛尼法官接着介绍了原告对进入急救科时案情的陈述。原告说普伦特医生着手的第一件事就是准备静脉注射，原告遂向医生发出不得手术的警示（参见前文第 2 段引用的文字）。普伦特医生知道患者在讲什么：在乳房切除和淋巴结清除手术后，刺穿手臂会有水肿风险，这是急救科医生都清楚知道的风险。

6. 莫洛尼法官接着在［初审判决］第 10 段讨论同意争点：

---

〔1〕 译注：高级实习医生（senior house officer）在工作中受顾问医师（consultants）和专科住院医师（registrars）监督。在培训岗位，顾问医师和专科住院医师监督培训工作，通常也是被指定的临床主管。

“此间争点为（就此点，大致来讲，我更偏向博德女士而不是普伦特医生的证言），普伦特医生对于插导管的决定对博德女士说了多少（不顾博德女士的警示），对于医生插导管的决定，博德女士是否以言语或动作明示或默示地表示了同意。我特别注意到，医生12月的备忘录中并未有任何内容提及博德女士的同意或者合作。医生说，检查了患者身体看看是否有其他地方可插入导管。先排除了右臂，盖右臂严重受伤，患者要求排除左臂，若能找到第三个位置，显然有令人信服的理由这样做。腿部显然是合适位置。医生检查了腿，发现由于全身病情的影响，很难在腿部找到适于静脉注射的地方。医生遂决定不顾水肿危险，仍在左臂注射。基于或然性权衡，我的结论是，医生非常迅速地在心里做了仔细考虑，我不认为医生就此跟博德女士有过任何细节上的交流。医生说过的话充其量是‘对不起，但真的需要在左臂注射’或者类似措辞。没有任何直接证据，但我想医生要是真跟患者说过什么，也不过就是这些话。医生的意思是，患者以合作姿态伸出胳膊，以此积极表示了同意，我并不接受这个说法。我更偏向患者的证言，其称自己还没意识到，‘砰地一下就完成了’。是以医生在心肺复苏病房做了决定并实施。这［医疗行为］本身不应备受批评（great criticism）。”

7. 莫洛尼法官认定，普伦特医生插入导管后，并未立即使用，比如往静脉注射止痛药或者输入液体。相反，医生给了患者口服止痛药。医生检查后让患者拍X光片。同时，医生测量了患者生命体征，大致来说还属正常。等患者回来，普伦特医生简单查看了病情。

8. 如莫洛尼法官记载的，普伦特医生解释了为何不顾患者警示而在患者左臂插入静脉注射管线，其称这是心肺复苏病房标准且重要的操作，旨在控制任何可能出现的状况。管线插在胳膊上，就能应对紧急情况和剧烈疼痛，医生考虑眼下就是如此。倘胳膊上未插入管线，则可能延误治疗，后果不堪设想。医生虑及水肿风险，采取了各种办法。为此，医生没有测量患者血压。医生考虑了在其他部位安置管线，但如前面提到的，后否决了该想法。

9. 莫洛尼法官在［初审判决］第16段转向判定责任之前，考虑了两位专家证人的证言——原告方面的埃文斯医生（Dr Evans）和被告方面的海沃思先生（Mr Hayworth），判决道：

“普伦特医生发现自己处在真正的医生两难困境。医生有充足理由想要插入静脉注射管线，但除了左臂，没有可用的替代部位。但也有充足理由不在左臂插入静脉注射管线，患者已向医生明确警示自己的病情。医生没有多少选项：要么就用左臂，立即插入导管；要么等等看（wait and see），倘情况允许，是否有必要在将来某个时刻用左臂。眼下没有证据表明，医生严肃考虑了‘等等看’选项，但从专家证人角度看，静脉注射管线应该尽可能在早期阶段插入是通行惯例，要让高级实习医生不依惯例而行，确实是很勇敢大胆的决定（我想两位专家证人顾问医师也都会赞成）。逻辑很清楚：在有着潜在危险的不确定情形，未雨绸缪更为妥当，哪怕有很小的已知不利副作用发生的风险。”

10. 莫洛尼法官接着说，像埃文斯医生这样经验非常丰富的急救科顾问医师可能会认为有能力冒这个风险并等等看，但欠缺经验和直觉的高级实习医生要冒这个险，未免太过胆大包天。顾问医师或会认为有理由这样做［指等等看］，而且不会被认为有过失，但不能由此认为，高级实习医生也有理由这样做。莫洛尼法官采纳了海沃思先生证词的立场，称会立即在左臂插入静脉注射管线，宁愿接受较小的水肿风险，也不愿意去冒发生严重损害的未知风险。莫洛尼法官认可，这个立场代表势力非常大的医学观点，很多（可能是绝大多数）可靠的急救科医生都会像普伦特医生那样做。哪怕证明插入导管并非严格意义上必需，而且对原告有严重损害，也不能认为普伦特医生的决定有过失。

11. 基于上述理由，莫洛尼法官做了有利于被告的认定。莫洛尼法官接着发表临时观点（provisional views），即倘若自己认定被告不负责任有误，那么该如何赔偿损害。

（一）双方当事人陈词

12. 在上诉审阶段，原告的代理人是皇家大律师斯威廷先生（Mr Sweeting QC）和基根先生（Mr Keegan）。在初审阶段，诉讼由基根先生代理。原告的上诉理由跟初审阶段的理由显著不同。

13. 斯威廷先生在摘要中说，莫洛尼法官清楚认定普伦特医生在插入导管前未取得原告同意，但法官未坚持到底，得到必要的结果。普伦特医生于插入导管前未取得原告同意，这本身就构成义务违反：应该取得患者同意是医疗职业惯例的基本特征。普伦特医生迅速插入导管而未采纳“等等看”思路，完全合乎公认惯例，但这个事实不等于达到取得同意的要求。到底是立即插入还是“等等看”，应由患者而非医生来选择。是以法官应认定普伦特医生违反义务，并应继续考虑该义务违反是不是造成原告损害的原因。因果关系争点可以并且应该由本法院［上诉法院］做有利于原告的认定：自原告的证词可知，倘原告有选择机会，当不会选择接受插入导管，也就不会遭受后来的损害。倘若本法院不能恰当认定该争点，即应将案件交给初审法院，认定因果关系争点。

14. 就如何处理未取得原告同意的法律后果事宜，斯威廷先生提出了很实用的替代路径，请求法院允许修改“赔偿请求详情（particulars of claim）”，从而在本案的诉讼程序中第一次引入非法侵犯人身诉因。斯威廷先生主张，未经同意插入导管构成法律意义上的殴击（technical assault）。这个额外提出的诉因只不过是对同样事实起替代作用的法律定性，其优点在于，不必在因果关系上讨论未取得原告同意的影响（causative effect）。[1]

15. 被告方面的代理人图古德小姐（Miss Toogood）赞成，患者意志自主至高无上，倘未取得患者同意，即会认定义务违反，当然，责任是否成立还要进一步看因果关系。但图古德小姐又主张，莫洛尼法官在［初审］判决书第10段认定原告默示同意了医疗措施：当普伦特医生告知患者需要插入导管并开始操作时，患者虽未“积极”却默示地表示了同意。莫洛尼法官要传达的意思是，插入动作紧跟着告知，非常迅速，并非认定未取得患者同意。莫洛尼法官的判决应该在庭审的论辩和证据背景下来解读。总是被告主张原告已同意。是由原告证明未取得患者同意，但当事人未请求法官认定普伦特医生未经患者同意即实施医疗行为。即便上诉理由中也没有主张法官认定了医疗行为未取得患者同意。

16. 被告方面也提出替代主张，试图通过被上诉人通知[2]，基于下面的前提，支持莫洛尼法官的命令，即法官的错误在于就患者同意事宜更偏向原告的证词而不是医生的证词，法官本应接受医生如下证词：医生已告知原告

---

〔1〕 译注：大概意指不考虑心理学上的因果关系。

〔2〕 译注：上诉程序启动后，被上诉人得签发被上诉人通知（respondent's notice），以提出可以支持被上诉判决的额外理由或替代理由。

在左臂静脉注射是最好的选择，原告伸出手臂让医生实施医疗行为，表明了同意。

17. 倘若与上述［主张］相反，法官认定（并且有权认定）原告并未同意案涉医疗措施，图古德小姐主张，本法院［上诉法院］可以并且应该认定，原告倘有机会在立即插入导管与“等等看”之间选择，（经充分解释相关风险）当会同意案涉医疗措施。[1]莫洛尼法官认定，普伦特医生并未严肃考虑“等等看”路径，但要医生采纳该路径而非遵循通行惯例，是需要莫大勇气的决定。基于海沃思先生的证词（莫洛尼法官采信之），惯例支持这么做的道理在于，倘若病情突然恶化，会导致静脉收缩，静脉注射管线很难插入，而水肿风险比较小，即便发生不利后果，也不会那么严重。是以，普伦特医生不会建议“等等看”，而应给出更充分的理由，说明为何应立即插入导管。倘若如此告知，没有充分理由认为患者会拒绝。

18. 图古德小姐反对原告方面申请修改“赔偿请求详情”以引入非法侵犯身体诉因。反对理由是，该申请太迟，倘若原告早主张非法侵犯身体，案件的处理会有不同。图古德小姐还提出，非法侵犯身体诉因也要像过失侵权诉讼一样考虑因果关系争点，并不会像斯威廷先生主张的那样让事情变简单。

（二）讨论

19. 讨论的起点必然是法官对患者［是否］同意的认定。就此，我的想法是，对莫洛尼法官［初审］判决书第10段只有一个可靠解读，即莫洛尼法官认定普伦特医生不管不顾地插入导管，并未取得原告同意，不管明示还是默示的同意。该段考虑的争点写在第一句话，即普伦特医生就插入导管的决定对原告讲了多少，原告是否以言语或姿势就该决定明示或默示地表示了同意。披阅初审的庭审证据记录副本可知，原告方与普伦特医生就该争点有着显而易见的事实争议。原告方称，医生并未与患者讨论，“他直接插管子，‘我没有什么选择’［引用医生的话］，砰地一下就完成了，还没等我说什么”。普伦特医生说，自己详细解释了插入导管是最为安全的选项，患者伸出手臂表示了同意。显然，就此争点，莫洛尼法官更偏向原告的证词：这是［初审］判决书第8段中提到的例外。莫洛尼法官认为，普伦特医生就其决定

[1] 译注：图古德小姐在过失侵权责任构造下主张，即便告知并向患者征求意见，患者无论如何也会同意，故因果关系要件不成立。

对患者讲得很少，“非常迅速地在心里做了仔细考虑”，并未跟原告交流过任何细节，所说的话也不过是“对不起，但真的需要在左臂注射”之类。莫洛尼法官并未接受普伦特医生关于患者以合作姿态伸出手臂从而积极表示同意的证词。莫洛尼法官更偏向原告的证词：原告称其还没有意识到，“砰地一下就完成了”。依我的判断，莫洛尼法官的认定显然是原告既未明示同意，也未以伸出手臂的姿势默示同意。

20. 我不接受被上诉人通知中的主张，即莫洛尼法官就此争点更偏向原告的证词，这是错误的。莫洛尼法官听取了双方证词，认为双方当事人都很诚实。莫洛尼法官虽明确说在两人记忆不同的情况下一般来讲更偏向普伦特医生的证词，但就在此争点上为何更偏向原告证词给出了论证充分的理由。我不认为莫洛尼法官未考虑相关事宜：法官不必在判决书中写明触及此争点的证据的所有部分，没有理由质疑法官在心里充分考虑了证据整体。[被告] 关于法官对事实的认定在证据上并未合理公开的主张并不成功。上诉法院没有理由介入 [下级法院的] 事实认定。

21. 认定患者对医疗措施并未表示同意后，莫洛尼法官即未再处理 [患者] 同意争点，而是接着考虑立即插入导管而不是等等看的做法是否合乎医疗惯例。莫洛尼法官的思路很大程度上得由法庭论辩的方式来解释，但莫洛尼法官似乎陷入误解。由于所有事情都发生在心肺复苏病房，莫洛尼法官遂以为关乎紧要的是插入导管是否正确，即是否合乎医疗惯例，至于患者同意争点，则并不重要。初审判决书第 10 段末尾有强烈暗示，该处写道，“医生在心肺复苏病房做了决定并实施”，并称“这 [医疗行为] 本身不应备受批评”。这在庭审记录副本中表现得更为明显。比如，莫洛尼法官发表了下面这些看法：

“我可以这么说吗，我想寻求一些建议：我对本案的理解是，如果你愿意也可以纠正我，[患者到底] 同意、不同意或者暗示的同意 (indicated consent) 并不是此处真正争点。医生给了建议并且在紧急情况下这么做了。这可能在也可能不在允许的选项范围内……” (第一天，第 82 页。)

“但如我已经指出的，我不认为本案中同意争点很重要。要是我讲得不对，请予纠正。那是急救病房，要考虑的是那样做是否正确……” (第三天，第 39 页。)

在医疗紧急情况下，倘患者不能为同意表示，只要合乎患者最佳利益，医生得不经同意而施治（see e. g. *St George's Healthcare NHS Trust v S* [1999] Fam 26 at 45B）。莫洛尼法官可能是把这个原则牢记在心，但从证据看，本案并非紧急情况。原告虽身处急救病房，可神志完全清楚，有能力为或不为同意表示。是以，莫洛尼法官认为同意争点不重要的看法有误。

22. 紧跟着前引的第一个段落，可以看得很清楚，莫洛尼法官关心的是得到被告方律师对如下事实的确认，即被告方并未主张原告的同意得构成损害赔偿请求的抗辩（如果医疗行为未获同意，即为过失）。被告方律师确认了此点。在该场合及其他场合，原告方律师若是将未取得患者同意当作原告主张的重要内容，都有很好的机会纠正法官。原告方律师并未这样做，原因也很简单，当时并未将该争点看作原告主张的重要部分。不管是庭审开始时的论点纲要，还是结束时的陈词，原告方都未讨论此点。故莫洛尼法官认为庭审中没有任何一方当事人重视该争点，当然是对的。

23. 但同意争点确实包含在原告方关于过失侵权的事实陈述中。“赔偿请求详情”第18小节第6段、第7段，在“过失侵权详细主张（Detailed allegations of negligence）”标题下，主张被告“未留意原告关于不能在左臂注射的警示”，并且“不顾原告的反对仍将静脉注射管线插入原告左臂”。从庭审中的发言可知（第一天，第4页），被告方律师知道诉状中包含着普伦特医生未经同意即行施治的意思。另外，该争点已经解决，原被告双方对事实有争议而莫洛尼法官对事实认定做了裁决。

24. 在此情形下，我认为原告方在上诉审中得主张，基于医生未经患者同意即采取医疗措施的事实认定，法官应判定普伦特医生违反义务，哪怕这并非初审时的论证路径亦无妨。倘若原告如此主张，必定会得到支持。认定未经同意即插入静脉注射管线，在本案中必然认定插入导管违反义务。图古德小姐也承认此点。取得患者对医疗行为的同意之义务是医疗惯例的基本信条，也是判例法上医生固有的义务，即采取合理手段向患者警示手术风险，从而让患者得就是否同意手术做知情决定（see, e. g. , *Chester v Afshar* [2005] 1 AC 134）。我刚才解释了为何莫洛尼法官没有从医生未取得患者同意的事实认定推导出逻辑上的结论。莫洛尼法官的错误放在具体案情下可以理解，但可以且应该在本院得到纠正。

25. 但还有因果关系要解决。由于原告在初审中的论证思路使然，莫洛尼法官不必认定（我也确信莫洛尼法官并未认定），倘若普伦特医生向患者充分说明插入导管的理由、插入导管和不插入导管的比较风险，患者是否会同意插入导管。双方当事人都主张本院得自行认定，但就实际上应该怎样认定，双方立场正相反。在我看来，这在很大程度上是应该由初审法官而非本院来裁决的事宜。如何认定取决于看着患者站在证人席上并听取患者证词的人会如何评估其证词。最终的问题看起来是主观问题（当然，考虑到操作的具体困难，[1]可以也应该关注在回答该问题时的那些客观考虑），即原告是否会表示同意（see *Smith v Barking*, *Havering and Brentwood Health Authority* [1994] 5 Med LR 285, 288-289）。[2]是以，就过失侵权的争点，我将案件转给初审法官以决定因果关系这个未决争点，前提是基于前面给出的理由已经认定被告违反义务。

26. 斯威廷先生申请修改“赔偿请求详情”，添加非法侵犯人身诉因，俾便在莫洛尼法官对未取得患者同意的事实裁决基础上走捷径，更为方便地确认责任成立。我不需要考虑图古德小姐的论辩，即［在非法侵犯人身诉讼中］仍会产生同样的因果关系争点，该修改实际上并不会通往捷径。在我看来，在诉讼程序已经推进到这么靠后的阶段，再允许修改［赔偿请求详情］，无论如何都是错误的。我赞成图古德小姐的看法，如果初审时即主张非法侵犯人身，那么案件的处理会有很大不同。同意争点必定会成为诉讼的重中之重。应该用术语向普伦特医生说明，未经患者同意即插入静脉注射管线构成对原告的殴击，被告很可能会被允许就此争点进一步举证，主要是寻求当时在场的护士和辅助医务人员提供证词。故，非法侵犯人身诉讼并不仅仅是对同样事实的不同法律定性。不能排除，要是一开始就将非法侵犯人身诉求包括进来，认定的事实或会不同。要是现在允许将此诉求包括进来，对被告及普伦特医生显然不公正。

27. 是以，原告方关于修改“赔偿请求详情”的申请不能获准，就上诉请求做如下决定：①确认普伦特医生未经原告同意即插入静脉注射管线的行为违反注意义务；②将因果关系这个未决争点转给莫洛尼法官裁决，倘若责

〔1〕 译注：操作的具体困难（peculiar difficulty of the exercise），当指判断心理学因果关系有难度。

〔2〕 译注：里查德法官是在过失侵权框架下讨论因果关系争点的。

任成立，并判定赔偿金额。

汤姆林森法官

28. 我赞成里查德法官的意见。

纽维法官

29. 我也赞成里查德法官的意见。

附：赖伯诉休斯案

Reibl v Hughes, 1980 CanLII 23（SCC），［1980］2 SCR 880

加拿大最高法院

1980 年 10 月 7 日

审判庭：

拉斯金法官（Laskin CJ）、马特兰法官（Martland）、迪克森法官（Dickson）、比茨法官（Beetz）、埃斯蒂法官（Estey）、麦金太尔法官（Mclntyre）、乔伊纳德法官（Chouinard）

首席法官发布判决如下：

原告/上诉人［约翰·赖伯（John Reibl）］，时年 44 岁，为清除左侧颈内动脉阻塞（阻碍了超过 15%的血流），于 1970 年 3 月 18 日接受案涉手术。施行手术的是被告/被上诉人，一位具备资质的神经专科医生［罗伯特·休斯（Robert A. Hughes）］。术中或者手术刚结束，原告即严重中风，身体右侧瘫痪，并致不举。原告当然正式地对手术表示了同意，但主张该同意并非“知情同意”，遂同时以非法侵犯身体及过失侵权为诉讼理由请求损害赔偿。初审法官海恩斯（Haines J）判给整笔 225 000 美元赔偿金。[1]

安大略上诉法院多数意见判令重审：包括责任是否成立以及损害赔偿事宜。基于案情事实，通过布鲁克法官（Brooke JA）并得布莱尔法官（Blair JA）附议，上诉法院排除了以非法侵犯身体为责任根据的可能性。杰瑟普法官（Jessup JA）持部分异议：认可初审的责任认定，只判令就损害赔偿事宜重审。

在本院的上诉听证会上，原告的上诉请求得到批准，被告/被上诉人的律

〔1〕 译注：是美元而非加拿大元。

师接受赔偿金额并将争议局限于责任成立事宜，不仅主张维持上诉法院判决，还要求“变更（variation）”判决，即驳回诉讼。虽说严格来讲，变更请求是反上诉（cross-appeal）的标的，但原告律师并不反对，我也没看到有什么理由不让溯及地（*nunc pro tunc*）受理该驳回请求。[1]诚然，这是可以理解的立场，在案涉损害发生十多年后，双方律师都不愿意开启新的诉讼。除非有充分理由支持发布命令，仅就责任成立事宜重审，否则恰当路径是决定是基于初审判决依据的某个诉讼理抑或全部两个诉讼理由维持（恢复）初审法官判决，[2]还是应该减轻被告的责任。

现在没有疑问的是，医生和患者之间的法律关系让医生有义务告知患者［以我的说法］所推荐之手术伴随的一切实质风险。霍普诉莱普案考虑了信息披露义务的范围，并概括如下［*Hopp v Lepp*，1980 CanLII 14（SCC），［1980］2 SCR 192，210］：

> “总之，此前案例的立场看起来是，要取得患者对将施于彼身之手术的同意，一般来说，医生要回答患者关于手术风险的任何具体提问，患者虽未提问，医生亦应说明推荐手术的性质、严重程度、任何实质风险，以及伴随手术施行的任何特殊或罕见风险。虽说如此，还要补充一句，信息披露义务的范围以及医生是否违反义务，应置于个案具体案情下来决定。”

在霍普诉莱普案中，法院还指出，某个只是单纯可能从而通常不必披露的风险，倘若一旦发生会造成严重后果，比如瘫痪甚至死亡，也应看作实质风险，从而应予披露。

在本案中，手术及术后风险是中风、瘫痪，还有死亡。毫无疑问，这些都是实质风险。同时证据表明，若是患者拒绝接受清除阻塞的手术，同样有中风和死亡风险。案涉手术无疑是细致的工作，手术施行并无过错。（这里要指出一点，在本院审理阶段，并未提出术后护理是否到位的争议。）那么像本案这种情形，要让患者在动手术和不手术之间做“知情”选择，向患者提供的信息要具体到何等程度？有个对原告来说很重要的考虑，即原告是福特汽车公司雇员，再有一年半，即可得到终身退休养老金［待遇］（lifetime retire-

---

〔1〕 译注：大概意指双方都认可不要再另案处理。

〔2〕 译注：两个诉讼理由（ground），指非法侵犯身体及过失侵权。

ment pension)。初审法官指出，"由于这个悲剧恰在此时落在原告身上，根据福特汽车公司与工作10年的小时制雇员达成的集体协议本来可以拿到的延长残疾抚恤金（extended disability benefits），原告就不具备资格了"。手术的时候，原告在福特汽车公司工作了8.4年。原告在证词中称，倘医生恰当告知手术风险大小信息，自己当会选择放弃手术，至少会等到养老金待遇落实，此外，要是手术会让自己成为跛子，当然会选择以跛子生活的人生短一些而不是长一些。虽说从原告当时的病情看，选择性手术确有适应证，但（如初审法官认定的）并没有不得不立即手术的紧急情况。

于是回到这个问题，即被上诉人医生向原告所提供之信息的性质，以及在具体案情下是否充分。下面依次讨论：①初审法官就此争点的裁断和结论。②即使基于初审法官的裁断，非法侵犯身体的侵权责任是否成立。③上诉法院命令重审时的评判。④本案中的证据，其中支持原告的证据主要有，原告及两位神经专科医生欧文·沙克特（Irving Schacter）和罗伯特·埃尔吉（Robert Elgie）的证词，以及对被告询问调查中的部分内容。支持被告的证据主要是被告及神经专科医生威廉·拉菲德（William Lougheed）的证词，被告只传唤了两位证人，拉菲德医生是其中一位。⑤信息披露义务以及对下级法院裁决的审查。⑥因果关系是否成立。

（一）初审法官的裁断

就手术风险信息的恰当披露问题，初审法官的思路是首先界定信息披露义务的范围。初审判决写道：

"就过失侵权法上的赔偿请求来说，对医疗的知情同意是医生注意义务的伴生内容。医生有义务以恰当技能和注意，就特别附随于所推荐之医疗措施的风险向患者提供合理信息和建议，该义务源于医患间的特殊关系。处于受托人位置的职业人，其工作内容或明确或隐含地要求向客户提供信息或建议，而客户意在或有权依该信息或建议行事，此等职业人对客户当然负有义务，而医生的信息披露义务即是此等义务的具体情形：诺克顿诉阿什伯顿勋爵案（*Nocton v Lord Ashburton* [1914] A.C.932）、肯尼诉洛克伍德案（*Kenny v Lockwood* [1937] O.R.142）。该义务并不要求向患者警示任何手术都会有的危险，比如麻木的危险或感染的风险，这是假定任何具有常识之人都理解的。该义务指向的是在医生知识范围内拟行医疗措施特有的具体风险。该职业注意义务的范围，要通过评估影响具体个案的内部关联的众多因素而确定；这些因素包括，比如，需要立即施治的紧急情况，患者的情绪和智力状况，患者理解并处理相关事实的能力，已知风险是否重大（包括发生概率以及一旦发生的严重后果两方面）。由外行人的法庭来独立评估这些因素，困难显而易见，吾国法律遂将个案中注意义务范围的界定工作看作本质上属医学判断事宜，由法院依据专家证据来决定。”〔1〕

初审法官继而裁断如下：

“根据沙克特医生和埃尔吉医生的专家证词，在本案案情下，依神经专科领域公认惯例界定的医生义务，医生应向患者解说就案涉动脉状况而言狭窄症带来的麻烦，由于中央神经系统可能遭受严重并发症，医生还应尽最大努力向患者说明此类动脉手术固有的风险，要充分注意解剖学及统计学上的细节，让患者理解所面临之风险的程度，包括因手术而死亡的风险或者因中风而残疾的风险。在本案案情下，医生还有义务向患者说明不手术而任病情发展的风险。至于是否手术，由患者自己选择，不过两位专家都同意，接受手术是医生的建议方案，但患者也知道有充分理由认为不手术是可接受的选项。

我讲的这些义务并非在本案案情下难以落实的义务。如我指出的，原告聪慧明智，完全有能力理解对可能要承担的风险简洁而充分的说明。我确信，倘若休斯医生告知患者，必要情形附以草图，阐明其想法——‘我建议清除动脉中的部分阻塞，距离大脑几英寸。组织碎片可能滑入大脑，一旦发生，死亡风险为4%，中风风险为10%’，毫无疑问，原告当会断然拒绝手术。原告有权利知道该风险，被告有义务披露该信息。评估了原告及妻子的证词、被告的证词以及庭审记录中被告询问调查的相关部分，我毫不怀疑地认定，被告在两个主要方面未尽到其义务。第一，虽说被告确实向原告说清楚了手术操作方法，原告明白是要以手术清除通往大脑的血管中的堵塞，但被告并未尽到注意让原告充分了解手术目的，使得原告误以为手术是为了缓解自己的头疼和高血压，从而让自己更为有效地工作。［第二，］此外，也是最为重要的，被告并未尽到充分注意向患者传递信息并确保患者理解动脉内膜切除

〔1〕 译注：初审法院在信息披露上持医疗职业标准，即所谓博勒姆标准。

手术的非同小可、性质以及特有风险的大小，尤其是手术可能导致死亡或者严重程度不一的中风的风险。可以理解，被告在这个争点上的证据前后不一、含糊不清，六年半的时光流逝起了很大作用。经过全面考虑，我认定被告告知原告的是，原告接受手术比不手术要好一些。充其量，这些语言的含糊不清之处想要传达的信息很可能是，哪怕是对一个英语水平比原告要好的患者，唯一需要关注的是，相较于不手术，手术在未来几年带来健康身体的可能性更大一些。我认定被告并未以应有的注意，强调手术本身发生不利后果的特殊风险。医生让原告形成的印象是该手术并无风险，而不是任何手术都有风险。我还要认定，由于被告违反义务，原告同意了施行手术，而从证据可以形成确信，若是被告的前述义务并未以我所描述的那种有过失的方式履行，原告本来是不会同意的。

基于上述理由，我还认为被告应负非法侵犯身体的责任。”

（二）非法侵犯身体诉由下的侵权责任

吾人以为，以上认定并不能证明应判令被告承担非法侵犯身体的侵权责任。将医生披露手术或医疗措施特定风险的义务通俗化为“知情同意”术语，看起来对于非法侵犯身体责任事由的保留有一定影响，甚至有些案件，患者明确表示了同意而医生也并未超过同意针对的医疗范围［，也认定为非法侵犯］。在容易混淆非法侵犯身体与过失侵权的场合，最好摒弃知情同意术语。初审法官海恩斯采纳了莫登法官在凯利诉黑兹利特案中对两类情形的区分思路：一类情形是未尽信息披露义务支持非法侵犯身体诉讼，一类情形是未尽此等义务仅指向过失侵权。莫登法官写道［*Kelly v Hazlett*, 1976 CanLII 568（ON SC）, 15 O. R.（2d）290, 312-313, per Morden J］：

“在我看来，在诉称非法侵犯身体的场合，从披露了何等信息的角度来看待知情同意事宜是合理的。倘若手术的基本性质和特征已基本上告知原告且原告表示同意，那么即不存在对原告人身未经同意的侵犯，不管手术有何附随风险未予告知，皆无妨碍。若是证明，未告知的附随风险让患者遭受损害且无合理的医学考虑提供正当性，可能成为过失侵权法上损害赔偿请求的标的。

……

但不得不承认，这个标准不管在实践上还是在政策上，都有弱点。在有些案件中，很难区别并分隔开附随风险与拟行手术或医疗措施的性质和特征。哈卢什卡诉萨斯卡彻温大学案［*Halushka v University of Saskatchewan* 1965 CanLII 439（SK CA）］大概即是如此。风险越大，越可认为该风险是手术性质和特征必不可少的。此外，某风险即便是附随风险，但若是实质风险，仍可认为该风险的披露对于接受手术的知情决定至为关键，而未予披露该风险会使同意无效。"

莫登法官在前面的论证部分写道：

"'知情'同意争点既得在非法侵犯身体诉讼中产生，亦得在过失侵权诉讼中产生：就前者来讲，医生未向患者恰当披露信息得使表面上的同意无效，而就后者来讲，未向患者恰当披露信息在特定案情下得构成过失侵权行为。"（Kelly v Hazlett，1976 CanLII 568（ONSC），15 O. R.（2d）290，310 per Morden J.）

吾人以为，这个区分尝试不仅适用起来极为困难，而且跟非法侵犯身体诉由的要件并不相容。[1]非法侵犯身体是故意侵权，构成要件表现为既无特权亦未经同意而［故意］侵犯他人身体完整（unprivileged and unconsented to invasion of one's bodily security）。[2]诚然，原告提起非法侵犯身体诉讼而不是过失侵权诉讼有若干好处，不需要证明因果关系，并由被告负责证明原告同意了被告的行为。另外，非法侵犯身体诉讼不需要援引专家证据；当然，在吾人看来，在有些未尽到信息披露义务的案件中，要想主张非法侵犯身体，必须援引医学专家证据，才能判断是否有未尽到信息披露义务的事实。

卡多佐法官在施伦多夫诉纽约医院协会案中的一段表述闻名遐迩，其称"任何心智健全的成年人，皆有权利决定何者得施于己身；医生未经患者同意而施行手术的，构成非法身体侵犯，应负损害赔偿责任"［*Schloendorff v Society of New York Hospital*，(1914) 211 N. Y. 125，129-130，per Cardozo J］；对这段表述的理解，不能逾越其文义，从而在患者对施于己身的特定医疗措施已表示同意，但对附随风险未尽到披露义务的案件中，以卡多佐法官的表述支持非

〔1〕 译注：反对以信息性质为区分标准。

〔2〕 译注：无特权意指无其他抗辩事由。

法侵犯身体诉讼成立。在我看来，涉及手术或其他医疗措施的非法侵犯身体诉讼应局限于如下案件，即手术或其他医疗措施已施行而患者根本未表示同意，或者（紧急情况除外），手术或其他医疗措施的施行超出了同意的范围。

这个标准［也］包含下面两类案件：对企求患者同意的手术或医疗措施，医生披露信息时有虚假陈述，以及施行了完全不同的手术或医疗措施。例如，马歇尔诉库里案［*Marshall v Curry*, 1933 CanLII 324（NS SC），同意疝气手术，医生摘除了患者睾丸，非法侵犯身体］、默里诉麦克默奇案［*Murray v McMurchy*, 1949 CanLII 220（BC SC），同意剖宫产手术，医生额外将患者绝育，非法侵犯身体］、马洛伊诉霍普桑案［*Mulloy v Hop Sang*,［1935］1 WWR714，医生允诺修复而不截肢，实则截肢，非法侵犯身体］、温诉亚利山大和军人纪念医院案［*Winn v Alexander and the Soldiers' Memorial Hospital*, 1940 CanLII 358（ON SC），同意剖宫产手术，医生将患者绝育］、施威泽尔诉中央医院案［*Schweizer v Central Hospital et al.*, 1974 CanLII 580（ON SC），患者同意足部手术，医生却为患者施行脊柱融合术，非法侵犯身体］。

患者诉称应予披露的附随风险并未告知患者，但患者确实对实际施行的手术或其他医疗措施表示了同意（对治疗患者疾病的拟行手术或医疗措施，并无过失侵权的责任基础），不能理解，这种情况怎么能说未披露信息使得同意无效，从而手术或其他医疗措施成为既无特权亦未经同意的对患者身体完整的故意侵犯。吾人理解如下说法很吸引人，即只有恰当披露手术风险，患者对医疗措施所为之同意表示方为真正同意，[1]但吾人以为，除非以虚假陈述或者欺诈得到患者对治疗的同意，否则对未披露附随风险（不管多么严重）应依过失侵权法而不是非法侵犯处理。虽说未披露附随风险涉及同意还是拒绝拟行医疗措施的知情选择，但不过就是违反恰当注意义务，在法律义务上，跟医生施行患者所同意之特定医疗措施时应尽的恰当注意义务相当。并非同意有效性的标准。

（三）上诉法院［对初审判决］的评判（assessment）

布鲁克法官代表上诉法院多数意见恰当指出，“向患者披露信息的义务由法院决定，而专家证词（倘接受）对于确定被告是否尽到该义务起到很大作用。诉讼请求要在过失侵权法上成立，被告未尽到注意义务必须让原告遭受

〔1〕译注：这是德国法的思路。

损失（loss）、损害（damage）”。布鲁克法官接着考察了海恩斯法官的论证，并就初审法官的决定发表如下意见：

“初审法官认定，医生让患者形成如下印象，即除了任何手术都涉及的风险，案涉手术并不包含其他后果风险，我想这个认定不得不让人假定，博学的初审法官拒绝了被告关于原告知晓手术有导致中风风险的解释。有些重要的是，博学的初审法官并未特别认定［被告］证词的可靠性，确实也并未［表示］不相信被告关于自己以为原告理解风险的证词。可博学的初审法官并未单纯依据未予警示而判决，还考虑了被告未尽到充分注意跟原告讨论风险的大小。初审法官依据的是埃尔吉医生和沙克特医生的证词，我的看法是，考虑到初审法官对于统计学细节的强调，［我想］初审法官错误理解了两位医生证词的真正重要性。沙克特医生和埃尔吉医生看起来对手术风险的解释问题采纳了类似进路，但重点并不在统计学上的细节。埃尔吉医生是在讨论为了得到患者对施行此手术的同意而向患者提供信息的方式时，参考了统计数据，而且埃尔吉医生就此问题的回答不同于沙克特医生。”

布鲁克法官强烈批评利用未经解释的统计数据来评定特定手术所包含风险的大小。就此写道：

“只需要看看休斯医生和埃尔吉医生援引的统计学证据有多大差距，即可证明这些数据使用可能造成的混乱。在交叉询问中，休斯医生关于手术死亡风险的数据是4%，等于埃尔吉医生给出的最高数据，埃尔吉医生认为死亡风险在2%到4%之间；就造成瘫痪的中风或者短暂虚弱的风险，休斯医生的数据是10%，是埃尔吉医生所给最低数据的5倍、最高数据的几乎两倍半。加起来看，休斯医生的数据14%超过埃尔吉医生最低数据的3倍、是埃尔吉医生最高数据的几乎两倍。差距显著。为何会有这么大差距，未见解释。没有人询问医生。初审法官主要在论证部分，尤其是审查被告的行为时，援引了休斯医生提到的数据，但没有迹象显示休斯医生打算使用这些数据。如果这个差距完全或部分基于医生个人经验（从证据看，有些理由表明可能是这样），或可如是解释以上差距，两位医生处理过的病例性质不同，一位医生处理过的病例生存概率低于另一位。倘如此，或有充分理由不向患者提及统计数据，只是单纯对比倘若接受手术当处的状况与不手术当处的状况，考虑到患者很年轻、体力好，更容易挺过手术，鼓励患者接受手术。我并不认为本案的证据支持博学的初审法官发表的意见，我不太情愿设定任何此类要求，盖我认为统计数据十足误导人。以何种方式向特定患者说明手术性质和风险大小，最好留给跟患者面对面交涉的医生去判断。信息披露是否充分可以简单地检验。”

安大略上诉法院在处理风险披露标准时，如适才援引的说理段落中所做的，称“以何种方式向特定患者说明手术性质和风险大小，最好留给跟患者面对面交涉的医生去判断”，吾人以为走得过远。当然，可以用专家证据来检验，但专家证据也不是决定性的。患者曾向医生表达过特定关注，医生即有义务以合理方式满足该需求。医生知道或者应该知道特定患者在决定是否接受案涉医疗措施时认为重要的因素，正如公认需要医学知识的实质信息，对医生的告知说明义务具有同等意义。

这个争点要非常仔细地检视。安大略上诉法院看起来采纳了医疗职业标准，不仅用于决定哪些是应予披露的实质风险，还用来决定是否违反信息披露义务。这也是初审法官的进路，只不过初审法官基于案情事实做了有利于被告的裁决。(初审法官似乎夸大了信息披露义务。上诉法官则相反，似乎没那么看重。一般来讲，不提及统计数据不会影响说明义务，也不是判断是否违反该义务的考量因素。) 允许援引医疗专家证据以决定哪些风险是实质风险从而应予披露，以及相关的，哪些风险不是实质风险，是将信息披露义务范围的全部问题，包括是否有义务违反的问题，都交付给医疗职业。要认定拟行手术或其他医疗措施［是否］包含或者会带来损害风险，医疗专家证据当然很重要。医疗专家证据对风险的实质性判断也有影响，但实质性判断并不完全取决于医疗专家证据。这里要考虑的争点不同于医生实施医疗行为是否合乎可适用的职业标准这个问题中涉及的争点。这里要考虑的是，患者有权利知道接受或拒绝特定手术或其他医疗措施各自涉及哪些风险。

判断不披露特定风险信息对于知情决定是否具有实质影响属事实审理者的事务，[1]就该待证事实当然会有医学证据（多半都会有），但也有其他证

---

〔1〕 译注：事实审理者（trier of fact），审理案件的陪审团，在无陪审团参加的情况下审理案件的法官。参见薛波主编，潘汉典总审订：《元照英美法词典》，法律出版社 2003 年版，第 1359 页。

据，包括患者或家属的证词。当然有这样的可能，即特定患者并不会针对风险有任何提问，欣然接受不管怎样的手术或治疗。这种情形不会有什么难题。但也有可能，特定患者由于情绪因素，没有能力处理跟拟行手术或医疗措施相关的事实，此种情形，医生有理由不披露信息，或者本来应该具体说明的信息现在得泛泛提及。

在不披露信息的案件中，医疗证据对哪些争点仍然重要，有篇文献概括得很好："New Trends in Informed Consent?"（1975），54 *Neb. L. Rev.* 66，pp. 90-91。在指出医疗证据并不能控制是否违反注意标准的决定后，该文继续写道（援引了坎特伯雷案）：

"即便坎特伯雷案判决也特别指出，（除一目了然的案件外）仍然需要专家证据用于证明以下事实：①案涉医疗措施的固有风险；②听凭疾病发展，不予治疗的后果；③替代医疗方案及其风险；④原告/患者所遭受之损害的原因。最后，倘若被告/医生主张特权（privilege），需要专家证据证明以下事实：①得不必取得患者同意的紧急情况；②完全披露在医学上得不到支持的情形（medically unwarranted），[1]风险信息披露对患者的影响。"

［下面转向因果关系。］上诉法院的博学法官还认为，援引统计数据，以及假定医生应该向患者出具其所说中风或死亡风险百分比的证据，导致不恰当地认定因果关系。引用上诉法院判决相关说理部分如下：

"应将统计数据向患者说明，并跟患者讨论若是不接受手术会是怎样的状况。若是参考了埃尔吉医生的统计数据或者两位医生都引用的统计数据，博学的初审法官所持观点是否会有所不同？除了很大可能让患者感到困惑，试图调和医生让自己做手术的建议和那个未经解释的14%的高风险数据，还反映出其他什么吗？

我的看法是，博学的初审法官并未理解埃尔吉医生和沙克特医生采纳的进路，两位医生意在对患者处境给予全面陈述。"

布鲁克法官援引埃尔吉医生和沙克特医生证词片段，并概括如下：

---

〔1〕 译指：当指所谓医疗特权规则。

“依我对埃尔吉医生证词的理解，这是在向患者解释，患者若是不接受手术，今年死亡或中风的风险要比接受手术面临的风险更大，风险会持续存在。沙克特医生的证词也是同样的意思。我的看法是，这些证词并不支持初审法官以之为据来评判原告的主张，并认定被告的行为是否有过失，倘有过失，该过失行为是否造成了原告的损失、损害。

这类案件中的裁判很艰难，盖确实是基于后见之明的考虑。”

布鲁克法官接着考察了美国法上关于因果关系的系列判例，包括坎特伯雷案［*Canterbury v Spence*，（1972） 464 F. 2d 772］——调卷令申请遭驳回（409 U. S. 1064），[1]科布斯案［*Cobbs v Grant*，（1972） 502 P. 2d 1］，巴尼特案［*Barnette v Potenza*，（1974） 359 N. Y. S. 2d 432］，并评述如下：

“在过失侵权诉讼中，吾国法院已采纳了主观标准。援引上述判例并不意味着我采纳或者建议采纳如美国若干法院所发展起来那样的知情同意法则。援引这些判例是为了帮助讨论证明问题。上述美国判例的经验不应忽视，盖这些法院也是被推动着得到这个结论［指美国法院采客观进路］，除了依据客观进路，无法在当事人之间实现公平对待。改革从来不会晚。我的想法是，在进一步地主观考察之前，应客观考察原告的主张，这是安全的做法。

被告的过失行为是否为原告损失的原因？倘原告能证明，医生建议的医疗措施让自己遭受损失，而医生若是尽到信息披露义务，自己（或者至少处在自己位置的理性人）本来不会同意该医疗措施，即应予以赔偿。在我看来，博学的初审法官对此争点的处理并不恰当。”

基于这个理由，布鲁克法官命令重审。

若说加拿大判例法在因果关系上已采纳主观标准，那也是本院以外的其他法院采纳了这条进路：参见凯勒诉库克案［*Koehler et al. v Cook* 1975 CanLII 1041（BC SC）］、凯利诉黑兹利特案［*Kelly v Hazlett*，1976 CanLII 568（ON SC） 15 O. R. （2d） 290 320］。这里并无先例可循（*res integra*）。主观标准的一个替代思路是客观标准：倘医生恰当披露了附随风险，处在案涉患者位置

〔1〕 译注：应该是指坎特伯雷案的调卷令申请遭驳回（*certiorari* denied）。

的理性人当会怎样做。[1]就支持客观标准的论据，有篇文献的相关阐述可谓言简意赅：

> “由于只有信息披露会导致患者放弃医生建议的医疗措施，近因才会成立，故必须设立相应标准以决定，倘若患者知晓了风险，是否会决定不接受治疗。有两个可能标准：倘知情，案涉特定患者是否会放弃治疗（主观视角），或者，处于原告位置平均水平的审慎之人，倘知晓实质风险，是否会放弃治疗（客观视角）。客观标准更为可取，盖主观标准有个重大缺陷：主观标准取决于原告关于其心理状态的证词，遂使医生面对患者的后见之明和遭受的苦难，处于无遮蔽的不利状态下。”[“Informed Consent—A Proposed Standard for Medical Disclosure”（1973），48 *N. Y. U. L. Rev*. 548，p. 550.]

但客观标准带来恼人的难题，即若是医生建议的手术从病情看有根有据（warranted），因果关系要件还能否证明。处在案涉患者位置的理性人，已向其恰当披露附随风险，能认为这样的人是否会决定不接受手术，也就是说，是否会决定不接受医生关于动手术的建议。客观标准（即处在患者位置的理性人会怎样做）看起来会重视医生关于手术相对需求（relative need）的评估，并重视支持该需求的医疗证据。可以理性地拒绝吗？[2]布鲁克法官看起来敏锐注意到这个难题，遂提出混合的客观-主观标准（combined objective-subjective test）。

吾人颇为怀疑这能否解决问题。不太可能期待提起诉讼的患者会承认，即便知道了一切附随风险，自己还是会同意接受手术。患者既提起诉讼，就意味着因手术而遭受严重伤害的患者已经确信，倘医生向自己恰当披露了风险信息，以不做手术的风险为参照两相比较，自己肯定不会同意手术。但在因果关系上适用主观标准会太过看重［患者的］后见之明，更甚于在客观标准下评估因果关系对医学证据的看重。

吾人以为，在因果关系争点上更为安全的路径是，客观考虑手术或不手术的风险差异有多大，才会让患者做出接受手术的决定。故，未恰当披露手术的利弊就变得极为重要。当然，影响案涉患者的任何特殊考虑同样重要。

---

〔1〕 译注：加拿大最高法院在本案中主张采客观标准。

〔2〕 译注：拒绝还能叫理性吗？理性人怎么可能拒绝。

比如，患者可能询问了具体问题，医生却未予回复，或者回复不充分或回复有误。在本案中，对终身养老金的期待即为特殊考虑，虽说这个因素必须客观看待，却是从患者个体处境中产生的。同样地，客观标准的其他侧面也都要经过调整，以指向平均水平的审慎之人（处于案涉患者位置的理性人），若是知晓接受或不接受手术的一切实质风险及特殊风险信息，当会同意什么或不同意什么。绝不是将患者自己的证词看得无足轻重，患者表达自己的想法对于其主张非常重要。

采纳客观标准并不意味着将因果关系争点完全交到医生手上。医学证据虽支持所推荐手术的合理性，仅凭此证据还不足以认为处在患者位置的理性人，倘向之恰当披露手术附随风险信息，其经过与相反信息权衡比较，必然会同意手术。患者的具体处境，对手术风险和不手术风险权衡比较的程度，基于客观评价，会降低医生建议的力量。诚然，倘若不手术给患者带来的风险远远大于手术伴随的风险，对那个未按要求披露信息的医生，客观标准支持豁免医生的责任。由于责任只能在过失侵权法上成立，基于未披露实质风险而成立，故主观标准会将因果关系争点交在患者手上，患者的证词若被接受，势必让医生承担责任，除非法官认定医生未违反信息披露义务。是以，吾人以为，在因果关系争点上，客观标准更为可取。

前面说，［考察因果关系的］标准立足于处于案涉患者位置的理性人会怎样决定，但要澄清一下，案涉患者的特殊考虑也要依理性人标准对待，否则主观性会高过客观标准认为正当的程度。比如，患者的恐惧，倘并不涉及应披露而未披露的实质风险，即不是原因因素。不过，经济考虑得依理性人标准纳入因果关系考察，比如，未披露实质风险使得患者失去一目，进而让患者失去工作（该工作需要好的视力）。简言之，尽管需要考察患者具体情况（该情况势必因人而异），也必须从理性人角度客观评估。

（四）证据

由于初审和上诉审阶段对证据的看法不同，吾人不得不检视本案证据。此外，上诉法院多数意见采纳的观点更多意在豁免被告的责任，而不在于支持发布重审命令。就信息披露义务及诉称的义务违反，关键证据倒不是埃尔吉医生和沙克特医生的证词，或者拉菲特医生的证词，而是原告和被告的证词，盖这些证词涉及被告对原告讲过什么，以及在手术实施前原告向被告表达过什么特别关切（若有）。

原告是匈牙利裔，自 1969 年春开始严重头疼。原告太太的医生绍博（Szabo）也是匈牙利裔，原告遂往绍博医生处就诊，绍博医生发现原告血压高，开了降压药。原告病情未缓解，绍博医生建议原告住院，彻底检查。住院期间，原告又发现患糖尿病。住院一段时间后，原告返回工作。头疼仍持续，经绍博医生建议，原告于 1970 年 2 月再次住院。目前负责原告医疗事务的除了绍博医生，还有奥尔医生（Orr），原告上次住院，就是奥尔医生诊断出糖尿病。原告接受了更多检测，严格控制饮食，头疼有所缓解。经绍博医生同意，奥尔医生又介绍休斯医生（也就是被告）参与原告的医疗事务，原告持续的高血压让几位医生焦虑。

被告休斯医生第一次给原告看病是在 1970 年 3 月 6 日。原告头疼病复发，经检查，休斯医生说该迹象表明左颈动脉有阻塞。1970 年 3 月 10 日，拍了动脉 X 光片，休斯医生确认左颈动脉狭窄，只有正常流量大约 15%的血液通过动脉，导致头疼。休斯医生建议手术，原告遂在手术前数日签署了同意书。原告为房屋抵押的事情要见律师，手术为此推迟数日。

[1. 下面是对原告主询问的内容]

现在把原告的证词照搬在这里，涉及休斯医生在手术施行前告知了哪些关于手术的信息。主询问中相关问答从上诉案卷第一卷第 117 页开始：[1]

“问：你说休斯医生告诉你，他必须动手术将坏的部分切除？

答：是的。

问：当时休斯医生还对你说了些什么，你又对休斯医生说了些什么？

答：他说病情刚开始，说必须在这里切除这么多（比画的动作）。

问：你的意思是大概四分之三英寸。

法官：大概四分之三英寸？

答：我想是的。

问：你是模具工人，你知道？

答：这不是拿尺子度量的事情，我只是说大概这么多（比画的动作）。

---

〔1〕 译注：主询问（examination in chief），直接询问，由提供证人一方律师对该证人的询问。参见薛波主编，潘汉典总审订：《元照英美法词典》，法律出版社 2003 年版，第 501 页。

豪伊先生：休斯医生还对你说了些什么，你又对休斯医生说了些什么？

答：休斯医生说，动脉好似橡胶软管，要切掉一块，接起来，不过是个小手术，你这么强壮、年轻、健康，不过10天你就可以回去上班。

问：你怎么说？

答：我在想，还有差不多10天就是复活节，如果像医生说的那样，我复活节就能跟家人在一起，于是我对医生说，那就动手术。

问：发生在哪里？

答：我在医院的病房。

问：休斯医生到你的病房？

答：是的。

问：病房里还有其他人吗？

答：病房里有两张床，应该还有一位病友。

问：谈话这就结束了？或者还谈了些什么？

答：当时就谈了这么多。

问：你当时想和其他什么人说这件事吗？

答：大概是这样，当时跟同病房的病友说起病情，他太太来探讨，问我是什么疾病，我说就是头疼，一弯腰就疼，她说也有一样的问题。她说头疼的情况跟我差不多，已经20多年，还说［休斯］医生想让她动手术，但她感到害怕，故不愿手术。她还说要是动手术，就要用塑料软管代替动脉血管。我想我应该联络休斯医生，问清楚这些。我通过护士长找休斯医生，再见休斯医生一次。

问：您跟绍博医生谈过这些吗？

答：绍博医生每天都在，我问他这个问题，他说他也不太在行，要是他知道得很清楚，他就是专科医生了。绍博医生说，休斯医生水平很高，休斯医生说什么，你就做什么。

问：你记得当时跟绍博医生还谈了些什么，关于手术涉及的事情或者任何风险？

答：未提及任何类型的风险。

问：你曾告诉我们你想再见一次休斯医生，谈谈那些事情？

答：是的。

问：休斯医生又来你的病房了吗？

答：是的，又来过一次。休斯医生说，那是不同情况，那位女士不像你这么年轻。说那位女士患病很长时间，而我的病情才刚开始。又说你不必为此担心，并不是必须要用塑料管代替切掉的血管。

问：就手术风险，讨论了些什么？

答：老实讲，我没有任何怀疑。我甚至没想过会有什么风险。我跟医生和手术完全没有任何关系。我甚至根本没想过。

问：医生是否跟你讲过，要是不做手术会发生什么结果？

答：是的，医生说，是否做手术由你自己决定。你还可以存活好几年。你可以存活大概 7 年或者 10 年，或者更久。要是哪天你正好跌倒，那就是［病情发作］了。要是你在病情刚开始的时候就解决，以后就不会有任何麻烦。

问：就手术风险，休斯医生还说了些什么？

答：没有提到任何事情。”

在第 121 页、第 124 页，有如下问答：

“问：你要是知道，或者要是告诉你，手术有中风的风险，你对手术会做怎样的决定？

答：我可以说几点吗？第一，我甚至不知道什么是中风。第二，要是必须在下面两者中选择，一个是短暂但像常人一样生活，一个是［虽长但］余生像跛子一样生活，我会选择常人短暂的人生。我不会让自己像现在这样生活。

问：在周三手术前，跟休斯医生还谈过其他什么吗？

答：老实讲，我不记得了。”

术后，原告瘫痪，见过休斯医生两次，摘录主询问中的证词如下：

“问：你说你见过休斯医生，术后一周左右？

答：一开始我是要求见他，我努力对太太说［可能中风影响了语言能力］，我要见动手术的医生，我太太知道了我的想法，我们都要求见医生。护士长说，医生度假还没回来，他一回来，我们就会联系你。

问：休斯医生后来是否来见了你？

答：是的，我坐轮椅出了病房，看见医生经过，我叫了他，他走过来。我说，看看我，成了这个样子。医生说，不要担心，一切都会复原。他看着我的手，试图让我伸出手指，说试着动一动，我的手指没有反应。他说，不要担心，一切都会复原。他可能是想让我振作起来。

问：你后来又见过休斯医生吗？

答：过了好久，在我转到谢多克康复中心之后，我才见过休斯医生一次。那是第一周，在这［见面］之后，他们让我回家。有人用车载我，将我送回家。那天是周六或周日。我不记得确切日期。周日晚，我不得不回到康复中心。我很绝望，希望见到休斯医生，我对太太说，把我带到他的办公室，我要跟他谈谈这个事情，我身上发生了什么。我没有回医院。我去了他的办公室，没有预约，我说，我必须跟他谈。然后我见到他，问他我怎么会变成跛子。

问：休斯医生说什么？

答：休斯医生说，［手术］没有达到预期目的。他说对不起。他戴上听诊器，说并非一切都好。他用听诊器听了一会儿。他说，对不起，［手术］没有起作用。我问，为什么没起作用？他说，你看，你一直在福特汽车公司工作，你［肯定］有很多次想做一件工作，出于某种原因，没有成功。螺丝拧错了，他们不得不替换掉或做些什么。我说，那好，那我们也做，重新来，让我上手术台做手术，不管你错过了什么（missed），不管你的工作中出了什么问题。他说，不，我不打算那样做，要是做了［再次手术］，你可能死掉，我不会再碰你。这些就是他说的。

问：你跟他是否讨论过，［术前应该］告诉你可能发生这些事情？

答：我说，你跟我讲得太简单，好像什么事情都不会有。他说，是的，我开始就是这么想的。他说，还有一处阻塞，不是在颈部，是在脑部有个小阻塞，我不能处理掉，［该处阻塞］造成了你的麻烦［瘫痪］。他说，我碰不到那个阻塞，我没办法处理掉。我说，为什么你一开始没有告诉我，并不只有［颈部］这一处阻塞，还有［脑部］另一处你碰不到的阻塞？我没有得到回答。我太太也在跟他讲，问他问题，问为什么没有告知动手术要承担这些风险。他这么回答我太太：我不会告诉患者这些风险，会吓坏他们或者发生其他什么。”

［2. 下面是对原告交叉询问的内容］

接下来，就休斯医生向原告披露了哪些信息，看看对原告的交叉询问。证据记录的第一卷，从第 156 页提及动脉 X 光片开始，内容如下：

“问：医生告诉你，要做个检测，这个检测要把一些颜料注入你的静脉？

答：是的。

问：他解释了打算做什么？

答：是的。

问：你感到满意，因为你感到休斯医生知道自己在做什么？

答：我自始至终都信任他。

问：在那次检测后一天左右？

答：是的。

问：又跟休斯医生谈过一次？

答：是的。

问：当时休斯医生告诉你左侧颈部动脉狭窄？

答：是的。

问：你理解他说些什么吗？

答：某种程度上我不是很确信，这些对我来说是新东西。我会思考并向他提问，还会问其他患者。每个人［患者］都对正发生的事情很感兴趣，我们讨论这些。

问：休斯医生告诉你，颈部动脉狭窄，你理解他说的这些吗？

答：我知道动脉，我不知道这些怎么发生的，原因是什么。我没有半点想法，那是什么，因为这都是我从他那里听来的新东西。

问：他是否使用了医学术语，还是就告诉你狭窄？

答：我想他试图告诉我，但对我来说东西太多，一时不好理解。

问：他试图告诉你，但由于你的英语问题，你无法理解？

答：我不能理解。

问：我想，你满意接受他的建议？

答：当然。

问：他是否告诉你，通过血管的流量减少，现在通过血管的血液不如正常情况下应有的那么多？

答：是的，他说左侧大脑有阻塞，造成了我的病情。他说的就是这些。

问：高血压。我想，你并不精确理解他在讲什么？

答：老实讲，我的想法就是，大脑的血液造成头疼和头昏眼花，还有其他一些。

问：这就是你的想法？

答：是的。

问：我想你理解得并不清楚？

答：不［清楚］，我不太确信这些。

问：你还跟休斯医生讨论，做些什么来帮助血液流过颈部？

答：是这样。

问：从你昨天告诉我们的，我想他建议你接受手术，说手术起作用。

答：是的。

问：他还建议，要是你继续等待而不是现在就做手术，病情会越来越糟糕，或更麻烦？

答：是这样。

问：上面这些话，都是检测后某一天说的？他讲了所有这些？

答：这是他来看检测结果的那天说的，他告诉了我以上全部信息。

问：我想，如你描述的，那天之后，跟休斯医生讨论之后，你跟病房里的其他病人交谈过？

答：是的。

问：你又跟休斯医生谈过？

答：我要求再讨论一下。

问：你又跟休斯医生交流时，你表达了对手术中包含些什么的担心？

答：是的。

问：你问了休斯医生什么？

答：软管，那位女士向他提到的。

问：他说不需要软管？

答：因为病情刚开始。

问：他是否提到他刚给动过手术的另一位病人？

答：有位年纪相仿的病人，他［医生］必须做些相类的事情［类似手术]，我不知道是在哪里［哪个部位］。我不认为跟我的情况一样。他［对给我做手术］没有任何疑虑。他说，你年轻、强壮，病情才刚开始。

问：休斯医生跟你说的意思是，你要是动手术，问题会更少？

答：是这样。

问：比你等着［病情发展］要好一些？他告诉你要是等着会发生什么吗？

答：要是我再等几年，我会跟他担心的那个病人处于一样的状况。

问：那个病人后来怎么样？

答：老实讲，我没见过也没跟那个病人讲过话。我只是在很远处看到他［那个病人］。我没跟他谈过治病的事。

问：还有更多，是吗？休斯先生告诉你可能跌倒，可能昏倒，可能会头疼？

法官：逐一提问。

坎贝尔先生：你昨天告诉我们，休斯医生告诉你，要是等着病情发展可能发生什么事情，你说可能摔倒？

答：是的，要是任病情这样下去几年，某天病情可能坏到我会突然昏倒、摔倒，躺在那里可能死掉。要是这样下去，不会是明天，下一天或一个月。

问：将来某天可能发生？

答：是的。

问：他解释了这些风险吗？

答：这是等着病情发展的风险，比如 5 年或 7 年。我们谈的是这个。

问：你就手术还问过其他什么，比如他打算怎么做手术，或者要做些什么？

答：老实讲，我没有问。他指出要在哪个部位手术。他用手指，说就在这儿（指的动作）。

问：他告诉你，他打算怎样做吗？

答：他说这是动脉，这是阻塞处，他必须清除动脉坏的部分。唯一让我不满意的是，他没有告诉我脑部某处还有第二个阻塞。他只是说到要动手术的这一处地方。我［后来］问他为什么不告诉我另一处阻塞，他回答说，因为他碰不到那个地方。于是就造成了问题。

问：你当时就知道吗？

答：手术前不知道。他是在我瘫痪后才告诉我的。

问：在术前，他没有告诉你脑部有些问题?

答：他没有提到任何事情。

问：你是说当时脑部已经有问题?

答：他是这样讲的。在检测后他就确认了，他说阻塞在这里，他也看见另一处，但没有告诉我。

问：你怎么知道他当时看见了?

答：他自己在办公室这么说的，当时我去见他。

问：他从一开始就看见了阻塞?

答：是的，当时［阻塞］已经在那里了。

……

问：休斯医生告诉你他打算在手术中做什么，他为何认为你应该接受手术，他讲的这些，你都理解吗?

答：我理解他为何想做手术，我也同意，要是及时手术，以后就不会有麻烦。我愿意接受这整个过程。

问：你是否跟休斯医生讨论过瘫痪的可能性?

答：没有。我从来没想到过瘫痪和中风这两个词，在我做完手术之前，我对此毫无所知，也没见过这种情况的病人。

问：你知道这个单词的意思吗?

答：我不知道。

问：你不知道休斯医生是否用过这个单词?

答：我没从任何人那里听到过这个单词。休斯医生或绍博医生从未说过瘫痪或中风发生的事情。没人向我提到过。

问：你不理解他们的意思?

答：我不理解，我跟那毫无关系。

问：不管他们就这些事情说了什么，你都不理解?

答：他们没有对我提及，甚至没有说到这几个单词。他们没有对我说过类似瘫痪或中风这样的词。他们唯一关心的就是让我的血压降到正常值，所以让我服用药物，要是药物不管用，再想其他办法。

……

问：你是否跟他［奥尔医生］讨论过手术?

答：没跟奥尔医生讨论过。

问：绍博医生呢？

答：跟绍博医生谈过。我用土话和英语跟绍博医生说，要是他不会用匈牙利语讲，就试着用英语给我解释一下。他回答说，你碰上水平很高的医生［指休斯］，要是我知道案情，我就是专科医生了。

问：绍博医生还说过什么，你不记得了？

答：没说过别的。”

［3. 对原告妻子的主询问］

在主询问中一有段患者妻子的证词，支持患者关于术后拜访被告办公室讨论内容的证词。在案卷第二卷第314—315页，内容如下：

“问：你说跟休斯医生交谈过，大概在术后两个月？

答：是的。

问：谈话发生在哪里？

答：在他的办公室。

问：当时谁在场？

答：只有我先生、我跟他。我［用轮椅］推着我先生去的。

问：就你们三个人？

答：是的。

问：当时谈了些什么？

答：嗯，当时谈了很长时间。我们想知道发生了些什么，碰上了什么情况，我们对自己的情况毫无头绪。他说手术没有起作用，他［休斯］向他［赖伯］允诺会让手臂和右边身体复原，但恐怕不能像以前那样绘图［赖伯的工作］，这对他［赖伯］来讲很痛苦。我丈夫希望再做一次手术，解决现在的问题，他［休斯］说不行，因为脑后还有一处阻塞。他［休斯］展示了病情。有一处小的阻塞。我问他［休斯］为何不在术前警示，我丈夫宁愿死也不会接受让自己成为跛子的手术，他［休斯］回答说，‘我从来不会向我的患者讲这些事情［指可能让患者胆怯的信息］’。

问：他说为什么了吗？

答：没有，他没讲。或许［讲了］，我不知道。简直是噩梦。

问：你跟休斯医生的谈话，你还记得其他一些什么吗？

答：他谈到了我丈夫的工作，说‘你在工作的时候也会犯错，不是吗，无法更正的错误’。我丈夫说，要是我把螺丝拧错了，我就取出来再重新拧，你也可以。他［医生］说不行。”

就此证据，并未交叉询问。

［4. 对被告询问调查］

原告方律师传唤了沙克特医生、埃尔吉医生还有其他证人，最后以对被告询问调查（examination for discovery）记录的过分解读结束了其论辩。我指的是证据记录第二卷，第 325 页以下：

“……

问：那好，你通过动脉 X 光片发现的这个损伤（lesion），你会将之描述为无症状（asymptomatic）？

答：是的，我会的。

问：你说无症状，指什么？

答：嗯，指不会造成任何可观察到的神经功能障碍或异常。

……

问：你给原告也就是约翰·赖伯先生动这台手术前，这类手术做过多少次？

答：到 1970 年以前？

问：对。

答：差不多六七十次。

问：这些病人中有多少是你说的无症状？

答：嗯，四五个吧，我想。

问：在这六七十位病人中，发生过什么样的中风意外？

答：是在术中还是术后？

问：术中［也会中风吗］？

答：嗯，很难分辨清楚发生的事情到底是在实际手术过程中，还是在术后一两个小时的恢复期间，患者这时在麻醉状态，但我想大概在 10% 到 15%

的样子。当然，这发生在一个很长的时间段里，最初我们都是给严重中风的病人动手术，后来知道不该给这类病人动手术，所以统计数据随着时间推移逐渐改善。

……

问：四五位无症状患者，这几位病人有中风的吗？

答：是的。

问：有几位？

答：只有一位，只有一例。

问：你没有把赖伯先生算进去吧？

答：没有，是在这之前。

问：那么在这六七十位患者当中，有多少患者因手术死亡？

答：嗯，还是一样，早期比较多。大概有八到九位，或者八到十位。

问：那好。那么在1970年3月之前，是否有什么医学数据或文献指出，在此类手术中一般容易发生什么意外风险？

答：在当时，死亡率很低，不到4%。发病率在10%左右。

问：你说发病率（morbidity），指的是发生中风的情况？

答：[指的是]一些手术并发症或者临时问题。

……

问：嗯，那么当时你对此类手术所含风险的看法是怎样的？

答：我当时的想法，或许可以这么说，患者不手术的瘫痪风险高过手术带来的瘫痪风险，本案中患者面临的就是这种情况。

问：嗯，先不考虑他[赖伯]不做手术的风险，你认为这个手术本身伴随什么样的风险？

答：嗯，有中风可能。

问：你能用百分比说明这个风险吗？

答：在我看来，我想我没有给他任何具体数据，只是说明手术好过不手术这个事实，数据大概在10%到15%。”

下面是第28页，第249到第252个问题：

“问：医生，你做完手术后，什么时候再次见到患者？

答：一个小时内，在加重看护病房。第一晚，我会把病人安排在加重看护病房，在术后会来看一看，接下来我想是在4：30左右。当我回到加重看护病房，病人刚开始醒来。

问：当时有什么症状吗?

答：当时护士刚完成检查，发现，右手握力有些差。

问：好，你怎么做的?

答：我当时检查了病人，他右手无力，我感到他的右腿也有些虚弱。

问：他当时还是无意识的状态?

答：他正在醒过来。我不能说他已经清醒了，但他确实开始发出声音，嘴里讲些什么。

……

问：当时很明显，他中风了?

答：看起来他确实中风了。

问：你什么时候看出来?

答：他逐渐表现出中风症状（stroke evolution），是的。

……

问：那么，实际上，他是右侧瘫痪?

答：是这样。

问：医学术语是什么?

答：半身不遂（半身麻痹）。

……

问：赖伯先生1970年住院期间，你最后一次检查之后，是否跟他有过谈话?

答：是的，1970年3月4日，他来我办公室。

问：你能否尽可能回忆一下当时谈些什么?

答：嗯，他当时很担心，他没有听到我们对他讲，手术是可能出现这种虚弱症状的。看起来他几乎完全被这个病情抓住了。

……

问：你当时记载了这些谈话吗?

答：我这里有一些记录。我不认为当时他说的话有些什么特别的地方，但记录了一些他所做的，[以] 模具工人 [的身份]。由于语言问题，他不能在加拿大当模具工人，还有件令他特别失望的事情，他已经在福特汽车公司工作了八年半，大概工作十年的样子，可以拿到终身养老金待遇，这让他深感苦恼。他对康复治疗非常不喜欢。他提到这些。他认为谢多克康复中心做得不够好，我还记录了，他没有得到鼓励，也就是说多少有些沮丧。他说很可能再也不能回福特汽车公司工作了。

……

问：休斯医生，你做的这个手术，是否算是某种紧急情况下的手术，也就是说，是为了对付当时存在的紧急病情？

答：不是。"

[**5. 对被告的主询问**]

被告休斯医生在主询问中谈及最初检查时，在原告左侧颈动脉听到杂音。动脉 X 光片显示原告动脉狭窄，使得血流量显著减少。被告在主询问中的证词接着是以下内容，在上诉案卷第二卷第 334 页以下：

"问：按你的设想，通过拍动脉 X 光片，可以采取什么恰当的医疗措施吗？

答：是的，我的想法是，虽说动脉狭窄并未造成任何明显的神经功能缺损或者任何神经问题，还是应该清除血管阻塞，防止将来中风。

问：依你的看法，用 1970 年的话讲，或是不动手术来防范这个风险，将来会发生什么？

答：我想可以说，在当时，有决定性证据认为，放任这样的动脉狭窄不管，在接下来几年必定会增加中风风险。

问：你是怎么能够判断他的血管系统和病情的？

答：在同一侧动脉靠上的地方有一处小的斑点。在右侧也有一个很小的斑点，就在主动脉分支的那个地方。

问：他［赖伯］表现出任何神经功能缺损迹象吗？

答：没有，他没有。此前住院的时候安排了脑电波检测，都在正常范围内。

问：你跟原告讨论过动手术吗？

答：是的，讨论了。

问：讨论的就是后来实际施行的手术？

答：没错。

问：动脉内膜切除术（endarterectomy）？

答：是的。

问：讨论动手术的事情是什么时候，你对他说了些什么？

答：我想是在拍动脉X光片的次日。当时拍X光片多数是安排在午后，病人下午昏昏欲睡，没有机会跟病人讨论手术。所以是次日讨论的。

问：这发生在六年前，你没有留下记录吗？

答：没有。

问：你当时说些什么？

答：我告诉他动脉狭窄的事实，通过血管的血流量只有正常值的10%或15%，我认为做手术比任病情发展更有利于防止中风，要是不手术，几年内可能会中风。

问：你是否利用了统计数据？

答：我没有用任何实际数据。我用的是关于病情发展趋势的知识。

问：在第一次谈话中，他是否提出了什么问题？

答：没有，他没提问。

问：他当时是否给了答案？

答：我想他当时说希望做点什么。我想他非常担心自己的头疼病，我感到他希望做些什么来改善病情，不仅是动脉狭窄或中风风险。他说，只管做吧，你来安排。

问：你是否认为他的头疼病跟杂音有因果关系？

答：我向他指明了这一点，他向我询问，我不确信是那次谈话还是后来的一次，但我并未告诉他，我不认为头疼必然改善。我告诉他我不认为手术会改善头疼，这是事实。

问：就病情发展将来会发生什么，你是否跟他还有过一次谈话，并解释手术的事情？

答：是的。

问：谈过几次话？

答：第一次谈话后，还有两三次。第一次后，十有八九不止两次，谈过手术的事情。

问：隔了多久？

答：隔了四五天。

问：隔了这么久再去回想，你是否能够区分出几次不同谈话？我一般地问，所有这些谈话总的内容。

答：有一个阶段，我知道绍博医生跟我在一起，我们一起跟患者谈话，绍博医生向患者解释，他能用匈牙利语，我当然不懂；无论如何，他给患者仔细解释了手术，并努力讲清楚我的想法。

豪伊先生：我们处在一个很困难的领域，我理解［休斯］医生在努力做什么。如果他听不懂绍博医生说的，我希望绍博医生来说清楚。

法官：你要传唤他［绍博］吗？

莱德劳先生：我希望可以。

法官：在这样的情况下……

莱德劳先生：那还是坚持对这位医生［休斯］做我能做的［询问］。

法官：他［大概指赖伯］在听人家讲匈牙利语？

答：是的。

莱德劳先生：首先，手术原理是否向原告解释清楚？你是否向原告解释了手术原理？

答：要切开口子（incision-type of thing）［这样的解释吗］？

问：这是一般的说法吗？

答：清除血管中的阻塞。

问：绍博医生也曾在场，绍博医生在场的情况下，你是否跟绍博医生讨论过手术怎么做？

答：我以前跟绍博医生说过，我不知道是否在那个时候同时发生的，但我们正好同时去看患者。

法官：你是否在绍博医生在场的情况下向患者解释过，由绍博医生充当翻译？

答：是这样。

莱德劳先生：在绍博医生充当翻译的场合，你对原告说了些什么？

答：我们认为，依患者最佳利益，动脉应该动手术，恢复血液供应，于是这个问题再次出现［指患者提问］——‘发生事情的可能性有多大，瘫痪？’我确信他用了［瘫痪］这个词。我说我认为不动手术而中风的可能性要大于动手术的风险。

问：他是否问了，无论如何，由于动手术，他可能中风？

答：是的，他是这么问的。

问：你怎么告诉他的？

豪伊先生：这是诱导提问，当然是重要问题。

莱德劳先生：你是怎么告诉他的？

法官：不要诱导，莱德劳先生。

莱德劳先生：你是怎么告诉他的？

答：我再次告诉他，手术防止中风的概率要大于任病情发展而不中风的概率。

问：在动脉手术之前，他还有其他提问吗？

答：我不记得还有什么。他看起非常希望动这个手术，希望振作起来。”

术后，医生前往恢复病房看原告，注意到原告右臂虚弱。原告被转入加护病房，病情恶化。护士召唤休斯医生来加护病房。休斯医生证词如下：

“问：他的病情相较在恢复病房时是否有变化？

答：是的。

问：时间隔了多久？

答：从恢复病房转入加护病房后大概半小时，半小到到 45 分钟的样子。

问：到了加护病房，当时你的看法是什么？

答：我想他可能是中风，我不能确定是否有血凝块、栓塞，或者动脉开始堵塞。他的右臂无力，这可能意味着有小的血凝块从手术缝合线区域往上移动。所以我就想，有非常大的可能性不用做任何事情，可以顺利渡过。后来病情恶化，出现其他要命的病征，原告脑部肿胀，我认为已经无法再做手术，死亡率非常高。

问：什么原因呢？

答：不管是血栓还是颈部动脉堵塞，某个地方梗死，使得脑部出血，血管机能不全，会导致脑部变软，造成虚弱无力；血管越来越脆弱，如果血流量恢复，额外压力会造成脑出血。”

休斯医生还说，很短的时间，大概 15 分钟，据休斯医生观察，原告的病情从脑出血变成半身不遂。这样的患者再动手术会很危险，死亡率在 20% 到 60%之间。主询问中还有更多证据涉及术后护理，如前面指出的，并非本院上诉审阶段的争点。

[6. 对被告的交叉询问]

最后，在对被告的交叉询问中，涉及手术或者不手术的风险信息披露，也摘录在这里。在上诉案卷第二卷，第 361 页以下：

“问：我想讨论风险争点。首先，你是否同意我的说法，在 1970 年，你已认识到你建议赖伯先生接受的手术伴随的特殊风险？

答：是的，有一定风险。实际上是非常小的风险。

问：根据昨天证据调查中我读到的，你的意思是死亡率不到 4%，发病率大约 10%？

答：是的，我想十有八九更低一些。

问：1970 年，你的想法就是我说的那样，对吗？

答：关于证据调查？

问：是吗？

答：是的。

问：你是否同意我的说法，你的每位患者，我不关心你建议的手术的具体操作，都有权利给予知情同意；这是公正的吗？

答：是的。

问：当我们说到‘知情’时，意思是患者有权利充分知晓手术风险和性质，从而得决定是否接受手术？

答：是这样。

问：你是否同意我的说法，每个神经科医生都要根据得到或者没得到患者同意来行事，这是标准？

答：是的。

问：我想确定我们彼此理解。任何手术都有风险？

答：是这样。

问：当我们说到手术的通常风险时，我们是指，比如医生的手术刀滑落造成伤害，麻醉师失误没让麻醉发挥好作用，每一件都是手术通常伴随的事情？

答：是这样。

问：当要施行某台具体手术时，不只要让患者知道但凡手术都会有些多数人都该理解的风险，现在要实施特定手术，你是否同意我的说法，你有义务告知患者特殊风险？

答：是的，或因患者而有小异，但一般来讲，是的。

问：为何说因患者而有小异？

答：有些患者极为紧张、焦虑。

问：害怕？

答：害怕，是的。你向这些患者解释病情，他们会说，我不想知道任何事情，直接做就是了。

问：你是否经常有这样的经历，你向患者解释了手术伴随的特殊风险，你认为手术合乎患者最佳利益，但患者拒绝手术？

答：是的。

问：太过紧张，或者太害怕之类？

答：是的。

问：哪怕他们听说有人做过这类手术？〔1〕

答：是的。

问：在本案中，你是出于自己的意愿去帮助患者［赖伯］？

答：是的。

问：所以你很迫切地希望他接受手术？

答：我认为他一定会从手术中获益，是的。

问：我想问，在本案中，你从未特别地向患者说明手术的具体风险？

答：我甚至不必去说明，因为患者主动向我询问了。

问：换句话说，如果我错了你可以纠正我，他对你说的是，‘是否有瘫痪的可能’或者类似的话？

答：是的，是这样。

---

〔1〕 译注：后面还有半句“and are paralyzed back in Italy, out east, or somewhere else?”，不太理解。

问：换句话说，他向你提出了这个问题？

答：是的。

问：你是否告诉他立即或者术后一两天瘫痪的可能性有多大？

答：没有，我没有告诉他术后的任何具体时间。我告诉他要是不手术，瘫痪的可能性更大一些——不手术的瘫痪可能性比做手术的瘫痪可能性要大。

问：你意图比较不手术与手术的瘫痪风险？

答：是这样。

问：我这么说对不对，你告诉他，如果不做手术会发生什么，你继续对他说，他可能在几年内的某天中风或者类似的事情，突然摔倒？

答：我不知道我有没有说过‘突然’之类的话，但至少他会摔倒。

问：如果不手术，在几年内可能中风，而且发生的可能性非常大？

答：是的，对。

问：但我想问，你并没有特别地告知患者，要是做手术，有中风从而瘫痪的具体风险。你理解这个区别吗？

答：是的，我想他认识到可能中风，因为他问了这个问题。

问：你认为他真正理解中风的含义吗？

答：他说到过‘瘫痪’‘虚弱无力’。

问：让我们看一下证据调查记录的第 14 页第 139 个问题。如果我的朋友反对我说这些，或许他会让我知道。在这页的前面，你告诉法院你如何向患者描述打算做的手术，描述你要做的事情。

问：对。那么他看起来是否理解了手术涉及什么？

答：是的，他理解，事实上他提了关于可能的并发症的问题。这是他问的第一个问题，‘中风的可能性有多大？’。

问：他用了那个词？

答：如果没有用‘中风’，那就是用的‘瘫痪’。

问：你记得不太确切？

答：不［确切］，但我确实记得他问的是关于并发症的事情。

问：你的印象是瘫痪或者类似的事情对他很紧要？

答：是的。

……

问：你是怎么告诉他的？

答：我再次告诉他，或者是第一次，我们认为机会更大，不做手术——我想我是从反面表达的。相比放任不管，手术防止中风的机会更大。

问：所以实质上，你告诉他，做手术的情况会好过带着疾病不做手术？

答：是的。

问：果真如此？

答：果真如此。

问：你是否同意我的说法，关于手术不管你对他说过其他一些什么，你并未跟他讨论过手术导致中风或瘫痪的风险百分比？

答：我未提及任何统计数据。

问：我关注的是，原告说，‘如果我知道，如果你，休斯医生，告诉了我，手术可能导致立即中风，那么我会做完全不同的选择。我相信，不管我走哪条路，如果做了手术，我都有可能最后会中风。’你听到这句证词吗？

答：是的。

问：那你对这句证词有什么说法？

答：我不认为他添加了任何时间限制。

问：他没有添加任何时间限制。我想问的是，你没有告诉他接受手术是以积极方式去冒险，也就是做手术有在术后立即中风并导致瘫痪的风险？

答：我没有说得那么具体。

问：你不认为患者有权利知道这些具体内容，从而做出知情同意表示或者拒绝同意？

答：嗯，我想事实是，我已经说了，我们谈论的是四年或五年，如果不手术会得中风，我想我们谈的是同样的时间间隔。我说的并不是一天、一个月或一年。

问：你是否认为，你的患者十有八九处在这样的状况，他会认为，如果不手术，相比接受手术，在四五年里有更大可能中风？

答：是的。

问：我的意思是，他并没有理解，你也没有告诉他，如果动手术，是在冒中风从而瘫痪的具体风险？

答：我们只是讨论手术或不手术的风险，并未提到术后何时会中风的时间限制。

问：证据调查记录的第 18 页，第 172 个问题。

问：赖伯先生是否问过你，是否可能在术后瘫痪？
答：［像你刚才所说］这么多的话吗？
问：或者类似的话？
答：嗯，大致是的。他说，'手术瘫痪的可能性有多大？'
问：你回答了吗？
答：是的。
问：你怎么说的？
答：我告诉他，手术瘫痪的概率要小于不手术而中风的概率。
问：这就是你的回答吗？你是否同意这就是你告诉他的内容？
答：是的，我会这样说。
问：假定那是他说的？
答：是的。
问：稍后面的位置。'医生，这个我不太理解'，确实讨论了瘫痪，是吗？
答：是的。
问：我从你前面说的得出，你们每次讨论的要点是，'你看，你要是不做手术，你就有中风的风险。所以，你做手术要比不做手术更好一些。'［对吗？］
答：是的。
问：你是否问过这个问题，你是否回答过这个问题？
答：在证据调查中？
问：是吗？
答：是的。
问：是真的吗？
答：是的。"

有些交叉询问的内容涉及再次手术的问题，就此点，只引用一处回答：

"问：换句话说，在 1970 年，患者已经接受了颈动脉内膜切除手术，你认为不可能再次手术；是这样吗（is that fair）？
答：我想是这样。"

休斯医生稍后重申立场，由于死亡可能性非常高，无法再做手术。

（五）违反信息披露义务：审查下级法院的裁决

吾人以为，证据记录充分支持初审法官认定的事实，即医生告知原告的或者原告理解的不过是，做手术要比不做手术更好。这并非对手术附随风险的充分说明；被告根据自己的执业经验完全了解，自己做过六七十台此类手术，有八到十台手术导致患者死亡。虽说死亡率在1970年以后降低，但发病率依休斯医生的说法仍在10%左右。初审法官对下面事实的认定也是正确的，即原告关心的是持续头疼，又发现有高血压，故原告［对医生披露的信息］形成的印象是手术会减轻头疼和高血压，好继续自己的工作。休斯医生在证词中说得很清楚，该手术并不会治愈头疼，但如初审法官认定的，休斯医生并未向原告讲清楚。

上述事实认定都有证据基础，并不依赖上诉法院多数意见批评的任何所谓统计数据。虽说代表上诉法院多数意见的布鲁克法官看起来不太重视初审法官认定的事实，盖后者未特别认定证据可靠性，但吾人以为很清楚，初审法官的结论中包含了对证据的权衡，从而估测了证据对待决争点的相对价值。被告证词前后不一，初审法官在判决说理部分也指出此点，在认定事实时不得不调和这些矛盾。比如，被告在接受主询问时说，自己告知了原告手术有中风风险，但接着在交叉询问时又说，手术风险微乎其微。还是在交叉询问中，被告又说并未告知患者手术有中风风险，可能发生在术后任何时间，并且反复叙说，不手术的瘫痪风险要大于手术的瘫痪风险。（这也是被告方面的专家证人拉菲特医生唯一出具证词的内容，涉及接受手术或不手术的风险。不过拉菲特医生的证词几乎完全指向术后医疗照护以及再次手术是否可行，并认为不可行。但前面已指出，术后医疗照护并非本次上诉审的争点。）此外，被告把案涉风险理解为几年内的风险，而不是即时发生的风险。诚然，在交叉询问中，当被问及是否告知患者手术有中风风险时，被告答道，“我没有细说（I didn’t say that specifically）”。此际，要决定哪些证据可以采信，又要从中得到怎样的结论，初审法官（本案中是位经验丰富的法官）要比上诉法院或者本院处在更为有利的位置。

在前面引用的布鲁克法官代表多数意见发布的上诉法院判决说理部分，〔1〕就被告是否告知原告手术有中风风险这个关键争点，有两条进路。在引用的

〔1〕 译注：参见“（三）上诉法院［对初审判决］的评判（assessment）”。

第一个段落中，博学的上诉法院法官看起来认为，初审法官认定的事实是原告并不知晓相关风险。这显然是对初审法官结论的正确评估。可布鲁克法官接下来处理案件和证据的思路似乎是认为被告部分地而不是充分地告知了案涉风险，并由此出发评估了初审法官援引的数据，认为对数据的使用有错误。在引用的第二个段落中，布鲁克法官考虑了这些数据，并未理会初审法官关于被告未披露手术固有风险的认定。吾人以为，上诉法院直接处理该争点是不对的。被告自己的证词已承认在披露信息上有不足，即便原告已经就自己面临的手术风险提问，［被告也未充分说明，］怎么还能怀疑被告是否违反了信息披露义务呢？

实际上，在上诉法院判决的另外一个段落中（前面没有引用），似乎支持初审法官关于被告未恰当披露手术风险的认定。布鲁克法官就此写道：

> “被告并未特别讨论手术会有死亡或瘫痪风险这个问题，被告解释说，以为患者已知晓该风险，盖在讨论手术时问过相关问题。被告认为不必提供更多细节。”

如此看来，对本案的核心争点，一二审法院都认定了对被告不利的事实（concurrent findings）。

在初审法官的判决中可以看到诸多考虑，对此并无争议。首先，并没有必须动手术的紧急情况。并没有能观察到的神经功能缺损。被告自己也判断中风风险大概在四五年后。即时风险来自手术，而非拒绝手术。其次，被告一定很清楚原告说英语有些困难，故医生应确保患者已经理解相关信息。最后，并无证据显示，原告情绪紧张或者无法接受手术会带来重大风险的真实信息。在上诉法院判决多数意见的说理部分，并未看到任何证据基础可以质疑初审法官关于被告违反信息披露义务的裁决。当然，医学证据对于判断该义务的内容很重要，虽说如此，还是由事实审理者决定该义务的范围并判断是否有义务违反情形。如前面说过的，初审法官利用的所谓统计数据并不影响其关键裁决的根据。可上诉法院认为，初审法官并未以应有的注意检视因果关系争点。初审法官并未忽视此点，哪怕你认为初审法官本来可以在这个问题上更深入一些。是以，仍然存在的问题是，这是否为命令重审的充分依据。

（六）因果关系

在本案中，处在原告位置的理性人是否会在案涉特定时间拒绝手术，关乎该争点的是以下事实：原告继续工作，即可以一年半内拿到［终身］养老金待遇；当时未表现出神经功能缺损；没有必须立即动手术的紧急情况；手术包含中风或者更严重后果的重大风险，而不手术虽也有中风风险，但风险不在眼前，没有确定时间，或者只能估计大概在未来三五年。基于初审法官认定的事实，由于被告违反信息披露义务，原告形成错误印象，以为手术会减轻持续的头疼，从处在原告位置的理性人角度看，这也不利于在当时做出接受手术的决定。

吾人以为，基于或然性权衡，处在原告位置的理性人在案涉特定时间应该会选择不手术，而不是接受手术。

结论

故，照准上诉请求，撤销上诉法院的命令，维持初审判决。上诉人有权利要求对方支付全部诉讼费用。

乙帙　非法侵犯：法院命令的剖宫产

在非法侵犯诉因下，责任构成较为简单，证明责任也对原告更为友好。这个诉因针对的是超出日常惯行容忍限度的身体接触，保护的是身体完整，也就是说原告只需要证明医疗措施对患者身体的侵袭即可，不以在侵袭本身之外造成患者死亡或健康损害为要件。哪怕医疗措施在医学上非常成功，挽救了患者生命或者恢复了患者健康，亦无碍该诉因成立。医生的过错表现为，明知未获患者同意而施治。在此类责任构成下，因果关系一目了然，不必特意证明。[1]至于患者同意，系用于排除医疗措施的不法性，是最为常用的抗辩事由，[2]由被告也就是医疗服务人承担证明责任。

依中文文献通常的提法，患者有同意权或决定权，相对地，医疗服务人负有取得患者同意的义务。[3]司法解释即如此表述，称“取得患者或者患者近亲属明确同意的义务”。[4]但自严格法教义学立场言之，医疗服务人并不负有取得同意的积极义务。难不成未说服患者接受手术，医疗服务人就要承担责任吗？医疗服务人在这个阶段的义务，首先是向患者提供充分信息，包括推荐医学上合适的治疗方案；其次是遵循患者指示，不忤逆患者意思，也就是说，是未经同意不得施治的义务。

患者拒绝治疗或者向医疗服务人发出特定指示，可能出于各样理由，也许是基于严肃的理性衡量，也许是受迷信蛊惑，都无关紧要。尤其重要的是，患者不必向医疗服务人解释自己选择的正当性，不能认为“患者对于常规的治疗方案表示拒绝或异议，需要说明理由”。[5]这是比较法上牢固确立的原

---

〔1〕 在甲帙的博德诉刘易舍姆与格林威治全民医疗服务基金案中，上诉人的律师即指出此点（判决第 14 段），不过理查德法官的判决未就此表态（判决第 26 段）。

〔2〕 See e. g. *Re F* (*a mental patient*: *sterilization*) [1990] 2 AC 1 (HL) 73（“某种医疗措施，哪怕针对的只是微疾小恙，亦不能列入日常身体接触范畴。一般规则是，其欲为合法，患者同意乃为必要”）.

〔3〕 参见程啸：《侵权责任法》（第三版），法律出版社 2021 年版，第 641 页（“说明及取得同意之义务”）；徐涤宇、张家勇主编：《〈中华人民共和国民法典〉评注》（精要版），中国人民大学出版社 2022 年版，第 1285 页（“医务人员说明与取得同意的义务”）。

〔4〕《最高人民法院关于审理医疗损害责任纠纷案件适用法律若干问题的解释》（2020 年修正）第 11 条第 2 款第 3 项。

〔5〕 叶欣：“患者知情同意能力研判”，载《法学评论》2022 年第 2 期。

则。医疗服务人认为患者决策不合理性、在医学上不成立的，只能也必须尽力说服患者放弃或改变决策。违背患者意志施治的，依知情同意法律规则承担责任；未以善良管理人的注意努力说服的，依诊疗过失法律规则承担责任。倘若患者病情并非危急，医疗服务人亦得拒绝施行不合理或者医学上不成立的患者指示，劝说患者转院。

圣乔治全民医疗服务基金诉 S 女士案

St George’s NHS Trust v S［1998］3 All ER 673

上诉法院民事法庭（Court of Appeal, Civil Division）：巴特勒-斯洛斯法官（Butler-Sloss）、贾奇法官（Judge）、罗伯特·沃克法官（Robert Walker）。

贾奇法官于 1998 年 5 月 7 日代表法院发布判决如下：

贾奇法官

（一）小引

1996 年 4 月 25 日，S 女士在伦敦一家全民医疗服务系统地方诊所登记为新患者；这位女士生于 1967 年，是兽医护士。S 女士妊娠大概 36 周，未曾寻求过产前医疗服务。诊所迅速诊断病情为先兆子痫（pre-eclampsia）。诊所告知 S 女士需要紧急照护，卧床，入院引产。倘不接受这些治疗，母子的生命健康都面临危险。S 女士完全了解潜在风险，但仍拒绝诊所建议，希望孩子顺产。

看护 S 女士的是社工路易丝·柯林斯（Louize Collins）（依 1983 年《精神健康法》核准资格），还有两位医生，即卡萝林·奇尔（Caroline Chill）、西沃恩·杰弗里斯（Siobhan Jeffreys）（依《精神健康法》第 12 条第 2 款注册的合格医生）。社工和医生反复劝说，S 女士固执己见。柯林斯遂依《精神健康法》第 2 条，申请将 S 女士送入精神专科医院接受“评估（assessment）”。两位医生签署了书面建议文件。4 月 25 日晚，不顾其反对，S 女士被送入斯普林菲尔德医院。

午夜前，再次不顾其反对，S 女士被转往圣乔治医院。由于 S 女士从始至终强烈反对治疗，圣乔治医院遂向家事法院豪格法官（Hogg J）提出单方申请，豪格法官发布判决，照准施治请求，不必征得 S 女士同意。圣乔治医院遂施行剖宫产手术，晚上 10 点，S 女士娩出一女婴。S 女士苏醒后表达出强烈憎恶情绪，最初不肯接受孩子，还好天然纽带现已将两人牵在一起。

4月30日，S女士又被送回斯普林菲尔德医院。5月2日，依《精神健康法》第2条对S的羁留（detention）结束，S女士立即离院。

在将S女士当作病人羁留期间，医院并未针对精神障碍或精神疾病采取特别治疗措施。

事实上，从4月25日到5月2日，涉及S女士的医疗和法律措施，每一步都要受批评，而吾人必须考虑如下重大问题：怀孕妇女的意志自主以及孕妇的自主决定权对胎儿的影响，《精神健康法》诸多条款如何正确适用，以及高等法院在单方听审程序中发布的判决对于被不法羁留在医院的妇女的权利会有怎样的影响（羁留依据是据该法发布的命令）。S女士循下面两条路径寻求救济：一是针对豪格法官的判决提起上诉（*St George's Healthcare NHS Trust v S*）。二是请求对下面这些决定予以司法审查（*R v Collins and others*, *ex parte S*），即依《精神健康法》第2条，将S女士收入并羁留于斯普林菲尔德医院；将S女士转送至圣乔治医院予以羁留及治疗；向豪格法官提出申请；从开始到分娩，采取的一切医疗措施；将S女士转送回斯普林菲尔德医院治疗。全体法官同意照准原告的司法审查申请，虽说这申请来得太过迟误。同样照准针对豪格法官不合时宜判决的上诉申请。上诉法院应将前述司法审查申请与上诉申请合并审理。

（二）事实

首先要详尽分析案情事实，如此方能恰当理解案涉议题。呈现在法律程序中的这些证人誓词（affidavits）、相关回忆和补充材料包含几处重大冲突。但材料中也包含相当多的实时记录，或在相关事实发生后不久，记录人记忆还很清楚时的记录。依据这些文档，必要时以证人誓词为强援，忽视那些事后自我辩解，遂可得到合理的事实图景。

S女士4月25日早上来到奇尔医生的门诊，此前从未来过。S女士当时妊娠36周，病史显示，S女士在1993年曾终止过9周的妊娠，1995年12月有过流产经历。S女士与胎儿父亲不久前刚结束关系。检查时，S女士病征表现为严重先兆子痫、严重水肿（到了腹部）以及蛋白尿。奇尔医生建议尽早分娩，遭拒绝。经S女士允许，奇尔医生跟也在门诊的全科医生基奥交谈，基奥两天前看过这个病人。基奥提及中度抑郁症的早期诊断。奇尔医生重复了适才的建议，S女士再度拒绝，奇尔医生遂安排一位有资格的社工和当班精神科医生接手S女士，社工马上赶到门诊，精神科医生也在两小时后到达。柯林斯稍后完成的评估报告称，奇尔医生“启动了《精神健康法》的评估程序，盖担心S女士的精神状态影响其对自身及胎儿的医疗决定”。S女士就在门诊等着。看起来，S女士对等待社工及精神科医生到来感到很高兴。S女士就待在门诊，跟柯林斯、奇尔医生、杰弗里斯医生长时间交谈。看起来S女士完全理解，倘不接受治疗，胎儿可能会死亡，自己也可能死亡或者严重残疾。S女士的看法是，应顺应造化。虽然未能展示谈话中浮现出来的翔实材料，但S女士发表的看法中有好多矛盾之处确实记录下来。比如，虽说拒绝住院，S女士却还是来到门诊；虽说希望顺产，却说不出如何将孩子娩出。柯林斯稍后记录道：

“S女士时或看起来很伤心；承认自己八成得了抑郁症；最近麻烦多多，(男女）关系、住房、换工作，还有怀了孩子，S女士说不想要，一生下来就交给孩子的父亲。”

奇尔医生向社工建议，S女士的身体状况需要紧急医疗照护，S女士的“精神状态可能削弱其做决定的能力”。杰弗里斯医生建议，S女士“八成是抑郁症，最好给予一段时间来评估，将其保护和控制起来，监控其病情并予治疗”。两位医生都认为S女士需要某种形式的医疗干预，不能如S女士自己要求的那样将其丢在那里不管。

基于两位医生的建议，加上自己的评估，柯林斯认为应依《精神健康法》第2条提出申请。柯林斯在评估报告最后写道：

“我一直劝说S女士接受不那么束缚人的选项，也就是我们两人一起去圣乔治医院产科，可以立即接受引产服务。反复劝说无果，S女士还是拒绝，我认为别无办法，只有将S女士羁留于安全处所，予以评估，并由全科护士和精神科护士监控其极为严重的病情。我不认为精神科病房是患者最好的处所，但我确实感到S女士病情危重，需要某种形式的安全约束、病情评估，并在必要时立即治疗。”

上面所说“极为严重的病情”指先兆子痫。没有明确提及抑郁症的治疗。S女士所拒绝的治疗，目的在于降低患者及胎儿的生命健康风险。

杰弗里斯医生和奇尔医生完成了1983年《精神健康法》第四部分要求的书面文件。两位医生都认为，S女士“罹患精神障碍疾病，依疾病的性质及程度，确有根据羁留”于医院，评估病情；为S女士本人健康和安全利益计，“也为了保护他人”，“应予羁留”。补充的部分有奇尔医生签名，这无关紧要。“他人”只能是指怀着的胎儿。

依书面申请文件的要求，也是文件的必要部分，两位医生解释了为何认为非正式住院（informal admission）不可取。奇尔医生解释说：

“患者情绪抑郁，对自己漠不关心，拒绝自愿接受治疗。有先兆子痫，可能患严重并发症，需要评估、监控并加治疗。倘不加治疗，有伤害自己及胎儿的潜在风险”。

杰弗里斯医生解释说：

“患者拒绝治疗，不肯自愿住院。看起来极为抑郁，表现出将自己看得很低，对于自己这么严重的疾病，不加治疗会有怎样的后果，漠不关心。患者是孕妇，其举止将自己以及胎儿的生命都置于险境。”

这些文字都经过仔细检视。奇尔医生很担心母亲及胎儿的健康及安全。关注重心是先兆子痫及可能的并发症。杰弗里斯医生的担忧也显而易见，即患者病情严重，患者及胎儿都处在极大伤亡风险当中。都没有提到对精神障碍或抑郁症的治疗，但正如申请文件指出的，S女士应该住院“评估”。

4月25日晚，S女士被送至斯普林菲尔德医院的时候，院方向其解释了其依《精神健康法》第132条享有的权利，S女士完全理解自己的处境。专科医生马金（Dr Maginn）特别认真地检查了患者身体，诊断为先兆子痫和抑郁症。S女士还是那么固执，拒绝以医疗手段干预妊娠。晚上10点30分，院方认为S女士需要“安置于产房”。母子都面临风险。S女士说，“如果自己死亡，就不会再受打扰，孩子死去也更好些”。S女士亲笔写道，“极为反对任何医疗或外科干预”，并称“极为清楚，医疗干预违反我的意愿，我认为那是对我身体的侵犯（assault）”。还是在这封措辞清楚的函件中，S女士说第二天要尽可能早地寻求法律咨询帮助，称自己“不打算同意在圣乔治医院住院接受产科服务”。但就在4月25日到26日的夜间，午夜之前，在斯普林菲尔德医院停留不过几个小时，S女士就被转送至圣乔治医院。那些负责任的人，并未依1983年《精神健康法》及条例的规则行事。并没有任何滥用权力的意图，但出于过失（当时两家医院间的协议刚刚变动不久，几乎可以肯定是这点引起的），转院及嗣后羁留皆为不法。在圣乔治医院，没有人依《精神健康法》第132条向S女士披露法律要求的信息。那些对羁留S女士负责任的人，在既不合乎《精神健康法》第17条关于准许外出的规则，也不合乎第23条关于出院的规则的情况下，不顾S女士的意愿，就将S女士转往这些人所谓的另外一个羁留场所。S女士并非《精神健康法》第18条所说的未经许可而外出。S女士没有获得自由；S女士并未自己离开斯普林菲尔德医院。S女士继续受到羁留，依据则是被错误认为合法的转院。

将S女士收入圣乔治医院时，转院函记载，S女士由于"抑郁症"被强制入院治疗（sectioned）。产科的专科医生格林（Dr Green）马上查看S女士的情况。S女士态度不变，还说想去威尔士，孩子可以在谷仓里出生。医生告知其胎儿可能死亡，S女士回应说对妊娠或孩子并不关心。格林医生描述病人有些狂躁，对于违背意愿的羁留显然很愤怒。S女士的先兆子痫仍很严重。

妇产科医生苏尔坦（Mr Sultan）简单查看了S女士的病情，而后就是漫长不安的一夜。到早上，S女士还是拒绝对胎心的任何检查。苏尔坦医生早上8点45分来看患者，S女士更为坚决地拒绝治疗或检查。S女士的病情让负责的医疗团队愈发担心、焦虑。医疗团队征求医院管理人安德莉娅·萨克列夫（Andrea Sutcliffe）的意见。医疗团队当时的看法是，"精神科医生已细致指出，《精神健康法》第2条只允许评估，故不能对S女士施治"，且S女士的病情"不影响其精神健康，不能采取进一步行动。患者意愿应予尊重"。医院认为要赶紧寻求法律帮助，安德莉娅·萨克列夫遂联系全民医疗服务基金医院的律师事务所贝文·阿什福特（Messrs Bevan Ashford）。安德莉娅·萨克列夫和该所律师西蒙·林德赛（Simon Lindsay）交流时讨论了若干问题，最重要的是S女士对治疗的同意能力以及S女士的病情是否危及生命。当时，两个问题的答案都是肯定的。虽说这两个问题已提出，杰弗里斯医生却再次检查了S女士的病情，这次是在圣乔治医院。检查的准确时间不清楚，大概是11点30分开始的。

杰弗里斯医生记录道，S女士看起来"时或忧愁、哀伤"，但S女士否认感到抑郁或者最近体验到抑郁症的任何生物学症状。医生指出，S女士还是

“对下面的事实极度冷漠，即先兆子痫不治疗的话，会导致死亡或者脑部严重受损”。依据检查记录，S 女士对自己态度的解释前后不一。比如，S 女士在 4 月 25 日说“害怕”针刺和注射，但这次检查时说并不害怕。S 女士不能向杰弗里斯医生“充分解释”为何自己对于将发生些什么毫不关心，但还是声称自己坚信妊娠乃造化之功，任何干预都应避免。杰弗里斯医生称，S 女士看起来“完全理解”医生建议的医疗措施，理解治疗的理由、拒绝治疗可能危及生命的严重后果。在检查报告的最后，医生记载说 S 女士的同意能力“看起来完好无损（inatct）”，认为其“精神状态不会影响同意能力”。

医生请 S 女士解释自己的立场有何道理。S 女士应允，以毫不含糊、异常清晰的措辞，亲笔书写以下文字：

“应资深专科医生杰弗里斯之请，我亲笔写下这些文字，以澄清在罹患疾病时（尤其是眼下，先兆子痫），我对于医疗干预或外科手术的立场以及顽固坚持的理由。第一，我是有资质的兽医护士，是以完全能理解医学术语，要是医生使用了我不熟悉的术语，我很乐意询问，请医生说明。第二，我完全了解先兆子痫可能危及生命，即血压会升高，导致脑出血、休克，倘不加治疗，会导致死亡；也可能，由于不能代偿，致全器官衰竭，最终死亡。第三，对于涉及自身的医疗事务，我向来持有鲜明观点，格外希望造化‘顺其自然’，不要干预。我完全理解，在特定情形，这会危及我的生命。我认为死亡是某些疾病自然的、不可避免的终点，对自然事件不要干预。这个信念并不依附于怀孕事实，但同样适用于眼下的任何疾病”。

同时，S 女士仍对受羁留感到极为愤怒，毫无疑问，对反复的询问也感到有压力。S 女士电话联系律师。医院记录显示，在 12 点到 13 点之间，S 女士跟律师谈话半个小时。律师威廉 · 贝利（William Bailey）建议，若 S 女士不想治疗，有权拒绝。这跟 S 女士自己的理解一致。医院记录清楚表明，到 26 日 13 点，负责 S 女士医疗的人知道，S 女士拒绝任何形式医疗干预的想法没有改变，而且正如 25 日函件中表明的意思，其已经联系了律师。还有，不管后来会发生什么，依《精神健康法》第 2 条将 S 女士收入医院时起到重要作用的那位精神科医生［当指杰弗里斯］，当时仍认为 S 女士的同意能力完好无损。

代表医院提交给法院的申请书，由医院的法律顾问奈杰尔·皮特（Nigel Pitt）在午餐休息时间完成。在起草申请书前，皮特跟贝文·阿什福特律师事务所的乔安娜·劳埃德（Joanna Lloyd）沟通。皮特从乔安娜那里了解到，S女士已阵痛24小时，母子的生命都处在危险中。皮特又跟医师团沟通，包括负责妊娠医疗的那些医生，跟安德莉娅·萨克列夫及杰弗里斯医生交谈。据皮特回忆，杰弗里斯说S女士同意能力完好无损，但补充说，“精神状态（mental/psychiatric state）会影响同意能力”。医生告诉皮特，S女士理解拒绝治疗可能带来死亡后果，而且“其决定并未受任何他人、对事实的任何错误假定或误解的影响”。苏尔坦医生建议，倘不加治疗，“孩子极可能死亡，S女士也可能死亡”，要“争分夺秒”。

阵痛并未开始。皮特从哪里得到S女士已阵痛24小时的消息，仍不清楚。杰弗里斯医生确认，两人交谈时，自己告诉皮特，S女士“有能力同意或拒绝治疗”。杰弗里斯医生稍后想到这个难题，并通过电话与斯普林菲尔德医院的一位司法精神病学家深入讨论，在会上也和该院另一位精神科医生有过简单交流。当天晚些时候，杰弗里斯医生还跟西蒙·林德赛律师讨论这个问题，并在短时间内改变了观点。

午餐时间，代表医院提出单方申请的准备工作就绪。听审由豪格法官主持。没有证据提交到法庭，相反，依紧急申请场合的通常做法，严谨的程序事宜得暂且放置一旁。皮特告诉法官，S女士阵痛已24小时，无意中误导了法官。皮特说，S女士先兆子痫病情严重，若不治疗，母子都很可能死亡。法官理解皮特的意思是，这是“生死关头，没多少时间了”。律师赞成。法官注意到如下事实，即S女士是依《精神健康法》第2条被收入医院接受精神状况评估的，评估是“持续的（ongoing）”，到庭审时，只能诊断为“中度抑郁（moderate depression）”。S女士拒绝“任何形式的医疗干预”。除此之外，同意能力问题并未再涉及。法官并未询问该问题；律师并未主动提供刚从杰弗里斯医生那里得到的信息。[代理圣乔治医院的]皇家大律师菲利浦·哈弗斯（Philip Havers QC）认为根本不用讨论该问题，盖整个听审程序中，都假定S女士有同意能力。倘若如此，实在讲，听审程序中竟无人意识到这个事实的重要性，真是大不幸，正是这样，豪格法官所知道的不过是，S女士是依《精神健康法》被收入医院接受评估的病人。

皮特先生向豪格法官提到鲍尔斯和哈里斯的《医疗过失法》（Powers &

Harris, *Medical Negligence*, 2nd ed., 1994)、斯蒂芬·布朗爵士在拒绝剖宫产案中的判决［*Re S*（*adult*: *refusal of medical treatment*）［1992］4 All ER 671, per Sir Stephen Brown P］，以及《医疗过失法》援引巴尔科姆法官在胎儿监护案中的议论［*Re F*（*in utero*）［1988］2 All ER 193, per Balcombe LJ］，巴尔科姆法官指出，控制胎儿母亲的做法会影响个体自由。豪格法官注意到该判决，并决定遵循拒绝剖宫产案的立场。上议院的F诉西伯克郡卫生局案［*F v West Berkshire Health Authority and another*（*Mental Health Act Commission intervening*）［1989］2 All ER 545，以下简称“西伯克郡卫生局案”］判决则未引起各方注意。

S女士已聘请律师且S女士与律师都不知晓该听审程序，如此重要的情节竟无人告知法官，听审即告结束。没有人提及是否有必要让官方律师参与进来。[1]那个时候，没有人意识到S女士被羁留于圣乔治医院并不合法。

法官曾问早产到了什么程度。医院的法律顾问没把这个问题当回事，法官也没再提出该问题，未再涉及此点即发布判决。详述医院对法官如此回应的无礼之处，也无甚裨益。在应单方紧急申请启动的听审程序中，法官认为重要的任何问题，都应予准确回答。另外，听审结束后没有做任何事情来确保合乎恰当程序要求。诚然，从技术上讲，未曾发生过诉讼，医院也不曾提交誓词证据（affidavit evidence）来证实皮特先生对法官讲的话。这些疏漏不应再发生。

发布给圣乔治医院的判决文字如下：

“虽然S女士拒不同意，但本院判决：第一，得采取一切必要检查措施，以诊断严重先兆子痫病情的病因并予治疗；第二，得对胎儿采取一切必要检查措施，以决定何种分娩方式最为妥当；第三，视检查结果而定，准许对母亲及胎儿采取必要医疗措施，包括全身麻醉下的剖宫产。”

“麻醉”前面最初用的是“同意（agreed）”一词，后改为“全身（gener-

---

〔1〕 译注：官方律师（Official Solicitor），原为衡平法院官员，依1873年《司法组织法》（Judicature Act）转属高等法院，现通常称为最高法院的官方律师（Official Solicitor of the Supreme Court），根据法院指令，代表无行为能力人参加诉讼，探访在押的藐视法庭的人，在大法官分庭需要时为其提供事务律师服务。参见薛波主编，潘汉典总审订：《元照英美法词典》，法律出版社2003年版，第999页。

al）”，准确表达了法官说的话。

诉讼费稍迟决定。待孩子产下，倘认为孩子的福祉有什么麻烦，豪格法官说可以再来法院。豪格法官补充说，“要是母亲对本判决提起上诉，那就意味着起作用了（it has worked）”，这句话不太容易理解，应该是指，母亲要是上诉，意味着母亲的生命得到挽救。

与此同时，杰弗里斯医生在跟西蒙·林德赛交流后，重新考虑了先前发表的结论，即S女士的精神状态并未影响其同意能力。杰弗里斯医生修改了记录，“我认为，S女士当下的精神状态可能（*may*）影响了其同意能力”。杰弗里斯医生记载说，“尽管诊断结果或许并不清晰，也不能排除”精神障碍，但这些内容注明为基于修订意见而补入。杰弗里斯是这么对西蒙·林德赛讲的：“不能排除S女士的精神状态影响其同意能力的可能。并不敢肯定地说确实影响了。S女士理解面临的风险。”法官考虑了精神分裂症病人拒绝治疗案判决［*Re C*（*adult*：*refusal of medical treatment*）［1994］1 All ER 819］，称本案涉及的情况是“对自己的死活极度漠视”。

判决下达，安德莉娅·萨克列夫得到通报，安排杰弗里斯医生向S女士解说法院的命令。S女士重申反对任何医疗干预的立场。

当天刚过17点，安德莉娅·萨克列夫向S女士出示豪格法官判决的副本，并表达了同情之意。S女士看起来很疲倦，虽说还是拒绝任何治疗，但安德莉娅·萨克列夫认为看起来S女士已“认命（resigned）”，但据证人誓词看，当时在现场的其他人并不赞成这个观点。S女士质疑法院命令的措辞，要求将法院命令的副本传真给自己的律师。当时的文本中还有“同意（agreed）”两字。S女士很快就跟律师通过电话取得联系。通话结束后，S女士没有做出“积极抵抗”姿态。事实上S女士已想好，以身体抵抗并被镇压，有失尊严，遂静卧，未示抗拒，大约17点20分，S女士进入用药后的镇静状态。很快，S女士的律师电话联系贝文·阿什福特律师事务所。

判决副本的措辞引起关切，S女士的律师解释为，麻醉必须经过自己客户的同意。这跟S女士的说法吻合，S女士说律师就是这么建议的。措辞最终得以澄清，但无论如何，打这通电话的时候，最终走向剖宫产的医疗程序已经启动。

18点30分，导管插入。开始监控胎心。胎儿处境困难的迹象很明显。医生认为应紧急实施剖宫产手术。20点35分，获知要剖宫产，S女士明确拒绝签署同意书。医生施打麻醉剂，依豪格法官的命令实施剖宫产手术，孩子于

22 点诞下。

或主张，17 点过后，S 女士很配合医疗程序，至少没有积极反对，表明已同意手术；但 S 女士在 20 点 35 分拒绝签署同意书这个反应毫无疑问表明，其立场并未改变。即便没有那份文书，眼下全部文件营造出的整体氛围也表明，根本不需要额外的证人誓词，S 女士在任何阶段都从未同意或者看起来同意过手术。在这让人筋疲力尽、精神倍受折磨的情境下，又面对法院命令，S 女士停止抵抗。这不是同意，而是屈服（submission）。

还有主张，法院应审查关于 S 女士同意或拒绝能力的证据，并从现有书证推论得出其无同意能力的结论。即便依据［代理圣乔治医院的］哈弗斯先生提到的材料，本案也没有什么其他处理方式，还是要由医院提交给豪格法官。S 女士清楚知道自己在做什么；不必借助任何假定，也不管怎么检测这个问题，没有充分证据表明 S 女士的同意能力在 4 月 26 日有什么问题。当天 20 点 35 分，医生最后一次努力说服 S 女士同意治疗，这更强化了刚才的结论：倘当时认为 S 女士欠缺同意能力，这个努力就是纯粹浪费时间了。

又度过一个不安之夜，S 女士于早上 7 点 15 分醒来。S 女士对医院再次违背自己意愿的行径深感愤怒，称自己遭到身体侵犯（physical assault）。医院说这是为了母子好，S 女士说这是“观点问题”。4 月 27 日一整天，S 女士都对发生的事情愤愤不已，对于已抛弃的孩子毫无兴趣，并寻求收养。

4 月 28 日和 29 日，S 女士仍停留于圣乔治医院，接受产后医疗服务。S 女士的态度没有变化。29 日，杰弗里斯医生再次检查了 S 女士的精神状况。杰弗里斯医生注意到 S 女士仍然“对过去几天发生的事情极为愤怒、失望”，重申了此前对杰弗里斯医生表达过多次的同样观点。S 女士“顽固（tenaciously）”坚持这些想法，看起来完全无力思考，既“不能也不愿想想，要是医生不介入，会发生什么，也不考虑孩子将来的福祉”。诊断结果仍不清楚，“？非典型抑郁症，强烈否认？个性因素与生活事件相互作用”。

到 4 月 30 日早上，不再需要将 S 女士安置于圣乔治医院接受医疗服务。S 女士遂又被转送回斯普林菲尔德医院，17 点 30 分乘救护车离开圣乔治医院。S 女士跟自己的律师简单交谈，要求律师向精神健康审查法庭（mental health review tribunal）上诉。

次日，S 女士的负责医生精神科顾问医师费舍（Dr Fisher）检查了 S 女士的健康状况。虽说 S 女士还是很愤怒，疏远自己的孩子，但费舍没有发现精神疾病的明显证据，无论如何“精神状态没有异常”。S女士不会给任何人带来显著持续的风险。再次日，费舍医生决定，《精神健康法》第2条的命令可以撤销了。医院建议S女士还是待在医院，但S女士立即出院。

现在可以讨论本件上诉案中的原则议题了。

（三）意志自主

即便生命完全依赖医疗维持，心智健全的成年人也有权拒绝。这是对个体意志自主以及自我决定权的表达。为免重复表述减损该原则的影响，还是援引上议院最近在艾尔代尔全民医疗服务基金诉布兰德案中考虑自我决定权时那些力量十足的高论为妥：

“首先要说的是，未经心智健全且神志清醒的成年人同意即予施治，乃为不法，构成非法侵犯身体的侵权行为及犯罪，参见西伯克郡卫生局案。心智健全且神志清醒的成年人得完全自由地拒绝接受治疗，哪怕拒绝治疗会导致死亡。” （*Airedale NHS Trust v Bland* [1993] 1 All ER 821，860，per Lord keith.）

“公认立场是，自我决定原则要求必须尊重患者意愿，心智健全的成年人拒不同意接受能够或可能延长其生命的治疗，不管该决定多么不合理，负责治疗的医生都必须落实其意愿，哪怕医生认为这并不合乎患者最佳利益……就此而言，生命神圣原则要向自我决定原则让步……就刻下讨论来说，大概更为重要的是，医生依患者最佳利益行事的义务同样是有条件的。”（*Airedale NHS Trust v Bland* [1993] 1 All ER 821，866，per Lord Goff.）

“除非经患者同意，否则医生对患者采取的任何侵入性（对患者身体完整的任何妨害）医疗措施概为不法：构成殴击犯罪以及非法侵害身体的侵权行为。是以，倘成年人精神健全，人工喂饲系统（包括为清空肠和膀胱而采取的必要附随措施）即为不法，除非患者同意。精神健全的患者得随时拒绝同意生命维持系统继续工作，从而令之停止。”（*Airedale NHS Trust v Bland* [1993] 1 All ER 821，881-882，per Lord Browne-Wilkinson.）

“对他人身体的任何侵入都可能构成犯罪及侵权……跟前面阐述的立场一致，医生经患者同意而施之于患者的那些行为，倘由他人实施即为严重罪行，医生却得豁免，何以如此？答案必定是，恰当医疗过程中的身体侵入完全落在刑法之外。患者同意何以如此重要，不在其本身提供了抗辩事由，而在其对于医疗行为的正当性（propriety）至关紧要。是以，倘无患者同意，又并非法律免除同意要求的特定情形，医生的行为即失豁免待遇……患者有能力做决定的，不管是允许治疗还是决定不允许治疗，哪怕从任何客观视角看，患者的选择都有悖其最佳利益，仍必须尊重其选择。哪怕在包括患者在内的所有人看来都显而易见，将会或可能发生不良后果甚至死亡，医生也没有权利直面反对而继续施治。”（*Airedale NHS Trust v Bland*［1993］1 All ER 821 at 889, per Lord Mustill.）

艾尔代尔全民医疗服务基金诉布兰德案的这些判词并未创制法律，而是强调了在系列权威判决中发现的原则。除了自里德勋爵就验血案（*S v S*, *W v Official Solicitor*［1970］3 All ER 107, per Lord Reid）所发表之判词中摘取简短一段，没必要引用更多。

在该案中，上议院考虑的议题是，应否命令两个孩子验血以帮助确认是否婚生。里德勋爵检视了法律立场并写道：

“毫无疑问，对有能力的成年人，不能违背其意愿命令接受血检……真正原因在于，英国法不遗余力地保护有能力的成年人，不让其人身自由受到侵害。吾人时常看到自由在其他国家消失，不仅是由于政变（coups d'état），还由于逐渐侵蚀（gradual erosion）；而且往往最重要的是第一步。是以，哪怕微小的让步亦不明智。”（*Airedale NHS Trust v Bland*［1970］3 All ER 107, 111.）

这个有益警示的重要意义仍然没有丝毫减损。

有时，个体会欠缺就是否同意治疗做决定的能力。丧失意识（unconscious）或者智力残疾（mental disability）时即是如此。这个问题必须在正当程序下仔细检视，但处理通常只针对当下，成年患者无能力表示同意的，医疗执业人应依患者最佳利益行事，如果妥当，得不经明确同意而实施重大侵入性手术。

（四）胎儿的地位

除开那些得推断同意或者由于患者无能力而得免去同意的情形，任何女性都有权利拒绝针对自己的医疗措施。但不能不加任何进一步分析，即当然推论说，这位女性有权利将其孕育的健康而能成活的胎儿置于危险当中。在T小姐拒绝输血案中，掌卷法官唐纳森勋爵（Lord Donaldson MR）基于生命神圣原则而对此类假定表达了一定的犹豫：

“成年患者只要并非智力不全（mental incapacity），即有绝对权利选择这一方案而非另一方案。唯一可能的限制情形是，患者的选择可能导致能成活胎儿的死亡。本案并非如此，倘此种情形出现，法院就不得不面对这个在法律及伦理上极为复杂的新难题。”［*Re T*（*adult*：*refusal of medical treatment*）［1992］4 All ER 649，653.］

另见拒绝剖宫产案，斯蒂芬·布朗爵士发布判决称，虽说患者基于信仰拒绝治疗，为挽救母亲及胎儿生命，仍得施行剖宫产手术。

36周的胎儿，不管可能是什么，一定并非什么都不是；倘能成活，即并非无生命（lifeless），肯定是人（human）。在总检察长提交审断的1994年第3号案件中［*A-G's Reference*（*No* 3 *of* 1994）［1997］3 All ER 936］，被告人刺伤一孕妇，早产的孩子存活121天，终因刺伤而死亡，被告人被指控杀人（murder），上议院考虑了出生前胎儿的法律地位问题。上诉法院的结论是，胎儿应被视为母亲身体的一部分，正如母亲的足与臂是母亲身体的一部分。上议院不赞成这个观点。

马斯蒂尔勋爵（Lord Mustill）阐述法律原则如下：

“胎儿完全依赖母亲身体提供的保护环境，依赖母亲通过身体联系提供的营养、氧气以及胎儿生长发育所必需的其他物质，这就在胎儿与母亲之间建立了亲密纽带。母亲胎儿间的情感纽带同样极为特殊。但母亲胎儿间的关系只是纽带关系，不是同一关系（identity）。母亲和胎儿是共生的两个独立有机体，而非单一有机体的两个侧面。母亲的腿是母亲的一部分，胎儿不是……是以，我不赞成下面的论证，即认为（在英国法看来）胎儿不具备成为‘人（person）’的属性，故理所当然为母亲的附属物（adjunct）。避开一切宗教及政治争论，我以为胎儿两者都不是。胎儿是独特的有机体。目前的法律原则是围绕独立自主的存在而演化形成的，将之适用于胎儿这样的有机体，当然会误导人。”［*A-G's Reference*（*No* 3 *of* 1994）［1997］3 All ER 936，943.］

霍普勋爵（Lord Hope）赞成马斯蒂尔勋爵的意见：

“1990年《人工生殖和胚胎法案》提醒吾人，胚胎自其形成时起，即为区别于母亲的有机体。胎儿在从母体娩出而成为独立存在之前，在整个发育期间都保持这种个体地位（individuality）。是以，胎儿出生前虽依赖母亲而存活，也不能像上诉法院理解的那样将胎儿视为母亲的组成部分。”（*A-G's Reference*（*No* 3 *of* 1994）［1997］3 All ER 936，945.）

是以不能认为，母亲拒绝那个有利于胎儿的医疗措施，不过是在拒绝将该医疗措施用于己身，故不必理会胎儿的利益。

在本案中，并不存在母亲胎儿间的利益冲突；没有人面临可怕的两难处境去决定某种医疗措施，冒着某人死亡的风险以救另一人的生命。在医学上，用来保全母亲及胎儿的医疗措施并不包含厚此薄彼的偏向。以不同方式表达这里的难题，即可确认关键所在。如果说生命神圣，为何母亲得拒绝接受能够保全胎儿生命同时无损自身的医疗措施？在美国，有时得不顾母亲反对而施行治疗，称此问题为“未出生孩子的生存权（right to live）”，以及“州在保护胎儿生命上不可抗拒的利益”［*Jefferson v Griffin Spalding County Hospital Authority*（1981）274 SE 2d 457］，或者“［州在保护］潜在生命［上的利益］”［*ReMadyyun*（1986）573 A 2d 1259］。在需要深刻检讨的［加拿大］温尼佩格儿童及家庭服务部案中［*Winnipeg Child and Family Services*（*Northwest Area*）*v G*（1997）3 BHRC 611］，持异议的梅杰法官写道：“在伤害巨大而临时救济措施微小的场合，法律不得不有所行动……那些不能为自己发声的人，必须有人为之发声。”虽说如此，不顾有同意能力的成年患者的反对而强加侵入性医疗措施，哪怕是出于最值得赞美的动机（保护生命），怎么能够避免对自主决定原则无可挽回的伤害呢？当生命面临险境时，有很强大的力量推动着认可那个患者不想要的医疗措施。但每个个体的意志自主都需要持续保护，哪怕（尤其是）在医疗干预的动机很容易理解，实在来讲，对很多人来说值得赞美的场合；牢记里德勋爵针对“哪怕微小的让步”的警示，意义重大。倘若做不到这些，医疗科学毫无疑问总会发展到这一步，即成年人只要接受很小的医疗措施，就可以挽救自己孩子的生命，甚至某个陌生人的孩子的生命。你要是拒绝，就会被描述为不合理性（unreasonalbe），对他人生命的好处会被描述为有着无限价值（beyond value），而医生的动机被描述为让人赞美。若强迫成年人同意，或者让其无力拒绝，意志自主原则也就毁灭了。

在麦克福尔诉森普案中［*McFall v Shimp*（1978）127 Pitts Leg J 14］，原告罹患罕见骨髓疾病，迫切需要匹配供体捐献骨髓来挽救生命，弗莱厄蒂法官

(Flaherty J) 以更为生动的语言，支持被告有权利拒绝屈从于这样的医疗活动：

“不同于诸多其他社会，吾人社会奉行的基本原则是尊重个体，社会与政府的存在是为了保护个体免遭他人的侵犯与伤害。很多社会持相反立场，认为个体存在是为了服务于构成整体的社会。为了捍卫吾人社会，肯定会遭遇巨大道德冲突，而且在特定场合还会显得刺目……在道德上，这个决定取决于被告，而且在法院看来，被告的拒绝在道德上站不住脚（the refusal of the defendant is morally indefensible)。对吾国法制而言，强迫（COMPEL）被告屈从对其身体的侵入，将改变吾人社会赖以立足的每一个概念和原则。那样做是对个体神圣［观念］的打击……”（着重标记为弗莱厄蒂法官所加。）

在母亲的自我决定权利与胎儿利益［冲突］这个具体情形，MB 女士案［*Re MB*（*an adult*：*medical treatment*）［1997］2 FCR 541］考虑了两者间的紧张关系。在这个格外困难的法律领域，不管怎样的决定都会影响母亲及未出生胎儿的权利以及医疗服务人的处境，由于无暇分析必然产生的复杂伦理难题，往往要求迅速拿出解决方案。好在双方都举出详尽的理由，得以仔细检视相关制定法条款及判例。

巴特勒-斯洛斯法官撰写法院判决称：

“心智健全从而有决定能力的女性，自得基于宗教理由、其他理由，或者根本不需要理由，选择不接受医疗干预，哪怕……可能造成胎儿死亡、严重残疾或者自己死亡。孕妇完全清楚自己的决定或会显著减少胎儿活着出生的机会，仍得拒不同意施打麻醉剂。法院在考虑是否应发布准许实施剖宫产手术的判决时，胎儿既未出生，即不享有任何独立利益值得法院掂量。法院没有权力宣布此等医疗干预合法，以保护那未出生孩子的利益（哪怕行将出生)。”［*Re MB*（*an adult*：*medical treatment*）［1997］2 FCR 541，561.］

由于该案中的母亲被认定为欠缺同意能力（严格讲，该问题并未提交法院裁决），巴特勒-斯洛斯法官在判决中也承认，上段所引只是附带意见（obiter)。

但该意见合乎一系列堕胎案判决的论证思路，在这些判例中，丈夫提出申请，试图阻止妻子堕胎（*Paton v Trustees of BPAS*［1978］2 All ER 987；*C v*

S［1987］1 All ER 1230）。还有此前胎儿监护案的立场，法院拒绝了将某位妊娠不稳定妇女的胎儿交由法院监护的申请。巴尔科姆法官写道：

“法院没有权限宣告未出生的孩子为受法院监护之人（ward of court）。根据假设（ex hypothesi），未出生的孩子并没有独立于母亲的存在，将司法权延伸及于胎儿的唯一目的在于，将母亲的行为纳入控制范畴。”［*Re F*（*in utero*）［1988］2 All ER 193，200.］

巴尔科姆法官还考虑了有人请求法院发布剖宫产命令的可能，称：

“不能容忍将法官置于如此处境，即不得不发布判决，但就据以裁判的法律原则却未给予任何指引。倘若法律打算以此等方式发展，从而在保护胎儿利益必要的范围内，对胎儿的母亲加以控制，那么在吾国议会民主制度下，应由议会决定是否得施加此等控制，倘能，又应设置何等限制或条件……倘若议会认为，为保护胎儿利益，对妊娠女性加以控制是合适的，那么毫无疑问，议会应规定在何等情形得予控制，以及为保护母亲应设计何等防卫措施。在如此敏感的领域，影响个人自由甚巨，绝不能由司法机关来发展法律。”［*Re F*（*in utero*）［1988］2 All ER 193，200-201.］

前面提到的T小姐拒绝输血案（八成并不严格相关），还有拒绝剖宫产案，似乎都未援引上面这些案例；巴特勒-斯洛斯法官在MB女士案中阐述的法律原则，虽说只是写在附带意见中，着实反映了当前法律立场。

本案援引了诸多域外判例，这些判例并未呈现于MB女士案中。但只需要看一下加拿大最高法院1997年10月31日温尼佩格儿童及家庭服务部案即可。该案中，母亲妊娠5个月，胶毒上瘾。前面的两个孩子都先天残疾。基于国家监护权（英国不会支持，从该案最高法院判决看，加拿大也不会支持），[1]儿童及家庭服务部命令将这位母亲羁留接受治疗，目的在于保护未出生的孩子。曼尼托巴上诉法院宣布该命令无效。加拿大最高法院（以七比二

〔1〕 译注：国父、国家监护人（parens patriae），源于英格兰普通法，君主作为“国父”对无行为能力需要保护的未成年人与精神病人行使监护人的职能。现代法律中指国家的此项职能。在美国，“国父”职能由各州行使。参见薛波主编，潘汉典总审订：《元照英美法词典》，法律出版社2003年版，第1022页。

多数）确认了上诉法院判决。

麦克拉克林法官（McLachlin J）代表多数意见撰写了详细的判决：

“允许未出生的孩子起诉自己将来的母亲，将在现行法律中引入彻底的新概念：未出生的孩子与母亲是彼此分离且对抗的关系中两个独立的法律人格体。这样的法律概念，被身体状况的现实证明是错误的：实际上，未出生的孩子和自己将来的母亲是绑在一起的联合体，只有出生才能分开……‘司法介入忽视了女性基本人权的基础组成部分——对身体完整的权利、平等权、隐私权与人格尊严……胎儿的整个身体存在都依赖母亲的身体。是以，促进胎儿利益的任何医疗干预都必然牵扯到母亲的利益，还可能彼此冲突。类似地，孕妇就自己身体的任何选择都会影响胎儿，还可能招致侵权责任’［Royal Commission Report on New Reproductive Technologies *Proceed with Care*（1993）vol 2，pp. 957-958］……普通法并未授予法院权力，使法院得命令羁留孕妇，以防未出生的孩子遭受侵害。倘若法院扩张其权力从而得为此等命令（考虑到变化巨大及诸多可能结果），也是不妥当的。”［*Winnipeg Child and Family Services*（*Northwest Area*）*v G*（1997）3 BHRC 611，620，622，628.］

［代理圣乔治医院的］哈弗斯先生建议本庭遵循梅杰法官异议判决的思路。本庭不以为然。梅杰法官异议判决依据的国家监护权思路，在英国绝不会比在加拿大得到更多支持，撇开这个难题，多数意见的思路与本院MB女士案路径一致，总检察长提交审断的1994年第3号案件中马斯蒂尔勋爵和霍普勋爵的判词强化了这个立场。马斯蒂尔勋爵在其判词靠后部分写道：

“只消强调，毫无疑问的公认立场是，刑法如同民法（*Burton v Islington Health Authority*，*de Martell v Merton and Sutton Health Authority*［1992］3 All ER 833），腹中胎儿（en ventre sa mère）并不具有独立人格，独立人格的消灭在普通法上会产生刑罚或责任。”［*A-G's Reference*（*No* 3 *of* 1994）［1997］3 All ER 936，948.］

在最后的议论中（涉及本案议题），马斯蒂尔勋爵补充说：

“被告人意图实施且的确实施了对母亲的暴力犯罪。被告人并未对胎儿实施暴力（胎儿不论当时还是将来都并非人），并未意图伤害胎儿或胎儿将成为的人。”［*A-G's Reference*（*No* 3 *of* 1994）［1997］3 All ER 936，949.］

霍普勋爵关于得成立非预谋杀人罪（manslaughter）的论证思路强化了上段议论。［律师］陈词主张，在不法暴力行为的受害人已死亡的情形，非预谋杀人罪不成立。霍普勋爵称：

“倘受害人已死亡，其生命结束，无从再加伤害。现在或将来对之实施的行为不会再有危险（dangerous）。对已死亡之人实施不法行为时的犯罪意图（mens rea），并不是非预谋杀人罪所要求的犯罪意图。被告人对活着的人实施不法危险行为时的犯罪意图，不会将已死亡的人包括在内。”［*A-G's Reference*（*No* 3 *of* 1994）［1997］3 *All ER* 936，957.］

霍普勋爵接着考察胎儿的“不同问题（different problem）”。霍普勋爵写道：

“对胎儿来说，生命在将来，不在过去。胎儿绝不会受到侵害，或者危险行为不可能加诸胎儿，此类说法并不明智。胎儿一旦出生，如同一切其他生命，暴露于伤害风险之下。但在胎儿出生前，有些及于胎儿的事情造成了影响，于胎儿出生之后证明对胎儿有伤害。是以，基于公共政策考虑，认为本案中的孩子（当其成为有生命的人时）也在被告人刺伤母亲的犯罪意图（孩子尚未出生）涵盖之内，并非不合理。”［*A-G's Reference*（*No* 3 *of* 1994）［1997］3 All ER 936，957.］

霍普勋爵在判词结穴处道：

“母亲遭刺时怀着的胎儿活着产下，继而因该刺人行为而死亡，这个事实正是非预谋杀人罪需要的，孩子的死亡使得该罪的犯罪行为（actus reus）要件得以满足。”［*A-G's Reference*（*No* 3 *of* 1994）［1997］3 All ER 936，960.］

本质上，倘若孩子并非活着产下，即不会成为非预谋杀人罪的受害人。霍普勋爵的语言表明，虽说梅杰法官在温尼佩格儿童及家庭服务部案的异议判决中不接受“活着产下（born alive）”概念，但该概念并不受影响。

依吾人判断，虽说妊娠增加了女性的个人责任，却并不会减损决定是否接受治疗的权利。未出生的孩子虽说也是人（human），法律以多种不同方式加以保护（MB女士案判决详细讨论），但并非区别于母亲的独立人格（separate person）。胎儿得到医疗帮助的需求并不能压倒母亲的权利。母亲有权利不被强迫接受违背自己意愿的身体侵入，自己的生命以及胎儿的生命都依赖于该医疗措施，亦无碍此立场。母亲的决定或许让人反感，但其权利不会因此而减损或减弱。本案中的判决［豪格法官的判决］要求在母亲身体处于强制的状态下，将胎儿自母体取出。除非在法律上有正当理由，否则这是对母亲意志自主的侵害。胎儿的需求本身并不能提供所需要的正当理由。

（五）1983年《精神健康法》

1983年《精神健康法》不能用来实现以下目标：仅仅由于患者的想法不同寻常，甚至看起来稀奇古怪、荒唐无稽（失去理性），跟一般群体绝大多数人的意见相刺谬，即得违背其意志将其羁留。这个为法律所不许的论证，很容易看出来，也很好理解。这里是位有知识的女性，非常清楚地知道，要是坚持拒绝医疗建议，可能导致胎儿以及自己遭受严重伤害甚至死亡。没有哪位快成为母亲的普通人会这样思考。虽说这位母亲未曾想过用任何积极手段来伤害自己或胎儿，其拒绝医疗干预的立场却很可能导致这样的结果。这位母亲稀奇古怪的想法让两人的安全和健康面临危险。是以可知，这位母亲一定有精神障碍，为这位母亲及孩子的利益计，必须将之羁留于医院。［对上述论证的］简单回答是，这位母亲可能完全是理性的，并不在《精神健康法》适用范围内，虽说其想法古怪，却无改事实。

虽然出于好意［将该法］用来支持自认为真实而有力的道理，或许合乎群体大部分人的看法，但除非个案符合法律规定的条件，否则《精神健康法》不能用于为羁留精神障碍病人提供正当理由：

“除非法律授权，对联合王国的任何成年公民，不得违背其意志将其拘束于任何设施。这是基本的宪法原则，可追溯至1297年《大宪章》第29章，甚至更早的1215年《大宪章》第39章……当然有这样的权力，对罹患精神疾病的人，在妥当情形下，得违背其意志将其收入精神疾病医院并予羁留。但是（这是极为重要的但是），在何等情形下得羁留精神病人，要由制定法仔细规定。”［See *Re S-C（mental patient：habeas corpus）*［1996］1 All ER 532，

534-535，掌卷法官宾厄姆（Sir Thomas Bingham）。]

在精神病人提起的司法审查案中，麦卡洛法官（McCullough J）将不言自明的原则概括如下：

“没有任何解释规则会假定，议会意图在于，只要其他人（不管专业能力多么强）认为合乎某人的最佳利益（不管多么真诚、正确），即得违背该人意思而强加医疗……应假定的解释规则是，议会绝不会不明确其意图，即颁布法律来妨害公民自由。理所当然的道理是，除非有明确的法定权限允许相反的做法，否则，不经同意，任何人都不得被羁留于医院，或者［被迫］接受治疗或者医疗检查。对任何人都是如此，精神障碍患者亦然。”［*R v Hallstrom, ex p W*（*No* 2），*R v Gardner, ex p L*［1986］2 All ER 306，314.］

即便入院和羁留合乎《精神健康法》的规定，患者也并未被剥夺全部自主。该法第四部分细致设计了一套体制，明确在哪些情形，得不必经患者同意。第63条适用情形是，对属于精神障碍的任何疾病，负责的医务人员（responsible medical officer）得实施或在其监督下实施相关医疗活动（*B v Croydon Health Authority*［1995］1 All ER 683）。但［本案中］依命令对S女士采取的医疗措施并非如此；医院既未建议治疗精神疾病，患者也未拒绝对精神疾病的治疗。依该法羁留并不会削弱或限制患者自我决定的权利，除非“由于长期精神疾病或者智力发育迟钝，或者由于暂时因素，如丧失意识或精神错乱，或者疲劳、震惊、疼痛或药物的影响”，丧失自我决定的能力。［*Re JT*（*an adult*：*refusal of medical treatment*）［1998］1 FLR 48.］

在T小姐拒绝输血案中，唐纳森勋爵针对依《精神健康法》羁留的患者，阐述了诸多一般原则。这些原则在嗣后诸多案例中得到考察和延伸，包括精神分裂症患者拒绝治疗案。就眼下的讨论而言，只需要注意下面这段评论即可：

“关键在于，患者当时的能力是否降低到了该重要程度的拒绝表示所需要的水平之下，盖拒绝表示的重要程度是可以变动的。有些拒绝表示涉及生命危险或者不可恢复的健康损害风险。有些则否。”［*Re T*（*adult*：*refusal of medical treatment*）［1992］4 All ER 649，664.］

总之，女性因精神障碍依《精神健康法》被羁留的，不得强迫其接受无关其精神疾病的医疗措施，除非其同意此等医疗措施的能力减弱。倘患者仍有意思能力，患者同意仍为必不可少的前提，至于患者是否还有意思能力，则必须基于个案中的证据来决定，医疗活动只能由那些负责羁留患者的医务人员来实施，实际上要由审断羁留难题的法院来决定，以确保避免前面在涉及入院和羁留时看到的“为法律所不许的论证”。

（六）依《精神健康法》第2条提出的入院申请

显然，卷入最终让S女士被收入医院的那套程序中的所有人，包括柯林斯、奇尔医生、杰弗里斯医生，都同样怀着真诚的愿望，实现在医疗职业看来对S女士以及孩子最佳的利益。同样很清楚的是，S女士完全拒绝医务人员努力帮助自己的好意。S女士知道那些风险，已准备好直面风险。S女士不打算改变想法，说要把分娩完全看作自然事件，没有医疗或外科干预的余地。

要是自己的孩子面临严重健康损害风险，很多母亲会愿意在信仰上妥协。很多医生相信，碰上本案这样毫不妥协的情形，要是什么都不做，至少为未出生孩子的利益考虑，不合乎医疗职业的基本伦理。

当事人敦请本庭考虑不利判决对柯林斯的影响，称这会是职业“污点”。倘判决生此影响，本庭感到吃惊。充其量，这不过意味着柯林斯犯了个错误，用去了大量纸张、数日的法律论辩，以及法院的慎重思考。不管结论如何，吾人都对柯林斯的勇气深表钦佩，在如此困难的场合，遭逢生死关头，碰上异乎寻常、不合情理的准母亲，不管怎样的决定都难能可贵。事实上，在听审最后，虽说格式86A诉状（Form 86A）包含的指控多少有些夸张，但［代理S女士的］皇家大律师里查德·戈登（Richard Gordon QC）总结陈词所用的语言绝不意味着这是污点：“出于人性的理由，犯了法律上的错误”。奇尔医生和杰弗里斯医生要负责的那些错误，也会得到类似的问候。吾人根本不在意可能的污点；依《精神健康法》第2条提出的入院申请不管是否应受司法审查，都是如此。

《精神健康法》第2条第2款规定：

“基于下面的理由，得请求将患者收入医院接受评估：(a) 患者有精神障碍，依性质和程度，确有根据至少在短时间内将患者羁留于医院接受评估(或在治疗后予以评估)；(b) 为患者的健康和安全利益计，或为保护他人，

应予羁留。”

［代理S女士的］戈登先生认为，有诸多理由支持得出入院申请不法的结论。戈登先生认为，柯林斯提出申请是出于附带动机（collateral motive），即挽救S女士和胎儿的生命，而不是为评估S女士的精神状况，而柯林斯未虑及的是，除非S女士欠缺为自己做知情决定的能力，否则即没有理由羁留。戈登先生还认为，柯林斯依据的医学建议有瑕疵，而奇尔医生和杰弗里斯医生关注的是同样的附带考虑（collateral consideraton），而且同样未处理同意能力事宜。戈登还认为，医生关于精神障碍的诊断只是暂时的，不是结论性的，是以落在制定法规定之外。

依《精神健康法》第13条第1款，若确信“应该申请且……认为……申请必要或妥当（necessary or proper）”，应由已核准资质的社工申请，这并非医生的职责。另外，社工必须确信，“为患者提供需要的医疗服务，考虑到个案一切情势，羁留于医院是最为妥当的办法”（第13条第2款）。

据这些条款可知，社工必须基于可得资料，包括谈话及对“患者”的评估，独立判断，自己做妥当决定。社工做决定，应考虑医生的医疗建议。诚然，申请应“依据（founded）”书面建议（第2条第3款）。医生也应基于自己对相关事实的最佳判断而提出建议，避开为法律所不许的论证，决定第2条第2款设定的条件是否满足。倘若申请是出于不恰当目的或附带目的（*R v Wilson*, *ex p Williamson*［1996］COD 42），或者有温斯伯里案意义上的瑕疵（see *Associated Provincial Picture Houses Ltd v Wednesbury Corp*［1947］2 All ER 680, *R v South Western Hospital Managers*, *ex p M*［1994］1 All ER 161, 176），就很容易受到司法审查；这样也会对医生的建议产生不好影响。

患者意指“罹患或者看起来罹患精神障碍疾病（mental disorder）”（第145条），精神障碍延伸及于“精神疾病、心智发育受阻或不健全、精神错乱（psychopathic disorder）以及任何其他形式的智力障碍或残疾”（第1条第2款）。就本案来讲，对S女士的妊娠来说必要的医疗服务并不在第13条涵盖范围内。

对待妊娠事实的恰当路径何在，有重大争议。戈登先生认为，未出生的孩子是完全无关的考虑。仅就法律不许的论证来说，吾人同意此说。吾人重申，S女士的妊娠本身并不足以启动第13条。但妊娠事实又并非毫不相干。

为了判定依第2条提出申请是否“必要或妥当”，已核准资格的社工必须掌握“患者”的真实情况，或者是社工在当时基于自己的最佳分析认为患者看起来的真实情况。S女士当时处在妊娠后期，这是无可争辩的事实。S女士顽固地拒绝对妊娠并发症的治疗，这也是确凿无疑的事实。S女士继续拒绝治疗可能导致怎样的结果，以及S女士对该结果持怎样的态度，这些都是柯林斯做判断时所依赖的材料的组成部分。要求柯林斯无视这些事实而做决定是荒谬的，这样可能根本无法做出精确评估。在前面提到的总检察长提交审断的1994年第3号案件中，马斯蒂尔法官论述了未出生的孩子与母亲在身体与情感上有着何等深刻的联系，正可支持吾人的结论。是以，S女士处在妊娠后期的事实以及顽固拒绝治疗的事实，对于做明智判断有着（至少潜在的）重要意义。

将S女士收入医院的申请，并非依据第3条而是依据第2条提出。这彼此独立的两条有着重大区别。就眼下的讨论，只需指出以下区别：第3条下的申请是入院治疗，而第2条下的申请是“入院评估（admission for assessment）”，第2条下的入院依据是精神障碍，第3条下的治疗要求更为细致地诊断患者罹患的是何等形式的精神障碍疾病。

提出评估申请前，第2条第2款写明的具体理由要得到证实。这些理由要同时具备。第2条第2款a项要求的对精神障碍的诊断到底是最终诊断还是暂时诊断，有巨大争议。第2条指向入院“评估”，而非最终诊断。在柯克尔斯大都会案中，劳埃德法官（Lloyd LJ）写道：

> “吾以为，只要患者看起来罹患精神障碍疾病，即有权力以此为理由，依第2条将患者收入医院接受评估，哪怕后来评估证实并非如此。任何其他解释都会不必要地削弱第2条的受益权（beneficial power），将评估限制［解释］为选择治疗。”（*R v Kirklees Metropolitan BC*，*ex p C*［1993］2 FCR 381，383.）

依吾人见解，在提出入院评估申请时，社工应相信患者正罹患精神障碍疾病，确有根据羁留评估。这不可能是结论性的诊断。社工有权利犯错，出具医疗建议为申请提供依据的医生亦然。社工在医学上不具备相应资格，其意见只能是临时性质的，最终诊断可能合乎也可能不合乎该临时意见。社工合理地相信，制定法的要求得到满足，其所为之申请的法律效力即不会受到上述考虑的破坏。医生的建议也是同样对待。

戈登先生进一步主张，柯林斯和这些医生未能仔细考虑S女士同意或者拒绝治疗的能力。没有任何书证材料显示，在整个决定过程中，有人明确关注过这个因素。是以戈登先生认为这个重要的考虑因素被忽视了。一切相关因素都应纳入考虑，在这个意义上讲，S女士的同意能力（或欠缺能力）应该是相关考虑因素。但这样的主张，以［当事人］没有明确提及某个特征为依据（该特征是在律师陈词中找出来的），应该谨慎看待。这里要解决的问题是，该件申请是否未达到制定法的标准；若是，社工即必须判断提出申请是否必要或妥当。社工不必将所有可能的标准列在清单上梳理一遍。在本案中，柯林斯得到的建议是，S女士的精神状态可能“削弱其做决定的能力”。在第2条适用的通常情形，仅仅是没有更为直接地处理S女士的同意能力问题，这本身还不足以提供充分基础，去影响社工做出申请决定。即便如此，在这件个案中，吾人有理由想到，未明确处理同意能力事宜是否强化了下面的事实，即社工与医生的紧迫关切实际是如何挽救母亲和未出生的孩子。

现在可以回到第2条第2款。该款第一个要件是，患者正罹患精神障碍疾病。精神障碍包含任何形式的“智力障碍或残疾”。诸如滥交、酒精或药物依赖这样的条件皆被排除。吾人不怀疑，反应性抑郁（reactive depression，并非一时“有些消沉”或“万事生厌”）也足以构成精神障碍。第二个要件是，即便患者有精神障碍，也还要依病情“性质或程度”，确有根据将患者羁留以评估或于治疗后评估。就第2条第2款a项而言，羁留必须跟精神障碍有关。治疗妊娠相关疾病并不足以提供确实根据。转向第2条第2款b项，并假定a项［应为b项］的要件在其他方面都满足，盖前面提到过，未出生的孩子并非需要保护的“人（person）”。那个健康和安全应予考虑的唯一的“人”，就是S女士。还是出于前面提到的理由，若非S女士妊娠36周且先兆子痫病情严重，也不会评估其健康和安全。那些负责任的人必须处理的现实是，S女士病情严重。虽说风险由妊娠造成，但潜在损害可以落入第2条第2款b项范围内。

现在可以依据前面概述的案件事实，考虑戈登先生的陈词。基于可得的材料，柯林斯和几位医生有权利认为S女士有精神障碍。S女士拒绝对自己和胎儿都有利的治疗，表现得异乎寻常、不合理性。若无人力相助，造化会让母子都面临死亡或残疾风险。S女士对这些极度漠视，这是极为反常的精神状态。每位医生都诊断S女士患有抑郁症。诊断依据是此前给S女士看过病的医生关于早期抑郁症的报告，以及案涉这些医生与S女士冗长的谈话和反复的检查。每位医生都完成了法律要求的格式，盖相信S女士“正罹患精神障碍疾病”，入院评估确有根据，并阐述了理由。

这些文书材料也显示，参与到入院申请决定中的那些人，未能坚持区分下面两者：S女士紧迫地需要治疗妊娠相关疾病，以及独立的问题，S女士的精神障碍（表现为抑郁症）是否为羁留于医院提供了确实根据。从这些材料中的论证看，得出如下结论不可避免：羁留确有根据，如此方能为S女士的妊娠病情以及未出生孩子的安全供给充分医疗服务。这个论证思路在柯林斯的评估工作中展现得最为明显。柯林斯明白承认，精神病房并非S女士“最好的处所”（S女士在被转往圣乔治医院前在斯普林菲尔德医院停留的短暂期间，证明这个判断正确）。柯林斯相信（没错），极为严重的先兆子痫让S女士的病情恶化。柯林斯得到申请结论的时候，并未认为羁留目的是评估S女士的精神状态或治疗其抑郁症。换言之，要是S女士并没有严重的先兆子痫，现在材料中没有任何内容表明会考虑羁留申请，更不必说去考虑有没有正当理由了。

吾人确信，虽说吾人认为第2条第2款b项的要件很可能得到满足，但a项的事由（cumulative ground）并不成立。是以，入院申请乃为不法。应予确认性救济。[1]

（七）收入斯普林菲尔德医院

第6条第1款规定：“将患者收入医院的申请……依本法本部分规定恰当完成（duly completed），即有充分权限（sufficient authority）……控制患者并将其转移入医院……”

第6条第3款规定：“依本法本部分将患者收入医院的任何申请，倘看起来系恰当制作（duly made）并以必要医学建议书为依据，即得据之执行，不必再证明申请人或出具医疗建议书之人的签名或资质，或者文件中写明的事

[1] 译注：确认性救济（declaratory relief），意同确认判决、宣告式判决（declaratory judgment），指法院判决仅确认当事人之间的权利及其他法律关系，而未予强制执行等救济措施。不论当事人此后是否会据之请求给予救济，法院皆得做此判决。通常在当事人对自己的权利或其他事项存在疑问时，得寻求确认救济，如保险公司请求法院确认某种风险是否属于其保险单中规定的承保范围。参见薛波主编，潘汉典总审订：《元照英美法词典》，法律出版社2003年版，第378页。

实或观点。”

或主张，即便入院申请被认定为不法，入院本身以及嗣后被羁留于斯普林菲尔德医院亦非不法。第 6 条第 3 款旨在保护医院，使其免于承担责任。[代理圣乔治医院的] 哈弗斯先生认为，由柯林斯及其他医生签字的文件表格明白无误地说，S 女士落在制定法为入院申请规定的正当事由范围内，不管对文件表格的说明部分（explanatory sections）来一番冗长的分析会得到怎样的结论，申请文件看起来都系“恰当制作”。不再需要更多证明。

在精神病人人身保护令案 [*Re S-C*（*mental patient*：*habeas corpus*）[1996] 1 All ER 532] 中，依第 6 条第 3 款提出的入院申请违反第 11 条第 4 款，上诉法院考虑了第 6 条第 3 款的影响。法院认为，即便申请看起来系“恰当制作”，除非收入医院的相关前提条件都得到满足，否则申请本身还不算第 6 条第 1 款所说“恰当完成”。是以，申请本身仍有瑕疵，羁留不法。

宾厄姆法官指出，第 6 条“为收治或羁留患者的医院提供保护。倘嗣后证明经核准资质的社工并不符合第 145 条第 1 款的界定，或者据称由登记注册的医生签署的医疗建议书事实上并非由医生签署，虽看起来如此，但医院得免于承担非法拘禁责任。这显然是明智做法。精神病医院不必被迫去做私家侦探，只要照章办事即可。只要申请文件看起来合乎制定法的要件，医院即有权遵照执行”。[*Re S-C*（*mental patient*：*habeas corpus*）[1996] 1 All ER 532，537.]

尼尔法官（Neill LJ）结论相同，称“医院必须审查申请文件，倘经仔细审查，文件看起来系恰当制作，医院即得执行。但第 6 条第 3 款的意图并不在于，在最初的申请文件并非依本法第 3 条制作的情形，阻止法院发布人身保护令或者下达其他什么恰当命令，[1]也不可能有这样的效力”。[*Re S-C*（*mental patient*：*habeas corpus*）[1996] 1 All ER 532，544.]

显然，这个论证思路同样适用于依第 2 条提出的申请。在律师的细致分析之后，吾人得出结论：申请并未“恰当完成”。但在 1996 年 4 月 25 日，斯普林菲尔德医院仔细检查了申请文件，看起来申请文件系恰当制作，故应已

---

〔1〕 译注：人身保护令（writ of habeas corpus），原意为“控制身体”。这是一系列令状的名称，基本功能在于释放受非法拘押人。参见薛波主编，潘汉典总审订：《元照英美法词典》，法律出版社 2003 年版，第 620 页。

取得权限。是以，虽羁留不法，但并不免除第一被告的责任，第6条第3款可以让［斯普林菲尔德］医院不必为收治患者而承担责任。

应判令予以确认性救济。

（八）圣乔治医院

不得不承认，将S女士转送至圣乔治医院以及羁留一段时间，俱为不法。虽说是出于行政失察（administrative oversight），也不能轻率将之看作不重要的技术问题而不予过问。明摆着的现实是，S女士本来有权利提出人身保护申请，这样即可立即获得释放。是以，S女士待在圣乔治医院的整个期间，依豪格法官的判决而在S女士身上施行手术的整个过程，S女士皆受不法羁留。

应判令予以确认性救济。

（九）豪格法官的判决

豪格法官面对的程序过于非同寻常、令人难过，吾人以为最好再次阐述关于确认性救济的若干基本要点。

法院对发布确认判决很谨慎，普遍遵循的规则是，不得基于同意而发布判决，不得针对未出庭的当事人发布判决，不得未经对事实的详尽调查而发布判决（see *Wallersteiner v Moir*, *Moir v Wallersteiner*［1974］3 All ER 217）。草率的评论者或以为，法院的谨慎源于确认性命令对第三人的拘束效力（binding effect）；但真正的解释是，确认性命令可能看起来会拘束第三人。帕滕诉伯克案揭明此点。在该案中，为明确原告版权，应缺席判决申请，米利特法官破例发布确认判决，写道：

> “下面的事实也佐证实际规则［上段说的普遍规则］的正当性，即本法庭发布的确认判决通常是确认法律权利，可能看起来会（*may appear* to）影响并不受判决拘束的第三人……虽说当事人请求发布的是确认法律权利的判决，但除了被告或者通过判决主张权利的人，并不会影响任何人的权利。这在很大程度上削弱了反对确认判决的力量。”（*Patten v Burke Publishing Co Ltd*［1991］2 All ER 821，823，per Millett J.）

衡平法庭针对遗嘱、财产授予契据以及类似文书的意图解释而发布确认性命令的实践，已揭明确认性命令并不会对物发生效力（take effect in rem），效力只及于程序当事人（以及受代理命令约束的其他人）。[1]倘无该命令，信托文件的意思即在父与子之间而非［祖］父与孙之间确定。*Blathwayt v Lord Cawley*［1975］3 All ER 625 案是格外醒目的例子。

在本院审理的西伯克郡卫生局案中，确认性命令的有限效力就让本院感到困扰（esp per Lord Donaldson MR and Butler-Sloss LJ）。在上议院诸位法官中，布兰登勋爵（Lord Brandon）发表如下临时看法：

> “不论采用何程序，只有程序当事人及其利害关系人方受判决拘束，或方得援引本判决。实务中，我想这已足够。”［*F v West Berkshire Health Authority*（*Mental Health Act Commission intervening*）［1989］2 All ER 545，557.］

类似地，戈夫勋爵（Lord Goff）并不赞成本院向来表达的那些疑虑（［1989］2 All ER 545，569–570）。自西伯克郡卫生局案以来，申请确认性救济已成为卫生局采取行动的常规程序，据之请求法院裁定特定治疗活动乃为合法。倘患者采取行动，常规程序是请求发布禁止令［*Re C*（*adult*：*refusal of medical treatment*）［1994］1 All ER 819 *and B v Croydon Health Authority*［1995］1 All ER 683］。

上议院在艾尔代尔全民医疗服务基金诉布兰德案中再次考虑了确认性救济可能有哪些不利之处，该案中的患者是希尔斯堡惨案受害人，其陷入永久植物人状态。验尸官不排除［撤除维生设施］招致刑事责任的可能，该案重点在于确认判决是否有防范刑事责任的效力。戈夫勋爵重申了确认性救济是合法手段的观点，同时指出：

> “早有强烈警告，民事法院不要篡夺刑事法院的职权，依向来的权威论述，关于将来行为合法性的确认判决‘不能阻止刑事指控，不管发布该判决的法院权威如何’：*Imperial Tobacco Ltd v A–G*［1980］1 All ER 866，875，884，per Viscount Dilhorne，and see also per Lord Lane。”

---

[1] 译注：真实性解释、当事人意图解释（true construction），根据当事人当时所处的环境，以适当方式将当事人在法律文件的文句中所表现的意思真实地加以解释。句中的代理命令（representation order）尚不明其义。参见薛波主编，潘汉典总审订：《元照英美法词典》，法律出版社 2003 年版，第 1360 页。

但戈夫勋爵确信，法院应发布权威指引（guidance），在实务中阻止指控。

在案涉程序的当事人之间，确认性决定有着最终界定当事人合法权利的效力，故只能用作终局决定。[1]也有临时性确认判决的说法（*International General Electric Co of New York Ltd v Customs and Excise Comrs* [1962] 2 All ER 398, 401, per Diplock LJ），但在概念上自相矛盾。本院曾在授权医疗干预的场合认可此点（*Riverside Mental Health NHS Trust v Fox* [1994] 2 FCR 577）。

确认判决不能是临时性的，也不能不经充分调查双方当事人提交的证据而发布，故可得到结论，确认判决不得应单方申请而发布，尤其是影响个体意志自主的判决。除了有失正义以及其他更为明显的反对理由，还有很简单的，就是不能有效实现目标，即“不让执行手术的医生，以及任何其他可能牵连的人，不会在嗣后遭到批评或者被送上法庭”[*F v West Berkshire Health Authority*（*Mental Health Act Commission intervening*）[1989] 2 All ER 545, 552, per Lord Brandon]。不遵守确认判决不会被定性为蔑视法庭而遭惩处，也不能利用通常的执行程序来落实确认判决，例外是，据之请求扣押财产或许是适当的：*Webster v Southwark London BC* [1983] QB 698。除了该少见例外，确认判决仅有的功能是在当事人及利害关系人之间形成既判事项不容否认的效力（estoppel per rem judicatam）[*F v West Berkshire Health Authority*（*Mental Health Act Commission intervening*）[1989] 2 All ER 545, 557]。未通知一方当事人关于程序启动的事宜或者没有给予该当事人表达立场的机会，从而在该当事人缺席情况下发布的判决，不能形成既判事项不容否认的效力。确有缺席判决形成既判事项不容否认效力的判例（*New Brunswick Rly Co v British and French Trust Corp Ltd* [1938] 4 All ER 747），但在该案中，缺席判决曾是通行做法。被告不能反对，被告根本不知晓相关程序，这样的法院命令不能产生不容否认的法律效力。

[代理S女士的] 戈登先生援引了若干很有名的案例，这些案例可参见拉尔夫·吉布森法官的概述（*Brink's-MAT Ltd v Elcombe* [1988] 3 All ER 188, 192-193, per Ralph Gibson LJ），涉及的是，在单方申请案件中，原告负有全

---

[1] 译注：终局决定、终局裁决（final order），指法庭或准司法机构作出的已无未决事项而只待执行的决定或裁决，且当事人对该决定或裁决不服的可提起上诉。参见薛波主编，潘汉典总审订：《元照英美法词典》，法律出版社2003年版，第553页。

面且坦率的信息披露义务，未尽到义务可能承担不利法律后果。在圣乔治医院启动的这件单方申请案中，如前面提到的，向豪格法官禀知的某些信息是错误的（主要是S女士已阵痛24小时），而有些可能很重要的信息并未向法官禀知（医生认为S女士有拒绝治疗的能力，S女士曾联络律师，S女士并不知晓该申请程序）。这些疏漏，虽说非出于恶意，却让人深感遗憾。

［代理圣乔治医院的］哈弗斯先生主张（并未打算将那些疏漏的严重性质轻描淡写），关于全面且坦率披露信息的那些先例实际并不切题，盖这些单方申请涉及的都是临时禁令，[1]被禁止的当事人有权利立即申请变更或者解除命令（现在都是以标准表格形式清楚告知当事人这些权利）。哈弗斯先生指出的区别当然是对的，但几乎无助于为提交给豪格法官的申请辩护。应单方申请发布临时禁令只发生在例外情形，只需要满足三重保障：第一，全面且坦率的信息披露；第二，交叉赔偿承诺（cross-undertaking in damages），这是理所当然的要求；第三，被禁止的当事人有权利申请变更或解除单方禁令。倘若临时性确认判决是英国法上可用的救济路径，没有这样的保障措施到位，怕是很难用上。

在论辩过程中，有一些非决定性的讨论，涉及豪格法官是否有发布案涉命令的管辖权（jurisdiction）。如迪普洛克勋爵（Lord Diplock）指出的，管辖权“是一个在各种各样意义上使用的表达，自其背景提取颜色”（*Anisminic Ltd v Foreign Compensation Commission*［1967］2 All ER 986，994）。在奥斯克罗夫特案中，迪普洛克勋爵道：

“法院（哪怕是下级法院）有在法律上犯错的‘权力（jurisdiction）’，是以吾人得听审针对法律问题的上诉，而不仅仅是调卷令申请（applications for certiorari）。”（*Oscroft v Benabo*［1967］2 All ER 548，557.）

迪普洛克勋爵然后给了几个例子，说明在何等情形高级或下级法院可能欠缺管辖权。就高等法院来讲（High Court），有必要详尽阐述迪普洛克勋爵的看法，那是在伊萨克斯诉罗伯逊案中（*Issacs v Robertson*［1984］3 All ER 140，143）代表枢密院提出的建议：

---

〔1〕 译注：临时禁令（interlocutory injunctions），指在法院对相关事实作出最终判定之前为维持当事人之间的现状而发布的禁制令。参见薛波主编，潘汉典总审订：《元照英美法词典》，法律出版社2003年版，第714页。

"就管辖权不受限制的法院（court of unlimited jurisdiction）发布的命令来说，区分下面两者是误入歧途：一类是无效（void）命令，意思是该命令针对的对象虽无视该命令，亦不受惩罚；一类是可撤销（voidable）命令，得予执行，除非被撤销。提及存在此种区分可能性的法官意见（dicta），得见于枢密院司法委员会在马什案（*Marsh v Marsh* [1945] AC 271，284）以及麦克福伊诉联合非洲公司案（*MacFoy v United Africa Co Ltd* [1961] 3 All ER 1169）中发表的意见；不论是这两件上诉案，还是律师得援引的任何其他案件，从未见上议院法官认为管辖权不受限制的法院发布的哪件命令，不必经过任何撤销程序，就因为事实上无效（void ipso facto），即得无视之。本部分援引的案例并不支持下面的观点，即针对管辖权不受限制的法院发布的命令，有前面描述的这种类型；这些案例支持的是完全不同的观点，即管辖权不受限制的法院发布的命令，受影响的人有权利申请该法院在其固有管辖权范围内，依法定条件（ex debito justitiae）将命令撤销，而不必乞援于那些明确处理程序事宜的规则，以程序违规（irregularity）为由而撤销命令，并就其要发布的命令给予法官自由裁量权。"

在本案中，法官发布了确认性命令：第一，应单方申请，当时（直到本件上诉审开始时）未通过发出传票建立相关程序；第二，S女士并不知晓，甚至未做任何努力以知会S女士或律师；第三，没有任何证据，不管是口头证据还是誓词；第四，没有任何条文使S女士得据之请求变更或撤销命令。该命令确认，圣乔治医院得约束S女士接受侵入性手术。将此类命令描述为无效或者没有管辖权而发布，并不妥当（理由如迪普洛克勋爵所述）。S女士有权利依法定条件撤销命令。这可能对圣乔治医院的医生和护士多少有些不公平，这些医务人员都是在让人极为忧虑的情况下勤恳工作，希望做正确的事情。但若是不撤销命令，S女士遭受的不公平（unfairness），实在讲是不正义（injustice），更大。

没有必要再次强调关于S女士意志自主的结论。施于患者的剖宫产手术（连同伴随的医疗措施）构成不法侵犯身体（trespass）。针对豪格法官命令的上诉得予照准。虽说加重或惩罚的赔偿请求未必成功，但在本案的特殊案情下，就针对圣乔治医院不法侵犯的损害赔偿请求，[确认]判决提供不了辩护理由。通过司法审查寻求额外救济，并不妥当。

（十）转送回斯普林菲尔德医院

将S女士转送回斯普林菲尔德医院，在最终允许离开前又羁留一段时间，依据还是最初依第2条提出的申请。如前面提到的，此为不法。另外，S女士并非未经许可而离开斯普林菲尔德医院，对于自己被羁留并管控起来以送回医院也没有责任。在羁留于圣乔治医院期间，S女士有权利离开（要是知道事实，S女士就离开了），有权利请求发布人身保护令。

在S女士终于自行离开医院之前的羁留行为不法，应予恰当的确认性救济。

为落实应予恰当确认性救济的结论而制作的判决书，如何精确措辞将征得律师同意。

如论辩过程中指出的，关于损害赔偿的一切争点将延后［讨论］，待贾奇法官听审。等双方当事人有时间仔细阅读判决书，即得安排指示聆讯（directions hearing）。（1998年7月30日，法院在公开法庭发布如下指引，[1]这些指引取代判决中最初阐述的内容。）

（十一）指引

本庭收到哈弗斯先生及戈登先生的书面意见。本庭理解，申请人的律师向以下组织征求了意见：皇家助产士学会（Royal College of Midwives）、皇家护士学会（The Royal College of Nurses）、联合王国助产护理及健康访问中央委员会（The United Kingdom Central Council for Nursing Midwifery and Health Visiting）、法律协会精神健康及残疾分会（The Law Society's Mental Health and Disability subcommittee）、MIND、改善产科服务协会（the Association for Improvements in the Maternity Services）、全国生育联合会（The National Childbirth Trust）、产妇联盟（The Maternity Alliance）、英格兰及威尔士社区健康委员会协会（The Association of Community Health Councils for England and Wales）。本庭理解，哈弗斯先生听取了英国医学会（还没来得及启动正式的咨询程序）及卫生部的意见。本庭收到第一被告法律服务部负责人的书面函件，确认不会为了拟议中的指引提交意见，“盖看起来不会影响经核准资格的社工的作

[1] 译注：公开法庭、公众有权旁听的法庭（open court），指由法官主持，在当事人和律师的参加下，处理司法事务的法庭。法庭的一切活动都要正式记录在案，公众有权进入法庭旁听。区别于法官在办公室听取证据的开庭。参见薛波主编，潘汉典总审订：《元照英美法词典》，法律出版社2003年版，第1005页。

用”。

怀孕女性来到医院，医生诊断有施行剖宫产手术的必要，又深切怀疑患者是否有接受或拒绝治疗的意识能力，像这样一些医院当局可能碰到的重大难题，在本案中凸显出来。为了避免判决书中提到的那些恼人事件重复上演，在跟家事法庭庭长及官方律师磋商之后，并考虑哈弗斯先生及戈登先生的书面意见，本庭试图重申并扩展在MB女士案中发表的建议。这里的建议适用于需要动手术或实施侵入治疗而患者同意能力存疑的一切案件，并不考虑患者是女性还是男性。后文提到“她”，亦如是理解。在相关时，亦延伸及于医疗执业人、专业医务人员以及医院当局。

指引依据若干基本法律原则，概述立场如下：

第一，并不适用于患者有接受或拒绝治疗的能力的场合。原则上，患者虽依《精神健康法》受羁留，仍有同意能力。

第二，倘患者有同意能力并拒不同意治疗，向高等法院求乞判决将毫无意义。此际，给予患者的建议应记录在案。医院为保护自己，得要求患者毫不含糊地确认其拒绝表示乃是出于充分知情的决定（以书面记明）：也就是，她理解拟行医疗措施的性质与理由，理解拒绝接受治疗的决定包含的风险及可能的预后。倘患者不肯签署书面拒绝表示，亦应以书面记明。书面拒绝表示仅仅用于证据目的，不得理解为放弃权利（disclaimer）或与之混淆。

第三，倘患者无能力为同意或拒绝表示，不论长期还是暂时（例如由于不省人事），依照医院对患者最佳利益的判断予以医疗照护。患者在失去能力前曾为预先指示的，通常应依该预先指示予以治疗或照护。倘有理由怀疑该预先指示的可靠性（例如，得合理认为，该指示并不适用于眼下情境），得申请法院发布判决。

（十二）对同意能力的担心（Concern over capacity）

第四，医院应尽快确定是否有担心患者欠缺同意或拒绝能力的情形。

第五，倘严重怀疑患者的能力，应将评估能力放在优先顺位。在多数情形，患者的全科医生或者其他负责医生即有充分资质从事必要评估工作，但在重大或复杂情形，涉及患者将来的健康及福祉甚至患者生命这样的难题，即应由独立的精神科医生予以检查，最好是依《精神健康法》第12条第2款核准资质的医生。倘在评估之后，对患者的同意能力仍有重大怀疑，而且在个案中问题的重大或复杂性质可能需要法院介入，精神科医生应进一步考虑，患者是否由于精神障碍而无能力处理自己的财产或事务。若是，患者可能无能力聘请律师，从而在任何法院程序中都需要诉讼监护人。[1]

医院应尽快寻求法律咨询服务。倘请求法院判决，应立即知会患者的律师，倘可行，患者应有机会聘请律师并在必要时申请法律援助。医院的潜在证人应该知晓 MB 女士案及本案确立的标准，以及卫生部、英国医学会发布的任何指引。

第六，倘患者不能聘请律师，或被认为不能聘请律师，医院或其法律顾问必须知会官方律师并请官方律师担任诉讼监护人。倘官方律师同意，（若可能）无疑愿意安排与患者面谈，以察知患者意愿并探求患者拒绝治疗的原因。官方律师得通过法院紧急事务官员（Urgent Court Business Officer）联系，非办公时间得拨打电话 0171 936 6000。

（十三）听审

第七，法官主持的听审应双方到场。倘患者未出席，命令即对之无拘束力，除非由诉讼监护人（不能聘请律师的场合）或者律师（能够聘请律师的场合）代表其出席，否则依单方申请发布的判决对医院没有帮助。患者有能力聘请律师的，官方律师不能代表患者，但法院无论如何得通知官方律师以法庭之友身份提供帮助，盖官方律师于此类事务经验丰富。

第八，显然，法官必须得到准确且全面的相关信息。包括采取拟行医疗措施的理由、拟行医疗措施包含的风险、不接受治疗的风险、是否存在替代方案、患者拒绝拟行方案的理由（倘能察知）。法官需要掌握充分信息并在此基础上就患者的同意能力以及最佳利益（倘涉及该问题）得出结论。

第九，在送交医院之前，命令的精确措辞要记录下来并经法官批准。命令的精确措辞，要准确告知患者。

第十，高等法院发布的紧急命令并未经过申请书及支撑证据的传递及送达程序的，申请人有义务在紧急听审结束后，尽快完成程序上的要求（并支付法院费用）。

（十四）结论

可能会碰上这样的情形：患者的同意能力出了严重问题，医院面临的局

〔1〕 译注：诉讼监护人（guardian ad litem），由法院指定的特殊监护人，代表未成年人、被监护人或胎儿的利益参加诉讼，其监护人的身份限于诉讼期间。参见薛波主编，潘汉典总审订：《元照英美法词典》，法律出版社 2003 年版，第 617 页。

面万分火急，后果极其危险，试图循规蹈矩地遵循本指引实在不切实际。此际，自应依指引的本来面目行事，指引不过是指引。倘若迟误本身会导致患者健康遭受严重损害或者置其生命于险境，那么机械刻板地遵循本指引即非为妥当之举。

照准上诉请求。批准司法审查申请。

丙帙　同意表示的效力：不当影响

患者得自由决定是同意还是拒绝医疗服务人提议的医疗措施，该同意或拒绝表示“非以法律效力，惟以事实上之效果为其内容”,[1]故性质非为意思表示，而是准法律行为中的意思通知。准法律行为得视具体行为的性质，类推适用意思表示的相关规定。比如，患者的同意或拒绝表示不得有瑕疵，使得患者表示不自由、不真实的具体事由当类推适用意思表示相关规定，以欺诈、胁迫、错误等为限。但就表示有瑕疵时的法律效果，不适用意思表示相关规定，同意或拒绝表示应为无效，而非可撤销。

普通法上还有个事由是大陆法系没有的，即不当影响（undue influence）。在英国法中，不当影响指外来的影响、压力或控制力，使得当事人不能自由、独立地就自己的行为做选择。不当影响规则来自衡平法，是推定欺诈（constructive fraud）原则的组成部分。一方当事人从合同中获利或接受另一方当事人的赠与，若对方当事人在交易中因受获利方当事人的影响而无从为自由、独立的判断，则该交易可撤销。一般在双方当事人之间具有信任关系的场合，例如监护人和被监护人、医生和病人、律师和当事人等之间的关系，可推定存在不当影响，但该推定可推翻。在其他情况下则由主张者提供证据加以证明，而认定存在不当影响。[2]

不当影响规则适用于医疗领域可能会遇到更多困难。患者往往是在跟家人商量之后做医疗决策，家人的说服努力是否构成不当影响并不那么容易判断。在T小姐拒绝输血案中，影响来自第三人（患者的母亲），且不存在一方当事人获利的问题，初审法院和上诉审法院对于患者的拒绝表示是否因受不当影响而有瑕疵即看法不同。

在中国法上，倘碰到类似案例，可考虑类推适用《民法典》第151条“缺乏判断能力等”的规定。“缺乏判断能力，主要是指欠缺一般的生活经验

---

〔1〕 史尚宽：《债法总论》，中国政法大学出版社2000年版，第127页。

〔2〕 薛波主编，潘汉典总审订：《元照英美法词典》，法律出版社2003年版，第1372页；杨桢：《英美契约法论》（第四版），北京大学出版社2007年版，第243页。

或者交易经验”。[1]“等”字可参考比较法上的立场，比如《德国民法典》第138条第2款，解释为“明显意志薄弱”。在第三人欺诈、胁迫或者施加不当影响的情形，似乎不能简单类推适用《民法典》第148条，以医疗服务人“知道或者应该知道”意思瑕疵为由，认定患者同意或拒绝表示无效。

---

〔1〕 最高人民法院民法典贯彻实施工作领导小组主编：《中华人民共和国民法典总则编理解与适用》（下），人民法院出版社2020年版，第747页。

T 小姐拒绝输血案

Re T（adult: refusal of medical treatment）[1992] 4 All ER 649

上诉法院民事法庭：唐纳森勋爵（Lord Donaldson of Lymington MR）、巴特勒-斯洛斯法官（Butler-Sloss LJ）、斯托顿法官（Staughton LJ）。

1992 年 7 月 24 日，上诉法院宣布驳回上诉。

1992 年 7 月 30 日，上诉法院发布判决书如下：

唐纳森勋爵

本件上诉案实际无关"死亡的权利（right to die）"。没有迹象表明 T 小姐想要死亡。我毫不怀疑 T 小姐想要活着，大家都希望 T 小姐活着。本件上诉案涉及的是"选择如何活着的权利（right to choose how to live）"。这［两者］完全不同，哪怕当事人的选择（倘做选择）更可能让当事人提早死亡。本件上诉案还涉及 T 小姐是否真正做了选择；若是，做了何选择。

这些问题对全体公众都有重要意义，这不用怀疑，但公共意义无关 T 小姐这个私法上的个体。T 小姐不省人事，其隐私应受尊重。照顾 T 小姐的人都很辛苦，不要再四处打探消息，让人倍添辛苦。T 小姐是成年人，吾人是否有权力发布禁止令，[1]就像涉及未成年人医疗事务的案件中往往发布的那种，很让人生疑，我的看法是无论如何都无必要。

（一）选择的权利

这几个月，吾人不得不回顾涉及未成年人医疗事务的法律立场：未成年人 R 案［*Re R*（*a minor*）（*wardship*: *medical treatment*）[1991] 4 All ER 177］和未

［1］ 译注：禁止令（restraining order），该词在一般意义上指高等法院签发的禁止某人为某种行为的命令，现多称禁制令（injunction）。参见薛波主编，潘汉典总审订：《元照英美法词典》，法律出版社 2003 年版，第 1192 页。

成年人 J 案［*Re J*（*a minor*）（*medical treatment*）［1992］4 All ER 614］。这些判决并不适用于成年患者。像 T 小姐这样的成年患者，并非智力不全（mental incapacity），其有绝对的权利选择同意还是拒绝治疗，或者选择这个而不是那个治疗方案。唯一可能的限制情形是，选择可能导致能存活胎儿死亡。本案并非如此，倘碰上该情形，法院将面对在法律及伦理上都极为复杂的新颖难题。这个选择的权利并不要求当事人的决定必须在他人看来明智。不管［患者的］选择是出于理性的理由、非理性的理由、未知的理由，甚至根本没有理由，这个权利都岿然不动（see *Sidaway v Bethlem Royal Hospital Governors*［1985］1 All ER 643，666）。

成年人有选择的权利，不意味着事实上行使了该权利。要认定患者是否行使了选择权利，是完全不同而且困难的事情。就算很清楚当事人行使了选择权利，要认定当事人到底做何选择有时也会成为难题。本件上诉案就展现了这些难题。

（二）同意的作用

依法律的要求，对身心健全、有选择能力的成年患者来说，必须经患者同意，施于患者的医疗措施方为合法，不过同意表示不必为书面，有时得从患者在个案情境下的行为推断出来。未经同意或者不顾患者的拒绝表示而施治，构成侵犯身体的民事不法行为（civil wrong of trespass），还可能构成犯罪。倘患者未做选择，而当需要治疗时没有能力选择，比如急诊室非常典型的患者昏迷情形，医生得依对患者最佳利益的临床判断而合法施治。

医疗职业似乎有这样的看法：在此紧急情况下，应请求患者近亲属代表患者同意，[1]倘有可能，应推迟治疗直到取得［亲属］同意。这是误解，盖近亲属并没有同意或拒绝的权利。并不是说，这样做绝不可取，哪怕患者利益不会因推迟而受不良影响。联系亲属的意义在于，可能发现患者预先做了选择，该选择如果得到证实且［如果］适用于眼下情势——两个重要“如果（ifs）”，医生即应受约束。跟患者亲属面谈还有个好处，可以了解关于患者个人情况的信息，以及如果患者有选择能力，当会做何选择。不管是患者的

---

〔1〕译注：最近的亲属（next of kin），在遗产继承法中，指按亲族关系法与血缘关系为死者最近的亲属，也指依法可以取得死者遗产的人。不一定指血亲，也可指姻亲。参见薛波主编，潘汉典总审订：《元照英美法词典》，法律出版社 2003 年版，第 961 页。

个人情况，还是对“患者当做何选择”的推测回答，都不能约束医生必须对是否治疗以及如何治疗得出特定结论，或者为医生违反得到证实的患者拒绝治疗的预先表示提供正当性。这些因素的价值在于，医生就何为患者最佳利益做临床判断时，必须将这些因素纳入考虑。比如，医生知道患者是某教派信徒，但未见拒绝输血的证据，应尽可能避免或推迟输血。

（三）T小姐的过往

T小姐的父母于1975年分居，T小姐当时3岁。两个人分开当然有很多原因，但信仰分歧无疑是重要事实：母亲是虔诚的某教派信徒，父亲则断然不肯接受该信仰。最初，T小姐跟着父亲生活，6个月后，母亲未经父亲同意将T小姐带走。在随后的诉讼中，监护权判给了母亲，这不奇怪，盖T小姐当时很小，还是女孩。法院下达的监护令中明确禁止母亲将孩子当某教派信徒来养育，意在等孩子长到足够大时自做决定。这个要求并未得到完全遵守。诚然，T小姐从未以受洗或其他方式接受该信仰，如教会对媒体发布的声明所说，“T小姐并不是也从未曾是某教派信徒”。但母亲很明显地表现出来，在所有其他方面，都试图将孩子培养成为某教派信徒。

1989年，T小姐十七八岁的时候，离开母亲跟祖母同住。一年后，T小姐遇到C并跟C一起生活，C是后来死产胎儿的父亲。那段时间，T小姐跟父亲的关系重新密切起来。据父亲的说法，两人在当年五六月间讨论过某教派，女儿告诉父亲自己不是信徒。父亲还在一份宣誓陈述中说，“女儿从未做过任何事情，会让我相信她愿意成为某教派信徒”。

［1992年］7月1日，周三，T小姐妊娠34周，发生交通事故。T小姐前往医院，主诉右肩及右胸疼痛。由于有孕在身，故开始未拍片子，医生建议休息并服用止痛剂。7月4日一大早，T回到医院，主诉胸口疼痛加剧，拍了片子，被诊断为胸膜炎或肺膜炎。医生开了抗生素和止痛剂，包括哌替啶（有催眠或麻醉作用的药物），并予输氧。从这时起，时间序列开始重要起来。

医院的患者评估表格包含以下条目：“宗教信仰及相关活动。某教派（从前），仍有少量信仰和活动。”这可能是一开始记载的，但不确定，盖笔迹与其他条目不同（比如患者签名及医生签名）。T小姐早上6点10分进入病房，6点55分用药50毫克哌替啶及抗生素。此时T小姐已呼吸困难，吐出颜色很深的脏痰，主诉胸口与肩部极为疼痛。当天上午稍迟，接受肺部扫描，未见脓肿，但图像吻合肺膜炎，故未更改治疗方案。

下午刚过1点，医生又予T小姐一剂哌替啶。下午6点30分，T母由C陪同来到医院。当晚，据医院给T父的信息，T用了更多哌替啶。

7月5日，周日，上午8点30分，T父赶到医院。T父说，T小姐处于深度镇静状态，呼吸极为困难。护士告诉T父，T小姐晚上未能入眠，极为疼痛。T小姐需要吸氧，每30分钟要在父亲帮助下起身，将肺里的痰吐出来。T父很担心T母的信仰会造成什么麻烦，将此忧虑告诉了医生，但后来无法指认到底是哪位医生。医生说T小姐不用输血，故不必担心。倘需要输血，也有解决办法。T父还注意到，T小姐对周围所发生事情的感知能力下降，将之告诉护士，护士答说这是药物的作用。

周日上午，T父非常担心T小姐的病情，打电话给母亲（T小姐的祖母），T小姐的祖母上午11点赶到医院。下午2点50分，T小姐用了下午5点之前最后一剂哌替啶，并第一次说到输血的可能性。这时，C和T小姐的妹妹到达医院，T母也到达。T小姐的父母有过争吵，但没当着T小姐的面，两人约定，不要让两人间的紧张关系影响T小姐。没有证据显示，这次争吵是否围绕或涉及输血主题。

下午5点前有一段时间，T母一人陪伴T小姐。两人间发生了些什么，吾人并不知晓，盖T小姐一直没有能力说话，而T母虽是程序当事人，看起来并不适合作证。下午5点，护士加入谈话，T小姐告诉护士自己不想输血，她曾是某教派信徒，仍保有一些信仰。护士说当时感到很奇怪，T母刚到来不久，患者就“出乎意料地（out of the blue）”自愿说出这番话。但护士认为当时T小姐能够理解将要发生什么。护士力图“安抚”T小姐，并不认为会有什么麻烦，盖T小姐当时并不需要输血。晚上7点30分，T父返回病房，认为T小姐的病情正恶化，看起来有些神志迷乱。

不久，T小姐进入分娩状态，晚上10点45分，医院决定将T小姐转入产科病房。需要动用救护车转送，距离为200码到300码，这期间，只有T母跟T小姐在一起。大约晚上11点30分到达产科病房。产科医生检查了患者身体，认为T小姐身体虚弱，呼吸疼痛，宫缩。医生决定以剖宫产手术分娩。稍后，T小姐告知助产士，自己不想输血。F医生马上过来询问：“你反对输血吗？”T小姐答“是”。F医生说：“这是否意味着你不想输血？”T小姐说“不（想）”，然后说，“但你可以用其他办法，可以吗，比如用糖溶液？”F医生说不记得后面谈话的精确内容——

“但关键的是，我说可以用其他溶液来促进血液循环，但输氧的效果肯定不如血液。我还力图让 T 小姐和 T 父放心，剖宫产术后并不是常常需要输血。”

F 医生离开时，助产士制作了拒绝输血表格，T 小姐签字，助产士副署。依表格的设计，还应该有产科医生副署，但并无医生签字。跟表格上的陈述相反，医生并未向 T 小姐解释“或有必要输血以防止我的健康受损害甚至挽救我的生命”，也没有将表格记载内容读给 T 小姐听或者向 T 小姐解释。T 小姐只是盲目签字。虽说 C 不记得当时的事实，但沃德法官（Ward J）认定，T 小姐表达不接受输血的意愿时，有些时候 C 在场。

7 月 6 日，周一，早上医生施行剖宫产手术，不幸胎儿死产。当晚，T 小姐病情加重，转入特别护理病房。此前 T 小姐的肺部并未发现脓肿，但现在出现了。当时的病情状况是，要是有自行处理权，负责特别护理病房的麻醉医师会毫不犹豫地给予输血，但考虑到 T 小姐的明确表态，麻醉医师不敢这样做。医生给 T 小姐上了呼吸机，并予麻痹性药物。7 月 7 日，周二，T 小姐仍处于镇静状态，病情严重，只有些许改善。

（四）第一次听审

7 月 8 日，周三，T 父与 C 决定寻求法院帮助。我并不知道两个人如何着手的翔实信息，但在本案情势下，这是不寻常但值得赞赏的举动。这也是不管在怎样的情况下，医院当局本来应该在周一就采取的行动。如果 T 小姐活下来，功劳就是医院的。就算 T 小姐不能挺过来，医院也可以感到宽慰，盖医院已做到一切，远超过那些并不熟悉法院在此等情形得提供何等帮助的人可以期待的。当事人的申请送交给一位巡回法院法官（circuit judge），该法官又将案子交给同一巡回区的沃德法官。当时大概是下午 3 点。沃德法官立即通过电话调查事实，但感到没有充足证据让自己介入，反倒认为，情况很严重，需要更深入调查。正好皇家大律师艾伦·列维（Allan Levy QC）来见法官，列维先生对此类案件经验极为丰富，沃德法官遂建议当事人向列维先生咨询。这同样是不寻常但值得赞赏的举动。

最后，列维先生、初级出庭律师（junior counsel）、当事人的咨询律师（instructing solictiors）以及 T 父和 C，于当晚 11 点刚过，聚集在法官的房间。沃德法官通过电话从 F 医生那里听取证据；在产科病房，在 T 小姐第二次表态不愿意接受输血后，签署拒绝输血表格前，F 医生跟 T 小姐谈过话。沃德法官完整记下吾人已看到的证据，这里援引沃德法官的判决即可：

“F 医生告诉我，T 小姐受到麻醉药物哌替啶影响。周日深夜的举止显得不清醒、反应漠然。F 医生的观点是，T 小姐并非完全心智健全（compos mentis）：T 小姐不能完全理性地评估自己的病情，没有意识到病情多么严重；签署拒绝输血表格时也并非完全理性。在此情况下，［凌晨 1 点 30 分］我认为别无选择，只有给予当事人寻求的临时救济，确认在这样的情况下，虽未获 T 小姐同意表示，但医院给 T 小姐输血并非不法，盖看起来显然合乎患者最佳利益。”

据此，医院给 T 小姐输入血液，或者是血浆，无关紧要。血浆的作用是提高身体中的蛋白质水平，血液是用于提高含氧量，但对虔诚的某教派信徒来说都同样不可接受，盖这些都是他人的身体组织或源自他人身体组织。

（五）第二次听审

7 月 10 日，周五，沃德法官主持充分听证，[1] 听取相关的医生、护士出具证词。在参考了诸多判例之后，沃德法官说，并没有哪件“完全在点上”，只有加拿大的马莱特案［*Malette v Shulman*（1990）77 OR（2d）417］“很相似”。沃德法官界定了两个他认为应该回答的问题，认定了相关事实，并回答了那些问题。摘引判决原文如下：

“在我看来，这里有两个问题：第一，患者对输血的拒绝（贯穿整个治疗期间直至剖宫产），在对医生表示的那个时候，是有效的拒绝表示吗？第二，在目前出现的紧急状况下，倘不接受手术，可能丧失生命，拒绝输血还是患者确定的意图吗（settled intention）？

就第一个问题，我认定如下事实：①虽说患者受到止痛药哌替啶影响，但并未失去心智（mental faculties），身心虽疲惫，但仍足够敏锐，有能力理解医生的提问并基于理解而予全面回答。虽饱受痛苦，但患者仍能为稳定的判断。患者心智健全（mentally competent），有能力自做决定。我承认这个认

[1] 译注：充分听证（full hearing），指能够给所有当事人提供充分的机会，使之通过提供证据和辩论来表明足以判定，从法律和正义的观点来看，其所要求采取的措施是否正当的听证。参见薛波主编，潘汉典总审订：《元照英美法词典》，法律出版社 2003 年版，第 588 页。

定与周三晚到周四晨的判决中隐含的认定正相矛盾。我对案件的理解发生变化，是出于下面这个不愉快的事实，即F医生完全更改了证词。F医生不再坚持在电话里向我提出的观点。F医生在用来支持本案申请的宣誓陈述中承认，并在周五的口头作证中多次重复，‘T小姐的神志水平多少有些晦暗不明，但在用语言文字反应时，目的清晰、举止妥当，并未有任何不恰当的言论，也未显示任何妄想症的迹象。另外，问到输血的事情，患者回答时没有任何犹豫，是以我确信，T小姐有能力理解并签署拒绝输入血制品的文书，在稍后的产科手术中不接受输血’。②我认定T小姐的决定受到其母亲影响。我不能认定该影响构成足以侵蚀患者意愿、摧毁患者意志的不当影响类型，但我确信，母亲带来的压力、母亲在场、母亲对输血的看法、患者取悦母亲的愿望（虽说母女间的关系并不那么和睦），所有这一切都促成把注意力放到输血上，而当时别人都还没有考虑到输血的必要。虽说如此，我还是认为患者决定是自愿决定，并未因任何不当影响而无效。③如已经指出的，我否决了助产士关于向T小姐读了表格的证词。我认定的事实是，助产士完全未做任何解释，而且正如布里斯托法官在查特顿案中认定的（*Chatterton v Gerson* [1981] 1 All ER 257, per Bristow J），患者的拒绝只是形式上的拒绝，而不是实际的拒绝。④但患者数次向护士、F医生、助产士为拒绝表示，哪怕其父亲和男友在场的时候也没有改变（我相信T男友并不知道T小姐签署了拒绝输血表格），是有效拒绝表示，对医院有约束力。是以，对第一个问题，予以肯定回答，我认定T小姐周日下午到晚上有能力做有效的拒绝输血表示。

要回答第二个问题真是难上加难，我承认整个晚上为得到恰当结论而忧心忡忡。官方律师简明有力的陈词更加大了我感到的困难，官方律师显然并不喜欢写这份陈词，但恰当履行了诉讼监护人的职责。我已表达了对所有律师的感谢，但尤其要感谢官方律师及迈克·尼科尔斯先生（Michael Nicholls）迅速回应我的帮助请求，而且官方律师和坚持自己意见的巴特勒先生（Butler）应对极为出色。陈词的主张极为有力，患者一旦表示拒绝且该表示被认为有效并约束医院，如我认定的，该表示即应继续有效并支配案件的结果。如果说有什么假定帮助我得到结论（在如此关键的事实问题上，我本能地不喜欢用假定来得到结论），那就是假定某事态持续存在，直到有证据表明该事态不再相干为止，这要比列维先生关于生命神圣的陈词更切中肯綮；列维先生的意见是，生命神圣是必须保护的至关紧要的利益，倘遇疑惑，即以该价值为优先。我不能接受列维先生倡导的进路。证明责任在原告（T 父）。原告必须让我确信，在现在的情势下输血为合法，而我要问自己，T 小姐是否表达了不论在何情势下皆拒绝输血的确定意图，哪怕危及生命也拒绝。在我看来，以下因素会影响决定。

（1）T 小姐的动机。动机——也就是为什么做出那个决定——本来是无关紧要的，但我发现 T 小姐拒绝输血的理由应予关注，盖［该动机］违背了某教派的信念。

（2）T 小姐的信仰有多虔诚。我认为有必要确认此点，以下因素应特别考虑：①T 小姐是在十来岁的时候，被母亲框束在这个信仰里。②T 小姐已拒绝该信仰。③T 小姐对产前诊所的说法是，自己不信教。④T 小姐最近跟父亲谈话时明确，其已不再是某教派信徒。从女儿的生活方式和举止中，父亲没有看到任何迹象，会让人相信女儿仍是或愿意再次成为某教派信徒。⑤T 小姐的生活方式跟该信仰的信念及实践完全相反。我采纳 T 男友这方面的证词。没有证据表明，在母亲于周日到来后，T 小姐放弃了目前的生活方式。T 小姐并未对其男友或父亲表达过忏悔自己生活方式的意思，T 母也没有提供这方面的证据。⑥T 小姐对护士表示从前是某教派信徒，病历材料中也是这样记载的。⑦T 小姐去过某教派聚会场所，我采纳 T 男友的证词，认为那纯粹是为了取悦母亲。T 小姐坚持的某些信念是受母亲鼓动，也是受到母亲的压力，不过这尚未构成不当压力（undue pressure）。⑧不论是从母亲那里，还是其他任何来源，没有任何证据表明，T 小姐遵循的某些信念和实践是经过深思熟虑的或者信仰极为真诚，必定导致 T 小姐坚定不移地拒绝输血。就 T 小姐的信仰有多么坚定，我的结论是，事实上 T 小姐的信念并没有那么根深蒂固、牢不可移，使其就生活方式或死亡方式做那不可改变的决定。依我的判断，T 小姐有意思能力，其已表现出有能力放弃某教派的教义以适应自己选择的生活方式。这与加拿大马莱特案中的患者形成鲜明对比。

（3）T 小姐宣布决定的方式。第一次表述来得出乎意料，但我不能无视 T 小姐一直坚持己见的事实。但要在考虑以下因素的背景下，来看待 T 小姐的坚持己见。①信仰并不那么坚定，前面已认定。②没有医务人员向患者解说，拒绝输血给健康——实际上是给生命——带来的风险。我不打算卷入医务人员对 T 小姐承担怎样的说明义务的争论，没有医务人员做任何解说是已认定的事实。③当 T 小姐提出输血问题时，仅有的回应让 T 小姐陷入很安全的错觉，不管是护士的明确答复，还是F医生的举止，都在向患者表示那无关紧要，这些医务人员认为并无输血必要，真诚地相信输血风险很小，也是这么说的。由于这个虽可理解但让人遗憾的疏忽，医务人员未向患者阐释输血有可能是关乎性命的医疗措施，而这个可能竟成为现实。④T小姐被误导。T小姐向F医生提问，是为了放心。这个问题充满了患者的疑惑：是不是必须采取某些输血之外的医疗措施。得到的回答是不真实的。我并非指责F医生欺骗，但F医生保证说有其他输血手段，肯定是错误的。F医生也许是为了安抚患者，不让患者恐惧，但也侧面表明患者心里确实恐惧，而F医生并未让患者得到没有替代措施的信息。⑤没有证据表明，哪怕危及生命，T小姐也会坚持拒绝输血。在此情境下，我认为法院应谨慎认定，T小姐对输血的泛泛拒绝表示，是否足以证明在一切情况下都拒绝输血的确定意图。

（4）最后，基于T父提出的未受质疑的证据（得到T男友证词的支持，T母未提出否认的证词），如我在证据材料上批注的，'我内心确信T小姐会接受输血而不是死亡'。没有证据反对这一点，却有很多证据支持这一点。我认定T小姐的拒绝表示并未涵盖眼下的紧急情况，这超出了T小姐的预想范围，也超出了T小姐在表达拒绝输血的想法时其他人的预想范围。我认定T小姐在当时拒绝输血的表示并未考虑到病情可能发生的变化。我不认为T小姐的拒绝表示可以证明其怀有确定意图，哪怕会损害健康，哪怕最佳利益要求输血，也还是坚持拒绝的态度。考虑到患者现在不能表达拒绝或同意治疗的意思，而治疗合乎患者利益，为挽救患者生命或促进患者康复所必要，我不能认定患者的拒绝表示有持续效力，得证明患者有坚持己见的确定意图。我接受父亲的证词，患者会接受输血而不是死亡，我确认，在当前情况下，医院为T小姐输血乃为合法，合乎患者最佳利益。"

沃德法官的基本立场是，虽说无疑受到母亲影响，但依T小姐在周日下午到晚上的身心状态，其有能力就医疗事务自做决定。但沃德法官又认定，医务人员让T小姐产生安全错觉，而且T小姐误以为可以得到有效的替代措施。考虑到这些背景以及T小姐对某教派的信念也很肤浅，沃德法官将T小姐的拒绝表示解释为不能延伸及于如下问题，即在眼下这样的极端情形，是否会同意输血。换言之，就该事宜，T小姐既未同意，亦未拒绝。由于T小姐现在不能表达意志，这是典型的“紧急情况”，医生运用其临床判断，施行合乎患者最佳利益的医疗措施，乃为合法。

（六）上诉法院阶段

沃德法官的判决是该维持还是驳回，仅就这个严格的狭窄目的而言，上诉法院永远不要轻易否定初审法官认定的事实，盖初审法官当庭听取了证词而上诉法院没有，尤其是，倘若另行认定事实还是会得到同样结果，那就更不要轻举妄动。是以，我的立场是，正如听审结束时说的，上诉应予驳回，沃德法官关于医院得为T小姐输血的确认判决应予维持。

但本件上诉还有更宽泛的目的，即给医院及医疗执业人提供指引，说明碰到成年患者拒绝治疗的情况，如何恰当应对。沃德法官面对的这种成年患者的情形，对法院来说也无先例可循，在报道的案例中很难找到指引。倘本案的事实认定被理解为，以后此类案件得照此处理，那就太让人遗憾了。就我个人而言，我认为本案中有大量证据支持法院得到不同的事实认定，即T小姐的身心状态使其不能做出约束医院的决定，即便（跟刚才的观点相反）患者能做决定，母亲的影响亦足以使其所做决定无效（vitiate）。[1]

上面这么讲是基于诸多考虑，这些考虑的效果是累积的。①T小姐于7月1日遭遇车祸，车祸的后果还不完全知晓。②T小姐当时妊娠34周，一定很担心胎儿的健康。③T小姐得了急性肺炎，不管是车祸还是肺炎的作用，或者两者都有，T小姐疼痛异常。④此前24小时一直服用麻醉药品及抗生素，当时的身体状况必须给氧。⑤T父认为T小姐神志迷乱，据F医生最初的证词，T小姐不清醒、反应漠然，并非完全心智健全。⑥T父母的婚史表明，T母是虔诚的某教派信徒，将女儿的永生救赎看得远远重于延长生命，认为这更合乎女儿的最佳利益。⑦吾人并不知晓T母对T小姐讲了什么，这位母亲不打算告诉法院，但看起来的事实是，T小姐两次提到输血都很突然，“出乎意料”，并非医务人员询问在先，都是在跟其母亲单独会面之后立即发生的。

（七）指引

就具备完全能力的成年患者来说，除“紧急情况”外，非经患者同意不得施治，这个立场造成如下局面，即未经同意与拒绝的法律效果完全一样。这并不必然给医生或医院带来麻烦。有些时候，患者是否在当时接受治疗或根本不治疗，对患者健康影响不太大。或者只是选择问题，医生可能认为A

[1] 译注：对不当影响的讨论属附带意见（dictum）。

方案优于B方案，但两个方案都可以。患者可能选择并同意B方案，也就默示地拒绝了A方案。这时也不会有问题。出问题的是相对少见的情形：成年患者拒绝医疗措施，但据医生的临床判断，为了避免患者健康遭受不可恢复的损害，或者为了挽救患者生命，这些医疗措施甚为必要。仅限此类情形，本件上诉案得为医生及医院提供指引。

如果要区分未予同意与拒绝同意，那就是拒绝表示得采取意图声明形式（declaration of intention），声明在将来或者将来某些情形下，绝不同意［特定医疗措施］。

（八）原则的冲突

此等情形，产生两方利益的冲突，即患者利益与患者所生存之社会的利益之冲突。患者利益表现为自我决定的权利——有权利过自己喜欢的生活，哪怕这会损害患者健康或导致死亡。社会利益在于支持如下观念，即所有人的生命都是神圣的，但凡可能，即应保全生命。公认立场是，在终极意义上，个体权利至高无上。但这只是在发生冲突的时候转换了难题，需要仔细考察个体是否在行使该权利（若是，如何行使）。倘生疑问，应支持保全生命，盖个体若打算不理会公共利益，应明确态度。

（九）决定能力

决定自己命运的权利要求当事人有相应意识能力。每个成年人都被假定具备该能力，但该假定得以反驳推翻。这无关案涉当事人的智力或教育水平。但人群中总有少数人由于精神疾病或发育迟缓（retarded development）而不具备必要的意识能力［see e. g. *F v West Berkshire Health Authority*（*Mental Health Act Commission intervening*）（1989）2 All ER 545］。[1]这是永久状态，或至少是长期状态。还有些本来具备该能力的人，由于暂时因素（如不省人事，神志错乱，或者休克、严重疲劳、疼痛、治疗用药物的影响）而失去能力或能力减损。

患者拒绝的，医生必须仔细考虑患者在做决定时是否具备相应意识能力。未必总是患者完全没有能力，比如处于妄想状态，也可能更为麻烦，即在做

〔1〕 译注：意识能力（mental capacity），行为人对自身行为的性质及后果的认知程度，是衡量一个人智力、理解能力、记忆力和判断能力的标准，是行为人对自己行为的后果承担刑事和民事责任的条件。参见薛波主编，潘汉典总审订：《元照英美法词典》，法律出版社2003年版，第908页。

决定时暂时减损能力。重要的是医生应考虑，患者做决定时是否具备与拟做决定的重要程度相称的意识能力。决定越是关系重大，越需要更大的意识能力。倘患者具备相应意识能力，医生应受患者决定约束。若否，医生得依自己判断的患者最佳利益而施治。

这个难题更容易产生的情形是，患者不省人事，不能征求其意见。倘能征求其意见，自应为之，但必须充分考虑患者当时做决定的能力。

正如判决开始时指出的，患者有选择权利，并不考虑选择的理由是理性的还是非理性的，或者不为人知的，甚至根本不存在。倘若患者的选择与绝大多数成年患者可期待的选择相反，则无关紧要，除非还有其他因素让人怀疑患者的决定能力。选择的性质或者表达的措辞可能起决定作用（tip the balance）。

（十）外部影响

患者做决定时，倘受某第三人影响，会产生特别的难题。绝不是说患者没有权利听取甚至从他人那里寻求建议和帮助，特别是从家人那里寻求建议和帮助，以做出决定。但医生必须考虑该决定是否确实是患者的决定。他人说服患者相信某决定的优点，患者从而决定，这完全可以接受。他人的说服是多么有力，这无关紧要，只要不会压倒（overbear）患者决定的独立性即可。此类案件的真正问题是，患者所说是否为其真正意思，抑或患者那么说只是为了安静生活（quiet life），满足某人，或者其所寻求的建议或说服帮助太过强大，使得患者无法自己思考及决定。换言之，患者的决定是否只是形式上的决定，而非实际上的决定？

考虑外部影响的效果时，两点特别重要。第一，患者意志的力量。极为疲惫、受疼痛折磨或者情绪低沉的患者，不太能够抵抗外部影响，不让自己的意志被压倒；有精力、未受疼痛折磨、情绪良好的患者就更有能力做到。第二，“说服者（persuader）”跟患者的关系可能极为重要。父母对子女的影响或者配偶相互的影响，虽非必然，可能比其他关系更为有力一些。基于信仰的劝说同样可能更有力量，某个与患者有极为密切关系之人正运用基于信仰的论据来劝说患者，这个事实会增加额外的力量，并让医生警觉患者的决定能力或意志是否有被外部影响压倒的可能。换言之，患者所说未必是其意思。

（十一）患者决定的范围与基础

倘医生认为患者有决定能力并行使了选择权，医生仍要考虑该决定的真正范围与基础。倘在问题产生时，患者仍有决定能力，医生不仅可以会同患者确定医疗决定的范围，还可以试着劝说患者改变决定。当然，碰上此类难题的时候，患者往往没有决定能力。此际，医生不可得出结论，认为倘患者在变化了的情势下仍有必要能力，患者当会改变决定。这不过是否定患者的决定权利。医生能做的是要判断，患者做决定的时候，是否意在将该决定适用于变化了的情势。患者可能确实有此意图，比如加拿大的马莱特案，患者（某教派信徒）携带的医疗卡片上清楚写明，不论在何情形下都不接受输血。患者也可能并无此意图。患者可能意在将决定限制于很小范围内，比如，“我拒绝接受输血，只要有可行的替代方案”；也有可能将决定立足于某个假定，比如，“因为有可行替代方案，故我拒绝接受输血”。倘事实情形落在拒绝表示范围之外，或者决定所立足的假定并不成立，拒绝表示即失其效力。医生于是面临如下情况，即患者未做决定，此时也没有能力自做决定，在此等局面下，医生既有权利也有义务，依照从临床判断上看合乎患者最佳利益的方式施治。

（十二）拒绝表格

我吃惊地发现，医院似乎早就制备有标准的拒绝输血表格，这些表格的设计并不让人感到满意。显然，此类表格设计初衷是保护医院免遭诉累。倘若患者没有能力理解这些表格，医院没有向患者解释这些表格，（除患者签名外）没有充分证据表明患者已经理解并完全认识到签字的意义，那么这些表格就全然不能实现其期待的效果。知道了此点就要考虑，是否应该重新设计表格（不必区分下面两者，一个是医院否认责任的表示，另一个是真正有意义的，即患者对其决定的表示），要求患者充分理解表格文句，并以不同且更大号的字体，以加重标记、彩色印刷或其他方式来突出相关文句。

（十三）知情拒绝

正如沃德法官在判决中指出的，英国法并不接纳大西洋彼岸的“知情同意”概念，从而也不接受“知情拒绝”概念。法律要求的是，患者大体上知晓同意或拒绝表示指向的医疗措施的性质和效果。医生有义务向患者披露涉及下列事项的充分信息，即拟行医疗措施的性质以及可能发生的风险（包括附随于所用医疗措施的任何特殊风险），医生未尽到义务的，依过失侵权法处理，这本身并不会使同意或拒绝表示无效。倘若提供错误信息误导患者，不论是否佯装不知，对患者明示或默示寻求的信息知而不报，都可能会使同意或拒绝表示无效。

（十四）法院的作用

在患者生命面临威胁或者健康可能遭受不可恢复损害的情形，倘成年患者拒绝必不可少的医疗措施，而医生及医院对该拒绝表示的效力有疑问，基于公共利益（更不必说患者利益），医生及医院应立即请求法院发布确认判决，确认拟行医疗措施是否合法。这个步骤不能交给患者家属去做，盖家属很可能不知道去哪里寻求救济，也可能因担心诉讼费用而不肯行动。此类案件罕见，一旦发生，如本案，法院应立即予以帮助。

（十五）总结

（1）初步立场是，任何成年人都有权利和能力决定是否接受治疗，哪怕拒绝治疗会带来健康遭受永久损害或者英年早逝的风险。此外，拒绝是出于理性还是非理性的理由，是出于不为人知的理由还是根本无理由，这些都无关紧要。所有公民的生命健康都应受保全的公共利益固然强大，但不会影响前述立场。[法律] 假定成年患者都具备决定能力，但得以反驳推翻。

（2）由于长期的智力不全或者发育迟缓，或者暂时因素（比如不省人事，神志错乱，严重疲劳、休克、疼痛或药物的影响），成年患者可能丧失决定能力。

（3）倘成年患者在为拒绝表示时无决定能力，[医生施治时] 仍无决定能力，医生有义务运用其临床判断，依其认为合乎患者最佳利益的任何方法施治。

（4）面对患者的同意或拒绝表示，医生必须仔细考虑患者在决定时是否具备相应能力。未必总是有能力或无能力，也可能出现能力减损的情况（reduced capacity）。拒绝表示的重要性是变化的，可能带来生命风险或者不可恢复的健康损害风险，也可能无甚风险，从而需要的决定能力也不同，关键是考察患者在为拒绝表示时的能力是否低于该拒绝表示所需要的决定能力水平。

（5）有些场合，医生不仅要考虑患者的拒绝能力，还要考虑拒绝表示是否并非出于患者意志而是出于他人意思，从而无效。他人劝说患者拒绝治疗（不管多么有力），这本身无关紧要，只要最终的拒绝表示代表了患者的独立决定即可。倘若患者意志被压倒，该拒绝表示即不代表真正决定。在这里，劝说人与患者之间关系的性质格外重要（比如配偶、父母），盖有些关系更容易压倒患者的独立意志。

（6）在所有情形下，医生都要考虑拒绝表示的真正范围和基础。该拒绝表示是否意在适用于案涉情境？是否基于某个最终并未实现的假定？拒绝表示仅在其真正范围内有效，基于错误假定（false assumptions）的拒绝表示无效。

（7）医院的拒绝表格应重新设计，迫使患者注意到拒绝治疗的后果。

（8）对特定拒绝表示的效果产生疑问的，倘不予治疗会危及患者生命或造成不可恢复的健康损害，医疗机构应毫不犹豫请求法院帮助。

巴特勒-斯洛斯法官

我很感谢唐纳森勋爵对案件事实的概述，依据该认定的事实，我以尊敬的态度赞成唐纳森勋爵阐明的基本法律立场。

具有良好理解能力的成年男女，得选择部分或者全部拒绝医疗建议以及医疗措施。有决定能力的患者所为之拒绝治疗的表示，不需要是明智的、理性的或者深思熟虑的（see *Sidaway v Bethlem Royal Hospital Governors* [1985] 1 All ER 643，666）。

我赞成加拿大安大略上诉法院马莱特案的论证思路。该案涉及医院给某教派信徒输血。罗宾逊法官道：

> "这里诉争的，是患者个体有行使拒绝治疗权利的自由，并接受该决定的后果。正如我力图证明的，有能力的成年人一般来讲得自由地拒绝医疗措施，哪怕面临死亡风险。决定何者得施于己身的权利是吾人社会的基本权利。这个权利内在的概念，是自我决定原则及个体意志自主原则赖以立足的基石。在我看来，在涉及此项权利的事务上，应予个体自由选择以极高的优先地位。" [*Malette v Shulman* (1990) 72 OR (2d) 417，432，per Robins JA.]

罗宾逊法官并未考虑国家在保护无辜第三人以及防范自杀方面的利益。我赞成上面判决阐述的原则，但我不相信英国法院会在那些特殊情形判给损害赔偿金。是以，违背此类患者为人所知的意愿而施治的医生，面临承担责任的风险。

有时会产生下面的问题，即为同意或拒绝表示的患者是否有相应能力，换言之，患者是否适于做决定，或者是否真正做了该决定。即便在决定当时，患者适于做决定，他人的不当影响，或者在重大事项上欺骗或提供错误信息，都可能压倒患者的意志。决定能力问题与同意或拒绝表示是否真实的问题是不同问题，事实上很可能重叠，是以在具体情势下，健康状态下本来能够抗拒的外来影响，在疾病状态下可能成为不当影响。患者可能将决定限于极小范围，也有可能患者未做决定，此际应适用必要性原则，戈夫勋爵在西伯克郡卫生局案中有充分阐述。［See *F v West Berkshire Health Authority and another*（*Mental Health Act Commission intervening*）［1989］2 All ER 545，565-566，per Lord Goff.］

依我的了解，某教派信徒如同其他人，也会接受同样的医疗措施，也会期望从罹患的疾病中恢复健康。不存在死亡权利的问题。但该教派接受治疗（在最广泛的意义上）要满足特别的条件，即不接受输入血液或血液制剂。倘若 T 小姐已在某教派受洗并参加教会活动，很可能拒绝输血或其他涉及输血的治疗活动（不管后果如何），但愿意接受可行的替代方案。很清楚的是，虽说由母亲养育且母亲的家庭信仰某教派教义，但 T 小姐并未受洗，也从未参加信徒活动。父亲的家庭反对该教会，而在这些事情发生前几年，T 小姐已回到父亲这边跟祖母、父亲一起生活，这两年，T 小姐的生活环境也是该教会不认同的。

本件上诉案的问题是，T 小姐是否有能力做不输血的决定，所做决定是否为出于自由意志的真正决定，该决定是否受到母亲的不当影响而在效力上受到怀疑。另外的问题是，T 小姐的决定是否仅限于一段时间，倘知道拒绝输血或相关医疗措施的危险，是否不会再固执己见。

（一）健康

唐纳森勋爵已梳理了可得的医疗证据，在我看来，基于这些证据，若是得到下面的事实认定，并不会让我感到奇怪，即在 7 月 5 日的相关时间，T 小姐的胸部持续感到剧烈疼痛，咳痰，服用数种药物以减轻疼痛并起镇静作用，晚上在产程第一阶段宫缩，T 小姐无论如何都并不适于做医疗决定。初审法院在听取了口头证词后，经过焦急思考形成判决，得到不同的观点，在本件上诉案中，我无意干涉。但患者的健康状况跟患者的决定到底在多大程度上完全是自己决定的问题高度相关且重合。

（二）不当影响

本件上诉案一个非常重要的因素是T母介入的程度和引起的法律效果：T小姐两次表示拒绝输血，都是在和其母亲单独相处之后立即提出。用护士的话讲，T小姐“出乎意料地”提出拒绝输血，难以抗拒的推论是，[7月5日]下午5点前，T母和T小姐谈过输血的问题。晚上大约11点，T小姐被救护车转往在医院其他位置的产科病房的时候，也是T母和T小姐单独在一起，而不久后T小姐就签署了拒绝输血表格。初审法官提到T母对于拒绝输血的强烈信念，T小姐的决定受到其母亲影响，但最终认定的事实是，T小姐的决定并未因任何不当影响而无效。

代理T小姐的皇家大律师芒比先生（Mr Munby QC）敦请法院注意一系列考察了不当影响的遗嘱案例。怀尔德法官在霍尔案中向陪审团总结如下：

“遗嘱要有效，要求立遗嘱人有自由意志。但向立遗嘱人施加影响并非不法。劝说，诉诸亲属关系的感情或羁绊，诉诸对过往服务的感激之情，诉诸对将来贫困的怜悯之意，或者其他类似的，这些皆为合法，可能对立遗嘱人产生影响。但向立遗嘱人施加的压力，不管什么特性，不管是让人恐惧还是让人心生希望，倘其作用方式并非让人心悦诚服地形成判断，而是压倒人的自由意志（overpower the volition），就会构成使遗嘱无效的控制（restraint）。强索（importunity）或威胁，让立遗嘱人不敢抗拒，[向立遗嘱人]宣扬道德命令，[立遗嘱人]为了求得安宁或者为了摆脱精神痛苦或社交不适（social discomfort）而不得不屈从，以上这些，倘若达到一定程度，使立遗嘱人的判断、裁量或愿望都被压倒，不能自由运作，虽未使用强力或威胁使用强力，亦构成不当影响。总之，对于立遗嘱人，可引导而不可驱使；遗嘱必须是自由意志的产物，而非他人意志的记录。”（*Hall v Hall* [1868] LR 1 P & D 481, 482, per Sir J P Wilde.）

在温格罗夫案中，汉嫩爵士如是描述胁迫：[1]

---

〔1〕 译注：胁迫（coercion），以暴力或使用暴力相威胁。被迫行为在民事上可归于无效。参见薛波主编，潘汉典总审订：《元照英美法词典》，法律出版社2003年版，第242页。

“胁迫当然得表现为不同类型，可能是最粗糙的形式，如真正的拘禁或暴力，[也可能很隐蔽，比如，] 人在生命最后两天或者几个钟头，变得极为衰弱，非常小的压力就足以得到想要的结果，甚至有可能，仅仅是对病人讲话，略施压力，就会让病人大脑疲惫，诱导想要安静的病人做任何事情。这也可能是胁迫，虽未实际使用暴力。”（*Wingrove v Wingrove* [1986] 11 PD 81，82-83，per Hannen P.）

代表医院的皇家大律师斯坦布里奇先生（Mr Stembridge QC）依赖的是衡平法院处理家庭或特殊群体内部关系的进路。在奥尔卡德诉斯金纳案中，林德利法官论及不当影响：

“还没有法院尝试界定过欺诈，是以也没有法院尝试界定过不当影响，不当影响包括欺诈诸多变体（varieties）中的一种。衡平法院试图掌控的不当影响，是一人对另一人的不当影响，不是热情（enthusiasm）对受其感染之人（enthusiast）的不当影响，除非该热情本身就是外部不当影响的结果。但人心对人心的影响极难把握，……为了与之对抗，衡平法院已走得非常远。衡平法院勇敢地将赠与撤销，盖受赠人所处的位置可以对赠与人施加不当影响，虽说并无证据表明确实施加了影响；衡平法院宣称的理由是，在有些情境下，无法证明不当影响，为了保护某些人不受不当影响，确有必要如此处理。”（*Allcard v Skinner* [1887] 36 Ch D 145，183，per Lindley LJ.）

兰开夏信贷公司诉布莱克案也涉及母亲对女儿的不当影响，斯克鲁顿法官描述了普通法院与衡平法院在进路上的差异：

“在切斯特菲尔德诉詹森案中（*Earl of Chesterfield v Janssen* [1750] 2 Ves Sen 125 at 155），哈德威克勋爵（Lord Hardwicke）曾论及此‘欺诈’：衡平法‘走得比普通法更远；[普通法上原告] 必须证明，而不是假定的’。如是描述的普通法仍盛行于遗嘱法庭（Probate Court），在遗嘱法庭，仅证明立遗嘱人与受益人的关系还不够，在衡平法院，要求受益人证明给予立遗嘱人的是独立意见（independent advice），以取代不当影响假定。”（*Lancashire Loans Ltd v Black* [1934] 1 KB 380，404，per Scrutton LJ.）

不管是遗嘱法庭的判例法，还是赠与相关的判例法，都不宜适用于当下情势，两者完全不同；我阅读了斯托顿法官判决的草稿，我以尊敬的态度表示赞成斯托顿法官的意见。但上面引用的案例也有帮助，证明不管普通法还是衡平法，长久以来都认可，外部影响可能是难以察觉的（subtle）、隐伏的（insidious）、无处不在的（pervasive）。外部影响在近亲属之间也可能很有力，一方可能对另一方占有优势地位。本案中，T小姐幼年时受到其母亲信仰的影响，在饱受病痛折磨又受药物影响的时候，来自其母亲的压力很可能产生极为强大的效果。我发现初审法官认定的事实，跟初审法官得到的结论，即母亲的影响并未削弱患者意愿或摧毁患者意志，两者难以调和。要将说服或诉诸情感转变成不当影响，如汉嫩爵士在温格罗夫案中所说（*Wingrove v Wingrove* [1886] 11 PD 81，82-83，per Hannen P.），可能只需要很小的压力。在我看来，面对这个让人痛苦的疑难案件，受到必须立即判决的紧迫压力，初审法官并未充分考虑到，对处在本案中T小姐位置的患者来说，多大的压力就足以构成不当影响。我赞成唐纳森勋爵的意见，大量证据支持法院得出结论，患者受到其母亲的不当影响，患者所做决定无效。

（三）有限拒绝：决定的范围

初审判决以法官关于有限拒绝（limited refusal）的观点为基础。在我看来，基于法官认定的事实，不存在这个争点，盖患者根本不能为真正决定。但我承认，在有些情形，患者不愿意接受特定医疗措施表达出来的立场是，无论如何，在紧急情况下可以采取医疗措施的规则都不得适用。倘患者遭误导或得到错误信息，不可能给出真正的同意或拒绝。这里并非打算引入知情同意规则，这不是吾国法制。但基于本案事实，T小姐虽不接受输血，却着实询问是否有替代措施，而得到的是错误回答，称有替代措施。为了安抚T小姐，医务人员还告知说，不太可能输血，看起来不必面对拒绝输血决定可能带来的严重后果，甚至是死亡的后果。倘若患者的拒绝治疗决定是真正决定，在诸如此类的案件中，就必须认定患者是否收到了关于拒绝治疗后果的任何建议。在马莱特案中，答案很清楚。在其他案件中，未必如此清楚。

在本案中，我确信，医生没有理会T小姐的书面指示并基于紧急情况事由而施治，乃为合法。

我驳回上诉。

斯托顿法官

意识能力未受损的成年人有权利自己决定是否接受医疗措施，哪怕不接受治疗很可能甚至肯定会死亡，亦然。到这里，法律都是清晰的。问题出在下面的情形，即不确定有能力的成年人是否同意拟行的医疗措施。

比如，成年人遭遇车祸，不省人事，被送至医院，没有机会明确表示是否同意治疗。此际，只有依必要性原则施治，方为合法，正如戈夫勋爵在西伯克郡卫生局案中所说：

“……适用该原则的基本要件（得适用于一些必要性案件）是，不仅①必须有采取行动的必要性，此际无法与受援助人沟通，而且②采取的行动必须是理性人在一切情势下会采取的行动，合乎受援助人的最佳利益。基于这个原则陈述，我要指出多管闲事的介入行为不能由必要性原则而证明其正当性：倘若还有其他更为合适的人且愿意采取行动，介入行为不会是正当的。倘介入行为违背受援助人可得知的意愿，在受援助人得理性形成此意愿的范围内，亦然。”（*F v West Berkshire Health Authority*（*Mental Health Act Commission intervening*）［1989］2 All ER 545，at 565-566，per Lord Goff.）

在任何个案中，都有三种可能：①患者同意；②患者未做决定；③患者拒绝同意。复杂的情况是，患者表面的同意或拒绝可能不是真正的同意或拒绝。这里用“真正（true）”表达的意思是，出于下面三种原因，同意或拒绝表示可能在法律上不生效力；也可能还有其他原因，但只有下面三种关乎本案。

第一，表面同意或拒绝是不当影响的结果。我想下面的说法是误入歧途，即问该表示是否为患者自己的自由意志，甚至问患者是否自愿。任何决定都是出于人的自由意志，都是自愿的，除非受强制。[1]类似地，任何决定的形成都会受到外来影响：患者决定同意手术，通常都是受到医生建议的影响

〔1〕 译注：强迫行为、受强制状态（compulsion），强迫可以采用体力或其他方式，处于胁迫下的行为对行为人无约束力，但行为人应服从和履行合法的强制性行为。参见薛波主编，潘汉典总审订：《元照英美法词典》，法律出版社 2003 年版，第 272 页。

（若不手术，将会怎样）。表面同意或拒绝，倘若受到外部影响，影响大到说服患者背离自己的愿望，到了让法律认为不当的程度，即不构成真正的同意或拒绝。我提不出更精确的标准。在我看来，财产法和合同法领域关于不当影响的案例并不适用于对医疗措施表示同意这个不同场合。妻子为丈夫的债务提供担保，或者鳏夫将全部财产留给女管家，与患者面对治疗的需要并非同样的场景。口中讲的话，未必约束讲话的人，这个意思有许多不同表达；如希腊诗人写道的，“嘴上起誓，心中背誓（my tongue has sworn，but no oath binds my mind）”。

第二，表面的同意或拒绝表示，可能并非针对那个实际发生了的具体情势。患者同意在麻醉状态下接受牙科手术，哪怕是最宽泛的同意，也不能理解为对截肢手术的真正同意。患者在某情势下拒绝治疗，也不必然意味着在可能产生的任何完全不同的情势下都会真正拒绝治疗，沃思诉泰勒案即为适例（*Werth v Taylor*［1991］190 Mich App 141）。

第三，患者为表面的同意或拒绝表示时，并非有能力的成年人。患者虽未不省人事，但由于药物作用或其他因素，理解和思维能力可能严重减损。

患者的同意或拒绝表示可能并非真正的同意或拒绝表示，这个观念给医生带来很大难题。倘医生在患者同意和患者未做决定之间感到疑惑，难题不大产生。此际，医生知道不管是患者同意还是必要性原则，都可以为手术提供合法性，故得大胆施行手术。但要是像本案这样，在患者未做决定与拒绝同意之间，医生感到难以抉择，如何处理？倘患者拒绝是有效拒绝，医生施行手术就要负损害赔偿责任，倘患者未做有效决定，而医生又未依必要性原则施行手术，也要负损害赔偿责任。布里奇勋爵在西伯克郡卫生局案中将此描述为难以容忍的两难（*F v West Berkshire Health Authority*［1989］2 All ER 545，548-549，per Lord Bridge）。在加拿大的马莱特案中，医院违背患者明知的意愿而输血，以挽救患者生命，法院判令赔偿 2 万美元。我怀疑英国法院是否会判给这么多赔偿，但责任应该成立。

或主张，在紧急必要场合（urgent necessity），倘产生表面拒绝或同意是否有效的疑问，秉持善意的医生所为之决定即为最终决定。本案中，是在深夜 11 点于法官房间提出申请，这并不是通常可得的程序。但未见判例认为，医生关于存在患者同意或拒绝表示的决定得提供足够保护，哪怕法律嗣后做了不同决定。是以，除非有可能得到法院判决，否则医疗执业人在将来，如同过去一样，还是要负担责任。

就本案而言，我赞成唐纳森勋爵和巴特勒-斯洛斯法官的意见，并无有效的拒绝表示，依必要性原则，医生的施治行为合法。我驳回上诉。

驳回上诉。诉讼费用自行承担。不服判决的，得上诉于上议院。

丁帙　不必征得同意：必要性原则

医疗实务中，侵袭性医疗行为多由患者的知情同意表示而排除不法性。在患者不能表达意志的情形，在严格的法律要件下，医生得不经患者同意而施治。如何在理论上阐述此项例外，英国判例与学说提供了三个思路：默示同意、日常惯行以及必要性（necessity）。[1]

依最早的默示同意进路，患者失去意识不能为同意表示的，倘得合理认为，若有表意能力，应会接受治疗，则推定患者已同意。默示同意理论的最大不足在于，患者的同意显然是“拟制的”，很难将之与下面的情形区分开来，即患者有能力为同意表示而未为明示同意，但得通过行为推断其已同意。拟制理论的要害在于，其遮蔽而不是彰明了立法者艰难的价值权衡。

第二条进路为日常惯行。非法侵犯系故意侵权，只要排除主观恶意（hostile），即得免责。在威尔逊诉普林格尔案中，上诉法院认为，日常身体接触这个非法侵犯的一般例外，为“古老的法律难题提供了解决方案”，“医生的行为系日常惯行，故为法律所接受”。[2]这个思路抛弃了拟制技术，转而从医疗措施的性质本身寻找正当性，这是进步，但此说仍广受质疑，盖与世人对日常惯行的理解相去甚远。戈夫勋爵即指出，某个医疗举措，哪怕只是针对小疾微恙，亦不构成被当作日常惯行所普遍接受的身体接触。[3]

第三条进路称为“必要性”或者“必要事务的代理/无因管理（agency of necessity）”。在F诉西伯克郡卫生局案以及稍后的精神病人绝育案中，戈夫勋爵在不具拘束力的附带意见中就必要性原则加以梳理，其指出，这一原则过去用于两类案件，即公共必要性案件与私人必要性案件（此处私人限于行为人自己），但亦得适用于第三类案件，即虽未得他人同意，但出于必要而向他人提供帮助。在戈夫勋爵看来，就这第三类案件，虽然学术界过去多将紧急情况看作干预他人事务的合理化事由，但不必如此故步自封。戈夫勋爵隐

---

〔1〕 See Michael Jones, Medical Negligence, Sweet & Maxwell, 2003, pp. 511-514.

〔2〕 *Wilson v Pringle* [1987] QB 237.

〔3〕 *Re F (Mental Patient: Sterilization)* [1990] 2 AC 1 (HL) 73.

隐将此类案件定性为罗马法上的无因管理，指出，“必要性虽常常因紧急情况而生，但紧急情况本身并非［适法干预行为的］标准或者必备要件。故而，［这里的合法事由］应为必要性原则，而非紧急情况”。[1]

〔1〕 *Re F* (*Mental Patient*: *Sterilization*) [1990] 2 AC 1 (HL) 74-75.

F诉西伯克郡卫生局案

F v West Berkshire Health Authority and another (Mental Health Act Commission intervening) [1989] 2 All ER 545

上议院
布里奇勋爵（Lord Bridge of Harwich）
布兰登勋爵（Lord Brandon of Oakbrook）
格里菲思勋爵（Lord Griffiths）
戈夫勋爵（Lord Goff of Chieveley）
乔安西勋爵（Lord Jauncey of Tullichettle）

1989年5月4日口头判决
1989年5月24日发布书面理由

布里奇勋爵

诸位法官：

拜读布兰登勋爵和戈夫勋爵的判决意见，获益匪浅。我赞成驳回上诉，但斯科特·贝克法官（Scott Baker J）所发布之命令的措辞，应予修改，理由如两位法官所述。

本件上诉案提出诸多疑难问题，涉及的是，倘成年女性因智力不全（mental incapacity）而对绝育手术没有同意能力，那么就手术的合法性，法院的管辖权限及程序事宜该如何处理。布兰登勋爵和戈夫勋爵充分考察了这些争点，基于两位法官给出的理由，我赞成以下结论：①在涉及成年患者的情形，不同于涉及儿童患者的监护程序（wardship proceedings），不论制定法还是君权（Crown），都未赋予法院权限充任国家监护人（parens patriae），对此类手术表示同意或拒绝同意；②在具体案情下，倘合乎案涉女性的最佳利益，法院有权限确认拟行的手术合法，另外，虽说手术的合法性不待判决确认，但实务中，倘拟施行此类手术，应向法院寻求帮助；③将来再向法院申请发布此类确认判决，应依我尊贵博学的朋友布兰登勋爵在判决中的建议，规制相关程序事宜。

双方当事人在论辩中提交到诸位法官面前的这些争点，表明在患者没有能力为同意表示或者没有能力传达同意表示的场合（不管丧失能力是出于何原因，暂时或永久），普通法上缺乏清晰界定的规则用来决定拟施于患者的医疗措施是否合法。在我看来不言自明的道理是，倘医疗措施为保全患者生命、维护健康或福祉所必要，虽未经同意，亦为合法。但在患者不省人事以及没有能力的情形，若是适用严格的必要性标准（rigid criterion of necessity）来决定医疗行为是否合法，[1]那么好多由于事故、疾病或者精神不健全（unsoundness of mind）而没有能力为理性决定或传达理性决定的不幸患者，就会被剥夺完全有益的医疗服务。

此外，在我看来最为重要的是，对那些为欠缺同意能力的患者提供医疗服务的人来说，普通法应该做到容易理解、容易适用。对那些投身于为病患提供医疗服务的专业人员（包括医生、护士等）来说，在为欠缺同意能力的患者提供医疗服务的场合，不能容忍的就是被置于两难处境，倘若依自己认为合乎患者最佳利益的方式施治且达到恰当的技能和注意水平，仍要冒被指控非法侵犯身体的风险，但若是束手不治，又可能违反对患者的注意义务。负责治疗无能力患者或不省人事患者的医务人员，采取自认为合乎患者病情（所受伤害或身体机能失调，或将来罹患疾病的倾向）的治疗或预防措施，该措施的合法性应根据一个标准来判断，而不是两个标准。也就是说，依众所周知的博勒姆案设定的标准来判断（*Bolam v Friern Hospital Management Committee* [1957] 1 WLR 582），案涉医务人员已尽到恰当技能和注意水平的，即豁免于非法侵犯身体的责任，正如免于承担过失侵权法上的责任一样。身体健康的女性接受绝育手术，或者器官捐献场合的手术，这些医疗措施既非治疗亦非预防，故会有一些特殊考虑。

[1] 译注：句中的必要性应是狭窄地理解为紧迫性，参见戈夫勋爵的讨论。

布兰登勋爵

诸位法官：

本件上诉案涉及的是对成年女性拟行绝育手术，患者由于智力不全不能对手术为同意表示。依据高等法院家事法庭1988年6月20日签发的初始传票（originating summons），以F为原告，由母亲及亲属代理（next friend），以西伯克郡卫生局为被告，申请①法院依最高法院规则第十五号命令第16条（R. S. C. Ord. 15，r. 16）确认，绝育手术不会仅因欠缺患者同意而为不法，或者②法院以国家监护人身份或者依其固有权限，同意绝育手术。斯科特·贝克法官在法官办公室听取申请，[1]官方律师聘用的律师以法庭之友身份参与程序。1988年12月2日，斯科特·贝克法官在公开法庭发布判决，依当日的命令，确认前面①的申请内容。官方律师认为从患者利益考虑，本案应交由上诉法院再加斟酌，经大法官（Lord Chancellor）依据1981年《最高法院法》（Supreme Court Act）第90条第3款b项发出指示，官方律师获上诉法院准许，针对斯科特·贝克法官的判决提出上诉。依1989年2月3日命令，上诉法院（唐纳森勋爵、尼尔法官、巴勒特·斯洛斯法官）驳回官方律师上诉，准许上诉至上议院。稍后，精神健康法委员会（Mental Health Act Commission for England and Wales）申请加入上诉程序并获上议院准许，上议院诸位法官遂有机会听取精神健康法委员会律师的论辩，收兼听之益。

案情重要事实并无争议。F生于1953年1月13日，智力严重不全，有可能是9个月大时呼吸道严重感染造成的。1967年，F 14岁，自愿成为伯勒考特（Borocourt）医院的住院病人；这是隶属于西伯克郡卫生局的精神病院。F的智力障碍表现为心智发育停滞或发育不完全，语言能力相当于2岁儿童，意识能力是4岁到5岁儿童的水平。F不能以语言表达观点，但能显示喜恶，比如对人、食物、衣服及日常例行事务。F能感受诸如喜悦、悲伤、恐惧等情感，但表达方式不同于他人。F有侵略倾向。母亲是唯一的亲属，定期探

---

[1] 译注：在法官办公室（in chambers），chamber一般是指邻近法庭的房间，供法官在休庭时办公，也可以是休庭时法官从事司法行为的地点。故，在休庭期间，法官采取了某司法行为，就被说成是“在办公室”活动，而不管该行为发生在法官办公室、图书馆、家中还是其他场所。参见薛波主编，潘汉典总审订：《元照英美法词典》，法律出版社2003年版，第674页。

访 F。母女间有强烈的情感羁绊。F 在医院期间接受治疗，健康状况有很大改善。F 的好斗倾向减轻，有了更大自由在医院的场地活动，但意识能力看不出发育的前景。

绝育问题之所以提出来，是因为 F 与同医院的男性病人 P 建立起密切关系，涉及性，很可能会发生性关系或者类似事情，大概一个月两次。F 完全自愿，并能从中得到愉悦。没有理由认为 F 跟同龄女性在生育能力上有何不同。但由于智力障碍，F 没有能力处理妊娠、分娩事宜，也完全不理解其含义。要是有了孩子，F 也没有能力照看。在此情势下，从精神病学角度看，妊娠对 F 来说简直是灾难。通常的避孕手段，每个都会遭到严重反对。就各种避孕药来说，F 没法有效使用，还有遭受健康损害的风险。若使用宫内避孕器械，有感染风险，F 又没有能力描述病征，从而无法及时采取医疗措施。

基于以上事实，斯科特・贝克法官判定，结扎 F 的输卵管以达到避孕目的，该手术合乎患者最佳利益。上诉法院法官全体一致维持该决定，在上议院审理阶段，也没有任何一方质疑过该决定的正当性。

或以为，既然所有人都赞成绝育手术合乎 F 的最佳利益，落实该安排自然不会有任何难题。但在法律及程序方面，却有三点疑问：第一，法院卷入此类事务是否必要，是否可取；第二，若是，法院有何等权限处理此类事务，依何等原则行使该权限；第三，设法院有相应权限并必定以特定方式行使该权限，又该利用何等程序启用该权限以及以后行使该权限。

若 F 是未成年人，比如 17 岁，而不是 36 岁，碰上同样的麻烦，那么上面三个问题都不难回答。上议院曾在权威案例未成年人 B 绝育案［*In Re B. (A Minor) (Wardship: Sterilisation)*［1988］AC 199］中处理过类似事宜：患者是不满 18 岁的女孩，智力障碍很接近本案中的 F。第一个问题的回答是，由于是否应给该女孩绝育事关重大，高等法院家事法庭应介入该事务。第二，法院得行使监护权限（wardship jurisdiction），并必然以患者福祉，或者实质上的同样表达，以未成年人的最佳利益为首要考虑。第三，法院监护权限由利害关系人依最高法院规则第九十号命令第 3 条（R. S. C.，Ord. 90，r. 3）签发初始传票而启用，接下来适用普通程序，将所有相关专家证词及其他证据提交给法院，俾使法院得决定绝育手术是否合乎该女孩的最佳利益。

基于稍后会阐明的理由，就成年的智力障碍患者，目前法院或法官并没有类似高等法院针对罹患类似疾病的未成年人的监护权限。是以，在成年患者情形，就前面提到的三个问题，并没有现成答案，而且应分别考察。

（1）法院介入必要且可取

1983 年《精神健康法》第四部分设有相关条款（不必详述细节），就针对精神障碍患者的精神疾病如何采取特定类型的医疗措施，设定了若干限制和条件。但就精神障碍之外的其他疾病如何给予治疗，该法未设相关规定。是以，采取其他医疗措施是否合法，依据不在制定法，而在普通法。

在普通法上，未经同意，医生不能合法地为心智健全的成年患者施行手术，或者采取任何其他动用身体力量（physical force）的医疗措施，无论力量多么小（简作“其他医疗措施”）。倘医生未经同意为这样的患者动手术，或采取其他医疗措施，构成非法侵犯身体这一可诉的侵权行为。但有些时候，成年患者就手术或其他医疗措施不能为同意或拒绝表示。比如出了事故或其他类似情形，成年患者不省人事，亟需手术或其他医疗措施，等不及患者恢复神志。再如，成年患者由于智力障碍，不能理解手术或其他医疗措施的性质或目的。倘不能为此种无同意能力的难题提供解决方案，普通法就有重大缺陷。但在我看来，普通法已提供了解决方案，成年患者出于各种原因不能为同意表示的，若是合乎患者最佳利益，医生得合法施行手术或采取其他医疗措施。只有为了挽救患者生命，或者确保改善患者身心健康或防止健康状况恶化，才能认为手术或其他医疗措施合乎患者最佳利益。

在前面提到的两种情形，未经成年患者同意而施行手术或采取其他医疗措施，依何原则判断是否合法，也有不同观点提出来。在本案中，上诉法院认为取决于公共利益。我不赞成这么宽泛的命题，但我认为应该考虑是何等原则让公共利益得到手术合法的结论。我想这个原则是，患者不论出于何原因没有能力决定是否接受手术或其他医疗措施，都有必要让某些具备恰当资质的其他人为患者做决定，否则患者就会被剥夺需要的也有权利得到的医疗服务。

但在许多情形，医生为不能为同意表示的成年患者动手术或采取其他医疗措施，基于必要性理由（ground of necessity），不仅合法，还是医生在普通上的义务。

成年患者由于事故或类似情形而不省人事的，通常被送进医院急救部门，医院随之承担起救助任务。医院的医生遂负有义务尽最大努力，本着患者的最佳利益，施行手术或采取其他医疗措施以救助患者。

成年患者有精神障碍的，依 1983 年《精神健康法》的机制，通常来说，要么由监护人照看，监护人会带患者看医生，要么由精神病医院的医生照看，患者可能是自愿住院，也可能是被强制羁留。同样，医生有义务尽最大努力，本着患者最佳利益，施行手术或采取其他医疗措施。

我前面阐述的原则意味着，医生为无能力为同意表示的成年患者施行手术或采取其他医疗措施，合法性并不取决于法院批准或许可，而在于是否合乎案涉患者的最佳利益。从实用角度看，幸好如此，盖若是每台手术或每项医疗措施都要申请法院批准或许可，那么为此类患者提供的医疗服务就会陷入停顿。

但还没有结束，仍有问题待考虑。此间问题为，成年育龄女性由于精神疾病不能为同意或拒绝表示的，为其施行绝育手术，虽说在法律上严格来讲并不需要法院介入，但请求法院确认是不是极为可取的实践操作。要考虑这个问题，有必要先提及此类手术的几个特征，包括：第一，手术通常来讲不可逆；第二，由于手术一般而言不可逆，几乎可以肯定会剥夺案涉女性孕育孩子的权利，而该权利被普遍认为是女性的基本权利；第三，剥夺女性该项权利，难免让看重此项权利的民众在道德和情感上感到担忧；第四，手术是否合乎患者最佳利益的问题倘在法院未参与的情况下决定，可能有决定错误的风险，或者至少会担心决定错误；第五，倘无法院参与，会有手术是出于不恰当原因或基于不恰当动机的风险；第六，倘有法院介入并形成手术决定，施行手术的医生及其他参与之人即受到保护，不必担心批评和诉讼风险。

考虑到以上事项，我要清楚表态，在案涉这类手术场合，虽说严格来讲在法律上不要求法院介入，但法院介入无疑是非常可取的良好实践操作。

类似考虑可能亦适用于其他特殊手术场合，但我想，最好还是等待此类事件发生时再去考察。

（2）法院的权限及依据的原则

在本件上诉案的论辩当中，当事人提出了四类供法院考虑的权限，得据之介入决定患者是否应予绝育：第一，国家监护人权限；第二，1983 年《精神健康法》第七部分赋予的权限；第三，上诉法院考虑过的，得恰当修正最高法院规则第八十号命令（R. S. C. , Ord. 80）而适用；第四，发布确认判决的权限。下面依次讨论。

先考察国家监护人权限。这是历史悠久的君主特权，大概得追溯至 13 世纪。君主身为国家监护人，既有权力又有义务去保护那些无力保护自己的人，保护其人身及财产，这类人包括未成年人［此前称儿童（infant）］和心智不健全的人［此前称疯人（lunatics）或白痴（idiots）］。虽说自其产生直到今天，国家监护人权限的历史及行使方式都极有吸引力，但我不认为在这里详细叙述会有任何帮助。盖正如上诉法院理解的，也未受到本件上诉案任何一方当事人的质疑，国家监护人权限今天的状况如下所述［不适用于本案］：第一，国家监护人权限涉及未成年人的，到今天还适用的多表现为高等法院家事法庭的监护程序。第二，国家监护人权限涉及心智不健全之人的，今天几乎不再存在。不存在的缘故，在于 1960 年 11 月 1 日发生的两件事。第一件事，是 1959 年《精神健康法》生效施行，该法第 1 条规定：

“在本法过渡条款的限定下，1890 年到 1930 年的《精神错乱病人医疗法》（Lunacy and Mental Treatment Acts）以及 1913 年到 1938 年的《精神缺陷病人法》（Mental Deficiency Acts）不再有效，就精神疾病患者的入院、照护、治疗，这些病人财产的管理以及其他相关事宜，本法下列条款将取代前述成文法而生效施行。”

第二件事，以国王签署的令状（Royal Warrant under the Sign Mannual），撤销 1956 年 4 月 10 日最后的令状，国王保护心智不健全之人的人身及财产的权限转移给大法官（Lord Chancellor）以及高等法院大法官法庭（Chancery Division）的法官。

1959 年《精神健康法》第 1 条，连同上面提到的撤销令状（Warrant of revocation），旨在扫除此前制定法及国王在精神病人事务上的权限，将涉及心智不健全之人的法律事务，就那些制定法涉及的内容，完全交由 1959 年《精神健康法》来规制。那些制定法没有涉及的内容，继续适用普通法关于心智不健全之人的规则。是以可知，为了让法院或法官介入患者绝育的决定程序，现在无法再利用关于心智不健全之人的国家监护人权限。

接下来考察 1983 年《精神健康法》第七部分赋予的权限。该部分标题为“管理患者的财产及事务（Management of Property and Affairs of Patients）”，从第 93 条到第 113 条。这里要考虑的问题是，标题及诸多条文中使用的“患者事务（affairs）”表达是否包括诸如绝育手术这样的医疗事务。为了回答该问题，有必要检视第七部分的相关法条：

“第 93 条　(1) 大法官要时或指定最高法院一位或几位法官……以实现本法本部分目的。

(2) 最高法院应设立专门部门，称保护法庭（Court of Protection），依本法本部分的规定，保护和管理残疾人的财产及事务。

……

第 95 条　(1) 就患者的财产及事务，法官得做或确保对以下目的来说必要或便宜的一切事情：(a) 患者的扶养或其他利益；(b) 患者家属的扶养或其他利益；(c) 患者倘非精神障碍当会期待有所安排的人或事，应予安排；或者 (d) 患者事务的其他方面。

(2) 行使本条赋予的权力，首先要关注患者需求，审理精神错乱案件的法官控制下的财产，〔1〕限制债权人强制执行，这些规则亦适用于法官控制下的财产，〔2〕但受前述条款约束，法官于处理患者事务之际，应考虑债权人利益，还要考虑为患者的债务预为安排是否可取，哪怕患者财产不会在法律上被强制执行。

第 96 条　(1) 无损第 95 条的一般适用性质，法官认为适宜的，有权力为实现该条目的而发布命令、给予指示或授权，尤其得为以下目的而发布命令、给予指示或授权：(a) 控制或管理患者的任何财产；(b) 将患者的任何财产出售、交换、设定负担或为其他处分；(c) 以患者名义或代表患者取得任何财产；(d) 转让患者的任何财产，或为第 95 条第 1 款 b、c 项的人或目的而赠予患者的任何财产；(e) 为患者执行遗嘱中的安排……患者倘无精神障碍，得执行遗嘱安排；(f) 由合适的人继续患者的职业、贸易或业务活动；(g) 解散患者为其成员的合伙关系；(h) 继续履行由患者订立的任何合同；(i) 以患者名义或代表患者参与法律程序；(j) 从患者财产中支出……金钱，用以偿还患者债务（不管是否可强制执行），或用于患者或家属的扶养或其他利

〔1〕 译注：审理精神错乱案件的法官（judge in lunacy），根据 1890 年《精神错乱法》（Lunacy Act），由高等法院衡平分庭的法官构成。1959 年《精神健康法》（Mental Health Act）规定以任命的法官代之。参见薛波主编，潘汉典总审订：《元照英美法词典》，法律出版社 2003 年版，第 745 页。

〔2〕 译注：本句中的“法官”指《精神健康法》中的“法官”，区别于前句中“审理精神错乱案件的法官”。

益；(k) 行使赋予患者的任何权力［包括同意的权力（power to consent）］，不管是可以得到利益（beneficially），还是以监护人或受托人身份，或是其他情形。

……"

"患者事务"表达，就该表达本身而言，不考虑使用的场合，在我看来，得延伸及于精神疾病治疗之外的其他医疗事务。如此解释令该表达具有延伸义或广义，还有额外的显然好处，即有相应司法机构（依第93条第1款指定的法官），依制定法而有权力批准或拒绝批准对心智不健全的成年女性施行绝育手术，如本案中的F。上引法条中有两个片段，即便没有明确支持广义理解，至少也合乎广义理解：一是第95条第1款a项"扶养或其他利益"，二是第96条第1款k项"行使赋予患者的任何权力（包括同意的权力）"。可我又认为，倘若检视该法第七部分的要旨，尤其是刚才两个片段的上下文，"患者事务"表达似乎不宜以广义来解释，而应解释为只包括商业事务、法律行为以及其他类似交易。

是以我认为，1983年《精神健康法》第七部分并未授予依第93条第1款指定的法官任何权限，使其得决定患者医疗事务的相关问题，如本案中F绝育手术的问题。

我要考察的第三点是上诉法院依据的权限。唐纳森勋爵得出结论，成年女性因精神障碍而不能为同意表示的，绝育手术和未成年人情形一样，是特殊类型，未经法院批准不得施行（上诉法院判决第19—21页）。唐纳森勋爵接着转向寻求法院批准的程序事宜，并写道：

"这立即产生如下问题，即如何向法院寻求帮助（consulted），法院应采取何等形式来批准治疗行为。迄今为止，除本案外，提交至法院的此类案子有三件，其建议为无同意能力的成年患者施行堕胎或绝育手术：*In re T. The Times*, 26 May 1987, per Latey J; *In re X. The Times*, 4 June 1987, per Reeve J; and *T. v T.* [1988] Fam 62, per Wood J。这三件案子，手术申请人都得到法院确认判决，确认手术合法。就我而言，我并不认为这是恰当程序。确认判决未改变任何事情。要求法院做的不过就是确认，倘未经乞援于法院即采取行动，无论如何仍是合法的。在最为敏感、最容易引发争议的医疗行为领域，公共利益要求法院在医疗行为开展之前给予明确批准，借此提供独立而有广泛基础的‘第三方意见（third opinion）’。倘案涉患者受法庭监护（wards of court），不先经法院批准而采取任何此类手术，无论如何都会构成对法院极为严重的蔑视。倘患者为其他情形的未成年人，而采取医疗措施之人并未事先让案涉未成年人受到法院监护并取得法院同意，法律令其承担极为沉重的证明责任，由其证明有正当理由。倘患者为没有同意能力的成年人，而采取医疗措施之人并未事先请求法院就是否批准拟行医疗措施表态，从而确认医疗行为的合法性，法律令其承担同样沉重的证明责任，由其证明手术有正当理由。由于这个难题只是最近才产生，尚未设置请求法院批准的专门程序。最高法院规则第八十号命令涉及的是残疾人，依该规则设计出新的程序规则不会有多少困难。吾人相信这会得到大法官及最高法院规则委员会（Supreme Court Rule Committee）的急迫关注。在论辩当中，吾人得知，官方律师还知道几件案子，也涉及成年患者的此类手术，但未及等到本件上诉案的结果。显然，没有道理让那些患者等着新程序规则的制定颁行。幸好法院得依固有权限在规则不敷使用时处理自己的程序事宜。在高等法院家事法庭庭长颁布新规则或操作指引（Practice Direction）之前，吾人发布指引如下：

①在需要法院批准的场合，申请法院批准相关医疗措施应以由高等法院家事法庭签发初始传票（originating summons）方式为之。②申请人一般而言应该是负责患者医疗事务之人，或者在法院批准后准备施行医疗措施之人。③患者必须是一方当事人，通常是被申请人。倘患者为被申请人，通常以官方律师为诉讼监护人。不管在何情形下，官方律师若不是诉讼代理人或诉讼监护人，[1]或申请人，那就是被申请人。④为保护患者隐私，听审通常安排在法官办公室，当然法官总是有裁量权，但法官的决定及理由必须在公开法庭发布。

由于本案［初审］程序在当时看来很恰当，［初审］法官也基于充分调查的案件事实做出决定，没有人打算质疑其明智，我将驳回上诉。”（上诉法院判决第21—22页。）

---

〔1〕 译注：诉讼代理人（next friend），指代理未成年人或因患精神病而无行为能力人提起诉讼的成年人，不是该诉讼的当事人，也未被指定为原告的监护人，一般为原告的亲属，对原告的诉讼行为和费用负责。参见薛波主编，潘汉典总审订：《元照英美法词典》，法律出版社2003年版，第961页。

尼尔法官写道：

“有些手术，法院介入纵非必需，也极为可取。绝育手术，还有以无能力人为供体的器官移植手术，我想都可归入此类。施行这些手术应经外部审查。手术的合法性当然取决于手术是否必要，但在我看来，此类特殊手术于施行前取得法院批准，应成为标准操作。是以最为重要的是，要防范不良倾向，即绝育手术是为了图方便，或仅仅是为了减轻负责照看患者之人的负担。每件案子都需要仔细检视，以确保手术确实合乎患者最佳利益。我想应该设置专门程序，以尽可能简便的方式让法院得以介入。依最高法院规则第十五号命令第 16 条请求法院发布确认判决并非令人满意的程序，盖在当事人的请求并无对手的情形（事实上往往都是这样），这些程序会遭到技术上的反对，即确认判决通常不是依当事人同意而制成，也不会在被告或者被申请人并不主张相反权利的案件中制成。相反，向法院申请的目的在于，让法院确信拟施行的手术必要且合法，并据此请求法院批准。倘法院形成此确信，法院判决即为施行手术之人提供了保护，而且向公众保证，普通法院已经充分调查了案情事实。倘法院未形成此确信，即不予批准，手术不得施行。法院未予批准而手术有继续施行可能的（实际上极不可能发生），法院得发布禁令。要制定恰当程序，最为方便的办法大概是利用最高法院规则第八十号命令，该规则涉及残疾人程序事宜，可针对本案讨论的情形设计一条新规则。拜读唐纳森勋爵的判决草稿，我获益匪浅。我赞成唐纳森勋爵关于程序如何构成、如何听审的建议。”（上诉法院判决第 42—43 页。）

巴特勒-斯洛斯法官写道：

“在我看来，给残疾人安排绝育手术这样的事情不应该完全交给家属、医疗执业人来决定。对如此重要而又敏感的决定，公共利益会要求法院监督。在此前的案例……以及本件上诉案中，皆是依最高法院规则第十五号命令第 16 条请求法院确认。我也认为这不是恰当的程序。确认判决改变不了既有法律状况（existing position），而初审的确认判决在嗣后的程序中也没有多大效力。法院不能只是通过确认判决来批准。反向申请（reverse application），也就是禁止令，同样效用有限，而且除非让官方律师知晓，否则可能找不到利害关系人申请。眼下并没有相应机制，规定法院在此类案件中如何批准。但最高法院规则第八十号命令关于残疾人财产的规则确实可以类推适用，我想没有理由拒绝塑造一条规则来规制此处程序事宜。我以尊敬的态度赞成唐纳森勋爵判决中关于程序事宜的阐述以及官方律师参与程序。在包括绝育手术在内的特殊医疗措施这个范畴里，基于公共利益，需要通过这样的程序来昭示案涉手术是合法还是不合法、法院是批准还是不批准。”（上诉法院判决第55—56页。）

诸位法官，依我对上诉法院三位法官判决的理解，就法院介入此类案件，三位法官观点一致，如我前面表述过的，即认为法院介入在法律上严格来讲并不必要，但从良好实践操作的角度看，极为可取。但三位法官进而认为，法院介入的方式应该是对拟行绝育手术予以批准或拒绝批准。三位法官还认为，可以方便地利用最高法院规则第八十号命令制定出新的程序规则，用于此类手术的申请和决定事宜。

我赞成，倘采纳这样的程序规则，会给这里产生的难题提供值得赞赏的解决方案。但就上诉法院而言，我看不出来高等法院（或任何法院或法官）如何或者据何基础能够拥有批准或不批准拟行手术的权限。若是古老的国家监护人权限仍得适用于心智不健全之人，如同适用于受［法院］监护的未成年人，而且该权限得赋予高等法院家事法庭的法官，那就不会有什么困难。但基于前面讲到的理由，针对心智不健全成年人的国家监护人权限已不存在，倘若要重新确立该权限（或类似权限），那么必须由立法机关而不是法院来做。在法律上，法院规则只能规定法院在行使既有权限时应遵循的程序和操作规程，〔1〕不能授予权限，授权行为构成越权（ultra vires）。

是以我的看法是，上诉法院认为高等法院拥有并得在本案中恰当行使的权限，也就是批准或不批准手术的权限，并不存在。

我要考察的第四点，也是最后一点，是法院发布确认判决的权限。我不认为这个权限来自最高法院规则第十五号命令第16条。［发布确认判决］是高等法院的固有权限，而该规则不过是说，提起诉讼请求法院确认是否有其

〔1〕 译注：法院规则（Rules of Court），规定各种法院诉讼程序的规则，如民事诉讼规则、刑事诉讼规则、证据规则等。在英格兰，1876年《上诉管辖权法》（Appellate Jurisdiction Act）授予一个由法官、出庭律师和事务律师组成的委员会以规则制定权，该委员会制定了最高法院规则（R. S. C.）。参见薛波主编，潘汉典总审订：《元照英美法词典》，法律出版社2003年版，第1214页。

他救济类型的，在程序上不得反对。

在我看来，像眼前的案子，高等法院有权限确认拟施行的绝育手术是否合法，这并无疑问。但从前引上诉法院三位法官的判决书看，几位法官都认为，虽说本案及此前三件类似案子都利用了确认程序，该程序却并非令人满意的程序。反对理由如下：第一，确认判决未改变任何事情；第二，申请确认判决可能没有对手，经当事人同意或者在没有反对主张的情况下发布确认判决并非惯常做法；第三，公共利益要求法院明确批准拟行手术，而确认判决起不到这个效果；第四，初审法院发布的确认判决在后面的诉讼中并无太大效用。

对上诉法院三位法官表示敬意，但我并不认为这三点反对有牢靠依据。就第一个反对理由（确认判决未改变任何事情），如果实体法的立场是拟行手术事前未经法院批准不可能合法施行，那该理由就是对的。但如前面指出的，在我看来，实体法的立场并不是这样，依我对上诉法院判决的理解，上诉法院也不是这样认为的。实体法的立场是，拟行手术合乎患者最佳利益，即为合法，否则即为不法。是以，有求于法院的并不是让法院发布一道命令来批准手术，从而让那台否则就会非法的手术成为合法。有求于法院的毋宁是，法院通过司法程序发布命令（如唐纳森勋爵的妙语，“第三方意见”），确认拟行手术是否合乎患者最佳利益从而合法，或者不合乎患者最佳利益从而不法。

就第二个反对理由（申请确认判决可能没有对手，这不合乎发布确认判决的通常做法），只有缺乏恰当程序规则来规制本案类型的申请，该理由才会是对的。在缺乏诸如唐纳森勋爵建议并得到尼尔法官和巴特勒-斯洛斯法官赞成的程序规则的情况下，申请上诉法院批准其支持的手术，所用的程序也会遭到同样的反对。我当然同意，这样的程序规则迄今尚未制定。但即便没有这样的程序规则，也必会有指示传票（summons for directions）［的发布申请］提交至法官面前，据之得确信申请并非没有对手（not unopposed），一切必要证据（支持和反对拟行医疗措施的证据）都要在听审时于法院出示。

第三个反对理由（公共利益要求法院明确批准拟行手术，而确认判决起不到这个效果），看起来主要是语义学上的（semantic）。我的意思是，两种形式的程序不论适用哪一种［指确认程序和批准程序］，法院不得不从事的调查的性质，法院在调查之后有义务做出有理有据的决定的性质，实质上是一回事。

第四个反对理由（初审法院发布的确认判决在后面的诉讼中并无太大效用），并非在上议院审判阶段的争议事项。我眼下的看法是，不论适用何程序，只有程序当事人及其利害关系人会受决定约束或者得依靠该决定。就实务而言，我想这已足够。

基于我已经阐述的理由，我的意见是，考虑到目前法院的权限，不能对心智不健全的成年人行使国家监护人权限，针对眼下这类案件，原则上，请求法院发布确认判决是恰当且令人满意的程序。

(3) 申请确认判决的程序

上诉法院认为，在此类案件中，恰当的程序形式是申请法院批准拟行手术。基于这个立场，前引唐纳森勋爵判决片段提出几条指引（并得尼尔法官及巴特勒-斯洛斯法官附议），在最高法院规则委员会恰当修订最高法院规则第八十号命令之前，先依该指引处理申请程序事宜。而依我的结论，正确的程序就是申请确认判决，在我看来，只需要将唐纳森勋爵指引①和②的几处措辞修改一下，同样可以适用于后种程序。经我修改的指引①和②内容如下：

“①欲对没有能力为同意表示的患者施行手术或采取其他医疗措施，得请求高等法院家事法庭签发初始传票（originating summons），由法院确认医疗措施得合法施行。

②申请人通常是负责照料患者之人，或者打算在法院确认合法之后施行手术或医疗措施之人。”

指引③和④不变。

诉讼参加人（intervener）精神健康法委员会的律师请求诸位法官就证据事宜以及在前述指引上应添加的其他事宜更为深入及细致地阐述。我的意见是，在此类案件中，应让法官听审［发布］指示传票［的申请］（summons for directions），并由法官基于听审决定，就眼下个案，是否应给予更深入、更细致的指引，若是，内容如何。

我认为，还有更多考虑应予留意：第一，确认判决的精确措辞；第二，在发布确认判决后是否应发布补充性质的命令。

斯科特·贝克法官在本案中发布的命令和确认判决形式如下：“在此命令

并予确认，依最高法院规则第十五号命令第16条，对原告施行绝育手术不会仅因未经原告同意而构成不法行为。”

在我看来，命令的形式应做三点变化：第一，基于我前面提到的理由，我认为不必援引最高法院规则第十五号命令第16条。第二，我认为确认判决应在两方面详述（强化），即①呈现判决所依据的事实认定，②应明确仅仅是针对眼下个案案情的判决。第三，我想应该设计一些条款，以防在依判决施行手术前，个案案情发生变化这种局面的出现。考虑到这三点，我想应以如下措辞或者类似表述来书写命令：

“①现予确认，于眼前案情下，原告虽无能力为同意表示，但基于患者的最佳利益，拟施行于原告的绝育手术得合法施行。②现命令，眼前的案情倘在手术施行前发生实质变化，任何当事人皆得依个案下的公正要求，自由申请发布附加的或不同的确认判决或命令。”

在上诉审过程中，律师提请各位法官留意其他国家如何处理本案这类难题，包括美国、加拿大和澳大利亚。这些国家的法律制度主要源于英格兰普通法，大量报道案例都可以找到，有些还特别得到援引。诸位法官，这些案例材料极为有趣，当然要感谢推广这些材料的产业。但在我看来，其他国家处理此类难题的方式，归根结底并不能在任何显著的程度上帮助诸位法官决定本件上诉案。盖显而易见，在这几个国家，对心智不健全之人的国家监护人权限仍得由法院行使。这些国家的法院有权处理眼下的难题，而依我的看法，吾国法院并无此权限。在此背景下，我以为检视并分析这几个国家卷帙浩繁的材料并无实际用处，我将这些材料搁置一边，相信不会被误解为对这几国法制有任何的不敬之意。

还有一点我认为有必要处理，即法院应适用何标准来决定拟行手术是否合乎患者最佳利益。斯科特·贝克法官就此写道：

“医生秉持善意行事且相当程度上合乎患者最佳利益，在此场合，我不认为医生应负非法侵犯身体的责任。我很怀疑该标准与过失侵权法有多大不同。”（初审判决第10页。）

这里指的是博勒姆案设定的标准，即医生若是证明，其行事合乎案涉医疗活动专科领域某派负责任的医学观点当时认可的惯常做法，医生即无过失。

上诉法院三位法官都认为，要决定手术或其他医疗措施是否合乎患者最佳利益，博勒姆标准并不足够严格（insufficiently stringent）。唐纳森勋爵论道：

“正如在医疗过失法中，就医生的注意义务，普通法院和法律正确地对医疗职业公认的知识和经验给予极大（但并非决定性的）重视，即所谓博勒姆标准，在非法侵犯身体领域，要决定是否以及如何治疗无能力患者，同样应该注意这些专业知识和经验。但不管是医疗执业人还是法院，都必须记得将此类患者的特殊地位放在考虑的首位。通常的成年患者有能力自由决定是接受还是拒绝某医疗措施，得在几个医疗方案间自由选择，不得将该能力理解为可取但非必要（desirable but inessential）。对一切医疗措施来说，患者能力都是关键因素。倘若患者没有能力表达意志，不管是在紧急情况下暂时丧失能力，还是由于精神障碍而永久失去能力，设其他条件不变，要决定是否治疗以及如何治疗，就必须尽到更大的注意，不过我并不赞成走得太远，只允许医生基于必要性原则，在‘没有其他观点（no two views）’（per Wood J in *T. v T.* [1988] Fam 52，62）的情况下方得施治。少数派观点总是会有或者通常都会有，倘严格依“没有其他观点”的思路处理，那多半会排除一切治疗。但［也不可忽视少数派观点］，重要的少数派观点可能构成严重的禁忌征象（serious contra-indication）。”（上诉法院判决第 18—19 页。）

尼尔法官写道：

“我的结论是，倘确有必要手术且遵守恰当保护措施，那么为由于精神障碍而不能为同意表示之人施行重大手术，包括绝育手术，即不构成非法侵犯身体或在其他方面不法。是以有必要考虑，‘必要手术（necessary operation）’所指为何。为界定在何等情形下得施行手术，斯科特·贝克法官写道，‘医生秉持善意行事且相当程度上合乎患者最佳利益，在此场合，我不认为医生应负非法侵犯身体的责任。我很怀疑该标准与过失侵权法有多大不同’。我尊重斯科特·贝克法官，但并不认为这个标准足够严格。医生若是证明，其行事合乎案涉医疗活动专科领域某派负责任的医学观点当时认可的惯常做法，即得在医疗过失诉讼中胜诉。这就是博勒姆案设定的标准。但说施行某特定医疗措施不构成过失侵权，并不意味着该医疗措施有必要。我打算如是定义此处所谓‘必要’，即依特定专科领域医疗职业的一般观点（general body of medical opinion），为了维护患者健康、保护患者福祉，采取案涉医疗措施合乎患者最佳利益。不能强求意见一致，只要在特定领域的多数专家（most experts）看来，不为案涉患者施行特定手术不合理，在此意义上，即可能说该手术是必要的。必须考虑手术的替代措施，以及不采取措施时患者可能面临的危险或不利。于是问题成为：患者的健康和福祉需要采取何措施？”（上诉法院判决第40—41页。）

巴特勒-斯洛斯法官赞成尼尔法官的意见（上诉法院判决第57页）。

我尊重上诉法院，但我并不认为博勒姆标准不适用于眼下这类案件，即为无能力为同意表示的成年人施行手术或采取其他医疗措施。为此类患者施行的此类手术或采取的医疗措施要合法，必须合乎患者最佳利益。在决定手术或其他医疗措施是否合乎无能力成年患者最佳利益的场合，倘设定比博勒姆案更为严格的标准，那么结果将会是，至少在某些情形，有同意能力的成年患者可以得到的医疗利益，无能力的成年患者却得不到。在我看来，本想要保护此类成年患者，却产生如此结果，那自然是法律的错误。

基于前面的理由，我驳回上诉，但要对斯科特·贝克法官的命令加以修改，以我前面阐述的强化的确认判决和附加的命令取代初审判决。

格里菲思勋爵

诸位法官：

本件上诉案的论辩范围既深且广，就是为了找到恰当手段保护那些不能保护自己的人，使其免遭不必要的绝育手术的侮辱。但凡考虑过这类难题的法官都认可，对那些照料未成年人或者心智不健全的育龄妇女之人，应设某种控制机制，以免（至少抑制）不经高等法院批准即动用绝育手术。我要说清楚，我这里讲的绝育手术并不是用来治疗有疾病的器官，而是用于生育器官健康的女性以预防怀孕风险。这些绝育手术的目的并非完全出于医学理由（比如切除卵巢以防止癌细胞扩散），故而让人深感忧心，这很好理解，整个普通法世界都是这个态度。

吾人看到在美国、澳大利亚、加拿大有诸多案例，强调绝育手术可能带来的危险，主要在于手术并非真正合乎女性最佳利益，而是为了那些负有照料责任之人的方便。在美国和澳大利亚，解决方案向来是宣布，在女性由于未成年或心智不健全而不能为同意表示的情形，未经法院同意，不得施行手术。加拿大最高法院持更为严厉的态度，宣布绝育手术不法，除非出于治疗原因，我的理解就是为了挽救生命或者防止疾病传播：参见 *In re Eve*（1986）31 DLR（4th）1。英国上议院未采纳如此极端的立场，未成年人 B 绝育案承认，女性不能理解、不能应对妊娠的，为保护该女性免遭妊娠伤害，绝育手术可能合乎其最佳利益。但坦普尔曼勋爵强调，此类手术非经高等法院家事法庭法官批准，不得施行。英格兰的另一起未成年人绝育案［*In re D.*（*A Minor*）（*Wardship*：*Sterilisation*）［1976］Fam 185］发出了尖锐警告，若是由那些直接照料患者之人决定绝育手术事宜（哪怕真诚相信自己所为合乎患者最佳利益），会有多么大的危险。

我拜读了我尊贵博学的朋友布兰登勋爵和戈夫勋爵的判决，获益匪浅，很多内容我都赞成。我赞成，对那些负责照料心智不健全患者之人，不应以欠缺同意为由追究刑事或侵权责任。得到这个结论可能是像戈夫勋爵和布兰登勋爵那样适用“必要性”原则的结果，也可能是像尼尔法官在上诉审阶段所说的那样是出于公共利益，在我看来，这是对普通法的发展来说纠缠在一起的两个正当理由。对心智不健全的患者，为何有必要施以其不能表示同意的医疗措施？答案必然是这样合乎公共利益。

在文明社会，心智不健全的患者应该得到医疗护理服务，负责照料患者之人应依患者最佳利益行事。以法律术语表述，负责为不能为同意表示的精神病人提供医疗服务的医生，必须以自己认为合乎患者最佳利益的方式施治，施治标准即是博勒姆案设定的标准。不过 1983 年《精神健康法》第四部分针对精神病人的治疗设有特别限制规定，医生当然要遵守。某些激进的医疗措施，比如以手术剥除脑组织，未经患者同意不得施行，倘患者不能为同意表示，不论医生认为多么必要，亦不得施行手术。有些不那么激进的医疗措施，只有经患者同意方得施行，倘患者不会或不能同意，必须征求权威的第二意见。但没有涉及绝育的条款。

我赞成布兰登勋爵对 1983 年《精神健康法》相关规定的分析，尤其是该法第七部分“患者事务”的表述不得解释为包括医疗事务，从而为此前大法官和高等法院家事法庭法官拥有的国家监护人权限提供替代制度；随着 1959

年《精神健康法》通过，1960 年 11 月 1 日国王签署令状将旧制度废弃。

最后，我赞成提起诉讼请求法院发布确认判决，利用此机制调查拟行的绝育手术，确保合乎案涉患者最佳利益。

但我不赞成将这样具有社会意义的重大决定完全交由照料患者之人，唯一的指望就是这些人依其知识和经验，在手术施行之前获得法院确认手术合法的判决。在我看来，法律应该要求在为无能力为同意表示的患者施行绝育手术之前，必须得到法院批准，未获批准而施行绝育手术为不法。我相信，诸位法官有充分自由设计出达到这个效果的普通法规则。虽说依一般规则，个体是自己命运的主宰者，但基于公共利益，对同意加于己身的伤害，普通法设置了一些限制。比如，拳击是合法运动，但可能造成更大伤害的赤拳职业赛为非法（*Reg. v Coney* [1882] 8 QBD 534），可能造成实际身体伤害的搏击也一样 [*Attorney General's Reference* (*No.* 6 *of* 1980) [1981] QB 715]。在性反常行为中，同意对己身施加的严重伤害，亦为不法（*Rex v Donovan* [1934] 2 KB 498）。在议会于 1961 年颁布《自杀法》（Suicide Act）介入前，自杀在普通法上亦为不法。

基于公共利益，普通法向来禁止对完全有能力为同意表示之人施加身体伤害。普通法现在需要进一步发展，生育器官功能健康的女性，或由于心智不健全，或由于未成年，不能基于充分知情为同意表示的，同样是基于公共利益，普通法应禁止施行绝育手术，除非高等法院经过调查，批准施行。这样的普通法规则可以提供较国家监护人权限更为有效的保护，后者需要有利害关系人出面请求法院动用该权限。无论如何，国家监护人权限目前只适用于未成年人案件，表现为将未成年人确认为受法院监护之人。我要郑重表明我的立场，女性由于未成年或心智不健全不能为同意表示的，基于公共利益，未经高等法院同意为其实施绝育手术的，手术不法。我完全认识到，我的这个表态是创造新法。诸多近来的案例都肯定了这个发展方向的必要性，而立法机关就此难题又没有任何反应，在我看来，法官能够也应该担起责任，认可这个必要性并使普通法适应此需求。倘若这个发展得不到公众赞同，议会得推翻或改变之，或得以精神健康法庭（Mental Health Tribunal）聘请之律师倡议的第二医生意见，取代高等法院法官的意见。

据我所知，诸位法官认为并无空间采纳我的思路，故我愿意接受次优方案，即布兰登勋爵提议的确认判决程序，并赞成驳回上诉。

戈夫勋爵

诸位法官：

本案涉及的问题是，原告（36 岁的女性患者）由于心智不健全不能对手术为同意表示的，对其施行绝育手术是否合法。公认立场是，一般而言，未经患者同意施行手术乃为不法，在刑法上构成殴击罪，在侵权法上构成非法侵犯他人身体。另外，不管在初审还是在上诉法院审理阶段，双方当事人都认同，法院并无权力代表 F 同意绝育手术，亦无权力取消［法律］对同意的要求。双方都认同，过去得依国王签署的令状，赋予法院对心智不健全的精神病人以国家监护人权限，但自 1960 年 11 月 1 日撤销最后的令状后，法院不再有此权限；而且，无制定法相关规定得填补此位置。在上议院审理阶段，考虑到问题的重要意义，各方主张都得到仔细审查，代表官方律师的芒比先生本领很大，有效利用论据主张，在普通法上法院仍有国家监护人权限，而必要的制定法权限可见于 1983 年《精神健康法》第七部分，尤其是 93 条、第 95 条和第 96 条。在律师的帮助下，就我个人而言，我想在这些问题上达成下面的妥协是恰当的。在所有争点上，我发现都跟我尊贵博学的朋友布兰登勋爵立场一致，我不认为还有必要补充些什么。

是以，正如下级法院认可的，只有合乎普通法的原则，施于 F 的手术方得被认定为合法。律师提出的论据呈现令人吃惊的事实，对于心智不全从而不能为同意表示之人，在普通法上能否合法采取医疗措施（倘能，在何等情形下得合法实施），并无相关判例。事实上问题还不止于此，类似的情形是，心智健全的成年人由于事故而不省人事，或由于中风而不能言语。这些人需要治疗，有时需要手术，而且都需要护理。对有精神障碍的患者来说，可能需要更为基本的照料，穿衣、进食等，帮助日常生活，同时接受医生和牙医的常规医疗服务。是以我的看法是，不可能孤立考虑本案中绝育手术的合法性。首先要做的是找到可适用的普通法原则，然后以此原则为背景考察绝育手术相关问题。

芒比先生提出很极端的看法，对于没有能力为同意表示的精神障碍患者，若是没有国家监护权，也没有制定法相关规定，就不能合法施行我前面描述的那些类型的医疗服务。这个主张实在令人吃惊，依其立场，由于事故或疾病而不省人事或不能言语的患者，也都被排除在医疗服务之外。而数个世纪以来，这些患者向来都可以得到相应医疗救助，从未有人认为这些医疗活动不法。我想很难相信，普通法上的漏洞大到不能为此明显需求提供解决方案的地步。即便如此，仍有必要检视争议涉及的原则问题。

讨论的起点是长久以来得到公认的基本原则，即任何人的身体不受侵犯。就此点，我在柯林斯诉威尔科克案（*Collins v Wilcock* [1984] 1 WLR 1172）判决中尤其是判决第1177页讲过，依此原则，任何人都受到保护，不仅不受身体伤害，也不受任何形式的身体妨害，[1]这个立场当然不会改变。

当然，就一般规则来讲，倘得到同意，对他人身体的有形妨害即是合法的；[2]但在少数特定情形，依公共利益，同意并不足以使妨害行为合法。还有些情形，未获同意的身体妨害亦非为不法，如体罚儿童、依法逮捕、自卫、预防犯罪，[3]等等。如我在柯林斯诉威尔科克案中指出的，考虑到日常生活的迫切需要（exigencies），如大街上或者拥挤场所的推挤、聚会上的社交接触，诸如此类，法律创制了更多例外。依向来的说法，这些例外的基础是默示同意，[4]既然来到公共场所活动或者参加聚会，即得认为默示地同意此类身体接触。在今天看来，这个理性化思路得被看作拟制；尤其是那些未成年或有精神障碍从而不能为同意表示之人，难以将同意归于该人。是以，我认为更恰当的思路是，将此类案件看作属于某个一般的例外，涵盖普通日常生活行为中普遍接受的一切身体接触（all physical contact which is generally acceptable in the ordinary conduct of everyday life）。

---

〔1〕 译注：妨碍、干扰、骚扰（molestation），可以指对宗教或其他性质集会的干扰，也可以指对人的骚扰，如跟踪、隐匿其财产、扰乱其工作场所或居所，尤指对儿童的骚扰或在夫妻分居后的骚扰。参见薛波主编，潘汉典总审订：《元照英美法词典》，法律出版社2003年版，第925页。

〔2〕 译注：有形妨碍、实际妨碍（physical interference），指对土地所有人行使权利造成的有形阻碍，例如阻碍土地所有人进入其土地。区别于噪声、烟雾等干扰土地所有人安宁的精神性滋扰。参见薛波主编，潘汉典总审订：《元照英美法词典》，法律出版社2003年版，第1054页。

〔3〕 译注：犯罪预防（prevention of crime），公民个人可根据具体情况合理使用武力制止犯罪、协助依法逮捕罪犯、犯罪嫌疑人或在逃犯。参见薛波主编，潘汉典总审订：《元照英美法词典》，法律出版社2003年版，第1087页。

〔4〕 译注：默示同意、默许（implied consent），并非直接表达而是以动作、行为、事实、不作为或沉默推断出的同意，如根据当事人之间的关系和一系列行为，双方对某一事项相互默认或不予反对的即可推断为默示同意。参见薛波主编，潘汉典总审订：《元照英美法词典》，法律出版社2003年版，第666页。

过去的通常说法是，触及他人身体要构成殴击，必须“含怒（in anger）”而触（*Cole v Turner* ［1704］6 Mod 149，per Holt C. J.），而近来的说法是，要构成殴击，必须怀有“敌意（hostile）”而触（*Wilson v Pringle* ［1987］QB 237）。恕不敬，我怀疑这说法是否正确。打闹时失控，为示好而拍打他人背部但示好过头，医生误以为已得患者同意而施行手术，所有这些，不能定性为敌意，但大概都超出了合法的边界。没有合法事由而触及他人身体，得构成殴击或非法侵犯身体，前述限定条件［指“含怒”“敌意”］很难与这个原则相调和。此外，在医疗场合，吾人当牢记自主决定的自由意志原则，用卡多佐法官在施伦多夫诉纽约医院协会案中的话讲：

“任何心智健全的成年人皆有权利决定何者得施于己身，医生未经患者同意施行手术的，构成非法侵犯身体。”［*Schloendorff v Society of New York Hospital* (1913) 105 N. E. 92，93，per Cardozo J.］

前些年，里德勋爵重申了该原则。See *S. v McC.* （*orse. S.*）*and M.* （D. S. intervened）；*W. v W.* ［1972］AC 24，43，per Lord Reid.

接下来就在这个背景下考虑，精神障碍患者由于无能力，不能为同意表示的，为其施行治疗是否合法，又在何等情形下合法。正如卡多佐法官的阐述中认可的（亦可见于他处，如 *Sidaway v Board of Governors of the Bethlem Royal Hospital and the Maudsley Hospital* ［1985］AC 871，882，per Lord Scarman），法律需要某些放宽，以帮助心智不健全的病人。在威尔逊诉普林格尔案中（*Wilson v Pringle* ［1989］QB 237），上诉法院认为，为此类患者施治得认为合法，盖落入普通日常生活行为中普遍接受的身体接触这个例外范畴。恕不敬，我又不敢同意。该例外涉及的是日常生活中的普通事件，公共场所的推挤之类，影响到所有人，不考虑是否有能力为同意表示。医疗行为，哪怕针对微疾小恙，也不属于该事件范畴。一般规则是，治疗行为经同意方为合法；倘未经同意而施治，必须找到其他原则来提供合法性。

就未经同意的医疗行为，依何原则方得认为合法？吾人正寻找这样的原则，针对（暂时或永久）不能为同意表示的患者，在少数情形，本着患者最佳利益，得据之认可为此类患者施治确有必要。正是这个必要标准指向了提供正当性的必要性原则（principle of necessity）。

普通法中存在必要性原则，得为否则即为不法的行为提供合法性，此点毋庸置疑。但从历史上看，必要性原则向来被束缚于两组案件，即公共利益必要案件和私人利益必要案件。[1]前者发生场合为，［被告］为公共利益而妨害他人财产，比如（在打 999 呼叫消防员之前的年代），损毁他人房屋以阻止大火蔓延，1666 年伦敦大火时就发生这样的事情。后者发生场合为，面对迫在眉睫的危险，［被告］妨害他人财产以挽救自己的生命或保护自己的财产，比如，未经同意踏入邻居土地［损毁房屋］，阻止火势蔓延到自己的土地上。

但还有第三组案件，亦被认为以必要性原则为基础，且与如何解决本案中的难题更为相关。这类案件涉及的是，未经他人同意，采取紧急行动帮助他人。试举一例，车辆驶来，眼看要撞上人，抓住那人并以强力将之拖拽出车辆行进路线，从而挽救该人生命或使其免遭伤害，不构成不法行为。但这个原则有很多衍生，散落于不同书籍各处，不仅涉及保全他人生命、维护他人健康，还涉及保全他人财产（有时是动物，有时是通常的动产），甚至还涉及为该人利益而处理其事务的特定行为。倘双方当事人之间有在先法律关系，通常认为介入他人事务之人是为了本人利益代表本人充任紧急事务代理人，[2]介入人的行为往往与双方在先的法律关系相关联。至于介入人是否有权得到补偿或报酬，那是另外的问题，无关本案。

这里关注的，是为了保全不能为同意表示之人的生命、健康或福祉而采取的行动。此类行动的正当性，或谓在于行为发生于紧急情况场合；比如普罗瑟和基顿的教科书即称此类行为因紧急情况而得到豁免特权（*Prosser and Keeton on Torts*, 5th edition, p. 117）。无疑，在受援助人为心智健全之人的场合，未经同意而采取的此类行为要想合法，通常必须有紧急情况；倘非紧急情况，即有机会与受援助人沟通并得到同意。但并非总是如此，必要性原则

---

〔1〕 译注：公共（利益）必需、为公共利益而紧急避险（public necessity），指在侵权法中，涉及公共（利益）必需的紧急避险行为可得到完全豁免。例如为阻止大火蔓延威胁城市而毁坏某一房屋。私人（利益）必需、为私人利益而紧急避险（private necessity），指仅涉及被告个人利益的紧急避险，被告不能完全豁免，对于给原告造成的损失仍须承担责任。参见薛波主编，潘汉典总审订：《元照英美法词典》，法律出版社 2003 年版，第 1094、1117 页。

〔2〕 译注：紧急事务代理人、无因管理人（agent of necessity），指在紧急情况下，有权代理另一人处理其事务的人，例如航程中发生紧急情况的船长，运送鲜活物品而发生紧急情况的陆上承运人等。参见薛波主编，潘汉典总审订：《元照英美法词典》，法律出版社 2003 年版，第 51 页。

的历史起源也并未将紧急情况看作提供了未经同意而得合法介入的标准。依古罗马法上的无因管理规则（*negotiorum gestio*），管理人（*gestor*）得合法介入处理他人事务的正当理由在于主人（*dominus*）长期不在家，而不在于发生紧急情况。普通法上最早的那些案例，涉及出海的船长本着船东利益而采取的行动，类似地，源于船长与船东在很长时间里沟通困难，这个困难到今天终于由现代通信技术克服了。在这些案例中，或主张必须有紧急情况，船长方得充任紧急事务代理人；当然，紧急情况也可以持续一段时间。但某人若是永久地或者在相当长一段时间里（疾病、事故、精神障碍）不能沟通交流，将此类情形描述为“永久紧急情况（permanent emergency）”，哪怕这种状态可以恰当地说是存在的，也不是通常的语言用法。实在讲，紧急情况的意义在于可能产生必要性，得本着受援助人的利益而行事，不必先征得同意。但紧急情况既不是标准，也不是必要条件；其不过是必要性产生的常见源头，一旦有了必要性，就意味着要求他人介入。故，此处原则是必要性原则，而非紧急情况原则。

从商法的紧急事务代理案例中，[1]就必要性原则的性质，可以得到若干指导。但在阅读这些商法案例时要牢记，商法中的看法是（由于当事人间有在先法律关系），代理人有义务在紧急情况下为本人利益而行事。从这些案例来看，必要性原则的含义是出现某种情势，代理人有必要为本人利益而行事，而此时实际上不可能得到本人关于如何行事的指示。此际，向来的说法是，代理人必须为本人利益而本着善意行事（see *Prager v Blatspiel Stamp & Heacock Ltd.* [1924] 1 KB 566, 572, per McCardie J）。对这个原则更宽泛的阐述可见于由蒙塔古·史密斯爵士在澳大利亚蒸汽轮船公司诉莫尔斯案中发布的枢密院意见，其中称：

“当具体情势使然，某人承担了为他人采取行动的义务，而且依该义务，采取了（依明智审慎之人的判断）在特定紧急情况下显然最为合乎该他人利益的行为方式（course）时，即得恰当说，在商业意义上采取该行为方式是必要的。”（*Australasian Steam Navigation Co. v Morse* [1872] L. R. 4 P. C 222, 230,

---

[1] 译注：紧急事务代理、无因管理（agency of necessity），指代理人在紧急情况下，未经他人授权而为该他人利益从事行为，由此而发生的关系。这是准合同关系，系根据法律规定而非当事人协议而产生。参见薛波主编，潘汉典总审订：《元照英美法词典》，法律出版社 2003 年版，第 51 页。

per Sir Montague Smith.)

在某种意义上，这些论述有重复之处。但基于这些论述，可以得到适用该原则的基本要件（得适用于这些必要性案件）：不仅必须有采取行动的必要性，而此时无法与受援助人沟通，而且所采取的行动必须是理性人在一切情势下会采取的行动，合乎受援助人的最佳利益。

基于这个原则陈述，我要指出，多管闲事的介入行为（officious intervention）不能由必要性原则而证明其正当性：倘若还有其他更为合适的人且愿意采取行动，介入行为不会是正当的；倘介入行为违背受援助人可得知的意愿，在受援助人得理性形成此意愿的范围内，亦然。基于该原则的第二点，在本案这样的情形引入理性人标准，与蒙塔古·史密斯爵士的“明智审慎之人（wise and prudent man）”标准并无实质不同，盖理性人在未获他人同意而采取行动干涉他人身体或财产之前，在可用的时间内，当会明智且审慎地行事。就此点，稍后还有话要讲。就眼下而言，充分意识到该原则适用中可能产生的诸多难题（这些难题在这里先不必检视），我不打算再就该原则展开更详细的阐述。但就一般规则而言，倘前述标准得到满足，干涉受援助人的身体和财产（视情形而定）即非为不法。比如发生火车事故，受伤乘客埋于废墟。正是依必要性原则，其他市民（如列车员工、乘客或路人）施以援手方为合法：医生截去不省人事的受害人的肢体，好将受害人移出废墟；救护车将受害人送往医院；医院的医生和护士治疗和照顾仍然不省人事的受害人。再如，老人中风，不能言语及行动。正是依必要性原则，施治的医生、护理的护士，甚至是前来照看的亲朋好友，触及患者身体的行为皆不构成不法。

上面两个例子，一例涉及紧急情况，一例涉及某种永久或半永久状态。精神障碍患者不能为同意表示的，亦为后一类的例子。我看不出有何充足理由，得认为必要性原则不能像中风病人情形那样适用于该例。此外，精神障碍患者的情形与中风病人情形一样，相较因事故伤害而生的紧急情况场合，永久状态需要更为广泛的医疗服务。在此类永久或半永久状态的情形，为保全受援助人生命、健康或福祉而得恰当实施的行为，可能会超出手术或重大医疗措施之类，延伸到把一些乏味的事务包括进来，比如日常的医疗或牙科服务，甚至穿衣、脱衣、上床之类简单照料行为。

上面的区分，即区分紧急情况与某种永久状态两类案件，在另一个侧面也有意义。这里关注的是医疗，故只讨论医疗案件。比如，医生未经同意，为因事故暂时丧失意识的患者施行手术，应本着患者最佳利益，将医疗措施限于患者恢复意志前得合理要求的行为（reasonably required）。医生要做到这一点，我看不出有什么实际困难，而之所以这样要求医生，是基于可以期待患者很快就会恢复神志的事实，到时即可与患者商讨采取哪些长期性质的医疗措施。同样的争议点亦得以更为剧烈的形式发生（acute form），即医生在手术过程中发现其他病情，依医生的判断应以手术处理，但又未取得患者同意。在何等情形下医生得毫不迟疑地施行手术，在何等情形下应推迟进一步的治疗直到取得患者同意，这个棘手的难题曾让加拿大法院深感困扰（see *Marshall v Curry*［1933］3 DLR 260，and *Murray v McMurchy*［1949］2 DLR 442），但在本案中，诸位法官不必考虑该问题。

但在永久或半永久状态的情形，比如精神障碍患者可能即是如此，等待取得患者同意是没有意义的。患者对医疗服务的需求显而易见；医生必须本着患者最佳利益行事，如同已经取得患者同意。若非如此，大量有用的医疗服务都无法提供给不幸的患者（至少理论上是这样）。是以，就此点，我无法接受尼尔法官在上诉法院判决中表达的观点，即必须证明治疗是必要的。另外，在此种情形，如我尊贵博学的朋友布兰登勋爵指出的，承担了治疗责任的医生，不仅应被看作已取得患者同意，[1]还有义务提供医疗服务。[2]我完全赞成唐纳森勋爵发表的意见：

“在患者为无能力成年人的情形，医生及其他承担照料责任之人，应该用法院或理性人在未成年人场合完全一样的方式行使选择的权利，当然也要恰当考虑患者并非未成年人的事实，我看不出有任何不协调之处，我也很满意，法律事实上也正是这样要求的。”

在这些情形，很自然地会认为假定授权（deemed authority）与义务相互关联。[3]但我感到应该表达我的观点，即原则上，医生行为的合法性（至少

〔1〕译注：句中“被看作（be treated as）”，指假定或推定已取得患者同意。

〔2〕译注：参见布兰登勋爵意见的第11段，似只提到医生在普通法上的义务，并未提到推定同意。

〔3〕译注：参见上注提到的假定患者同意。

就其起源）要到必要性原则中寻找。这一点，在医生和患者之间没有持续性法律关系的场合，可能看得最清楚。观众里有位妇人受不了剧情的刺激或剧场里的热浪而昏倒，“当时在现场的医生（doctor in the house）”主动上前救助，起激励作用的，不过是希波克拉底誓言让医生承担的义务。[1]此外，与受援助人没有在先法律关系的亦得不是医疗执业人，而是非医疗执业人，比如发生事故后上前救助的陌生人，其介入行为亦为合法。在我看来，是必要性本身为介入行为提供了合法性。

前面讲过，医生必须依受援助人的最佳利益行事。在为精神障碍患者提供常规医疗服务的场合，适用该原则无甚困难。涉及更重大的医疗措施，我承认医疗执业人在适用该原则时会碰到困难；医生在做决定时，必须遵照相关专科领域负责任的、具备相应知识的某派观点行事，也就是博勒姆案设定的标准。毫无疑问，在医疗实务中，医疗决定可能会涉及医生之外的其他人。征求患者亲属或者其他关注患者医疗事务之人的意见，当然是良好实践。有些时候，需要向一位或多位专科医生咨询；还有些时候，尤其是医疗决定涉及的远远多过纯粹的医疗意见时，实务中需要跨学科团队参与医疗决定。对法院来说，能做的不过就是强调，那些介入这些重要且时或很困难的决定之人［指医生等］，最为重要的考虑就是依案涉之人的最佳利益行事（这些人没有能力自己决定，依自己的最佳利益，何者得施于己身），除此之外的其他事情，对法院来说都太过困难且不明智。

在本案中，诸位法官必须考虑的问题是，前述原则是否适用于为心智不健全的成年女性施行绝育手术的案件，抑或绝育手术是否应置于单独范畴之下从而适用特殊规则。官方律师聘用的芒比先生还是有效利用如下论据，即心智不健全的成年女性由于缺乏智力能力而不能为同意表示的，在没有任何国家监护人权限的情况下，为其施行绝育手术绝不会合法。芒比先生的意见以生育自主权或控制自己生育事务的权利为基础，该权利必然包含着不受非自愿绝育的权利；依据的事实是，绝育手术意味着对于患者最为重要的器官不可逆的妨碍，绝育意味着对正常发挥功能的器官的妨碍，绝育手术是医学领域并未取得共识的议题，还有就是在患者有精神障碍情形，将“理性”解

〔1〕 译注：意思是医生并无救助的法律义务，行为的合法性在于必要性，而不在于承担的法律义务。

决办法强加于无能力人，并非可取之事。仔细考虑了这些意见，我的看法是，这些意见既不能单独地也不能整体地证明芒比先生主张的结论。即便如此，虽说赞成我讲的原则适用于绝育手术，芒比先生依赖的事实却有力支持下面的结论，将前述原则适用于此类案件要求特别注意（special care）。还有其他理由支持这个结论。比如，从美国的报道案例来看，向来的担心是负责照管精神病人之人可能（也许是无意的 unwittingly）为了管理上的方便而将病人绝育。另外，英国的未成年人 D 绝育案［*In re D.*（*A Minor*）（*Wardship*）：*Sterilisation*［1976］Fam 185］提供了生动例证：资深医生在慈爱的母亲支持下，竟认为给案涉智力发育迟缓的女孩绝育是正确的，而在当时的案情下，经检查证明，女孩的最佳利益并不需要这样的手术。诸如此类事实，再加上患者器官的性质（欲对该器官施以不可逆的医疗干预），促使美国和澳大利亚法院宣布，患者没有同意能力的，此类手术唯经法院同意方得施行。但做出这些判决的法院都有国家监护人权限，正是依据该权限，才有权力设定这样的条件。这些判决不能于吾国直接适用，盖吾国已将该权限［法院对成年人的国家监护人权限］废弃，故而，我不建议援引美国和澳大利亚的判决；当然，正如我尊贵博学的朋友布兰登勋爵，我也怀着敬意阅读了这些判决，而且感到着实有趣。我要特别提到美国的格雷迪案（*In re Grady*［1981］426 A. 2d. 467），还有澳大利亚的简案（*In re Jane*，22 December 1988，尚未报道的案例），尼科尔森法官的论述全面且让人印象深刻，格外强调要有无利害关系的第三人代表患者独立发表意见（该案患者是未成年人）。

就心智不健全的成年患者，吾国法院已不再有国家监护人权限，但在我看来，美国和澳大利亚法院的进路给了下面的立场以强大支持，即就实务而言，欲对欠缺同意能力的成年患者施行绝育手术的，在征求法院关于该手术的意见（在具体案情下是否合乎案涉患者最佳利益），请求法院确认手术合法之前，不要施行手术（稍后我还会讨论此类案件中确认性救济的恰当性事宜）。在我看来，就个案中具体案情下特定医疗措施的合法性，为了得到中立、客观、权威的意见，应该寻求这样的指引［指寻求确认判决］，听审程序中应确保有维护（手术将施于其身的）案涉患者利益的独立代表人（independent representation）。这个进路合乎坦普尔曼勋爵在未成年人 B 绝育案中发表的意见，即患者为未成年女性的，应先宣告其为受法院监护之人，继而法院行使国家监护人权限，就手术的合法性表态，而后方得施行绝育手术。判决称：

“这里的决定于个体至关重要，且关乎法律、伦理及医疗实践的原则，没有人提出还有什么更合适的裁判机构，还有什么更合适的解决办法。” [*In re B* (*A Minor*) (*Wardship*: *Sterilisation*) [1988] AC 199, 205-206, per Lord Templeman.]

我知道，在有些人看来，法院听审的程序设计会阻止特定医疗执业人提议施行绝育手术；但我相信且希望，世人会逐渐认识到，此类法院程序由家事法庭法官细腻而富人情味地推进，尽可能安排在法官办公室而不公开，并不会让负责患者医疗事务的执业人感到害怕。

代表精神健康法委员会的乌斯利先生力倡，在此类案件中负有决定职责的法院，先要确保从相关领域合适的专家顾问那里得到独立的第二意见，倘专家意见支持施行绝育手术，法院只应单纯遵循该专家意见而不应再做任何独立判决。就我而言，我不认为法院如此行使权限是可能的或者可取的。在一切程序中，需要专家表达意见的，法院会以尊敬的态度听取意见，但意见的效力如何，最终由法院权衡和判断。不管专家意见涉及需要判断的问题，还是只涉及纯粹的科学事宜，都是如此。某专家意见，仅仅因为得到另一合适专家的支持，法院即应机械接受，这简直是否定法院的职能。另外，精神健康法委员会的建议也不合乎美国和澳大利亚判例的立场，即强调有必要由法院在听审程序之后发布判决，在听审程序中要为手术将施于其身的患者安排独立代表人。讲到这里，我不认为精神健康法委员会需要担心专家意见会受到这样或那样的轻视。相反，法官会以更大的尊重态度听取意见，而且正如本案所示，法院接受专家意见的可能性非常大。

最后我要讨论本案采取的程序，在该程序中当事人请求法院发布确认判决。原告请求法院确认，仅仅未取得原告同意，并不足以使施行绝育手术成为不法行为。斯科特·贝克法官允如所请，发布确认判决。上诉法院驳回上诉，维持斯科特·贝克法官的命令。即便如此，上诉法院全体法官都表示，确认救济并不是此类案件的合适程序。唐纳森勋爵写道：

“就我而言，我并不认为这是恰当程序。确认判决未改变任何事情。要求法院做的不过就是确认，倘未经乞援于法院即采取行动，无论如何仍是合法的。在最为敏感、最容易引发争议的医疗行为领域，公共利益要求法院在医疗行为开展之前给予明确批准，借此提供独立而有广泛基础的‘第三方意见’。”

唐纳森勋爵接着就申请法院批准手术的程序事宜发布指引，并得到另外两位法官附议；待最高法院发布新规则（补充最高法院规则第八十号命令）或者家事法庭庭长发布操作指引，自然适用新规则或操作指引（Practice Direction）。

我对掌卷法官唐纳森勋爵当然充满敬意，但在高等法院没有任何国家监护人权限的情况下，我不知道有任何的权限，得在其基础上建立此类规则或操作指引，更不必说唐纳森勋爵建议的那些指引了。掌卷法官提出的行动路线已假定法院有相应权限，依该权限，在施行特定医疗行为之前，必须取得高等法院批准。但目前没有这样的权限，而最高法院规则、操作指引或者其他什么指引并不能扩张高等法院的权限。刻下的法律状况是，就成年患者，医疗措施的合法性并不依赖高等法院的批准。在我看来，掌卷法官提出的行动路线构成越权。

唐纳森勋爵就确认救济的程序事宜表达的担忧（上诉法院另外两位法官深有同感），我却并无同感。就法官给予的确认救济，我看不到任何程序上的反对理由，不管是权限方面，还是行使最高法院规则授予的自由裁量权方面。最高法院规则第十五号命令第16条规定：

“当事人请求法院发布单纯确认性质的判决或命令的，不得以此为由利用任何诉讼或程序来反对，法院得发布有拘束力的确认权利的判决，并不考虑当事人是否主张或是否得主张后续救济。”

在纽约保险公司案中（这件指导判例涉及的是，就当时最高法院规则第二十五号命令第5条（R. S. C. Ord. 25，r. 5），也就是现在规则的前身，发起不成功的质疑），就该规则所授予之权限的宽度，皮克福德法官和班克斯法官皆有直率的论述。皮克福德法官道：

“我想该规则的效果是，给予法院发布确认判决的一般权力（general power），不管是否有诉因，对确认判决的标的有利害关系的任何当事人皆得向法院提出申请。”（*Guaranty Trust Co. of New York v Hannay & Co.* ［1915］ 2 KB

536，562，per Pickford LJ. ）

班克斯法官写道：

“重要的是，打算利用该规则之人必须正在寻求救济。这里救济一词何意？一旦得到认可（如我认为的，已经得到认可），该救济并不限于关系到某个诉因的救济，那么看起来就会认为，应给予该词其本身最为饱满的意思。但有一条限制必定存在，也就是说，当事人寻求的救济不能违法、不能违宪、不能有悖衡平精神，不能违反让法院得据之行使权限的公认原则。除这些限制外，我看不出有任何事情可以束缚法院依该规则在其权限范围内提供救济时的自由裁量空间，考虑到一般商业便利（general business conveniene）以及法院机构适应诉愿人需求的重要性，我想该规则应该尽可能自由地解释。”（*Guaranty Trust Co. of New York v Hannay & Co.* ［1915］2 KB 536，572，per Bankes LJ. ）

就法院在该规则下的裁量权的行使，当然有若干已经确立的例外。在俄罗斯工商银行诉英国外贸银行案中，达尼丁勋爵谈及苏格兰古老的确认之诉：〔1〕

“经苏格兰法院漫长判例法阐明的规则得撮述如下：提交法院裁决的问题必须是真正的问题而不是理论问题，提交问题之人必须有真正利害关系，提交问题之人必须确保有合适的反对者（contradictor），即某个现实存在的人有真正利益反对该确认判决。”（*Russian Commercial and Industrial Bank v British Bank for Foreign Trade Ltd.* ［1921］2 AC 438，448，per Lord Dunedin.）

而后，在瓦因诉码头劳动委员会案中（*Vine v National Dock Labour Board* ［1957］AC 488，500），基尔穆尔法官认为苏格兰判例法的路径颇为有用，而

〔1〕 译注：〈苏格兰〉确认之诉（action of declarator），指法院确认原告（pursuer）具有某种权利或法律地位，但不要求当事人履行给付或作为等义务的诉讼形式。法院的判决并未赋予当事人以新的权利，只是对有疑问的权利或法律地位作出权威确认。此种诉讼不适用于纯理论性的问题，必须是原告与之有实际的利害关系且存在疑问或争议的问题。如确认婚姻无效的诉讼，确认地役权不成立的诉讼等。相当于英格兰法中的确认之诉（action for a declaration）。参见薛波主编，潘汉典总审订：《元照英美法词典》，法律出版社 2003 年版，第 378 页。

英格兰也有权威判例主张，倘案涉的问题并非真正问题，或者寻求确认判决之人于此并无真正利益，或者没有严格意义上的论辩（proper argument），比如，没有被告方，或基于自认或经由同意，法院皆不得发布确认判决。本案中，当事人寻求的确认判决确实提出了真正问题，绝不是假定的或学术的问题。原告就判决结果有恰当利益，故得恰当说，原告在寻求班克斯法官所描述的广义上的救济。经由官方律师介入，并得到法庭之友的帮助，争议事实在法庭上得到充分辩论。我还想补充说，本案并未产生关于将来权利的问题：原告寻求的确认判决涉及的是原告眼下的法律状况。在本案中给予确认救济，不论在何情况下，我都看不出有什么程序性难题挡道。实际上，上诉法院法官对确认救济的反对之处在于，其认为确认救济不如法院行使国家监护人权限合适，假如法院还有国家监护人权限，法院得考虑是否批准拟行医疗措施。这个意见有其道理，盖（除非制定法有要求）只有行使国家监护人权限，在法律上而言，才能确保在施行治疗之前请求法院批准。但若是在医疗行业形成稳定惯例，在从法院得到确认手术合法的判决之前，不为不能为同意表示的成年女性施行绝育手术，那么请求法院依国家监护人权限批准与请求法院确认手术的合法性，两者在实际操作上即不会有多大差别。

我很欣慰，初审法官基于其清晰阐述的理由，依原告所请发布了确认判决。我会驳回上诉。我尊贵博学的朋友布兰登勋爵建议将初审法院发布的确认判决做些许修改。就我个人来讲，我理解确认判决是基于眼下的案情事实，但我很愿意看到这一点在命令中写明，并应有自由申请的明文条款，正如我尊贵博学的朋友建议的。

乔安西勋爵

诸位法官：

本件上诉案提出的那些难题，我尊贵博学的朋友布兰登勋爵和戈夫勋爵在各自的判词中都已充分检视，我完全赞成两位法官关于如何处置上诉以及理由何在的结论。诸位法官，我只想重申一点，对那些无能力的患者，万万不能设置法律障碍，使其得不到类似处境下有能力患者可以合理期待得到的医疗服务。法律不能让无能力患者在医疗领域成为二等公民。不管患者有无能力，医疗活动总是分四个阶段：第一是诊断病情，第二是决定病情是否需要治疗，第三是决定应该怎么治疗，第四是施行选定的治疗方法。在患者长期无能力的情形，为了让那些负责照料之人得到方便绝不能成为决定治疗的正当理由。但若是负责照料之人只是纯粹依患者最佳利益而决定第二、第三阶段的事宜，而且对全部四个阶段的处理都合乎相关诊断治疗领域某派负责任的医学观点，那就做到了法律要求做的，不会受到不法指控。

戊帙　丧失意识能力：依患者最佳利益施治

就医疗事务的决策权限，比较法上有两种立场：一是患者个体自主模式，一是东亚家庭自主模式。[1]倘成年患者丧失表达意志的能力，如何处理，两个模式的应对即有不同。西方国家普遍遵循患者个体自主模式，患者倘丧失意识能力，患者近亲属并无医疗决策权，此际医疗服务人应依患者最佳利益决定如何施治。

何谓患者最佳利益，又有主观标准与客观标准之别。[2]主观标准要求依患者明示或可得推知的意愿施治，近亲属以及其他与患者有密切关系之人的作用在于备咨议，帮助医疗服务人确认患者就医疗事务的主观价值取向。[3]客观标准似得理解为等同于医疗职业标准，即依临床实践中医疗职业认为可靠的惯例施治，[4]也可以理解为理性患者标准，即考虑处在案涉患者位置的理性人当会如何决策。

英国2005年《意识能力法》第4条界定了患者最佳利益，应该认为倾向于主观标准。尤其是该条第4款和第6款，强调患者虽无意识能力，亦应尽可能使其参与医疗决策，并必须考虑患者的愿望、情感、价值观念以及看重的其他因素。在考察以上主观因素的时候，应听取与患者有密切关系之人的意见。[5]

中国法不能如此解释。依《民法典》第1219条、第1220条，患者因病情丧失意识能力的，由患者近亲属决定医疗事务，可以认为是传统家庭自主模式的孑遗。没有任何法律规则认为，近亲属于决策之际必须以患者的愿望为准，但也没有制度设计来约束近亲属的决策。在目前的决策模式下，得尝

---

〔1〕 参见范瑞平："自我决定还是家庭决定：两种自主性原则"，载氏著：《当代儒家生命伦理学》，北京大学出版社2011年版。

〔2〕 参见［英］乔纳森·赫林：《医事法与伦理》，石雷、曹志建译，华中科技大学出版社2022年版，第283页。

〔3〕 参见《德国民法典》第1901b条。

〔4〕 参见［英］乔纳森·赫林、杰西·沃尔：《医事法里程碑判例》，王岳主译，北京大学医学出版社2020年版，第116页（"上议院认为博勒姆标准应该用来决定患者的最佳利益"）。

〔5〕 参见安特里大学医院全民医疗服务基金诉詹姆斯案判决第23段、德比和伯顿全民医疗服务基金大学医院诉安妮案判决第32段。

试着提出如下公式：在患者不能表达意志或者不宜向患者说明的情形，患者事前没有明确医疗指示的，在患者主观意愿、患者客观医疗利益/医疗职业利益与患者近亲属利益三者之间，只要有两方面利益立场一致，医生即得依该立场施治。也就是说，患者近亲属的医疗决策要么合乎患者主观愿望，要么合乎患者客观医疗利益，若否，医疗服务人即不得遵从患者近亲属的决定。

安特里大学医院全民医疗服务基金诉詹姆斯案

Aintree University Hospitals NHS Foundation Trust v James [2013] UKSC 67

英国最高法院审判庭

纽伯格勋爵（Lord Neuberger, President）

黑尔女爵（Lady Hale, Deputy President）

克拉克勋爵（Lord Clarke）

卡恩沃思勋爵（Lord Carnwath）

休斯勋爵（Lord Hughes）

2013 年 10 月 30 日

黑尔女爵

（纽伯格勋爵、克拉克勋爵、卡恩沃思勋爵、休斯勋爵附议）

1. 依据 2005 年《意识能力法》（Mental Capacity Act）提起的诉讼，打到最高法院的，本案是第一起。该法规定了如何为那些无能力自做决定之人代做决定的事宜。依该法做决定的任何人必须依所涉之人［患者］的最佳利益而为之。本案所涉决定至为重要：医院请求法院确认，不提供维持生命的特定医疗措施，合乎案涉患者的最佳利益。［一方面，］何等情况下才能认为不提供维持患者生命的治疗活动合乎患者最佳利益？另一方面，何等情况下得认为将几乎没有积极好处的重大侵袭性医疗措施用在患者身上合乎其最佳利益？

（一）案情事实

2. 患者戴维·詹姆斯（David James），2012 年 5 月住院，年纪大概 68 岁，病因是 2001 年治疗结肠癌时留下的造口有问题。这个麻烦很快解决，但伤口感染，慢性阻塞性肺炎、急性肾脏损伤加上长期的低血压，共同作用，让病情恶化。医院将患者转入危重加护病房，上了呼吸机。到 2012 年 12 月 5 日和 6 日彼得·杰克逊法官（Peter Jackson J）听审时，患者一直在危重加护病房靠呼吸机维持生命。从 5 月到 12 月，患者病情不断波动。病情有过几次大的恶化，包括一次中风，使得右侧无力、腿部挛缩，还有一次心脏停搏，利用心肺复苏术花了 6 分钟才抢救过来。患者反复感染，导致败血性休克，多器官功能衰竭。在此期间，医院也几次努力想将患者从呼吸机下解放出来，使用较小的呼吸帮助系统（CPAP），为此还采用了气管造口术。在听审期间，患者没上呼吸机或用其他药物，一天至少可忍受 CPAP 12 小时。通过胃管，医生为患者提供营养和水合作用。

3. ［杰克逊］法官接受了格兰特医生（D Grant）关于诊断和预后的证词；格兰特医生是危重病症加护医学专科的顾问医师，为负责看护詹姆斯先生的 10 位顾问医师和高级护理人员出具证词。患者长期不能自行坐立或站立，身体的静止状态导致肌肉严重萎缩。患者肌肉挛缩，类似严重的抽筋，面部表情痛苦，脉搏、呼吸、血压都升高，表明患者疼痛、难受。患者中风，导致严重神经损害。患者完全依靠人工呼吸设备，需要定期使用吸管。患者肾脏功能极为脆弱，只有最大功能的 20%左右，当然还不需要肾病治疗。几乎不可避免的，患者还会遭受感染，导致低血压以及多器官功能进一步衰竭。日常护理也会让患者不舒服、感到身心痛苦。总之，患者离开危重加护病房的可能性，更不用说离开医院的可能性，微乎其微。

4. 官方律师代表詹姆斯先生，聘请独立执业的邓伯里医生（Dr Danbury）调查。诊断和预后跟其他医生的看法一致。

5. 就詹姆斯先生的智力能力（mental faculties）而言，其在 7 月份神经功能显著退化，此后，医生认为詹姆斯先生已没有能力就医疗事务做决定。11 月，医生依据威塞克斯意识障碍评定量表（Wessex Head Injury Matrix）评估的结果显示患者遭受严重神经损害。但法官在 11 月记录了邓伯里医生、官方律师的案件管理人贝克女士（Ms Baker）以及医护人员的看法，这些看法都积极指出：患者的太太和儿子来访时，患者能意识到并感到开心；患者的太太俯身，患者能亲吻太太；太太在床周围走动时，患者会看着太太；嘴部开合，看起来在回应太太、贝克女士及护理人员；翻动报纸并微笑，但医生无法判断患者是否在阅读上面的文字或欣赏图片；翻动报纸时，患者可以戴上及取下眼镜；看起来很享受看儿子手机里的视频。

6. ［杰克逊］法官认可诊断结果为患者处于最小意识状态（minimally conscious）。但正如贝克法官在W诉M案中指出的，“最小意识状态也呈现为一段光谱，一端是刚刚高于植物人状态，另一端是接近于完全意识状态”（*W v M*［2011］EWHC 2443, per Baker J）。杰克逊法官补充说，“就此而言，‘最小’这个词在诊断上会误导人”。只要不处于医疗危机状态，詹姆斯先生当下的意识水平“更准确的描述应该是很有限（very limited），而不是最小（minimal）”（杰克逊法官判词第38段）。

7. 詹姆斯先生是优秀的音乐家，从事音乐事业逾五十载。詹姆斯先生重视家庭，在9月刚跟太太庆贺金婚，女儿说那时他还“头脑机敏”。詹姆斯夫妇有3个孩子，3个孙辈，还有很多朋友。亲朋好友定期来医院探访，女儿认为詹姆斯先生很享受这些探视。女儿自己每天来探望4个钟头。

（二）程序

8. 2012年9月，医院在保护法庭启动法律程序，[1]请求法庭确认，①詹姆斯先生欠缺对任何类型的医疗措施表示同意或拒绝的能力（未引起争议）；②“万一病情恶化（clinical deterioration）”，有4种具体医疗措施不予使用是合乎患者最佳利益的。最初，这4种医疗措施中包括“针对进一步的感染并发症予静脉注射抗生素”，但医院不再坚持。另外，没有提到不提供当下的医疗活动，即呼吸设备和临床医疗帮助下的营养和水合作用。案涉的3种医疗措施，如初审判决书第8段描述的，内容如下：

（1）为支持［血液］循环系统运转而采取侵袭性医疗措施。这是指使用影响肌肉收缩的药物或升压药，主要是为对付危险的低血压。这些医疗措施很疼，要使用针头，通常要插入中央导管。这些药物此前一直给詹姆斯先生用，副作用强，会导致心脏病。

（2）肾脏置换治疗。这是指血液过滤，通过机器过滤血液以弥补肾功能的不足。这个治疗同样需要插入大的导管，并使用阻凝剂，带来失血和中风的危险。这会让患者极不舒服，可能感到极为寒冷。这些治疗活动此前还没

［1］译注：保护法庭（Court of Protection），根据1983年《精神健康法》的规定在高等法院设立的管理精神病人财产的部门，由衡平分庭负责，对其判决可向上诉法院和上议院上诉。参见薛波主编，潘汉典总审订：《元照英美法词典》，法律出版社2003年版，第344页。

有用到詹姆斯先生身上。

（3）心肺复苏术。这是指让停止跳动的心脏恢复跳动，故［出现这种情况］必须立即决定［是否采用复苏术］。可能采用多种形式，包括使用药物、电击、按压胸部，还有扩张肺部。为了有效，需要“大力（deeply physical）”，包含肋骨骨折的风险。詹姆斯先生 8 月曾经心脏停止跳动，当时使用了心肺复苏术。

9. 医疗团队的一致意见是，万一病情恶化到了有必要采用以上医疗措施的地步（申请材料中的 clinical deterioration 即为此意），这些措施并不合乎詹姆斯先生的最佳利益。［杰克逊］法官说，这些意见经过深思熟虑，分量很重。邓伯里医生立场一致。但［杰克逊］法官对邓伯里医生的评估未予更多重视，盖邓伯里医生的第一份报告认为，詹姆斯先生已经没有可能再从事音乐家的事业，哪怕继续目前的这些医疗活动，也不再恰当。邓伯里医生后来撤回了这份报告，但鉴于这个法官所说“错误的开端（false start）”，法官已不太敢信赖邓伯里医生的评估。

10. 家属的看法不同于医务人员。家属认为，每次感染，詹姆斯先生都挺了过来。每次感染的间隔越来越久。虽说詹姆斯先生永远不再可能恢复此前的生活质量，但看到亲朋好友，仍得到很多欢愉。詹姆斯先生曾决心战胜癌症，家属相信他同样有勇气战胜目前的困难。

11. 律师认可，在病情恶化时，不管是支持治疗还是反对治疗的诸多考虑，都已列入下面的清单（杰克逊法官判词第 79 段）。支持治疗的考虑有：

（1）生命本身有价值，这些治疗措施可以延长詹姆斯先生的生命。

（2）患者目前的生活仍有一定质量（measurable quality），可以从中得到欢愉。虽说病情波动，但在恶化的同时也有改善。

（3）很可能詹姆斯先生是希望治疗的，直到毫无希望时为止。

（4）患者家属坚信尚未到毫无希望的那个时间点。

（5）让患者在［家属满怀］怨恨和辛酸的背景下死亡，并不妥当。

反对治疗的考虑有：

（1）并无争议的诊断结果是，詹姆斯先生饱受严重的身心痛苦，预后前景令人沮丧，几乎不可能恢复独立生活能力；眼下的治疗措施都是侵袭性的，病情的每一次加剧都会将患者置于更为不利的境地。

（2）这些治疗措施可能不起作用。

（3）这些治疗措施很痛苦，难以承受。

（4）让患者经历漫长的、备受折磨的过程，最终毫无尊严的死亡，并不合乎患者利益。

12. 虽说有全体一致的医学意见，且得到官方律师支持，［杰克逊］法官还是认为应申请而发布确认判决并不妥当（杰克逊法官判词第 84 段）。杰克逊法官并未被说服，治疗不会有效果（futile）或者负担过重（overly burdensome），或者不会有恢复的希望（prospect of recovery）（稍后有必要考虑法官对这些措辞的理解）。论据也低估了詹姆斯先生状况的非医学侧面：患者的家庭生活“极为亲密，感情隽永绵长”。在并不能充分预见或者事态波动的境况下，发布确认判决需谨慎。法官承认，让事情的发展顺其自然，待有需要时再予讨论及决定，“并不能轻松地应对紧急情况下关于使用心肺复苏术的决定，不妨暂时这样说（for what it is worth），我想将来继续使用心肺复苏术不太可能合乎詹姆斯先生的最佳利益”。但并没有道理将之确定为彼时的绝对决定（杰克逊法官判词第 86 段）。

13. 医院上诉，听审安排在 15 天后，即 12 月 21 日。法院允许医院提交更多证据，表现为柯普医生（Dr Cope）代表医疗团队出具的函件，签署日期为 12 月 19 日。函件中说明，詹姆斯先生在 12 月 5 日病情显著恶化，12 月 14 日后，完全依赖呼吸设备生存。12 月 18 日，患者病情“进一步显著恶化”，已经很难用机械呼吸设备达到目的。同时血压降低，需要静脉内注射升压药物。患者肾脏功能也在恶化。在病情不断恶化的情势下，心肺复苏术几乎不可能成功，在那不太可能［成功］的情形下，倒有可能让患者在其他器官损伤之外，脑部也遭受更大伤害。患者处于昏睡状态，或半昏睡状态，但 12 月 18 日维持患者呼吸和血压的努力显然让患者感到极为疼痛和不舒服。患者极为虚弱，不能做动作。医疗团队仍然坚信，采用清单中列举的医疗措施并不合乎患者利益，会造成巨大痛苦，带来的好处却微乎其微。

14. 上诉法院照准上诉请求，并发布确认判决，措辞接近医院的请求。2012 年 12 月 31 日早，詹姆斯先生心脏停搏，遂殁。

15. 上诉法院于 2013 年 3 月 1 日发布书面理由（［2013］EWCA Civ 65）。虽说詹姆斯先生已亡故，考虑到本案所涉争点极为重要，而初审法官与上诉法院在此类敏感且疑难的案件中就如何评估患者最佳利益采取了不同进路［立场有待澄清］，本院仍准许詹姆斯先生的遗孀上诉。

（三）法律立场

16. 本案中，医院申请发布确认判决的依据是 2005 年法律［《意识能力法》］第 15 条。第 15 条第 1 款规定，法院得就以下事宜发布确认判决，即某人就某个具体决定或者某些具体事宜是否具备相应意识能力，以及“涉及该人的任何已做的或待做的行为是否合法或其他”。第 2 款明确规定，“行为（act）”包括不作为（omission）以及行为过程（course of conduct）。医院请求法院确认，倘若詹姆斯先生病情恶化到了需要实施写明的 3 种医疗措施的地步，医院不使用该 3 种医疗措施乃为合法。

17. 将本案的问题理解为，当案涉医疗措施对于维持詹姆斯先生的生命有必要时，不使用这些措施是否合乎詹姆斯先生的最佳利益，看起来本案似乎就应该这样处理。但事实上，这是不是正确的问题？不论确认判决处理医疗以外的事务时其立场如何，就医疗事务来说，涉及若干基本原则，或得帮助吾人找到处理此类案件的恰当路径。

18. ［杰克逊］法官在正确的位置开始。法官谨慎地强调，本案无关命令医生如何施治的一般权力。本法［《意识能力法》］关心的是，使得法院得本着患者的假定意思为患者行事（倘患者有完全能力当会怎样做），仅限于此。是以，当事人依本法提出申请的，法院的权力不会大过倘患者有完全能力当有的权力。法官写道，“患者当然可以拒绝医生采用特定治疗方式，但不能命令医生采用特定治疗方式”（杰克逊法官判词第 14 段）。在未成年人 J 案中，掌卷法官唐纳森勋爵指出，法院不能“要求医疗机构采取特定治疗方式。法院能做的是，对法院不赞成的医疗措施不予同意，并得明确赞成医疗机构及其医生提出的其他治疗方式”［*Re J*（*A Minor*）（*Child in Care*：*Medical Treatment*）［1991］Fam 33，48，per Lord Donaldson MR］。稍后又重复了这个立场［*Re J*（*A Minor*）（*Child in Care*：*Medical Treatment*）［1993］Fam 15，26–27］，这显然是唐纳森勋爵的判决依据。[1]持类似立场的还有 R 诉剑桥卫生局案（*R v Cambridge District Health Authority*, *ex p B*［1995］1 WLR 898），在该案中，医院拒绝继续资助某白血病儿童的治疗活动，法院表态不会介入医院决定。更近些时候，在 R 诉医疗总会案［*R*（*Burke*）*v General Medical Council*［2005］

〔1〕 译注：判决依据（ratio decidendi），指法庭判决案件的法律依据，可简写为 ratio。参见薛波主编，潘汉典总审订：《元照英美法词典》，法律出版社 2003 年版，第 1147 页。

EWCA Civ 1003］中，掌卷法官菲利浦勋爵（Lord Phillips MR）采纳了医学总会的立场，即医生若是认为患者要求的医疗措施“在临床上不成立，医生不必（无法律义务）施行该医疗行为”（第50段），“总之，患者不能要求医生实施在医生看来不利于患者临床需求的医疗行为”（第55段）。当然，在某些案情下，医生在普通法上对患者负有义务施行特定医疗行为，但保护法庭并无决定的职能。保护法庭亦无权限过问全民医疗服务系统（NHS）对于供给特定医疗服务的政策或指引的合法性。保护法庭的职责在于决定，特定医疗措施是否合乎不能自做决定的患者的最佳利益。

19. 当然，医生确实决定实施的任何医疗行为都必须合法。如布朗-威尔金森勋爵在艾尔代尔全民医疗服务基金诉布兰德案中指出的（停止为永久植物人患者供给人工营养和水合作用），“本案的答案取决于医生不经布兰德同意而继续合法侵犯其身体完整的权利有多大范围。在具体案情下，若是医生没有权利继续人工供给营养，那么不再供给营养即不违反任何义务”（*Airedale NHS Trust v Bland*［1993］AC 789，883，per Lord Browne-Wilkinson）。[1]一般来讲，是患者同意使得侵袭性医疗行为合法。有意识能力的患者拒绝治疗的，为其治疗即为不法。患者虽无意识能力，但以有效的预先决定拒绝治疗的，治疗行为亦为不法（2005年《意识能力法》第24条到第26条）。无意识能力的患者曾授予某人持久代理权（attorney，第10条），或者法院指定了代理人（deputy，第16条），该人有权力同意或拒绝治疗并拒为同意表示的，为患者施治亦为不法；但就患者的受托人来说（attorney），倘文件中有明确规定，即只有权力对维持生命医疗措施的施行或继续表示同意或不予同意（第11条第8款），而就法院指定的代理人来说（deputy），不得拒绝此类治疗行为（第20条第5款）。

20. 除开这些案件，上议院在精神病人绝育案中认可［*Re F*（*Mental Patient*：*Sterilisation*）［1990］2 AC 1］，患者无同意医疗活动的意识能力，基于患者的最佳利益而有必要实施的医疗行为，得合法实施。2005年《意识能力法》第5条针对医疗看护行为提供了一般抗辩，要求行为人首先采取合理措施以确定案涉患者对案涉医疗行为是否欠缺意识能力，并合理相信患者欠缺

〔1〕 译注，可参见［英］乔纳森·赫林、杰西·沃尔：《医事法里程碑判例》，王岳主译，北京大学医学出版社2020年版，第五章。

能力且采取案涉医疗措施合乎患者最佳利益。但第 5 条并未明确同时提及作为和不作为，治疗或不治疗（giving or withholding of treatment）。在我看来，缘故在于，基本问题是治疗行为是否合法，而不是不治疗是否合法。

21. 在艾尔代尔全民医疗服务基金诉布兰德案中，戈夫勋爵指出（基思勋爵和劳里勋爵附议），“问题并不在于患者死亡是否合乎患者最佳利益。问题在于，以此种持续医疗行为延长患者生命是否合乎患者最佳利益”（*Airedale NHS Trust v Bland* [1993] AC 789，868）。布朗-威尔金森勋爵表达了同样立场：

“要做的关键决定是，继续带有侵袭性医疗行为的人工营养供给，是否合乎布兰德的最佳利益。这个问题并不同于‘[撤销维生设备]会死亡是否合乎布兰德的最佳利益？’后面的问题假定了延续生命是合法的：但只有延续生命的手段合法，也就是以侵袭性医疗行为继续侵犯患者身体完整是合法的，才能这样做。”（*Airedale NHS Trust v Bland* [1993] AC 789，884.）

22. 故而焦点在于，治疗（give treatment）是否合乎患者最佳利益，而不在于不治疗（withhold or withdraw）是否为患者最佳利益。倘治疗不合乎患者最佳利益，法院即不得代表患者同意，于是可知，不治疗即为合法。诚然，由此可知，治疗即为不法。由此还可知（当然，假设尽到合理注意，并无过失），医疗团队不治疗的，并不违反对患者的任何注意义务。

（四）决定最佳利益

23. 有自做决定的意识能力之人，当然得做不合乎自己最佳利益的决定，无疑这很常见。2005 年《意识能力法》就规定，不得仅因患者做了不明智决定，就认为患者欠缺做决定的意识能力（第 1 条第 4 款）。但不管在普通法上还是依 2005 年《意识能力法》，那些代表无意识能力的患者做决定之人，必须依患者最佳利益行事（第 1 条第 5 款）。那么如何决定特定医疗措施是否合乎案涉患者的最佳利益？2005 年《意识能力法》给了几条指引。第 4 条规定：

“（2）要决定何谓本法所说最佳利益，必须考虑一切相关情势，尤其是遵循以下步骤。

（3）做决定的人必须考虑——

（a）案涉之人是否有可能在将来某天对案涉事务有了意识能力，以及

(b) 如果看来起有可能，那么可能在什么时候。

(4) 做决定的人必须尽可能在合理可行的范围内，允许并鼓励案涉之人尽可能参与，或改善其能力使其参与，施于其身的任何行为以及影响该人的任何决定。

(5) 倘欲做之决定涉及维持生命的治疗，于考虑治疗是否合乎案涉之人最佳利益时，促成案涉之人死亡的愿望不得成为决定的动因。

(6) 在可以合理探明的范围内，必须考虑以下因素——

(a) 案涉之人过去和现在的愿望和情感（尤其是该人在有意识能力时所为之书面文件）；

(b) 倘该人有意识能力，很可能会影响该人决定的观念和价值，以及

(c) 该人很可能会考虑的其他因素，倘该人有能力考虑的话。

(7) 就何者合乎案涉之人的最佳利益，尤其是就第 6 款提及之事宜，倘若可行且恰当，做决定的人必须考虑以下人等的看法——

……

(b) 参与照料案涉之人或于其福祉有利害关系的任何人；

……

(8) 从第 1 款到第 7 款设定的义务，同样适用于以下权力的行使——

……

(b) 合理相信他人欠缺意识能力，得依本法行使的权力。

(9) 法院之外的某人（遵守上述第 1 款到第 7 款的要求），倘合理相信其所为之行为或所做之决定合乎案涉之人的最佳利益，即足以认为合乎本款规定。

(10) 维持生命的医疗措施意指，在为案涉之人提供医疗服务的人看来，为维持案涉之人生命而有必要的医疗措施。

(11) 相关情势意指——

(a) 做决定的人意识到的情势，以及

(b) 得合理认为相关的情势。”

24. 这条进路严格遵循了法律委员会 1995 年第 231 号报告（*Report on Mental Incapacity*）的建议，2005 年《意识能力法》即是依据该报告而制定的。在精神病人绝育案［*Re F*（Mental Patient：Sterilisation）［1990］2 AC 1］

中有这样的说法：医生只要依照某派可靠的医学观点行事即足够（针对医疗过失的博勒姆标准）。但正如上诉法院稍晚在成年患者绝育案中承认的［*Re S* (*Adult Patient*: *Sterilisation*)［2001］Fam 15］，从逻辑上讲，只有一个最佳方案。[1]最佳利益标准的好处在于，会把关注重心放在个体患者身上，而不是医生的行为上，而且要考虑一切相关情势，包括医学和非医学的侧面（paras. 3. 26, 3. 27）。但最佳利益标准也应该包含"'替代判断（substituted judgment）'这个重要内容"（para. 3. 25），考虑依个体患者过去和现在的愿望和情感，患者倘有能力应该会考虑的因素（para. 3. 28）。可能包括"利他的情感及对他人的关心"（para. 3. 31）。2005 年《意识能力法》很有用地添加了若患者有意识能力，可能影响患者决定的信念和价值观。［报告和法律］都规定要征求照管人及其他与患者福祉有利害关系之人的意见，了解何者构成患者的最佳利益，尤其是患者自己会怎样想。如立法释义澄清的，这仍然是"最佳利益"标准，而不是"替代判断"标准，但这个标准认可，患者的个人偏好在决定患者最佳利益时有很重要的分量。举个简单的例子，本来有其他营养食品，却提供患者并不喜欢的食物，即不合乎患者最佳利益。

25. ［2005 年《意识能力法》］第 4 条第 5 款和第 10 款是在议会通过这部法律时添加的：考虑维持生命的医疗措施是否合乎患者最佳利益时，促使患者死亡的愿望不得成为推动决定的动因。如 2005 年法律［《意识能力法》］很多其他内容一样，这反映了现行法的立场。

26. 除了强调要将患者当作有自己价值观、爱憎的个体，并从整体角度考虑患者最佳利益，2005 年法律［《意识能力法》］并未给出更多指引。但第 42 条要求御前大臣为那些依本法做决定的人制定行为守则。[2]任何以专业人员身份或者为报酬而行事之人，都有义务重视行为守则（第 42 条第 4 款），在民事或刑事程序中，行为守则的任何规定或者当事人不遵守行为守则的表现只要关乎案件，法院都必须予以考虑（第 42 条第 5 款）。

---

〔1〕 译注：依博勒姆标准，只要有"一派/某派"可靠的观点支持医生，医生的行为即无过失，不要求是最好的或唯一的做法。

〔2〕 译注：御前大臣（Lord Chancellor）职位是立法权、司法权和行政权统一的象征。也称大法官，是内阁成员，类似于司法大臣，由首相提名，王室任命，随其所属党派下台而去职。同时是上议院议长、枢密院当然成员、最高法院院长、高等法院衡平分庭庭长、上诉法院当然成员。参见薛波主编，潘汉典总审订：《元照英美法词典》，法律出版社 2003 年版，第 868 页。

27. 意识能力法《行为守则》(Code of Practice) 于2007年颁布。王室法律顾问潘尼克 (Lord Pannick QC) 代表医疗基金表态，倘若《行为守则》的内容与医疗总会依1983年《医疗法》第35条发布的指引 (Treatment and care towards the end of life: good practice in decision-making, 2010) 或者英国医学会发布的指引 (Withholding and Withdrawing Life-prolonging Medical Treatment: Guidance for decision-making, 3rd edition, 2007) 有任何冲突之处，皆以《行为守则》为准。

28. 《行为守则》对于如何就维持生命的医疗措施做决定，规定如下：

"5.31 应采取合乎患者最佳利益的一切医疗措施，以延长患者生命。*在为数有限的情形，治疗不会有效果、对患者负担过重或者没有恢复的希望* (*There will be a limited number of cases where treatment is futile, overly burdensome to the patient or where there is no prospect of recovery*)。此际，经过最佳利益评估有可能得到如下结论，即停止或不提供维持生命的治疗合乎患者最佳利益，哪怕可能导致患者死亡。做决定的人必须基于欠缺能力患者的最佳利益做决定。不管出于何理由，哪怕是出于怜悯，促使患者死亡的愿望都不得成为推动决定的动因。医疗服务和社会关怀工作人员在做关于维持生命治疗的决定时，还应该参考相关职业指引。

5.32 如同一切决定，在决定停止或不提供维持生命的治疗之前，做决定的人必须考虑一切可得医疗选项，以确定哪个方案合乎患者最佳利益。列在最佳利益清单上的一切因素都必须考虑，尤其是，做决定的人应考虑患者此前就维持生命的治疗表达过的任何愿望及情感。

5.33 重要的是，第4条第5款不能解读为，在维持生命的医疗措施不合乎患者最佳利益的情形，哪怕可以预见到患者的死亡，医生仍有义务提供或继续提供维持生命的医疗措施。医生必须适用最佳利益清单，运用自己的专业技能来决定维持生命的治疗措施是否合乎患者最佳利益。倘医生的评估有争议，也没有其他途径解决争议，得请求保护法庭决定何者合乎患者最佳利益。"(斜体字系本件判决标注。)

29. 这些条款应予整体解读。如第5.33条写明的，医生必须决定维持生命的医疗措施是否合乎患者最佳利益。2005年《意识能力法》第4条第5款并不意味着医生必须提供不合乎患者最佳利益的医疗措施。第 5.31 条源于此前的判例法，就何等情况下得认为维持生命的医疗措施不合乎患者最佳利益，给了有用指引。[杰克逊] 法官和上诉法院都接受这是对现行法的准确阐述，鄙人亦然。但就前文斜体字部分的含义，初审法官和上诉法院理解不一致。《行为守则》不是制定法，也不应该解释为制定法，但吾人有必要考虑哪个解释更接近正确进路。

（五）法院如何解释最佳利益

30. 杰克逊法官的结论是，自己并未被说服，[对本案患者来说，] 治疗会无效果或者对患者负担过重，或者没有恢复的希望。其为此写道：

>“（a）在詹姆斯先生这件案子中，基于目前关于案涉医疗措施疗效（effect）的证据，不能认为案涉医疗措施无效果（futile）。
>
>（b）案涉医疗措施只能让詹姆斯先生处在不值得过的低质量的生活状态，不能在这个意义上说治疗无效果。
>
>（c）虽说治疗活动让患者承受很重的负担，但持续生存也有莫大好处，要慎重权衡。
>
>（d）也不能说没有恢复的希望：恢复并不是说要回到完全健康状态，而是指回到詹姆斯先生会认为值得过的生活质量状态。以治愈或者回到以前的快乐生活为标准，这个标准高到不合理。”

31. 在上诉法院，艾伦·沃德爵士（Sir Alan Ward）认为“真正的问题（real question）”是，杰克逊法官是否正确适用了指引，尤其是，杰克逊法官判定不能认为医疗措施无效果是否正确。艾伦·沃德爵士认为，要以希望实现的目标为参照，才能判定医疗措施是否无效果。艾伦·沃德爵士列举了 6 条可能的目标，最后写道：

>“目标可能是确保患者得到治疗的好处，也就是说，该医疗措施单独或与其他医疗措施配合，有着真正的希望可以治愈，或者至少减缓危及生命的疾病让患者遭受的痛苦。”（[2013] EWCA Civ 65，para. 35.）

依艾伦·沃德爵士的看法，应以此目标为参照判断医疗措施是否有效果（[2013] EWCA Civ 65，para. 37）。杰克逊法官对治疗无效果的理解太过狭窄。杰克逊法官不仅应考虑这些医疗措施在对付眼下危机方面的疗效，还要考虑这些医疗措施是否改善了患者的整体健康状况（［2013］EWCA Civ 65，para. 38）。

32. 艾伦·沃德爵士还认为，杰克逊法官判定3种案涉医疗措施对患者算不得负担过重，判定错误（［2013］EWCA Civ 65，para. 40）。此外，杰克逊法官适用了错误的“恢复”标准。在艾伦·沃德爵士看来，焦点在于患者的医疗利益。在“生命渐逝”的案情下，“没有恢复的希望意味着，实施维持生命的医疗措施，也没有希望恢复到足以避免阴森逼近的死亡的那种健康状况”（［2013］EWCA Civ 65，para. 44）。

33. 认定初审法官适用了错误标准，上诉法院遂得到自己的结论。艾伦·沃德爵士认可，自己关于案涉医疗措施没有效果、负担过重以及没有恢复希望的结论，只是指针之一。“最佳利益”术语包含的内容不止医疗事宜，还包括最宽泛意义上的患者福祉以及患者的愿望和情感。说到患者的愿望，倘为掌握充分信息后深思熟虑的结果，一定会承认治疗无效果、负担过重以及永远不能回家的事实。是以，经过整体评估，患者愿望必须给患者的最佳医疗利益让步（［2013］EWCA Civ 65，para. 47）。[1]劳斯法官（Laws LJ）同意艾伦·沃德爵士的判决。

34. 阿登法官（Arden LJ）结论相近，但路径有异。阿登法官认为起点应为患者愿望。倘法院就个体患者的愿望或者就是否应予治疗抱有疑问，应以个体患者当如理性人一般行事为前提继续探讨（［2013］EWCA Civ 65，para. 50）。阿登法官赞成艾伦·沃德爵士关于这些医疗措施对患者负担过重的看法，认为理性人当会拒绝。故案涉医疗措施不合患者最佳利益。

（六）讨论

35. 所有先例都认同，起点是一个强假定（strong presumption），活着即合乎人的最佳利益。如宾厄姆勋爵在上诉法院的艾尔代尔全民医疗服务基金诉布兰德案中所说，“对人的生命神圣深怀敬意，乃根植于吾国法律及道德哲学的信念”（*Airedale NHS Trust v Bland*［1993］AC 789，808，per Sir Thomas Bingham MR）。但所有先例也都认同，这并非绝对。有些情形，维持生命的医疗措施并不合乎患者最佳利益。

［1］译注：句中是最佳“医疗”利益（best in his medical interests），而不是“最佳利益”。

36. 英国法院向来极不情愿设定一般原则来指导这里的决定。每个患者、每个案件都不同，必须基于个案事实而决定。如赫德利法官在朴次茅斯医院诉怀亚特案一审判决中明智指出的，“人类处境的无穷多样永远不会停止让人惊讶，正是这个事实挫败了更为精确界定最佳利益的任何企图”（*Portsmouth Hospitals NHS Trust v Wyatt*［2005］1 FLR 21，23，per Hedley J）。有些案件，比如艾尔代尔全民医疗服务基金诉布兰德案，并不需要权衡工作（balancing exercise）。有些案件，死亡迫在眉睫，需要权衡的因素就不同于生命还会存续一段时间的案件。

37. 在需要从事权衡工作的案件中，向来有意见支持“［以］无法忍受［为］标准（touchstone of intolerability）”。在某件未成年人治疗案中［*Re B*（*A Minor*）（*Wardship*：*Medical Treatment*）［1981］1 WLR 1421］，法院授权动手术以挽救唐氏症婴儿的生命。坦普尔曼法官（Templeman LJ）称，问题在于“这孩子的生命是否已证实极为糟糕，到了必须判定为要死亡的程度”；邓恩法官（Dunn LJ）说，“没有证据表明，这个孩子短暂的生命很可能成为无法忍受的生命”。在另一件受监护人医疗案中［*Re J*（*Wardship*：*Medical Treatment*）［1991］Fam 33］，泰勒法官（Taylor LJ）也采纳了生命对孩子是否无法忍受这个标准。但唐纳森勋爵和巴尔科姆法官（Balcombe LJ）并不认为“已证实极为糟糕（demonstrably so awful）”或者“无法忍受”设定了得适用于一切情势的准制定法标准。在朴次茅斯医院诉怀亚特案中，上诉法院认为，W 全民医疗服务基金诉 H 案（*W Healthcare NHS Trust v H*［2005］1 WLR 834）中关于“无法忍受”的意见只是附带意见，盖法官已“通过小心权衡福利等式中的所有因素，正确了结案件”（*Portsmouth Hospitals NHS Trust v Wyatt*［2005］EWCA Civ 1181，para. 84）。

38. 在受监护人医疗案中［*Re J*（*Wardship*：*Medical Treatment*）［1991］Fam 33］，唐纳森勋爵称，必须考虑倘若生命得到延长，孩子将体验到的身心痛苦和生活质量，以及拟行医疗措施带来的身心痛苦。《行为守则》中提及医疗措施“恢复的希望”和“负担过重”性质，一个可能的起源或许就在这里。类似地，在艾尔代尔全民医疗服务基金诉布兰德案中，戈夫勋爵提及下面的案件类型，即“考虑到一切情势（包括医疗措施的侵入性质，包含的风险，生命虽然延长但质量非常糟糕），启动或继续延长生命的治疗或许并不合乎患者最佳利益”（*Airedale NHS Trust v Bland*［1993］AC 789，868，per Lord

Goff)。但戈夫勋爵并未明确说明适用于此类案件的精确原则，盖该案属于不同类型，医疗措施对其完全无好处。该案并不需要权衡工作（weighing operation），盖治疗并无用处，“倘若某医疗措施并无任何类型的治疗目的，仅仅为了延长患者生命，我不认为是恰当的或必需的，正如在患者不省人事且病情没有任何改善希望的情形，治疗并无效果（futile）”（*Airedale NHS Trust v Bland* [1993] AC 789，868，per Lord Goff）。这里，可以看到《行为守则》中“无效果”一词的一个可能起源，在该案中，该词指的是对患者无任何好处的治疗行为。

39. 可以说的最多的是，考虑在特定时间这个特定患者的最佳利益时，做决定的人必须考察患者最宽泛意义上的福祉，不仅是医疗利益，还有社会和心理学层面的福祉；必须考虑案涉医疗措施的性质，包含的风险及成功的希望；必须考虑案涉医疗措施可能给患者带来怎样的结果；必须设身处地，试问患者对医疗措施的态度是怎样的或可能是怎样的；必须咨询照顾患者的人或者于患者福祉有利害关系之人，尤其是此等人对于患者可能态度的看法。

40. 是以，吾以为，杰克逊法官的进路是正确的。考虑到《行为守则》中所用概念的起源，杰克逊法官正确考虑了拟行医疗措施是在无疗效（ineffective）意义上的无效果，还是在对患者无好处（no benefit）意义上的无效果。有两种医疗措施此前已用过且发挥了作用。杰克逊法官下面这句话也是正确的，“恢复并不是说要回到完全健康状态，而是指回到詹姆斯先生会认为值得过的生活质量状态”。杰克逊法官确实考虑案涉医疗措施负担过重，但又认为这些负担应以持续生存的好处为参照系来权衡。杰克逊法官正确指出，对医疗措施医疗效果的评估只是［福祉］等式的一部分；必须考虑最宽泛意义上的患者福祉，充分重视詹姆斯先生“极为亲密，感情隽永绵长”的家庭生活。

41. 可能最重要的是，在不能充分预见或者事态波动的场合，杰克逊法官对于发布确认判决持审慎态度，这是正确的。当事人请求法官解决的问题是，不使用某种或者所有这些医疗措施是否合法。倘向法官提出正确的问题，即（当情况发生时，）实施某种或全部医疗行为是否合乎患者最佳利益，法官的回答显然应该是同样的。法官应该会说（正如法官有权说的），基于眼前的证据，给予否定回答为时尚早。这个结论非常吻合杰克逊法官的表述，“不妨暂时这样说”，[1]将来继续实施心肺复苏术不太可能合乎患者最佳利益。

42. 这并不是说，就所有这些医疗措施，我都得到跟杰克逊法官同样的结论。停止临床支持的营养和水合作用供给，或者呼吸机等呼吸支持设备，或者（在听审时）静脉注射抗生素，这些都没问题。案涉医疗措施都有高度侵袭性，我想应该有所区分。针对血液循环问题的侵袭性医疗措施过去成功使用过，而且让患者情况好转。肾脏置换治疗尚不需要，故难以预测疗效以及对患者整体福祉的影响。心肺复苏术则不然（过去虽曾成功使用过），其旨在让停止跳动的心脏重新跳动、停止呼吸的肺重新呼吸，实际上是让患者起死回生。可以理解，为何初审法官认为不允许采取此类措施为时尚早。但鉴于该措施的特殊性质，鉴于其成功的希望［大小］，鉴于该措施可能让患者遭受更为严重的损害，我十有八九会确认该措施不合乎患者最佳利益。但如果初审法官正确阐释了法律立场（正如我认为的，杰克逊法官即是如此），上诉法院只有确信初审判决错误，才能干预［*Re B*（*A Child*）（*Care Proceedings*：*Appeal*）［2013］UKSC 33］。像本案这样敏感且棘手的案件，不管初审判决思路如何，上诉法院都应慎重，不要轻易认为初审判决错误。

43. 由是可知，我尊敬但并不赞成上诉法院就法律原则的阐述中不同于初审法官的地方。说医疗措施无效果，除非“有着真正的希望可以治愈，或者至少减缓危及生命的疾病让患者遭受的痛苦”，这就设定了过高的目标。这句话可能部分引自格拉布、莱恩和麦克黑尔《医事法原理》第三版第 10.214 段（Grubb, Laing & McHale, *Principles of Medical Law*, 3rd edition, 2010），该处写道，“倘若医疗措施不能治疗或缓解让患者饱受痛苦的疾病，从而不能实现任何类型的治疗目的，即得将之定性为无效果（futile）”。在老版本中，用过“无用（useless）”“无意义（pointless）”这些词语。考虑到起源于艾尔代尔全民医疗服务基金诉布兰德案，这看起来更有可能是《行为守则》中所用词语的意义。某个医疗措施虽对基础疾病并无疗效，但可能给患者带来好处。在本院上诉程序中以诉讼参加人身份加入诉讼的重症监护学会（Intensive Care Society）和重症监护医学院（Faculty of Intensive Medicine），支持艾伦·沃德爵士建议的标准。但这是因为，这些学术机构认为艾伦·沃德爵士建议的标准反映了临床实践，在临床实践中，“无效果一词通常被理解为，患者不能靠

[1] 译注：参见前文第 12 段。

这种医疗措施活下来，故未从中得到好处”。这更接近于初审法官采纳的定义，而不是艾伦·沃德爵士采纳的定义。[1]

44. 我尊敬但并不赞成的还有，称“没有恢复的希望”意指，“实施维持生命的医疗措施，也没有希望恢复到足以避免阴森逼近的死亡的那种健康状况”。至少从提交到初审法官面前的证据看，（如艾伦·沃德爵士的说法）这并不是患者“正积极迫近死亡（actively dying）”的情形。R诉医疗总会案认可（如此前判例的立场），在患者濒临死亡的场合，恰当目标可能是让患者死亡过程尽可能舒适、尽可能有尊严，而不是采取侵袭性医疗措施将生命延长短短一瞬（*R*（*Burke*）*v General Medical Council*［2005］EWCA Civ 1003，paras. 62-63）。但患者罹患的若是不可治愈的疾病或者残疾，谈论恢复“健康”实在无太大帮助。患者的生活可能仍然非常值得一过。回到某个让患者认为值得一过的生活质量状况，更容易适用，尤其是在患者永久残疾的情形。如同未成年人J案强调的（*Re J*（*Wardship*：*Medical Treatment*）［1991］Fam 33），不能由他人指指点点地说，患者认为值得一过的人生是不值得过的。

45. 最后，就艾伦·沃德爵士和阿登法官所说，患者愿望和情感的判断标准是客观标准，也就是理性患者的想法，我同样尊敬但并不赞成。最佳利益标准的目的在于从患者视角考虑问题。并不是说患者愿望必定占上风，如同有完全意识能力患者的愿望必定占上风。人并不总是能够得到想要的。也并不总是能够查明无意识能力患者的愿望何在。哪怕有可能确定患者过去的想法，面对当下困境的压力，想法也可能改变。在本案中，最多可以说（如律师认可的），“很可能詹姆斯先生是希望治疗的，直到毫无希望时为止”。但在有可能查明患者的愿望和情感、患者的信念和价值观或者对患者重要的事情的范围内，正应该将这些纳入考虑，盖对身为个体的患者来说，这些是做正确选择的要素。

46. 但在我看来，基于提交到上诉法院的新证据，上诉法院允许上诉并发布确认判决（正处于现在时态[2]）是正确的。詹姆斯先生的病情显著恶化，恢复到此前生活质量的希望看起来非常渺茫。心肺复苏术让事情更糟糕的风险看起来很大。这个时候确实可以说（不再是为时尚早），再尝试心跳重启并

〔1〕 译注：似乎写反了？

〔2〕 译注：in the present tense，大概是比喻用法。

不合乎患者最佳利益。倘若基于这些证据请求初审法官发布判决，基于初审法官的说理，显然也会同样做。

（七）结论

47. 还需要补充几点。第一，诉讼参加人曾主张，倘照准上诉，即会改变此前对法律的理解。如我在前面试图证明的，支持初审法官对法律的看法无论如何不会改变此前对法律的理解。要说真有什么的话，倒是上诉法院是这样。第二，本件判决与医疗总会在指引中给出的明智建议并无任何冲突之处。第三，倘若医疗团队不能与家属或其他人就特定医疗措施是否合乎患者最佳利益达成一致，当然得在有必要实施特定医疗行为之前将争端提交法院。但医疗团队可能发现，如本案，法院无法确认，当需要这些医疗措施的时候，这些医疗措施将不合患者最佳利益。第四，确认判决的措辞务必精确。在本案中，“万一病情恶化”事实上意指“万一病情恶化到需要案涉医疗措施的地步”，这样说会有帮助。

48. 由是可知，上诉法院基于错误的理由得到了正确的结论，而初审法官基于对法律的正确理解，得到了开放的结论。鄙人将驳回上诉。

德比和伯顿全民医疗服务基金大学医院诉安妮案

University Hospitals of Derby And Burton NHS Foundation Trust v J [2019] EWCOP 16

皇家法院

伦敦河岸街

2019 年 5 月 2 日

审判庭

威廉姆斯法官（Mr Justice Williams）

威廉姆斯法官

1. 本案涉及一位年轻女性的福祉，在判决中以安妮（Anne）称之。德比和伯顿全民医疗服务基金大学医院（以下简称“大学医院”）请求法院确认，让安妮接受子宫切除手术、双侧输卵管卵巢切除手术以及结肠镜检查，合乎安妮最佳利益。为实施上述医疗方案，须采用镇静及欺骗手段，确保将安妮转送至医院接受这些医疗措施，这合乎安妮最佳利益。医院认为安妮欠缺意识能力，故提起本件申请。

2. 安妮是被申请人，其代理人为官方律师。

3. 安妮的父母并非被申请人，但到庭并提交了书面陈述。

4. 官方律师和安妮父母都认可安妮缺乏意识能力，实施前述医疗方案并落实医疗计划（care plan），合乎安妮最佳利益。考虑到本案事实，申请人大学医院请求法院发布判决，而不是由相关各方达成协议，做法很正确。

（一）背景事实

5. 案情事实详见安妮母亲的书面陈述（代表安妮父母出具）以及安妮的

妇科顾问医师的书面陈述。

6. 安妮被诊断有孤独症谱系障碍以及严重的学习障碍。安妮自十几岁来例假，行为和情绪就受例假影响，这反过来又限制了安妮的生活方式。安妮看见出血会极为烦躁，安妮的痛苦情绪表现为多种形式，本件判决没有必要详述，这些都是高度个人化和敏感的事情。另外，（跟黄体激素分泌有关）荷尔蒙变化增加了安妮行为的侵略性和攻击性。安妮跟父母一起生活，从父母书面陈述中清晰可见，照顾安妮成为父母生活的核心内容。

7. 多年来，安妮的主治医生尝试了好多治疗方案，包括口服避孕药和子宫内避孕环。这些措施都有助于稳定局面，但最终还是失败，安妮的精神状况在 2010 年和 2012 年经历严重危机。安妮对这些经历感到恐惧。

8. 2012 年，安妮开始每 3 个月注射一次醋酸曲瑞普林（Decapeptyl），用来压制通常的荷尔蒙活动，包括例假。该药获准使用 6 个月，但安妮使用的时间更久。已知该药会造成骨质疏松，长期使用的影响未知。由于醋酸曲瑞普林有风险，在接受了一次小手术后，安妮尝试使用某替代药物，效果非常糟糕，在安妮身上产生严重副作用，包括精神失控、暴力攻击行为以及眩晕。安妮只好重新使用醋酸曲瑞普林。全科医生每 3 个月来安妮家注射一次。药物比较有效地控制了例假（以及例假带来的痛苦），也缓和了安妮的行为失控（behavioural difficulties），但安妮的父母相信，随着药物效力减弱，安妮更有侵略性了。但不管是在注射前还是注射过程中，安妮都感到这让自己极为痛苦。

9. 除了这些症状，安妮还有子宫内膜异位。安妮上厕所时，会感到腹部非常疼痛，这可能是大肠紊乱的症状，也可能跟子宫内膜异位有关。检测显示肠部有炎症，这可能是克恩罗病（Crohn）之类疾病造成的，也可能是溃疡性结肠炎，还需要更多检查。

10. 大概从 2015 年开始，安妮就不愿意或者不能出门活动，只有极少数场合例外，比如牙疼，这时候安妮愿意去医院。但安妮有眩晕的症状，出门会加剧这个病症。有一次，安妮击打了父亲，并试图离开行驶的车辆，安妮对坐车出门的厌恶现在已经根深蒂固了。安妮不愿意使用车辆出门，不管是轿车还是救护车。就在最近，安妮腹部剧烈疼痛，遂同意叫救护车，如此看来，在身体疼痛到一定程度的情况下安妮是可能同意乘车的，其他情况下可能不会。有一次，安妮坚持从医院步行回家，走了 9 英里，就因为不愿意乘车。

11. 看起来，这些年来，在不同阶段，子宫切除这个事情已经讨论过多次：2008年，2012—2013年，还有最近。出于各种原因，包括［考虑到这些医疗措施］对生育能力的影响，父母和主治医生都拒绝切除子宫和摘除卵巢。从2014年开始，安妮由现在的妇科顾问医师负责医疗活动。这位顾问医师现在的结论是，鉴于醋酸曲瑞普林不能长期使用，最后的可行措施就是切除子宫。

（二）医院建议的治疗

12. 外科医生的建议是子宫切除及双侧输卵管卵巢切除（HBSO）。这意味着要切除子宫、输卵管、子宫颈以及全部卵巢。显然，这会让安妮丧失生育能力。子宫切除手术本身可以阻止例假，但对催生侵略行为的荷尔蒙周期不起作用。为了对付荷尔蒙周期给行为困难带来的影响，就有必要摘除卵巢。摘除卵巢带来的负面后果，得通过长期服用雌激素来抵消。若只摘除卵巢而不动子宫，得子宫内膜癌症的概率非常高，就只能用黄体激素来抗衡，而黄体激素又会导致不想要的例假出血和荷尔蒙变化。

13. 手术可利用腹腔镜技术来做，将持续大约90分钟。若是不必要做肠部手术，手术次日即可出院。此后，给予雌激素替代治疗，直到自然更年期的年纪。手术风险微不足道，而且可降低骨质疏松的风险。

14. 跟上述手术分开，有必要做结肠镜检查，以确认安妮肠部症状的病因。为了结肠镜检查有效实施，在手术前两天，安妮需要接受特殊液体饮食并服用通便剂。故，安妮应该提前两天住院，以确保遵守液体饮食要求，同时也让家里保持安全空间的样子，而不是让人时时感受到令人心烦意乱的医疗干预。安妮需要全身麻醉以接受结肠镜检查，子宫切除及双侧输卵管卵巢切除手术也同时施行。

15. 结肠镜检查可能有四个结果：①什么都未发现；②发现病因且可立即处理，例如息肉；③发现病因且得以药物治疗；④发现病因，需另行手术治疗。

16. 倘只需要小手术，那么可在［子宫切除手］术中施行。

17. 整个手术，包括子宫切除及双侧输卵管卵巢切除和结肠镜检查在内，大概需要2小时，也可能要3小时，取决于结肠镜检查的结果，是否安排额外小手术。安妮要全身麻醉。在医院的康复期可能要延长到2天到5天。将上面的两个手术安排在一台手术中完成，轻微增加了严重静脉血栓和肺气肿的风险，这是唯一的额外风险，也是全身麻醉的通常风险。有常用的医疗措施来降低这些风险。

18. 由于安妮对出行感到非常焦虑，［医院方面］遂安排了细致的转运计划。先由全科医生给安妮注射镇静药物，然后由救护机构的三人团队将安妮运送至医院。从医院转运回家的程序差不多，不过说服安妮回家可能会容易很多。安妮会以为注射的镇静药物是常用的醋酸曲瑞普林，故这里包含着欺骗的成分。

19. 安妮的主治医生在医疗基金（treating trust）内部征求了第二意见，支持子宫切除及双侧输卵管卵巢切除。第二意见认为安妮的生活质量会在术后有显著改善。

（三）专家意见

20. ［医院方面］还向这个领域的顶尖专家肖恩·奥布赖恩（Shaughn O'Brien）教授征求了意见。奥布赖恩教授虽未曾为安妮看过病，但基于书面材料出具了意见。一些要点如下：

（1）长期使用醋酸曲瑞普林是理论上的选项，但长期安全性目前尚不知晓，而且骨质疏松几乎不可避免。该药需要每三个月注射一次，持续差不多25年。

（2）该药最为人知的风险即为骨质变薄变脆。这对安妮的潜在影响巨大，她可能会大腿骨折，困在轮椅上。考虑到安妮喜欢某些体育活动，［骨折风险］会极大影响生活质量。

（3）对安妮这样的患者，医生通常都会建议子宫切除及双侧输卵管卵巢切除，［患者方面］通常也会接受手术风险。并没有生理学上的理由认为安妮会比其他患者面临更高的手术并发症风险。

（4）子宫切除会停止例假，而双侧输卵管卵巢切除很可能会结束荷尔蒙周期带来的任何症状。安妮可以不再注射醋酸曲瑞普林。

（5）切除卵巢是手术必要部分。切除卵巢但保留子宫意味着例假还会继续，需要黄体激素防止［罹患］子宫内膜癌症。这很可能会重新造成经前障碍/经前期疾病恶化。

（6）同样地，切除子宫但保留卵巢会停止例假，但荷尔蒙周期还会继续，造成持续的经前障碍/经前期疾病恶化。

（7）子宫颈也应切除，否则会留下一些子宫内膜，又需要服用黄体激素。

（8）［医院］推荐的医疗措施毫无疑问适合安妮，合乎安妮的最佳利益。在最坏的情况下，只是改善例假出血方面的问题，不会影响导致侵略行为的荷尔蒙周期。但可以不再注射药物，不再发生几乎确定的骨质疏松。

（9）在最好的情况下，从例假/卵巢周期的角度看，安妮的生活会完全改变。荷尔蒙周期（经前期疾病恶化）行为问题将会减轻。例假不会再来，不必再冒着骨质疏松的风险长期使用［醋酸曲瑞普林］药物。

（四）各方当事人的观点

21. 鉴于安妮的主治医生、内部第二意见以及奥布赖恩教授的专家意见立场完全一致，大学医院遂主张，法院批准子宫切除及双侧输卵管卵巢切除、结肠镜检查以及落实医疗计划，将促进安妮的最佳利益。安妮的学习障碍团队也支持建议方案。为安妮提供多年医疗服务的精神科医生也认为，倘若医疗干预能有效将安妮每月的情绪波动减到最轻，能解决折磨安妮的腹部疼痛，那么定能让安妮的行为更好控制，从而提升生活质量。

22. 安妮的父母也支持建议方案。事实上安妮的父母认为，几年前就该动手术，对安妮过去五六年间经受的折磨表达了受挫败的感受。父母观察到安妮这几年生活质量不断恶化。

23. 官方律师支持法院发布终局性判决，确认安妮欠缺操作这些程序的意识能力，确认安妮欠缺为了自己健康需要（包括经前症状和腹部疼痛），决定应接受哪些医疗检查和治疗的意识能力。官方律师支持法院发布命令，同意医院施行子宫切除及双侧输卵管卵巢切除手术、结肠镜检查以及任何相关医疗行为，还有转运计划。官方律师指出，这是会巨大改变生活的手术，对安妮的个人意志自主、身体完整性及生育权利都有深刻影响。但官方律师支持妇科手术（及其他医疗干预），盖合乎安妮最佳利益，故为合法。这些医疗措施都是对安妮权利必要且适当的干预。支持最佳利益结论的医疗证据和其他证据都很清楚。就安妮的生育能力，官方律师指出，这是理论损失而非实际损失，由于安妮欠缺对性生活表示同意的能力，将来不会怀上孩子，极不可能成为孩子的母亲。官方律师指出，安妮自己不能就手术表达明确观点。安妮只是提到，不想要例假出血或者小孩子。

（五）意识能力

24. 安妮的精神科医生评估了安妮的意识能力，写在一系列的函件及书面陈述中。医生的结论得撮述如下。

(1) 安妮理解信息的能力：在安妮感到舒适的环境下，由安妮熟悉的人以简单的语言重复，安妮能够理解有关自己日常生活选择和药物使用的信息。安妮对于上医院以及接受医疗措施感到非常焦虑，她理解信息的能力会受到焦虑情绪的负面影响。除了知道子宫切除可以停止来例假，安妮需要努力去理解有关子宫切除医疗措施的信息。

(2) 安妮记住信息的能力：简单信息安妮能记住很长时间，或者记住一些话但不了解完整上下文。就手术的必要性、内容以及潜在风险，安妮要想记住这些信息会有困难。

(3) 安妮权衡医疗措施相关信息并做决定的能力：安妮没有能力权衡子宫切除之类医疗措施的利弊，没有能力做医疗决定。

(4) 安妮的学习障碍、其他病情以及由此而生的焦虑，影响处理信息以及利用信息的能力。安妮的病情是持续的、终生的。

(5) 安妮没有同意性交往的意识能力。

25. 官方律师分析了有关安妮意识能力的材料并得出结论，这合乎安妮有学习障碍和孤独症［谱系障碍的事实］。安妮还感到焦虑和抑郁。官方律师赞同，安妮欠缺就推荐的医疗措施做决定的能力（决定诉讼标的的能力，subject matter capacity），也欠缺诉讼能力。安妮在理解、记住并权衡信息以及做决定方面的有限能力（limited capacity），使得安妮欠缺诉讼能力和决定诉讼标的的能力。

(六) 程序

26. 申请于 2019 年 4 月 5 日提出，4 月 17 日递至利文法官（Mrs Justice Lieven）面前，利文法官安排于 5 月 2 日听审。

27. 本庭阅读了代表申请人全民医疗服务基金以及代表官方律师出具的详尽的立场阐述。本庭听取了支持这些文件的简短口头陈词，也听取了安妮父母的意见。本庭审阅了来自安妮亲属、主治医生、奥布赖恩教授的各样声明和报告，还有官方律师会议的记录。

(七) 实质申请：法律框架和分析

28. 2005 年《意识能力法》针对年满 16 周岁欠缺意识能力之人建设了一套法定方案。第 15 条赋予法院权力，使其得确认案涉之人是否欠缺做特定决定的能力，确认任何施于或将施于该人的行为是否合法。第 16 条赋予法院发布命令或代表该人做决定的权力。倘毫不迟延地发布命令合乎该人最佳利益，第 48 条赋予法院发布临时命令的自由裁量权。

29. 保护法庭对在英格兰及威尔士有惯常居所之人有管辖权：2005 年《意识能力法》附件三第二部分第 7 条第 1 款 a 项。安妮显然在英格兰及威尔士有居所。

30. 2005 年《意识能力法》第 2 条第 1 款如是界定何谓欠缺意识能力："由于心智或大脑受到损害或者功能受到妨害，就案涉事务在关键时刻不能为自己做决定"。损害或妨害是永久或暂时，无关紧要。案涉之人是否欠缺意识能力，基于或然性权衡来决定。第 3 条写明了法院判断案涉之人是否不能做决定的各种标准。第 2 条设定了"诊断门槛（diagnostic threshold）"。基于前面提到的医学证据，本庭确信，安妮刻下欠缺为自己的医疗事务（包括妇科和肠胃科）做决定的能力。没有办法让安妮可以自做决定，欠缺意识能力的状况很可能是永久的。总结以上，安妮欠缺意识能力是由于严重的学习障碍和孤独症［谱系障碍］使得大脑受到损害或者功能受到妨害。

31. 2005 年《意识能力法》第 1 条阐述了适用该法应遵循的原则。第 5 款写道，"依本法为了或者代表欠缺意识能力之人所为之行为或所做之决定，必须合乎该人最佳利益"。

32. ［2005 年《意识能力法》］第 4 条界定何谓"最佳利益"：

(1) 在本法下决定何谓案涉之人的最佳利益，做决定的人不得仅依据下面两个因素即决定——

(a) 案涉之人的年纪或外观，或者

(b) 案涉之人行为的某个条件或某个侧面，可能使他人并无根据地假定何者合乎案涉之人的最佳利益。

(2) 要决定何谓本法所说最佳利益，必须考虑一切相关情势，尤其是遵循以下步骤。

(3) 做决定的人必须考虑——

(a) 案涉之人是否有可能在将来某天对案涉事务有了意识能力，以及

(b) 如果看起来有可能，那么可能在什么时候。

(4) 做决定的人必须尽可能在合理可行的范围内，允许并鼓励案涉之人尽可能参与，或改善其能力使其参与，施于其身的任何行为以及影响该人的

任何决定。

(5) 倘欲做之决定涉及维持生命的治疗，于考虑治疗是否合乎案涉之人最佳利益时，促成案涉之人死亡的愿望不得成为决定的动因。

(6) 在可以合理探明的范围内，必须考虑以下因素——

(a) 案涉之人过去和现在的愿望和情感（尤其是该人在有意识能力之时所为之书面文件）；

(b) 倘该人有意识能力，很可能会影响该人决定的观念和价值，以及

(c) 该人很可能会考虑的其他因素，倘该人有能力考虑的话。

(7) 就何者合乎案涉之人的最佳利益，尤其是就第 6 款提及之事宜，倘若可行且恰当，做决定的人必须考虑以下人等的看法——

(a) 就案涉事务或该类型事务，案涉之人曾指定应向某人征求意见；

(b) 参与照料案涉之人或于其福祉有利害关系的任何人；

(c) 案涉之人出具的永久授权书中的被授权人；

(d) 法院为案涉之人任命的任何代理人（deputy）。

(8) 从第 1 款到第 7 款设定的义务，同样适用于以下权力的行使——

(a) 依永久授权书得行使的权力，或者

(b) 合理相信他人欠缺意识能力，得依本法行使的权力。

(9) 法院之外的某人（遵守上述第 1 款到第 7 款的要求），倘合理相信其所为之行为或所做之决定合乎案涉之人的最佳利益，即足以认为合乎本款规定。

(10) 维持生命的医疗措施意指，在为案涉之人提供医疗服务的人看来，为维持案涉之人生命而有必要的医疗措施。

(11) 相关情势意指——

(a) 做决定的人意识到的情势，以及

(b) 得合理认为相关的情势。

33. 英国法院已在各样案情下强调，“最佳利益”（或福祉）是非常宽泛的概念。

(1) *Re G* (*Education*: *Religious Upbringing*) [2012] EWCA Civ 1233.

最佳利益必须在最为宽泛的意义上理解，对最佳利益的评估会随着社会发展而变化。不必拘泥于短期，而应着眼于中长期，考虑可能影响最佳利益

的一切事情。[1]

（2）*Aintree University Hospitals NHS Foundation Trust v James*［2013］UKSC 67.

可以说的最多的是，考虑在特定时间这个特定患者的最佳利益时，做决定的人必须考察患者最宽泛意义上的福祉，不仅是医疗利益，还有社会和心理学层面的福祉；必须考虑案涉医疗措施的性质，包含的风险及成功的希望；必须考虑案涉医疗措施可能给患者带来怎样的结果；必须设身处地，试问患者对医疗措施的态度是怎样的或可能是怎样的；必须咨询照顾患者的人或者于患者福祉有利害关系之人，尤其是此等人对于患者可能态度的看法（第39段）。

（3）*An NHS Trust v MB & Anor*［2006］EWHC 507（Fam），Holman J.

标准是案涉患者于特定时候的最佳利益。接受该医疗措施是否合乎该（THIS）患者的最佳利益？最佳利益在最为宽泛的意义上使用，包括足以影响决定的任何类型的考虑。尤其是必须包括案涉医疗措施的性质、医疗措施包含的风险和成功的希望，以及短期和中长期的效果。最佳利益远远超过纯粹医疗利益，还包括（非穷尽地）医疗、情感、社会、心理、感官（欢乐和痛苦）以及本能（生存的本能）方面的考虑。[2]

34. 这里有个事实，即［医院］建议的医疗计划要求欺骗安妮。英国判例法已确认［*NHS Trust v K and Ors*［2012］EWCOP 2922；*Re AB*［2016］EWCOP 66；*Re P*［2018］EWCOP 10 and *NHS Trust*（1）*and*（2）*v FG*［2014］EWCOP 30］，只要依最佳利益行事，这并不违背个体依第8条享有的权利。[3]本庭以为，倘若欺骗或不实陈述合乎原告最佳利益，那么法院应予批准。至于欺骗的程度，无疑被纳入对原告的最佳利益是否因该包含欺骗因素的计划而得以实现的评估工作当中。欺骗程度越高，越可能妨碍原告最佳利益，反之亦然，但原则上讲，本庭以为欺骗不会构成批准医疗措施的障碍。倘持相反立场，即会以其他什么原则取代原告最佳利益原则，比如公共政策，法院

---

［1］ 译注：参见该案判决第27段、第39段、第43段等，并非直接引用。

［2］ 译注：参见该案判决第16段，并非直接引用。

［3］ 译注：或指《欧洲人权公约》第8条，即“（1）人人有权享有使自己的私人和家庭生活、家庭和通信得到尊重的权利，（2）公共机构不得干预上述权利的行使，但是，依照法律规定的干预以及基于在民主社会中为了国家安全、公共安全或者国家的经济福利的利益考虑，为了防止混乱或者犯罪，为了保护健康或者道德，为了保护他人的权利与自由而有必要进行干预的，不受此限”。

不应宽恕善意的谎言之类。

35. 区分下面两类案件：出于医学理由（如本案要处理的情况）施行治疗性质的绝育，出于避孕目的施行非治疗性质的绝育。原则还是一样，但具体适用会有差别；指引方向的，还是依 2005 年《意识能力法》相关规定评估患者最佳利益。

（八）评估

36. 是以，对发布何等命令方合乎安妮最佳利益的评估工作，要考察的内容远远宽于案涉手术对安妮是否有医疗上的好处。可能影响最佳利益的一切考虑，都包括在内。

37. 安妮家属支持案涉医疗方案。

38. 官方律师通过制作利弊对比表格，认为利大于弊。在这张表格上，就医疗措施的每个侧面，（单纯从数字上讲）弊的数目都大于利的数目，但赋予利的权重显然远远大于弊。官方律师尤其确认了以下几点：

（1）持续注射醋酸曲瑞普林会在接下来几年里导致安妮极为焦虑和痛苦。

（2）持续注射醋酸曲瑞普林会导致骨质疏松，发病率和死亡率都非常高。官方律师尤其强调，在与奥布赖恩教授的电话沟通中，教授确认安妮以后骨折风险非常大，会给安妮的生活带来巨大影响。继续注射该种药物，将构成过失。

（3）安妮周期性的行为困难到底在多大程度上可以归因于黄体激素的分泌，虽说官方律师在这个问题上表现出某些“灵巧（light touch）”应对的谨慎，还是在口头陈词中承认，证据权衡支持下面的结论，即［医院］建议的医疗措施哪怕不能彻底根除周期性行为难题，也会给安妮带来莫大好处。

（4）安妮会感到从转送至医院、住院、手术到恢复，整个过程都是让人痛苦和艰难的体验。

（5）子宫切除及双侧输卵管卵巢切除会让安妮永久丧失怀孕的能力。

（6）安妮子宫内膜异位，建议的医疗方案会使安妮丧失荷尔蒙驱动因素。

（7）在可以探明的范围内，安妮的愿望和情感支持建议的医疗方案。从安妮对例假的反应，法院可以推知，这是安妮极憎恶的事情，希望停止。同样，安妮也不喜欢注射，更愿意有个一劳永逸的治疗方案。安妮喜爱运动，骨质疏松构成重大风险，法院由此可推知安妮希望避免这个风险实现。安妮还说过不想要孩子的话。

（8）所有照料安妮的人都一致赞成建议的治疗方案。

39. 依2005年《意识能力法》第4条第6款，在评估最佳利益时，法官要考虑患者若有意识能力可能会影响患者决定的过去和现在的愿望、信念和价值，以及患者若有意识能力可能会考虑的其他因素。证据表明，安妮赞成减轻其疼痛和痛苦的医疗措施：安妮为了看牙医解决牙疼问题，克服不愿出门的恐惧，还有最近疼痛时同意叫救护车，都揭明其倾向的进路。

40. 下面这些内容都关乎决定接受建议的手术（以及将安妮转送至医院并在医院接受照料期间相关的医疗行为）是否合乎安妮最佳利益。

（1）主治医生的观点很明确，子宫切除及双侧输卵管卵巢切除在医学上对安妮有好处，盖手术可停止例假出血，而且可能根除或者至少显著减轻加剧安妮攻击行为的周期性荷尔蒙变化。结肠镜检查（包括检查和手术部分）可以查明潜在疾病并找到治疗手段，有可能减轻肠功能紊乱引起的疼痛。

（2）奥布赖恩教授很可能是这个领域里世界范围内的顶尖专家，其认为更为保守的治疗措施都已用尽，持续注射醋酸曲瑞普林几乎必定导致骨质疏松，故不能长期使用（差不多又一个四分之一世纪）。对安妮来说，相较其他人，生活质量更多地来自一些简单却积极的乐趣，如步行，严重骨折的风险以及对行动能力的后续影响非同小可，远比对其他人的影响要大。奥布赖恩教授还认为，停止例假出血和周期性荷尔蒙变动都对安妮有好处，表现在安妮经受的疼痛以及加剧的行为困难都会减轻甚至消除。但要指出，奥布赖恩教授并不能斩钉截铁地说，子宫切除及双侧输卵管卵巢切除将彻底解决周期性荷尔蒙变化引起的行为难题，更大的可能是，至少会有显著影响。

（3）从安妮的角度看，好处有多方面。安妮不必再应付生理周期造成的痛苦，不必再为三个月一次的注射感到焦虑和痛苦。安妮不必再全力应付荷尔蒙周期带来的行为失控。另外，怀孕的风险以及伴随的混乱或者怀孕带来的痛苦，也都不会发生了。这些医疗措施给安妮行为带来的良好影响可能意味着，安妮的父母会比不接受医疗措施的情况下照顾安妮的时间更久一些。显然，父母年纪大了，自己也面临困难，照顾安妮的能力在减弱，能够延长父母在家照顾安妮能力的任何措施，对安妮来说都是巨大福利。还有可能，伴随例假周期的这些症状减轻或消失，这个良好影响会让近些年已经远离安妮的一些社会生活重新回来。安妮显然很享受跟其他年轻人开展社交活动，要是能恢复生活中的这个侧面，毋庸置疑有巨大好处。建议的医疗措施增加了安妮恢复更饱满生活的可能。

（4）考虑到安妮不愿意离家乘车，将安妮带到医院可能让安妮感到痛苦、行为失控，合乎安妮最佳利益的办法当然是设计出完备计划，既让安妮接受建议的手术，又将上面这些不利影响减少到最小。如果这需要一点欺骗并使用镇静剂，显然合乎安妮的最佳利益，目的证明了手段的合理性。

41. 当然，建议的医疗措施合乎安妮最佳利益的结论也会面对一些潜在的反对因素。官方律师的利弊对比表格中有更为详细的概括。最为重要的大概有以下几点：

（1）子宫切除及双侧输卵管卵巢切除将让安妮永久丧失生育能力。但就安妮的情况来说，她并没有能力同意性交往从而怀上孩子。更为重要的是，医学证据和父母证言都认为安妮不想成为母亲，很大可能会把经历妊娠和分娩理解为让人极度痛苦和困扰，很大可能无力照顾自己生下的孩子。是以，跟很多其他女性比较，丧失生育能力对安妮的影响会有很大不同。

（2）建议的医疗方案当然伴随一些风险。

第一，手术总是伴随风险，但经评估，风险很低。

［第二,］长期使用雌激素也有风险，当然，风险也很低。

［第三,］子宫切除及双侧输卵管卵巢切除手术有可能不会带来全部好处，尤其是已经查明的周期性荷尔蒙变化。但即便在最糟糕的情况，奥布赖恩教授认为，例假出血会停止，也不用再注射三个月一次的醋酸曲瑞普林（有骨质疏松风险）。

（3）医疗计划的落实并不会充分告知安妮发生了什么，安妮可能感到不愉快。是本庭决定批准手术，而不是安妮的父母，希望安妮不要对父母心生不满。倘若安妮对谁有不满，那也应该是本庭。

（九）结论

42. 经过对安妮最佳利益的评估，权衡利弊的结果完全支持［医院］建议的子宫切除及双侧输卵管卵巢切除手术、结肠镜检查以及帮助实施手术的医疗计划。不管是主治医生，还是这个领域里的英国顶尖专家，都出具了令人信服的医学证据。医学证据跟安妮父母的观点正好一致，这很幸运，但说不上巧合。安妮父母的经验（父母最了解女儿），当然是常人对这些事情的看法和经验，最终立足于医学，正如得到主治医生和奥布赖恩教授确认的。

43. 如安妮父母指出的，用了这么长时间才得到今天的解决方案，实在很不幸（往轻里说）。安妮母亲的陈述（得父亲背书）生动描绘了生理周期伴生的难题给安妮及周围的人（尤其是父母）带来的影响。安妮和父母不得不和这些困难抗争了这么久，带给安妮和周围的人遗憾。这个家庭的生活压力全都落在安妮父母身上，父母对安妮的付出不言而喻，无比巨大。很多人可能会屈服于命运，但安妮的父母把女儿的利益看得重于任何人，尤其是自己的利益。安妮和父母每天都生活在安妮严重的学习障碍和孤独症［谱系障碍］带来的影响当中，任何让安妮从而让安妮的父母生活好过些的措施，都应尽可能快地实施。如果说将来能从安妮的案子中吸取什么教训，本庭以为，个体和家庭的人力成本永远不要低估，哪怕对付的是在绝大多数女性看来不过是成年女性身份重要内容的事情。对安妮这样的个体来说，生物学的现实转变成让人身体虚弱、痛苦的疾病。特定个体的真正福祉（包含的不限于医疗福祉）不能被其他考虑遮蔽；这些考虑或于绝大多数女性至关重要，但于该特定个体而言却应以另外的考虑取代。

44. 像安妮这类案件，医疗决定以及落实该决定的计划深刻影响原告的个人意志自主、身体完整和生育权利，提交给高等法院层次的保护法庭来审查，完全正确，而且正如本案显示出来的，一旦提交给法院和官方律师，可以很快得到处理。

45. 是以，本庭毫不犹豫地确认，子宫切除及双侧输卵管卵巢切除手术和结肠镜检查（以及附随的手术），还有以最后修正的形式落实手术的医疗计划，合乎安妮的最佳利益。安妮最近受到腹部疼痛折磨，若有必要住院治疗，医疗计划中可以安排提早手术。医疗计划中还应包括下面的机制：若手术推迟，应将案子退还官方律师，俾便官方律师考虑是否有必要再交给法院处理。

46. 本庭要表达对安妮最美好的祝愿，尤其是未来几周，当然也针对未来好多年，本庭希望这个决定能改善安妮的生活质量。本庭还要感谢法律团队和医生为本案提供的服务，他们给了本庭巨大帮助。最后，也是最重要的，本庭要称赞安妮的父母，不仅为了安妮父母给予本庭的帮助以及在法庭上表现出来的尊严，更重要的是为了两个人为安妮福祉而鞠躬尽瘁。本庭见证过太多父母，远远达不到孩子有权利得到的养育要求；在本案中，了解到安妮父母远逾寻常的奉献，令人无比欣慰。

47. 以上即为本庭判决。

己帙　说明标准：从医疗惯例到患者标准

在过失侵权诉因下，一切责任构成要件的证明负担都落在原告方面：就损害要件，原告要证明患者死亡或者健康遭受损害（通常是特定医疗风险实现造成）；就过错要件，原告要证明医生未披露的特定信息属应予披露的信息，至于哪些信息应予披露，又有医生标准说及患者标准说的不同立场；就因果关系要件，原告要证明人身损害确系医疗措施造成（而非疾病的自然转归），更重要的是证明心理学联系，即倘若医生将必要信息告知患者，患者当不会接受案涉医疗措施，也就不会遭受人身损害。

信息披露标准问题的实质是，立法者或者法院需要在社会健康利益与患者意志自主利益之间反复权衡，找到政策上最稳妥的位置。以社会健康利益为一端，以患者意志自主利益为另一端，得在说明标准的光谱上划分四个理念型：主观医生标准，客观（理性）医生标准或称医疗职业标准，客观（理性）患者标准，主观（具体）患者标准。客观医生标准意指，“医生的信息披露义务，以一理性医疗执业人处于同样或类似处境下当会披露的范围为限”，其认为这里涉及的主要是医学判断问题。[1]患者标准意指，特定信息是否应予披露，取决于该信息于患者决策是否具有“实质性”。[2]客观患者标准以处于医生已知或应知之患者境况下的理性人为准。主观患者标准以处在个案情境下的特定患者的信息需求为准。

比较法上似乎有强烈趋势采取混合标准说，即以理性患者的最低信息需求为基准，以具体患者的额外信息需求为补充。澳大利亚罗杰斯诉惠特克案判决的表述堪称精到：处于个案情境下案涉患者位置的理性人，倘向之披露争议信息，其很可能会予以重视的，该信息即为实质性信息；或者，执业医生认识到或者理当认识到，倘向案涉患者披露了争议信息，其很可能会予以重视的，该信息亦为实质性信息。[3]英国法院过去遵从客观医生标准，[4]在

---

〔1〕 *Natanson v Kline*, 186 Kan. 393, 409 (1960).

〔2〕 *Canterbury v Spence*, 464 F. 2d 772, 787 (D. C. Cir. 1972).

〔3〕 参见已帙罗杰斯诉惠特克案判决第 16 段。

〔4〕 参见已帙蒙哥马利诉拉纳克郡健康委员会案判决第 39 段以下对西达威案判决的介绍和分析。

最近的蒙哥马利诉拉纳克郡健康委员会案中改弦更张，采纳混合标准说。[1]

在中国更为流行的，是混合标准说的两个版本。一个版本将理性医生说与具体患者说折中，主张在尊重医疗职业标准的基础上，同时考察患者的个体信息需求。另一个版本主张，以处于个案情境下的理性医生对于案涉患者主观信息需求所了解或应了解的程度为披露标准。至于司法实务，地方法院普遍将医生是否尽到说明义务事宜交由鉴定机构判断，未必有意识，实际上遵循了医疗职业标准。学说高调而实务保守，这样的状态亟待改变。

〔1〕 参见已帙蒙哥马利诉拉纳克郡健康委员会案判决第 87 段。

蒙哥马利诉拉纳克郡健康委员会案

Montgomery (Appellant) v Lanarkshire Health Board (Respondent) (Scotland) [2015] UKSC 11

英国最高法院审判庭

纽伯格勋爵 (Lord Neuberger, President)

黑尔女爵 (Lady Hale, Deputy President)

克尔勋爵 (Lord Kerr)

克拉克勋爵 (Lord Clarke)

威尔逊勋爵 (Lord Wilson)

里德勋爵 (Lord Reed)

霍奇勋爵 (Lord Hodge)

2015 年 3 月 11 日

克尔勋爵与里德勋爵

(纽伯格勋爵、克拉克勋爵、威尔逊勋爵、霍奇勋爵附议)

(一) 小引

1. 1999 年 10 月 1 日，娜丁·蒙哥马利 (Nadine Montgomery) 于拉纳克郡贝尔希尔妇产科医院产下一男婴。由于分娩过程中的并发症，婴儿生下来即严重残疾。蒙哥马利女士代表孩子就所受损害请求赔偿。蒙哥马利女士将损害归咎于迪娜·麦克莱伦医生 (Dr Dina McLellan)，这位妇产科医生是拉纳克郡健康委员会的雇员，负责蒙哥马利女士妊娠分娩期间的医疗事务，并为之接生了孩子。

2. 在苏格兰最高民事法院，[1]蒙哥马利提起的过失侵权诉讼是基于两个不同的诉讼根据。第一个涉及产前医疗服务。原告主张，医生本应告知阴道分娩包含肩难产风险（胎儿的肩部不能通过母亲的骨盆），而选择性剖宫产是可能的替代分娩方式。第二个涉及分娩管理（management of labour）。原告主张，分娩监护仪的扫描图已显示异常，医生却出于过失未施行剖宫产手术。

3. 这两个基于过错的诉讼根据皆遭独任法官班纳坦勋爵（Lord Bannatyne）驳回（[2010] CSOH 104）。[2]就第一个诉讼根据，班纳坦勋爵驳回起诉主要是依据关于医疗惯例的专家证词，遵循了西达威案多数意见确立的进路（*Sidaway v Board of Governors of the Bethlem Royal Hospital and the Maudsley Hospital* [1985] AC 871）。班纳坦勋爵还认为，即便医生告知肩难产给婴儿造成严重损害的风险，无论如何也不会产生差异，盖产妇不会选择剖宫产方式分娩。苏格兰最高民事法院内庭维持该判决：[2013] CSIH 3；2013 SC 245 [伊西勋爵（Lord Eassie）、哈迪勋爵（Lord Hardie）、埃姆斯利勋爵（Lord Emslie）]。[3]

4. 上诉至本院［英国最高法院］，案件焦点在于第一个基于过错的诉讼根据。当事人敦请本院背离上议院西达威案判决的立场并重新考虑医生对患者在医疗告知方面的义务。当事人还请求本院驳回独任法官对因果关系问题的裁决，要么认为独任法官在证据处理上显然有误，要么摒弃传统的“若非-则不”因果标准，而适用切斯特诉阿夫沙尔案采纳的进路（*Chester v Afshar* [2004] UKHL 41）。

5. 在考察这些争点之前，吾人当细致解说案件事实以及下级法院采纳的

---

〔1〕 译注：〈苏格兰〉最高民事法院（Court of Session），分为两庭，第一分庭由院长（Lord President）和7名常任法官（Lords Ordinary）组成，第二分庭由副院长（Lord Justice-Clerk）和6名常任法官组成。两庭皆分内庭与外庭，内庭相当于英格兰的上诉法院，两个内庭有同等管辖权，各分庭可受理初审案件，但其主要职责还是受理来自常任法官和其他下级法院的上诉案件。内庭可以指令扩大庭或全席庭重新听审某一案件，此类法庭可推翻极难的先例或在某些难点上作出权威的指导性意见。在某些情况下，不服最高民事法院判决还可向上议院上诉。参见薛波主编，潘汉典总审订：《元照英美法词典》，法律出版社2003年版，第345页。

〔2〕 译注：〈苏格兰〉最高民事法院独任法官（Lord Ordinary），出任民事初审独任法官的最高民事法院成员。该法院的14名初级法官均可任此职，其他法官如院长、副院长，亦得并且有时也的确出任该职。参见薛波主编，潘汉典总审订：《元照英美法词典》，法律出版社2003年版，第870页。

〔3〕 译注：内庭、上诉庭（Inner House），主要行使上诉管辖权，因其较外庭（初审庭，Outer House）距离法院入口处更远而得名。参见薛波主编，潘汉典总审订：《元照英美法词典》，法律出版社2003年版，第698页。

进路。

（二）事实

6. 蒙哥马利女士从格拉斯哥大学分子生物学专业毕业，获理学士学位，以医院专科医生身份为一家制药公司工作。独任法官称这位女士“显然极为聪明”。蒙哥马利女士的母亲和姐姐都是全科医生。

7. 1999 年，蒙哥马利女士准备迎来第一个孩子。蒙哥马利体格较小，不过 5 英尺高。蒙哥马利是胰岛素依赖型糖尿病人。罹患糖尿病的女性怀的孩子往往体格较大，且重量集中于孩子肩部。由于这个疾病，蒙哥马利女士被看作需要重点监测的高风险妊娠病例。是以，整个妊娠期间，蒙哥马利女士都在贝尔希尔妇产科医院的产科与糖尿病联合门诊接受服务，负责医生是麦克莱伦。

8. 婴儿身体最宽的部位通常是头。头部要是顺利从产道娩出，那么在通常分娩中，身体其他部位也会顺利娩出。倘孕妇是糖尿病人，胎儿身体最宽的部位可能是肩部，可能出现头部娩出而肩部由于太宽不能通过母亲骨盆的情况，遂需要医疗干预。这种现象称肩难产，是糖尿病妊娠直至分娩的首要关切。为健康委员会出具证词的专家证人菲利浦·欧文医生（Dr Philip Owen）如是描述肩难产，“［它］是产科重大的紧急情况，伴随母婴短期和长期一定的发病率和婴儿一定的死亡率”。

9. 该证词跟皇家妇产科学院（Royal College of Obstetricians and Gynaecologists）发布的指引一致，据该指引，即便得到恰当管理，肩难产也可能［给婴儿］带来很高的围产期死亡率和相关疾病的发病率。母亲的发病率也增加了：肩难产情形，11%的产妇产后血崩，3.8%的产妇会阴四度撕裂。该指引建议，发生肩难产，要立即呼叫援助。倘是住院的产妇，医院的援助包括助产士、一位产科医生、一个儿科心肺复苏团队以及一位麻醉科医生。

10. 依本案证词，70%的肩难产可通过麦克罗伯茨操作法解决（McRoberts manoeuvre），即由两位助产士或护士抓住产妇腿部，强拉膝部往上至肩部，通过屈曲过度来扩大骨盆上口。另外也可尝试耻骨上加压法来操纵胎儿，方法是一位医生双手握拳，在母亲耻骨上施加压力，驱动胎儿肩部，促使胎儿落入骨盆。还可尝试扎瓦内利操作法（Zavanelli），也就是将胎儿头部推回产道及子宫，然后施行剖宫产。还有一种方法是耻骨联合切开术，即以外科手术切开耻骨联合部位，让骨盆的两部分分开。

11. 依麦克莱伦医生的证词，在某些情形，母亲完全意识不到发生了肩难产。但很显然，母亲一旦知道肩难产，对付肩难产是不愉快甚至让人害怕的经历，而且会给母亲的健康带来各种风险。

12. 肩难产也给孩子带来风险。为了解脱孩子而需要的这些身体操作，可能导致肩部骨折或者臂丛神经断裂。臂丛神经损害可能是暂时的，也可能如本案中一般，导致永久残疾，让胳膊失去作用。糖尿病人碰到肩难产，此种情形臂丛神经损害的风险大约为 0.2%。在肩难产情形，还有极小比例的病案，脐带陷在母亲的骨盆。若是脐带闭合，会造成胎儿长期缺氧，导致胎儿大脑性麻痹或死亡。这个风险发生概率不到 0.1%。

13. 医生告知蒙哥马利女士，胎儿比通常的体型要大，但未告知分娩过程中可能碰上这些操作难题的风险。尤其是，医生未告知肩难产风险。一致看法是，糖尿病孕妇发生肩难产的风险为 9%到 10%。毫不奇怪，麦克莱伦医生也承认这是很高的风险，但这位医生说，自己的工作不是花费很多时间（或者实在讲，任何时间）去讨论肩难产的潜在风险。医生解释说，据自己的估计，肩难产给孩子造成重大损害的风险非常小，倘若向患者提及该风险，“多数产妇都会说，愿意接受剖宫产”。医生接着说，“你要是向任何一位［糖尿病］孕妇提及肩难产，你要是向任何一位临产的母亲提及胎儿死于［阴道］分娩的微小风险，那么每一位母亲都会要求剖宫产，但剖宫产并不符合母亲的利益”。

14. 蒙哥马利女士每两周来一次门诊，接受超声检查，评估胎儿的体格及发育情况。最后一次超声检查在 1999 年 9 月 15 日，妊娠 36 周。麦克莱伦医生认为不必再安排第 38 周的超声检查，其感到蒙哥马利通过扫描图像知道胎儿体型较大后，已经开始担忧。焦虑感会影响产妇阴道分娩的能力。

15. 基于第 36 周的超声检查结果，麦克莱伦医生估计胎儿出生时体重会是 3.9 千克。医生假定孩子在第 38 周出生，从而得到这个评估数字。这一点很重要，盖麦克莱伦医生提供证词称，倘早想到孩子的体重很可能超过 4 千克，本来会为蒙哥马利女士安排剖宫产。依据一般惯例，要是估计胎儿体重达到 4.5 千克，麦克莱伦医生通常会为糖尿病孕妇提供剖宫产服务。由于蒙哥马利女士体格较小，麦克莱伦医生决定在此病案中将门槛降至 4 千克。

16. 正如麦克莱伦医生知晓的，通过超声检查估测胎儿体重有正负 10%的误差幅度。但麦克莱伦医生决定不考虑这一点，称“你要是那样做，你实际上要给所有糖尿病人开刀”。第 36 周检查的时候，麦克莱伦医生已为蒙哥马利女士安排好在第 38 周第 5 天引产。医生在证词中承认，本应估计胎儿在第 38 周第 5 天时的体重，而不是第 38 周，这样估测的体重就会大于 4 千克，当然超出其设定的门槛。结果，孩子在计划日期出生，体重 4.25 千克。

17. 在第 36 周检查时，麦克莱伦医生注意到蒙哥马利女士“担心孩子的大小”。医生在证词中承认，当时蒙哥马利女士表达了对胎儿大小的关切，担心胎儿太大无法自阴道娩出。医生还承认，可能蒙哥马利女士此前已表达过类似关切。此类关切肯定提到过不止一次。医生说，蒙哥马利女士并未“具体询问确切风险”。倘若蒙哥马利女士果真问了，医生说自己当会告知肩难产的风险以及头盆不相称的风险。由于产妇未提出此类具体问题，医生遂未提及肩难产风险，盖（前面提到过）医生认为胎儿遭受严重损害的风险极小。医生认为这是“合适阴道分娩”情形，遂依自己的惯例告知蒙哥马利女士，可以阴道分娩，倘在分娩过程中遇到麻烦，再求助于剖宫产。蒙哥马利女士接受建议。但如果当时蒙哥马利女士要求选择性剖宫产，本来可以得到该手术服务。

18. 蒙哥马利女士的证词称，倘医生告知自己肩难产风险，自己当会请求医生解释肩难产的含义以及发生肩难产可能造成怎样的损害风险。倘有机会考虑，这些对自己构成显著风险（依自己嗣后所知，当会如是评估），自己当会要求医生施行剖宫产手术。

19. 如前面提到的，麦克莱伦医生的证词称，要是糖尿病产妇知道肩难产风险，一定会选择通过剖宫产手术分娩。医生证词还说，蒙哥马利女士尤其会这样选择：

> “我认为，本例中肩难产棘手到造成神经麻痹或者严重缺氧损害的风险很小，故未告知蒙哥马利女士，倘若告知，患者毫无疑问会要求剖宫产，如同任何糖尿病人那样。”

20. 蒙哥马利女士的分娩是依麦克莱伦医生的计划，施用荷尔蒙引产。经过几个小时，分娩停滞。又用了几个小时，施用更多荷尔蒙，加大子宫收缩的力量，希望克服阻滞产道分娩进程的不管什么因素。胎儿的头部迟迟不能顺利入盆，麦克莱伦医生遂使用钳子。下午 5 点 45 分，胎儿头部有一半露出会阴，这时候肩部卡住。

21. 麦克莱伦医生此前未应付过这种情况，称蒙哥马利女士很紧张，产房里所有工作人员，包括医生自己，也都很紧张。蒙哥马利女士这边的专家证人彼得·斯图尔特先生（Peter Stewart）称，这个场面是每个产科医生的梦魇。麻醉医生给蒙哥马利女士使用了全身麻醉药，以便尝试扎瓦内利操作法（将胎儿推回子宫，施行紧急剖宫产手术）。但麦克莱伦医生决定，别无选择，只有完成分娩。医生“大力拉（significant traction）”胎儿头部，头部终于入盆。为将肩部解脱出来，医生尝试耻骨联合切开术，差不多要切开了。但手术室没有固定刀片的手术刀，在耻骨联合完全分开之前，医生用的刀片分离（detached）。最后，“靠着肾上腺素激增”，医生成功将孩子拿出，分娩在下午 5 点 57 分结束。

22. 从胎儿头部露出到分娩结束，在 12 分钟里，脐带完全或部分闭合，使得胎儿缺氧。胎儿出生后，被诊断为运动障碍型大脑性麻痹，系缺氧造成。胎儿还遭受臂丛神经损害，导致欧勃式麻痹（即臂部麻痹）。四肢全部受到大脑性麻痹的影响。倘若蒙哥马利女士接受了剖宫产手术，胎儿即不会遭受这些伤害。

23. 斯图尔特先生的证词称，不管蒙哥马利女士是否询问过阴道分娩伴随的风险，麦克莱伦医生未向患者说明肩难产风险都违反恰当医疗惯例（proper medical practice）。但在交叉询问中，被告律师向斯图尔特医生提出如下问题：

“如果麦克莱伦医生告知，孩子体型大小在第 95 个百分位左右（the 95th centile），也就是在边界线上，在通常体型大小的上限，有些大……现知道你是糖尿病人，知道你的身高，医生尽最大可能估测了孩子体型大小，虽有风险，但医生并不认为孩子大到不能通过阴道娩出，医生认为应尽量尝试阴道分娩，要是遇到麻烦，再行剖宫产手术。如果这些就是讨论的要旨，你能批评这些吗？我知道这很模糊，非常困难，因为这是另一个假设，斯图尔特医生和我都理解，但我会……你能回答这个问题吗？”

24. 斯图尔特先生答说“可以赞成这些，但要解释一下，你应询问患者‘是否满意该决定’”。原告方面的另一位专家证人詹姆斯·尼尔森教授（James Neilson）证词称，倘患者表达了对胎儿体型大小的担心，那么依良好惯例，应与患者讨论胎儿体型可能带来的难题。讨论内容可以包括肩难产风险以及选择性剖宫产这个选项。

25. 欧文医生提供证词称，麦克莱伦医生说的那些话，已足以回应蒙哥马利女士就胎儿体型大小及阴道分娩能力表达的担心。健康委员会的另一位专家证人杰拉德·梅森医生（Dr Gerald Mason）认为，不和蒙哥马利女士讨论肩难产是合理的，盖孩子遭受严重损害的风险极小。和麦克莱伦医生一样，梅森医生也认为若是向患者警示肩难产风险，“那你实际上让多数女性径直要求剖宫产”。但梅森医生认可，倘若患者询问该风险，医生应予回答。

（三）下级法院判决

26. ［在苏格兰最高民事法院，］律师请求独任法官认定，医生应事先告知蒙哥马利女士采用阴道分娩方式会有肩难产风险，还应告知剖宫产分娩这个替代选项。独任法官拒绝接受该主张。遵循西达威案进路，独任法官认为，医生未告知推荐医疗措施的固有风险是否违反注意义务，通常应依亨特诉汉利案（*Hunter v Hanley* 1955 SC 200，206）设定的标准或者相当的博勒姆标准（*Bolam v Friern Hospital Management Committee*［1957］1 WLR 582，587）来认定。是以，该问题取决于是否有某派负责任的医学观点认可该不作为是恰当的。依据健康委员会提供的专家证词（以及斯图尔特医生在交叉询问中的证词）——这些证词无法以经不起理性分析为由而拒绝（cf *Bolitho v City and Hackney Health Authority*［1998］AC 232，241–243），该标准并未达到。

27. 遵循西达威案中布里奇勋爵的意见，独任法官认可，可能会有这样的情形，推荐医疗方案包含着造成严重不良后果的实质风险，使得法官得不顾任何相反的医疗惯例而得出结论，患者决定是否同意医疗措施的权利是如此显而易见，没有哪位审慎的医疗执业人会不警示该风险，除非碰上紧急情况或者有其他紧急的临床事由。当事人提请独任法官注意皮尔斯案中掌卷法官伍尔夫对该争议事实的理解方式（*Pearce v United Bristol Healthcare NHS Trust*［1999］PIQR P 53，para. 21，per Lord Woolf）：是否存在会影响理性患者判断的重大风险？独任法官认为这不会改变西达威案的标准，盖在独任法官看来，风险要称得上重大（significant），必须是产生严重不良后果的实质风险（substantial risk of grave adverse consequences）。

28. 在独任法官看来，本案案情并不落入例外范围。虽有肩难产的重大风险，但该风险本身并不需要警示，盖“在绝大多数病案中，肩难产通过简单操作即可克服，婴儿遭受严重损害的概率微乎其微（tiny）”。独任法官拒绝遵循琼斯诉西北卫生局案（*Jones v North West Strategic Health Authority* [2010] EWHC 178（QB），[2010] Med LR 90）采纳的进路，该案案情与本案相似，判决认为肩难产风险本身即足够严重，准母亲有权利知晓。

29. 还是遵循布里奇勋爵在西达威案中的意见，独任法官也认可，倘患者具体询问拟行的特定医疗措施包含的风险，医生即必须依询问所要求的详尽程度诚实地回答。但独任法官并不认为本案中医生违反义务，拒不认可蒙哥马利关于向医生询问了阴道分娩固有风险及其他选项的证词。独任法官认可的事实是，蒙哥马利女士向医生表达了对自己是否有能力通过产道娩出这么大体型婴儿的担心：诚然，此点并无争议。但在法官看来，患者表达该关切并不会让医生承担解释所涉风险的任何义务。要让医生承担解释相关风险的义务，蒙哥马利女士必须就阴道分娩“提出关于具体风险的问题（raised questions of specific risks）”。

30. 在提交给苏格兰最高民事法院内庭的上诉状中，蒙哥马利女士再次主张，医生本应告知肩难产风险，自己本应有机会知道并了解剖宫产手术这个替代方案。再诉申请遭驳回，[1]理由见于伊西勋爵发表的判决意见。

31. 伊西勋爵不接受原告方面的主张，即近来的判例已背离西达威案采纳的进路，尤其是皮尔斯案，从而要求医疗执业人告知患者会影响理性患者判断的任何重大风险。依伊西勋爵的理解，在医生向患者告知风险的时候，西达威案判决通常只要求医生遵循某派负责任的医疗执业人的惯例。依据布里奇勋爵在西达威案中的意见以及稍后博莱索案的立场（*Bolitho v City and Hackney Health Authority* [1998] AC 232），伊西勋爵认可会有例外情形，就告知范围事宜，法院不应将医疗惯例看作具有决定意义，此等情形为，案涉风险的实质性显而易见，法院得认为医生不向患者发出警示不可能是合理的。但本案并非如此。本案的相关风险并非发生肩难产的可能性，而是发生严重不良后果的更小风险。

32. 蒙哥马利女士关于告知范围的主张，如前面说明的，第二个依据在于布里奇勋爵在西达威案中表达的观点，即患者具体询问风险信息的，医生即

---

〔1〕 译注：再诉（reclaiming），在苏格兰最高民事法院程序中，指从外庭诉到内庭。参见薛波主编，潘汉典总审订：《元照英美法词典》，法律出版社 2003 年版，第 1156 页。

有义务依询问要求的详尽程度诚实回答。蒙哥马利女士的证词称，自己反复询问过阴道分娩的风险，可独任法官不接受。但原告方面主张，蒙哥马利女士表达了对胎儿体型以及自己阴道分娩能力的担心，这个并无争议的事实在本质上就是询问阴道分娩的风险信息，同样可触发风险告知义务。

33. 这个论辩亦遭拒绝。伊西勋爵称，“［医患双方］对一般的担心或关切的交流，从方式看，并未要求以全面且诚实地披露事实信息为回应，即达不到布里奇勋爵所说的程度”。蒙哥马利女士的关切只具有一般关切的性质（general nature）。不同于具体提问，一般关切就如何回应并未设置明显参数。“过多的信息可能只会让患者头昏脑涨或惊慌失措，是以，顶重要的事情就是让经验丰富的医疗执业人依照通常且恰当的惯例，在个案中决定将界限划在哪里”。

34. 由于独任法官和特别法庭都认定麦克莱伦医生对蒙哥马利女士并不负有风险警示义务，[1]是以倘蒙哥马利女士得知风险信息当作何反应的问题也就无由产生。但独任法官和特别法庭都处理了争议事实。在彼看来，相关问题是，蒙哥马利女士是否已证明，倘知道肩难产可能造成严重不良后果的极微小风险，当会选择剖宫产，从而孩子得避免受伤害。

35. 独任法官将该争议事实的相关证据描述为范围很小（in fairly short compass），并称“如下所示”。接着援引前面第18段看到的蒙哥马利女士的证词。该证词［在论辩中］并未受到质疑，虽说如此，独任法官却并未采信。独任法官的考虑有以下几点：①肩难产造成严重不良后果的风险“极小”；②医生也会告知剖宫产手术的风险；③麦克莱伦医生仍会继续建议阴道分娩；④蒙哥马利女士在证词中称，医生不提出剖宫产方案，自己“不会自大到要求剖宫产”，［故］她不会选择接受剖宫产，哪怕知道肩难产的风险。

36. 在特别法庭，［健康委员会的］律师指出，独任法官声称梳理了事关争点的全部证据，但完全未提及麦克莱伦医生的一段证词，该证词称若是将肩难产风险告知蒙哥马利女士，那么毫无疑问，蒙哥马利女士会像今天的任何糖尿病孕妇那样，要求施行剖宫产。但伊西勋爵认为，这段证词出具的场景为讨论“在告知肩难产风险方面的医疗职业惯例，而不是考虑原告这个特

---

〔1〕 译注：内庭的两个庭（第一和第二分庭）不能审理的，得设立特别法庭（Extra Division），由院长、副院长以下的最高级别法官主持。这三个法庭的判决有同等效力。

定个体可能的态度和反应”。在伊西勋爵看来，独任法官未提及该证词这个事实并不意味着法官未充分考虑至关重要的证据。正如西蒙兹勋爵在托马斯案中指出的，上诉法院“有权利且必定假设［初审法官］已充分考虑了全部证据，除非有令人信服的理由得出相反结论”（*Thomas v Thomas*［1947］AC 484, 492, per Lord Simonds）。

37. 就因果关系争点，蒙哥马利女士方面提出了一个替代论辩思路。这个思路是：倘若患者知晓了风险信息当作何反应，此点并无决定意义；假定（*ex hypothesi*）就该信息有告知义务，只要重大不良后果事实上发生，即已足够。这个论辩思路依据的是上议院切斯特诉阿夫沙尔案判决。在该案中，患者接受了选择性外科手术，该手术包含极小的马尾综合征风险，但医生并未告知。患者果然罹患该病。一审法官认定，倘若患者事先知晓该信息，如患者本该做的，患者会寻求关于替代方案的第二意见，案涉手术即不会在实际的那个时点发生。患者可能会同意在一个稍晚的时点接受手术，手术包含着同样小的马尾综合征风险。上议院多数意见认为因果关系成立。

38. 独任法官拒绝适用切斯特诉阿夫沙尔案的进路，理由是案情事实有实质差别。伊西勋爵亦将切斯特诉阿夫沙尔案与本案区分开来。孩子的出生无法推迟：本例“并非真正意义上的选择性手术范围”。另外，本案中有具体、积极的事实认定，即蒙哥马利女士若是得知肩难产风险，还是不会选择剖宫产手术。

（四）西达威案

39. 在梅纳德案中，上议院赞成苏格兰最高民事法院院长克莱德法官在亨特诉汉利案中发表的附带意见（*Hunter v Hanley* 1955 SC 200, 205, per Lord President Clyde），证明医生诊断治疗有过失的真正标准是，具备通常技能的医生以通常的注意行事即不会犯此错误的，即得认为被告医生有过错。斯卡曼勋爵得上议院其他法官附议，发表意见称：

“原告方主张，两位顾问医师在自己的专科领域经过充分考虑所为之决定有过失，据此类主张发生的诉讼显然给证明工作提出了难题。虽证明有一派具备相应技能知识的专业观点认为案涉医疗决定错误，可若是也有一派具备相应技能知识的专业观点认为案涉医疗决定在个案情境下乃为合理，即未完成证明任务。虽证明从嗣后的事实看案涉手术原本不必实施，可若是在决定手术的时候有一派负责任的医学观点会认为手术恰当，在这个意义上手术是合理的，那么同样未完成证明任务。”（*Maynard v West Midlands Regional Health Authority*［1984］1 WLR 634，638，per Lord Scarman.）

40. 斯卡曼勋爵遵循了博勒姆案的进路，该案既涉及告知，亦涉及诊断治疗，麦克奈尔法官（McNair J）指示陪审团称，倘若医生依惯例行事，而案涉专科领域某派负责任的医疗执业人认为该惯例恰当，即不得认为医生有过失。至于该案进路是否应适用于未告知患者医疗风险的案件（博勒姆案本身也涉及此点），在梅纳德案判决两年后，1985 年，上议院在西达威案中考虑了这个问题。

41. 在西达威案中，上议院各位法官以不同方式解决了这个问题，但多少有些重叠。光谱的一端是迪普洛克勋爵的意见，其认为只要原告主张医生违反了对患者的注意义务，不管涉及的是诊断治疗还是告知事宜，皆适用博勒姆标准：

“博勒姆标准的好处在于，判断医生对患者是否尽到注意义务，标准是看其行事是否合乎某派负责任的、具备相应知识和技能的医学观点认可为恰当的医疗惯例……要决定哪些风险的存在是医生应主动向患者警示的，又在何等条件下（倘有）应予警示，考虑到该警示可能产生的效果，正如医生对个体患者所负全面注意义务的任何其他部分，要动用同样的专业技能和判断，就此争议事实的专家证词亦应以同样方式处理。博勒姆标准应予适用。”（*Sidaway v Board of Governors of the Bethlem Royal Hospital and the Maudsley Hospital*［1985］AC 871，893，895，per Lord Diplock.）

42. 为了让诸位法官安心，迪普洛克勋爵又写道：

“但说到风险警示，法官在律师行业所接受的那些培训和经验很自然地会让法官（正确地）认为，我有权利决定让什么特别的事情作用于我的身体，我希望充分地了解可能发生的任何风险（像我这样接受过高等教育的过来人，依各方面的知识并无认知的那些风险），从而得就是否拒绝医生推荐的医疗措施形成自己的判断。毫无疑问，倘若患者通过提问事实上表达了这个态度，医生应告知患者想知道的任何事情。”（*Sidaway v Board of Governors of the Beth-*

lem Royal Hospital and the Maudsley Hospital［1985］AC 871，895，per Lord Diplock.）

但医生没有义务提供患者未主动探求的风险信息：

“披露风险信息对患者想法唯一的作用就是（倘有作用），可能阻止患者接受从医生的专家意见角度看合乎患者利益的医疗措施。”（*Sidaway v Board of Governors of the Bethlem Royal Hospital and the Maudsley Hospital*［1985］AC 871，895，per Lord Scarman.）

43. 在光谱的另一端是斯卡曼勋爵的意见，其以“患者自做决定的权利，得被看作普通法保护的基本人权”为立论的起点（*Sidaway v Board of Governors of the Bethlem Royal Hospital and the Maudsley Hospital*［1985］AC 871，882，per Lord Scarman）。由该起点推论道：

“倘若医生未向患者披露所推荐之手术固有的风险确实构成对患者自做决定权利的冒犯，而该风险果然发生并造成损害，原则上，我看不出有任何理由，法律怎么会不认可并落实患者请求赔偿的权利（表现为赔偿金形式）。”（*Sidaway v Board of Governors of the Bethlem Royal Hospital and the Maudsley Hospital*［1985］AC 871，884-885，per Lord Scarman.）

44. 换言之，若①患者遭受损害，②是某个未披露的风险造成，③尽到合理注意的医生本应告知该风险，以尊重患者决定是否承担该风险的权利，以及④倘披露了该风险，患者本可避免损害，那么患者原则上在过失侵权法上有诉讼理由。

45. 斯卡曼勋爵指出，是否同意推荐治疗方案的决定并不仅仅取决于医学考虑：

“医生关心的是健康和缓解疼痛。这些是医疗目标。但患者可能还会考虑一些个人情况、目标及价值，而且很合理地，患者并不愿意让医生知道这些，而这些考虑会让患者做出与纯粹医学观点建议的不同的决定。”（*Sidaway v Board of Governors of the Bethlem Royal Hospital and the Maudsley Hospital*［1985］AC 871，885-886，per Lord Scarman.）

46. 这是很重要的一点。生活质量相对于生命长度，身体外形或身体完整相对于减轻疼痛，患者愿意赋予这些考虑多大的权重，因人而异。患者的个人观点及境况会怎样影响其对待推荐医疗措施及合理替代措施的态度，可以举出无数其他例子。医生就这些事宜无法形成客观“医学”观点，从而其所处位置无法做出临床判断上的“正确”决定。

47. 依斯卡曼勋爵的看法，在考虑医生义务的范围时，倘以患者自做决定的权利为起点（不管是否接受推荐的医疗措施），那么顺理成章地，医生有义务告知患者医疗措施固有的实质风险。处在案涉患者位置的合理审慎之人认为重要的风险，即为实质风险。某个未披露的风险果然发生并造成患者损害的，倘医生能证明，有理由相信，将案涉信息告知患者会有损患者健康（包括精神健康），〔1〕医生得免于承担责任。

48. 依此进路，为了证明风险大小以及风险发生时可能遭受之损害的严重程度，通常需要专家证词。医生担心特定信息有损患者健康而不予披露的，法院为认定医生的评估是否有道理，也需要专家证词的帮助。但要确定医生义务的范围以及医生行事是否违反义务，最终还是法律问题而不是医学问题。

49. 斯卡曼勋爵撮述其结论如下：

> “在我已指出的范围内，我想英国法应认可医生向患者警示所推荐之医疗措施固有风险的义务，尤其在手术情形。关键限制在于该义务仅限于实质风险。实质性的标准在于，在个案案情下，法院是否认为处于案涉患者位置的理性人很可能会认为该风险重要。〔2〕即便案涉风险是实质风险，倘若理性评估患者病情，医生认为警示风险会损害患者健康，医生亦不负告知义务。”（*Sidaway v Board of Governors of the Bethlem Royal Hospital and the Maudsley Hospital* [1985] AC 871，889-890，per Lord Scarman.）

50. 布里奇勋爵赞成（得基思勋爵附议），心智健全神志清醒的成年人有权利自己决定是否接受医生推荐的特定医疗措施。布里奇勋爵认可北美知情

---

〔1〕 译注：指医疗特权规则。

〔2〕 译注：很可能（likely），表明事情发生或存在的可能性大于不可能性。在涉及法律上的近因时，当说到伤害很可能（likely）是不法行为的后果时，likely 在可能性的程度上大于 possible，小于 probable。参见薛波主编，潘汉典总审订：《元照英美法词典》，法律出版社 2003 年版，第 851 页。

同意法则的逻辑力量，但认为要说适用不切实际。正如迪普洛克勋爵，布里奇勋爵强调患者欠缺医学知识，很容易做非理性决定，强调在评估如何最好地向患者传递必要的重大因素俾使患者得为知情决定的工作中，“临床判断（clinical judgment）”起到重要作用。（*Sidaway v Board of Governors of the Bethlem Royal Hospital and the Maudsley Hospital* [1985] AC 871，899，per Lord Bridge.）

51. 布里奇勋爵也不愿意毫无限定条件地接受加拿大最高法院赖伯诉休斯案对两类案件的区分，一类处理的问题是医生治疗患者是否符合可接受的职业标准，一类涉及的是患者知晓医疗风险的权利（*Reibl v Hughes* [1980] 2 SCR 880）。在布里奇勋爵看来，“要决定信息披露到何程度最有利于帮助特定患者理性选择是否接受特定医疗措施，必然主要是临床判断问题”。顺理成章，不披露特定信息是否违反医生的注意义务“根本上（*primarily*）是依据医疗专家证词来决定的事宜，适用博勒姆标准”。（*Sidaway v Board of Governors of the Bethlem Royal Hospital and the Maudsley Hospital* [1985] AC 871，900，per Lord Bridge，着重号系本件判决添加。）

52. 不过，布里奇勋爵在这个场景对博勒姆标准的坚持有所限定（qualified），从而缩短了自己和斯卡曼勋爵立场间的距离：

> “但即便在像本案这样的情形，并没有相关医学领域的专家证人指责未披露信息违背了得到认可的负责任的医疗惯例，我还是认为法官在特定案情下可能得出结论，披露特定风险对于患者知情选择的必要性是如此显而易见，没有任何合理审慎的医生会不披露该信息。我心里想到的此类案件，如手术，包含发生严重不良后果的实质风险，比如10%的脑卒中风险，这正是加拿大赖伯诉休斯案的案情。在此类案件中，并没有不告知患者的紧急临床理由，凡是认可并尊重患者决定权利的医生，几乎不会认识不到恰当警示的必要性。”（*Sidaway v Board of Governors of the Bethlem Royal Hospital and the Maudsley Hospital* [1985] AC 871，900，per Lord Bridge.）

53. 跟上面的段落相关，注意力转向了“[发生]严重不良后果的实质风险（a substantial risk of grave adverse consequences）”表述；在本案中，不管独任法官还是特别法庭都把关注重心放在这句话上。但要留意到，为阐明其一般主张，即［或许］“披露特定风险对于患者知情选择的必要性是如此显而易见，没有任何合理审慎的医生会不披露该信息”，布里奇勋爵只给了一个例子（“我心里想到的此类案件”）。就该主张，还应该留意到，考虑到所引片段的最后一句话，标准是认可并尊重患者决定权并尽到合理注意（“合理审慎”）的医生。整体阅读该段落，可知法官［要解决］的问题是，披露特定风险是否对于患者知情选择具有如此显而易见的必要性，从而没有任何认可并尊重患者决定权且尽到合理注意的医生会不予披露。如此理解，或得认为布里奇勋爵走到了距离斯卡曼勋爵并不太远的立场。

54. 布里奇勋爵还说：

“或许这里还要补充一句，虽说此点严格来讲并未发生在本件上诉案中，倘显然心智健全的成年患者具体询问医生推荐医疗方案包含的风险，在我看来，医生即有义务依询问所要求的详尽程度予以诚实回答。”（*Sidaway v Board of Governors of the Bethlem Royal Hospital and the Maudsley Hospital*［1985］AC 871，898，per Lord Bridge.）

55. 坦普尔曼勋爵含蓄地/完全地（implicitly）拒绝了博勒姆标准，并基于传统的普通法思路解决问题。如同迪普洛克勋爵和布里奇勋爵，坦普尔曼勋爵也提到医生的专业知识及客观性与患者的无知及主观性之间的不平衡，但赞成患者有决定是否接受医生推荐之医疗措施的权利，哪怕做出考虑不周全的、不理性的判断（*Sidaway v Board of Governors of the Bethlem Royal Hospital and the Maudsley Hospital*［1985］AC 871，904，per Lord Templeman）。在契约法上，从患者决定是否接受推荐医疗措施的权利可知，“医生默示地（impliedly）订立契约向患者提供足以使患者做出考虑周全的判断的充分信息，当然受到医生义务的约束，即不得说或做那些医生认为会损害患者的事情”（*Sidaway v Board of Governors of the Bethlem Royal Hospital and the Maudsley Hospital*［1985］AC 871，904，per Lord Templeman）。医生“要考虑患者最佳利益，同时还要向患者提供充分信息，俾使患者做出考虑周全的判断”（*Sidaway v Board of Governors of the Bethlem Royal Hospital and the Maudsley Hospital*［1985］AC 871，904-905，per Lord Templeman），这些也是医生注意义务的事项。坦普尔曼勋爵对医生义务的勾勒，如同斯卡曼勋爵，并不限于风险披露：讨论

“可能的治疗方法”（*Sidaway v Board of Governors of the Bethlem Royal Hospital and the Maudsley Hospital*［1985］AC 871，904，per Lord Templeman），从而讨论医生所推荐之医疗措施的合理替代方案，对患者做出考虑周全的决定来说也都是必要的。

56. 于是，通过不同路径，坦普尔曼勋爵得到了跟斯卡曼勋爵并没有非常大不同的结果。虽说斯卡曼勋爵依赖的是人权语言，但论证思路实质上跟坦普尔曼勋爵相同：医生的注意义务来自患者决定是否接受推荐之医疗措施的权利。

57. 是以，将西达威案看作完全赞成将博勒姆标准适用于医疗告知事务，是错误的。只有迪普洛克勋爵采纳该立场。依迪普洛克勋爵的进路，在博勒姆标准覆盖的情形之外，只有在患者提问的情形，医生为了回答，这时才有义务提供信息。

58. 西达威案过于重视患者未向医生提问［这个案情事实］，令人难以满意。第一，正如塞德利法官在怀亚特案中指出的（*Wyatt v Curtis*［2003］EWCA Civ 1779，per Sedley LJ），患者可能根本不知道有什么好问的，将提问的任务加诸患者，多少有些不切实际。这里确实逻辑颠倒：患者就面临的风险所知越多，就越容易就相关风险提出具体问题，从而让医生承担提供信息的义务；恰恰是那些不具备这些知识，从而无法提出此类问题，而只会用一般语言表达忧虑的患者，才最需要信息。讽刺的是，正是这些患者希望扫除的无知使得这些患者无法得到想要的信息。第二，这个进路会要求区分下面两者：一是患者提问；二是患者表达关切，还算不上提问，如本案呈现的这个难题。这两者的界限过于细微。第三，要求患者向医生提问的进路无视医患关系的社会和心理现实，不论是在有时间压力的全科医生诊所，还是在大医院，都是如此。极少有患者不会多多少少感到有些害怕或拘谨。

59. 在这个博勒姆标准的例外中还有内在逻辑难题，澳大利亚高等法院在罗杰斯诉惠特克案中即指出此点（*Rogers v Whitaker*［1992］175 CLR 479，486-487）。倘若是医学观点（medical opinion）决定注意义务是否要求披露特定风险，为何患者提问会在过失侵权法中造成差异？患者想了解信息的愿望，哪怕让医生知道，也不会改变医学观点。换言之，这个例外在逻辑上会破坏那个假定的规则。医学观点很可能当然接受，面对提问应提供信息，那么博勒姆标准就没有例外了。

60. 布里奇勋爵对博勒姆标准的其他限定（other qualification）实现了不

稳定的妥协：认为争点“根本上”要适用博勒姆标准来认定，但又允许法官认定“披露特定风险对于患者知情选择的必要性是如此显而易见，没有任何合理审慎的医生会不披露该信息”，合理审慎的医生是“认可并尊重患者决定权利”的医生。

61. 表面看来，这很像后来博莱索案中布朗-威尔金森勋爵阐述的对博勒姆标准的限定（*Bolitho v City and Hackney Health Authority* [1998] AC 232, 243, per Lord Browne-Wilkinson）：虽有医学专家的意见，法院仍得认定医学观点经不起逻辑分析。不过布朗-威尔金森勋爵明确将其观点限定于诊断治疗案件，不同于风险告知案件。在前类案件中，法院关注的是医疗技能和判断事宜，只要医生遵循了相关专科领域某派负责任的医生认可为恰当的惯例，法院通常即不会认定医生有过失。但这个立场要向布朗-威尔金森勋爵讲的限定条件让步，即法院可能认定案涉职业惯例达不到合理注意标准。在涉及风险告知的案件中，适用博勒姆标准依据的观点是，向患者告知是治疗活动的侧面，落在临床判断的范围内。[布里奇勋爵讲的]“知情选择”限定条件则立足于完全不同的立场，其依据的观点是，为了让患者就是否承受特定风险做出知情决定而有必要的，患者有权利知晓该风险信息。

62. 布里奇勋爵给博勒姆标准附加的这个限定条件内在不稳定（inherent instability），后来有些法官倾向于严格解释该限定条件就反映了此点，比如本案［下级法院］就体现了这个倾向，即关注的是布里奇勋爵描述心里想到的案件类型时的具体措辞（“严重不良后果的实质风险”），甚至是具体例子（10%的脑卒中风险），而不是关注该例子意图阐明的原则。

（五）西达威案之后的判例法

63. 在本案中，如同此前的案例，苏格兰最高民事法院适用博勒姆标准，并遵从布里奇勋爵判决意见阐释的限定条件。而在英格兰和威尔士，虽说西达威案仍有约束力，下级法院却已经心照不宣地（tacitly）不再将博勒姆标准适用于医疗告知案件，而在实际上采纳了斯卡曼勋爵的进路。

64. 皮尔斯案在这里格外重要。在该案中，准母亲已过预产期，提供咨询意见的产科医生认为恰当做法是自然分娩，听凭造化安排，不要提前施行剖宫产手术，并如是建议这位准母亲。结果胎死腹中。争点在于医生是否应警示该风险。掌卷法官伍尔夫勋爵，得罗奇法官（Roch LJ）和马默里（Mummery LJ）附议，在判决中写道：

“原告主张自己被剥夺了就接受何等医疗措施做恰当决定的机会，在此类案件中，我认为法律的立场是，如我刚才援引的案例指出的，倘有某重大风险会影响理性患者的判断，该信息对于患者决定接受何等医疗措施乃为必要，那么通常来讲，医生即有责任向患者说明该重大风险。”（*Pearce v United Bristol Healthcare NHS Trust* ［1999］ PIQR P 53，para. 21，per Lord Woolf.）

65. 为支持此进路，掌卷法官特别援引布里奇勋爵在西达威案中发表的判决意见，即前面第 52 段援引的片段。依布里奇勋爵的构想，如前面解释过的，法官［要解决］的问题是，披露特定风险是否对于患者知情选择具有如此显而易见的必要性，从而没有任何认可并尊重患者决定权并尽到合理注意的医生会不予披露。吾人以为，掌卷法官认为“会影响理性患者判断的重大风险”合乎该标准是正确的。伍尔夫勋爵的进路也合乎西达威案中坦普尔曼勋爵的立场（“足以使患者做出考虑周全的判断的充分信息”），以及斯卡曼勋爵支持的标准（“处于案涉患者位置的理性人很可能会认为该风险重要”）。不过这些跟博勒姆标准并无关系。

66. 特别法庭在本案中正确指出，伍尔夫勋爵讲的是“重大（significant）”风险，而布里奇勋爵在描述心中想到的案件类型时的说法是“实质（substantial）”风险。要说“重大”和“实质”在含义上有什么区别，“重大”是更合适的形容词。布里奇勋爵赞成，风险对于患者知情选择具有如此显而易见的必要性，即应予披露；风险对于患者决定的重要性并不只是取决于风险大小，或者对其重要性的医学评估。

67. 怀亚特案揭明了此点。该案涉及的风险是，妊娠期间的水痘可能导致严重脑损害，风险大小约 1%。上诉法院适用皮尔斯案阐述的法律立场，称该案的约束力不亚于西达威案。塞德利法官写道：

“伍尔夫勋爵认可，哪些信息是实质性的、是重要的，医生和患者对这些问题的看法可能有异，是以医生就该问题必须考虑患者可能的看法。这个理解改进了布里奇勋爵的标准。在医生看来，患者水痘在胎儿身上造成异常反应这种不过 1%的风险很可能算不上实质风险，这种异常反应无论如何也说不上严重。但对患者来说，某新风险（依我理解的法官对专家证词的评估）让发生灾难性异常的背景风险（background risk of a potentially catastrophic abnormality）可能性增加一倍或者至少加大了可能性，很可能就是实质性的、重要的风险，或者至少是足够真实的风险，是做知情决定所需要的信息。”（*Wyatt v Curtis* [2003] EWCA Civ 1779, para. 16, per Sedley LJ.）

68. 这里还要提到切斯特诉阿夫沙尔案判决。该案涉及的是因果关系，但就风险告知义务，法官也发表了相关见解。宾厄姆勋爵说，案涉医生有义务向患者警示手术有导致严重不良后果的微小风险（1%—2%）。就此警示义务的基本原理，宾厄姆勋爵说，是“让心智健全的成年人自己决定密切关系自己生命及身体的事务”（*Chester v Afshar* [2004] UKHL 41, para. 5）。斯泰恩勋爵以赞许态度援引皮尔斯案中伍尔夫勋爵判决意见的第21段。沃克勋爵提及医生的告知义务，警示风险即为告知的侧面（*Chester v Afshar* [2004] UKHL 41, para. 92）。沃克勋爵在同一段落还说，自西达威案判决发布后二十余年来，个体意志自主的重要意义得到越来越广泛的认可，又在第98段补充说，患者要做的决定可能对自己的健康和福祉产生深远影响的，就可行的替代方案或其他治疗措施有权利得到相关信息或建议。

69. 在最近的判例法中，英国法院普遍将皮尔斯案中伍尔夫勋爵的阐释看作对医生告知义务的标准表述，当然，时或会有法官谈到要调和伍尔夫进路与西达威案中迪普洛克勋爵及布里奇勋爵的意见并不容易，比如伯奇案［*Birch v University College London Hospital NHS Foundation Trust* [2008] EWHC 2237 (QB)］。重要的是，卫生部和医疗总会发布的指引将切斯特诉阿夫沙尔案看作指导判例（leading authority）。[1]

（六）比较法

70. 当事人提请法院注意其他重要普通法国家的判例法。此处不必详述，只需指出下面这点，即加拿大最高法院近来的判例法一直坚持赖伯诉休斯案采纳的进路，该案的注意义务进路在其他法域也得到遵循，比如澳大利亚高等法院的罗杰斯诉惠特克案以及嗣后的判例。

---

〔1〕 译注：医疗总会（General Medical Council），依1956年《医疗法》（Medical Act）全面管理医疗业、监督医学教育并负责医务人员注册的机构，由女王提名的、大学及皇家学院指定的和注册医务人员选举的成员组成。医疗总会通过其纪律委员会对注册医务人员的行为实施严格管理，有权对违反纪律的人员予以除名或为较轻处分。参见薛波主编，潘汉典总审订：《元照英美法词典》，法律出版社2003年版，第598页。

71. 在罗杰斯诉惠特克案中，梅森、布伦南、道森、图希及麦克休法官在判决中指出，以同样方式处理医生义务所有侧面的思路有如下基本缺陷：

“医疗执业人实施特定医疗措施是否达到恰当注意标准，要解决这个问题，可靠的职业观点可以发挥重要作用，往往是决定性作用；为了让患者选择是接受还是不接受治疗，是否向患者提供了一切相关信息则是不同序列的问题。一般而言，这个问题如何解决并不取决于医疗标准或医疗惯例。除了有些情形，患者异乎寻常的神经紧张、心神不宁或者情绪多变，披露全部相关信息会有格外危险让患者受到损害之外，披露信息包括所推荐之医疗措施伴随的风险，并不需要特别的专业技能。”［*Rogers v Whitaker*（1992）175 CLR 479，489-490.］

72. 澳大利亚高等法院在罗杰斯诉惠特克案中还重新表述了风险实质性标准，从而涵盖下面这种情形，即医生知道或者应该知道，这位真实患者很可能比假想的理性患者更为看重某个特定风险信息：

“在个案案情下，处在患者位置的理性人，倘向之警示案涉风险，该人很可能会予以重视的，［该案涉风险即为实质风险；］或者，医疗执业人已意识到或者应该合理意识到，倘向特定患者警示案涉风险，该人很可能会予以重视的，［该案涉风险亦为实质风险］。”［*Rogers v Whitaker*（1992）175 CLR 479，490.］

73. 下面的说法无疑是对的：医生注意义务的具体内容来自患者个体的需求、关切及境况，以医生知道或者应该知道者为限。以罗杰斯诉惠特克案为例，案涉风险为一目失明，但患者另一目已盲，使得该风险的重要意义比其他情形大许多。另外，患者很担心地询问过风险事宜。患者表达关切与具体提问一样，重要性一目了然。正如古默法官在罗森贝格诉珀西瓦尔案中指出的，法院不要仅仅因为发现患者并未提出具体类型的问题，就过于轻率地抛弃第二点（即医疗执业人认识到或者应该合理地认识到，倘案涉具体患者知晓案涉风险，很可能认为该风险很重要〔1〕）（*Rosenberg v Percival*［2001］205

〔1〕 译注：第二点（second limb），指混合标准中的主观侧面。

CLR 434f, 459, per Gummow J)。

（七）告知义务的结论

74.《希波克拉底言论集》建议医生不要向患者披露关于其病情现状及预后的任何信息，“盖好多患者都因此病情变糟”（*Decorum*, XVI）。差不多两千年后，在西达威案中，坦普尔曼勋爵说，“披露太多信息可能妨碍实现恢复患者健康的目标”（*Sidaway v Board of Governors of the Bethlem Royal Hospital and the Maudsley Hospital* [1985] AC 871, 904, per Lord Templeman）；迪普洛克勋爵和布里奇勋爵也有类似言论。基于该立场，倘以患者健康的最优化为最重要的目标，那么毫不奇怪，向患者披露信息会被看作医疗的一个侧面，向患者披露信息到何程度才是恰当的也就被理解为临床判断事宜，恰当标准由医疗职业设定。

75. 但自西达威案以来，越来越清楚的是，暗含在该判决中的医患关系范式已不再反映医疗服务供给模式的现实和复杂性，或者医疗服务提供人和接受者看待这种关系的方式。在眼下场景，一个特别重要的发展是，今天世人普遍将患者看作享有权利的人，而不是医疗职业所提供之服务的消极接受者。患者还被普遍看作可以选择的消费者，这个观念为医疗服务供给的某些发展打下了基础。此外，今天有更大范围的医疗执业人在为公众提供各式各样的治疗或建议服务，有些是个体执业，也有些身处不同背景执业人组成的团队（由此带来的后果是，虽说这个判断尤其关涉医生，但适当改动，也关乎其他医疗服务提供人）。依今天的理解，医疗服务不仅取决于提供者的临床判断，还要依赖官僚体制对诸如资源配给、成本控制以及医院管理等事务的决定，这些事务由非医疗专业的人决定。这些决定一般放在机构责任而不是个人责任的框架下来理解，原则上容易在公法上而不是侵权法（或者在侵权法之外，还要在公法上承担一定法律后果）上受到质疑。

76. 还要看到的是社会以及医疗服务供给在其他方面的变化。在眼下讨论的场景，特别重要的就是，社会成员通过诸如互联网这样的媒介（虽说互联网上信息质量参差不齐，但还是能找到可靠信息）、患者支援群体以及医疗机构发放的小册子，获取有关病症、检查、治疗方案选项、风险及副作用的信息，远比以前容易和普通。另外的例子就是［法律要求］给药品贴标签和发放信息单，这点格外重要，盖法律这样要求就是以肯定公民有理解这些信息的能力为前提的。是以，将患者看作闭目塞听、理解不了医疗事务或者完全依赖医生披露信息［的愚人］，是错误的。认为患者对医疗事务一无所知、没有能力理解医疗事务，这个观念是永远可疑的以偏概全，正如迪普洛克勋爵为高学历过来人设置例外而含蓄承认的（implicitly acknowledged）。[1]将此观念当作默认前提，在此基础上构造的法律在今天显然不牢靠。

77. 这些社会发展也反映于医疗惯例（医疗实践）。法院一直特别援引医疗总会向医生发布的指引，医疗总会也以参加诉讼人身份参与到本件上诉案中。[2]一份目前有效的文件《良好医疗实践》（*Good Medical Practice*）2013年版在“注册医生的义务（The duties of a doctor registered with the General Medical Council）”标题下写道：

“工作时要与患者合作。倾听患者的关切与偏好并予回应。以患者能理解的方式向患者提供想要的或需要的信息。尊重患者就医疗事务与你形成决定的权利。”

78. 另一份文件《同意：患者与医生共同决定（2008）》描述了医患合作的基本模式：

“医生向患者解说有哪些选项，阐述各选项（包括不治疗的选项）的潜在收益、风险、负担及副作用。医生得向患者推荐自己相信对患者最有利的特定治疗方案，但不得施加压力让患者接受自己的建议。患者权衡各选项的潜在收益、风险及负担，同时考虑对自己重要的并非临床上的事宜。患者决定是否接受某个选项，倘接受，到底是哪个选项。”（*Consent*：*patients and doctors making decisions together*，para. 5.）

就风险事宜，该文件建议，医生必须告知患者治疗是否会导致严重不良后果的信息，哪怕风险非常小，就不太严重的并发症，若属常见（frequently），也应告知患者（*Consent*：*patients and doctors making decisions together*，para. 32）。代表医疗总会提交给本院的陈词在谈到这些文件时认可，让患者知情并参与

[1] 译注：参见前文第42段。

[2] 译注：参加诉讼人、加入诉讼人（intervener），自愿并经法庭许可而加入诉讼，成为该诉讼的一方当事人，以维护自己的权利或利益的人。参见薛波主编，潘汉典总审订：《元照英美法词典》，法律出版社2003年版，第724页。

到治疗程序中，而不是让患者成为消极的甚至有些不情愿的接受者，这样的进路可以产生治疗上的收益，被看作治疗上职业素养不可少的侧面。

79. 本案法律事实发生时，适用的还是这些文件的早期版本（*Good Medical Practice*, 1998）以及 1998 年《征求患者同意：伦理考量》（*Seeking patients' consent: The ethical considerations*），大体可得到类似效果。但在苏格兰最高民事法院审理阶段，未见提及这些文件。

80. 除了社会及医疗实践的这些发展，法律也在发展。在 1998 年《人权法》（Human Rights Act）的激励下，法院逐渐认识到普通法反映这些基本价值的程度。正如斯卡曼勋爵在西达威案中指出的，基本价值包括自我决定的价值［see, e. g. , *S* (*An Infant*) *v S*［1972］AC 24, 43, per Lord Reid; *McColl v Strathclyde Regional Council* 1983 SC 225, 241; *Airedale NHS Trust v Bland*［1993］AC 789, 864, per Lord Goff of Chieveley］。该价值不仅构成普通法各侧面的基础，也是《欧洲人权公约》第 8 条保护的私人生活受尊重权利的基础。医生有让患者参与医疗决策的义务，不仅得到联合王国诸多法院判决的认可，也得到欧洲人权法院判决的认可，如格拉斯诉联合王国案（*Glass v United Kingdom*［2004］39 EHRR 15）和泰赛克诉波兰德案（*Tysiac v Poland*［2007］45 EHRR 42）。该价值在其他国际文件中有更为具体的反映：尤其是欧洲委员会各成员国、非成员国及欧洲共同体 1997 年 4 月 4 日于奥维耶多订立的《在生物学和医学应用领域保护人权和人格尊严的公约：人权和生物医学公约》第 5 条。[1]

81. 前面提到的这些社会和法律发展表现出来的趋势是背离立足于医疗家父主义的医患关系模式，这种模式立足的观念是，患者完全依赖医生提供的信息。这些发展指向的法律进路是这样的：并不是把患者看作将自己完全交在医生手里（于是，一旦结果不如意，倾向于起诉医生），而是尽可能将患者看作成年人，有能力理解医疗措施并不确定成功，可能包含风险，有能力负责任地去承担影响生命的风险，接受自己选择的结果。

82. 在过失侵权法上，这个进路令医生承担义务，尽到合理注意以确保患

---

〔1〕译注：该条规定，“（1）医疗领域的任何医疗干预，只有经当事人充分知情后基于自由意志表示同意，方得为之。（2）当事人表示同意前，就医疗干预的目的和性质，后果和风险，应先向其提供适当信息。（3）当事人得随时自由地撤回信息”。

者认识到医疗措施固有的实质损害风险。在传统过失侵权法框架下，可以理解为如下注意义务，不将他人暴露于其本来可以避免的损害风险之下，也是患者决定是否承担该风险的权利的对应物。患者享有该权利，该权利的行使并不只是取决于医疗考虑，这些至关重要。这个事实指向对医生不同角色的根本区分，一个角色是考虑可能的诊断或治疗选项，另一个角色是跟患者讨论推荐的医疗方案和可能的替代方案，以及这些方案可能包含的损害风险。

83. 前一个角色要动用专业技能和判断：比如，手术中包含什么样的伤害风险属于医疗职业人士专门知识的范围。但不能由此推断（*non sequitur*），是否应与患者讨论某伤害风险或者某替代治疗方案是否可行，也是纯粹职业判断的问题。不能将医生的顾问角色（advisory role）理解为，并不是不考虑患者有权利决定要冒怎样的健康风险（这个决定可能受到非医疗考虑的影响），［但仍是］纯粹运用医疗技能。决定［病］人权利的性质和范围，责任在法院，不在医疗职业。

84. 此外，医生到底在多大程度上愿意跟患者讨论风险，并不由医学知识或医疗经验来决定，故而，将博勒姆标准适用于这个问题就很容易导致对医疗实践中差异［立场分歧］的认可（sanctioning of differences），这些差异［立场分歧］不是来自医学科学的不同学派，而纯粹来自医生群体内部就应该在多大程度上尊重患者的不同态度。

85. 当然，患者可以决定自己不想知道伤害风险信息（正如患者可以选择无视药物附随的信息单）；患者明确不愿意讨论治疗的固有风险的，医生也就没有义务跟患者讨论。要认定患者是否如此不情愿讨论，可能要求医生做出判断，但这个判断工作并不依赖医疗经验。诚然，医生必然要判断如何最好地向患者解释风险，而有效的解释工作可能也需要技能。这里需要的技能和判断并不同于博勒姆标准关心的类型；而且这里虽然需要技能和判断，但并不意味着到底是否要披露风险的问题通常属于由医生判断的问题。并不是说，依合理的医疗判断，向患者披露信息会有害患者健康的，医生仍应披露信息；但“治疗例外（therapeutic exception）”（依向来的叫法）不能构成一般规则的基础。[1]

86. 由是可知，西达威案多数意见对法律的如下分析不能令人惬意，即认

〔1〕 译注：“治疗例外”即所谓医疗特权规则。

为医生告知医疗措施风险的义务落在博勒姆标准适用范围之内，该一般原则受到两个限定，两者在根本上跟该标准立场不一致。[1]并不奇怪，法院后来适用西达威案立场会感到困难，英格兰和威尔士的法院事实上背离了该立场：切斯特诉阿夫沙尔案对此给予有力背书，尤其是斯泰恩勋爵。在这个场合［医疗告知］继续适用博勒姆标准直到永久，并无道理。

87. 就治疗的伤害风险，正确立场现在看来应该是斯卡曼勋爵在西达威案中、伍尔夫勋爵在皮尔斯案中采纳的立场，并接受澳大利亚高等法院罗杰斯诉惠特克案所为之提炼（refinement），前面第 70—73 段已讨论过。心智健全的成年人有权利决定接受哪种治疗方案（若有），必须在妨害身体完整的医疗手段施行之前取得该人同意。是以医生有义务尽到合理注意，确保患者认识到所推荐之医疗措施中包含的任何实质风险，以及任何合理替代方案或者有所变化的治疗方案（variant）。实质性标准意指，在个案具体案情下，处在患者位置的理性人很可能认为重要的风险，或者医生认识到或本应合理认识到，案涉患者很可能认为重要的风险。

88. 倘医生合理认为，特定风险信息会给患者健康造成严重损害，有权利不予披露。在事出必要的场合，医生亦得免于与患者沟通，比如患者需要紧急治疗却不省人事或者出于其他事由而不能自做决定。就这些例外的边界，本案不必详细讨论。

89. 还有三点要提及。第一，由此进路可知，评估特定风险是否为实质风险，不能简化为只看百分比。特定风险的重要性很可能反映风险大小之外的诸多不同因素：比如，风险的性质，风险发生对患者生命的影响，治疗意图实现的功效对患者的意义，可得的替代方案，替代方案包含的风险。是以，该评估工作高度依赖案件事实，同样高度依赖患者个人特征。

90. 第二，医生的顾问角色需要跟患者对话，目的在于确使患者理解病情的严重性质、所推荐之医疗措施预期的收益和风险，以及任何合理的替代措施，从而使患者处在得为知情决定的状态。只有提供的信息让患者容易理解，医生的顾问角色才能发挥作用。以根本不能合理指望患者理解的技术信息轰炸患者，不能认为医生尽到义务，例行公事般地要求患者在同意书上签字，那就更不用说了。

---

〔1〕 译注：指告知信息有显而易见必要性，以及患者主动提问。

91. 第三，要强调，治疗例外规则不得滥用。就患者得决定是否接受所推荐之医疗措施的一般规则，治疗例外受到限制：患者［倘知晓相关信息］有可能做出在医生看来有悖患者最佳利益的选择的，治疗例外规则绝不意在允许医生［不告知患者相关信息从而］不让患者做出知情选择，而推翻一般原则。

92. 当然可以举出一些论据，反对［信息披露的一般］进路：比如，有些患者宁愿相信医生，而不想要知道治疗出错的所有可能方式；在典型的医患沟通可用时间段里，没有办法讲清楚医疗措施伴随的风险；法律设定的告知要求可能导致防御医疗，增加诉讼风险；此类诉讼的结果更加难以预见。

93. 上面的第一点，第85段已解决。就第二点，医疗总会发布的指引很长时间以来要求的都是大体类似的进路。但还是有必要设定法律义务，从而让那些不太擅长或不太愿意跟患者沟通，或者太过忙碌的医生，也都依法律义务暂停［手头工作］并跟患者交流。有些医疗执业人可能不欢迎这个立场，但上议院在多诺霍诉史蒂文森案中的论证毫无疑问也以类似方式得到瓶装饮料制造商认可（*Donoghue v Stevenson*［1932］AC 562）。吾人在这里描述的进路长久以来都在其他法域运行，据信这些地方的医疗惯例/医疗实践都依法律要求而调整。就第三点，传统进路要求患者依靠医生来决定是否承受特定医疗措施的固有风险，而新进路要让患者认识到治疗的结果不确定且可能有危险，让患者自己为选择负起责任，万一发生不利后果，想来新进路更不容易引发相互指责和诉讼吧。就第四点，吾人同意，背离博勒姆标准会降低诉讼结果的可预测性（在论辩式的程序中，要推翻博勒姆标准很困难）。但吾人以为，为了保护患者，不让患者暴露于本来可以选择避免暴露的伤害风险之下，可以容忍法律结果可预测性一定程度的降低。但对以上几点更为根本的回应是，为尊重患者人格，无法要求更低（requires no less）。[1]

（八）本案中的风险告知

94. 在这个基础上看本案，毫无疑问麦克莱伦医生有义务告知蒙哥马利女士，阴道分娩有肩难产风险，并与产妇讨论剖宫产这个替代分娩方式。苏格兰高等民事法院关注的是孩子可能遭受重大伤害的风险，这个风险相对来说是比较小的。而肩难产风险则是实质风险，依医学证据，发生概率为9%到

---

〔1〕 译注：本段的四点针对第92段的四条论据。

10%。依吾人描述的进路，合理注意义务毫无疑问会要求披露此信息。不同于孩子遭受损害的风险（臂丛神经损害风险大约为 1/500，更严重的损害，比如大脑性麻痹或死亡，就更小了），医学证据表明（前文第 8 段到第 12 段，第 21 段），肩难产本身就是外科重大紧急情况，要求采取对母亲有创伤性的医疗措施，并有让母亲遭受健康损害的重大风险。面对可能的第四度撕裂、扎瓦内利操作法或者耻骨联合切开术，大概没有女性能够心情平静地去接受。选择性剖宫产手术包含的风险，对母亲来说极小而对孩子来说实际上不存在，这个显而易见的对比清楚表明，鉴于蒙哥马利女士的个人情况，有必要了解肩难产发生的可能性。麦克莱伦医生自己的证词强化了这个结论（前文第 13 段、第 19 段），其称自己意识到肩难产风险很可能影响处在蒙哥马利女士位置的患者如何决定，而蒙哥马利女士也很担心自己阴道分娩的能力。

95. 在本案中，并不存在风险信息会损害患者健康从而医生有权利不予披露的问题。虽说麦克莱伦医生的证词称，自己的策略就是不向患者告知肩难产风险，以免患者都会选择剖宫产，但“治疗例外”规则的意图并不在于让医生能够防止其患者做知情决定。事实上，医生负有职责让患者认识到有利于及不利于各医疗方案的诸多考虑，并向患者解释何以自己认为在医学上某个医疗方案更为可取。

（九）因果关系

96. 如前面解说过的，独任法官认定，即便蒙哥马利女士知道了肩难产风险，知道有剖宫产这个替代方案，也不会选择接受剖宫产手术。特别法庭支持这个事实认定。

97. 本院近来在诸多判例中重申（包括 *McGraddie v McGraddie*［2013］UKSC 58 和 *Henderson v Foxworth Investments Ltd*［2014］UKSC 41），上诉法院打算推翻初审法院的事实认定时要克制。如在亨德森案判决中写道：

“若是没有其他可辨识的错误，比如（无意穷尽描述），实质性的法律错误，或者重大的事实认定欠缺证据基础，或者已证实对相关证据理解错误，或者已证实未能考虑相关证据，那么上诉法院只有在一种情况下才会干涉初审法院的事实认定，即确信初审法官的决定得不到合理解释或论证。”（*Henderson v Foxworth Investments Ltd*［2014］UKSC 41，para. 67.）

另外，只在极少见案件中，本院才会干涉数个下级法院一致认定的事实（concurrent findings）。正如乔安西勋爵在辛吉斯案中指出的：

“对下级法院一致认定的事实，只有证明所有下级法院都显然有误，本院才会干涉事实认定。”［*Higgins v J & C M Smith*（*Whiteinch*）*Ltd* 1990 SC（HL）63，82，per Lord Jauncey.］

98. 正如在澳大利亚判例法中已经看到的，在未披露的风险发生情形，跟因果关系争点紧密关联的，是要确认本应披露的特定风险。在本案中，独任法官关注的是孩子遭受严重损害的风险，并就因果关系写道：

“我已说过，倘发生肩难产，［孩子］遭受严重损害的风险非常小。考虑到这个非常小的风险，第一个问题必然是要求法院认定，原告是否已在‘若非-则不’的标准上证明，未向患者告知**案涉风险**（*said risks*）与孩子遭受的损害之间有关联。或者换个说法，原告是否已证明，倘若知道**案涉风险**（*said risks*），当会选择剖宫产，从而得避开孩子遭受的损害。”（粗体标记系本件判决添加。）

99. 如已经解说过的，独任法官将涉及该事宜的证据描述为范围很小（short compass），并说“如下所示”。独任法官接着援引蒙哥马利女士的证词（见第18段的转述），以证词不可靠为由不予采信，继而认定原告并未证明因果关系。[1]

100. 如同独任法官，特别法庭处理因果关系问题的思路也是将相关争点理解为，“倘得知发生肩难产情形造成严重后果的风险［有多大］，蒙哥马利女士会怎样做”，而不是倘得知肩难产的风险以及该并发症的潜在后果，当会怎样做。如前面讲过的，律师指出，独任法官梳理了事关争点的全部证据，但偏偏丝毫未提及麦克莱伦医生的证词，称倘若将肩难产风险向蒙哥马利女士说明，那么她会毫无疑问地选择剖宫产，如同任何糖尿病孕妇一样（前文第19段）。特别法庭称，该证词出具场景为讨论在告知肩难产风险方面的医

〔1〕 译注：参见前文第35段。

疗职业惯例，而不是考虑蒙哥马利女士可能的态度和反应。[1]

101. 但该证词并不是孤立的。该证词跟麦克莱伦医生的另一段证词吻合，即一般而言，糖尿病人倘若知道肩难产风险，都会要求施行剖宫产手术（前文第 13 段）。麦克莱伦医生的看法是，正是由于多数女性在知道肩难产风险后都会选择剖宫产（而在这位医生看来，这不合产妇最佳利益），才未披露该信息。这也合乎健康委员会专家证人的证词，杰拉德·梅森医生说，倘医生向患者警示肩难产风险，实际上就是让多数女性径直要求剖宫产（前文第 25 段）。

102. 吾人以为，独任法官未提及上面这些证据，并未落入托马斯案中西蒙兹勋爵附带意见的范围，即上诉法院“有权利且必定假设［初审法官］已充分考虑了全部证据，除非有令人信服的理由得出相反结论”［*Thomas v Thomas* 1947 SC（HL）45，61，per Lord Simonds］。这是很重要的意见，但有限定，即“除非有令人信服的理由得出相反结论”。在本案中，独任法官不仅没有提及前述任何证据，还积极断言，“涉及［因果关系争点］的证据范围很小，如下所示……”然后仅援引蒙哥马利女士证词中的片段。该断言显然暗示，就此争点并无其他证据。这些事实即构成令人信服的理由，从而得认为独任法官未充分考虑相关证据，该失察同时还影响了特别法庭的决定。

103. 但更为根本的是，吾人坚持医生有义务告知蒙哥马利女士肩难产风险，有义务与之讨论潜在影响及可行选项。坚持这个立场的后果是，应该在一个跟独任法官及特别法庭所持思路不同的立足点上考虑因果关系争点。独任法官及特别法庭考虑的是，倘告知蒙哥马利女士发生严重后果的微小风险，蒙哥马利女士的假想反应当会如何。恰当立场是，要考察倘蒙哥马利女士知道肩难产风险，很可能会如何反应。就该问题，吾人接受麦克莱伦医生毫不含糊的看法，即蒙哥马利女士当会接受剖宫产。考虑因果关系问题还要立足于一个假设，即医患双方有过讨论而患者并未受到压力要接受医生的推荐。在此情形下，着实没有任何基础得据之认为，倘蒙哥马利女士得知肩难产风险，仍当会选择继续阴道分娩。

104. 以如此方式处理因果争点，吾人遂可得出结论，证据清楚指着一个方向。前面提及蒙哥马利女士、麦克莱伦医生及梅森医生证词片段，讨论了

---

〔1〕 译注：参见前文第 36 段。

蒙哥马利女士（或身处此位置的女性）倘得知肩难产风险可能会如何反应。前面还提及麦克莱伦医生的证词，称蒙哥马利女士担心自己阴道分娩的能力，且向医生表达担忧不止一次。虽说独任法官对蒙哥马利女士的证词到底在多大程度上受到后见之明的影响持严肃保留立场，但对麦克莱伦医生的证词没有这样的担心：就案件的知情同意侧面，麦克莱伦医生被认为是“令人印象深刻的证人”，其证词“可信、可靠（credible and reliable）”。基于该评估，并特别考虑其证词，吾人得合理得到的唯一结论就是，倘麦克莱伦医生告知蒙哥马利女士肩难产风险并冷静客观地讨论潜在后果以及选择性剖宫产这个替代方案，蒙哥马利女士很大可能（probably）会选择通过剖宫产手术分娩。无可争辩，胎儿当会健康出生。

105. 倘若蒙哥马利女士证明不了“若非-则不”因果关系，是否得依切斯特诉阿夫沙尔案的立场在其他什么基础上证明因果关系，在本案的案情下，没有必要去考虑。

（十）结论

106. 基于以上理由，吾人照准上诉。

黑尔女爵

107. 安德鲁·格拉布、朱迪丝·莱恩和琼·麦克黑尔在《医事法原理》第三版中自信地宣布，细致分析西达威案中上议院诸位法官的不同判决意见，以后不再必要了。医疗总会2008年发布的指引、上诉法院在皮尔斯案中的判决，还有上议院的切斯特诉阿夫沙尔案判决，这些动向放在一起，意味着现在可以“有合理把握”地讲，对知情同意的需求已确定是英国法的一部分（Andrew Grubb, Judith Laing & Jean McHale, *Principles of Medical Law*, 2010, para. 8. 70）。本案给了吾人机会，不仅是肯定该论断，而且明确，同样的原则适用于苏格兰。

108. 目前的公认看法是，过失侵权法保护的利益是个体对自己身心完整的利益（physical and psychiatric integrity），该利益的一个重要特征是个体的意志自主（autonomy）、决定何者得施于及不得施于己身的自由（意外妊娠案件即为适例（*Rees v Darlington Memorial Hospital NHS Trust* [2003] UKHL 52）。是以，正如乔纳森·赫林在《医事法与伦理》中所说，“问题不在于是否给了患者足够信息，俾确使患者同意医疗措施，而在于是否给了患者足够信息，从而使得医生的行为非为过失侵权，并给予患者意志自主的权利以恰当保护”（Jonathan Herring, *Medical Law and Ethics*, 2012, 4th edition, p. 170）。

109. 这个立场的一个重要后果是，不可能将特定医疗措施与替代方案隔绝开来孤立考虑。大量的医疗决定都不是简单回答是或否。需要患者选择，考虑有利于及不利于每个选项的理由，故必须给患者充分信息：参见医疗总会 2008 年发布的《同意：患者与医生共同决定》第 5 段，基尔勋爵和里德勋爵在前面第 78 段援引并在第 83 段到第 85 段表态支持。

110. 妊娠是格外有力的例证。女性一旦妊娠，胎儿总要以某种方式娩出。将胎儿留在腹中并非选项。主要选择就是阴道分娩和剖宫产。阴道分娩是通常且“自然”的分娩方式；剖宫产是为了挽救胎儿生命，并以母亲的利益为代价。今天，剖宫产手术对母亲和胎儿来说风险都很小，国家健康及医疗质量署（National Institute for Health and Clinical Excellence）最新发布的指引明确说，“产妇要求剖宫产，倘经讨论并提供支援（包括围产期精神健康支援，针对为分娩感到焦虑的女性），阴道分娩仍非可接受选项的，即予剖宫产”。（NICE clinical guideline 132, para. 1. 2. 9. 5.）

111. 这并不必然说，医生在每件病案中都必须主动说明每个医疗方案的利弊得失，但要是母亲或孩子在阴道分娩中面临增大的风险，医生显然有主动说明义务。在今天，不能只关注孩子面临的风险，也要同等（若不是更多）关注母亲的风险，既包括分娩中伴随的风险，也包括任何后遗症。本案中的一个问题就是，一直关注的都是孩子的风险，而未考虑到母亲在分娩过程中可能遇到的风险。

112. 罹患胰岛素依赖型糖尿病的孕妇所怀胎儿体型往往比平均体型大一些，这在 1999 年时已得到公认。[1]这就带来了 9% 到 10% 的“机械故障（mechanical problems）”风险，要么是胎儿头部不能进入母亲骨盆，要么更为糟糕，头部虽进入骨盆，可肩部太宽，不能跟着头部通过产道，卡在那里。这时候要采取各种极端操作，以帮助娩出胎儿。如皇家妇产科学院 2005 年发布的关于肩难产的第 42 号指引所说：

---

〔1〕 译注：本案法律事实发生在 1999 年 10 月。

“即便得到恰当管理，肩难产也可能［给婴儿］带来很高的围产期死亡率和相关疾病的发病率。母亲的发病率也增加了：肩难产情形，11%的产妇产后血崩，3.8%的产妇会阴四度撕裂，帮助分娩的那些操作法并不改变发病率。”（Guideline No 42 on *Shoulder Dystocia*.）

没有证据表明 1999 年时这些知识还未普及。胎儿遭受永久伤害的风险小于母亲的伤害风险，但缺氧可能让胎儿遭受灾难性伤害（虽说风险非常小），如本案中所发生的。

113. 这些风险都是任何理性的母亲在决定是阴道分娩还是剖宫产时愿意考虑的因素。当然，母亲也会严肃考虑医生对该风险发生在自己身上的概率的评估。但可以很容易理解，何以本案中的医学证据都表明，倘有剖宫产选项，任何胰岛素依赖型糖尿病孕妇都会选择。阴道分娩有哪些好处，可以胜过让母亲和胎儿都免遭风险呢?

114. 本院没有看到证词的完整副本，但在证词摘录中，麦克莱伦医生提及曾向某位要求剖宫产的母亲解释“何以剖宫产不合乎母亲的最佳利益”，并在稍后表明立场——“剖宫产手术不合乎母亲利益”。不管麦克莱伦医生心里怎么想，这看起来都不像是纯粹的医学判断。看起来是道德判断，认为阴道分娩在某种程度上要比剖宫产更可取，从而得理直气壮地不向妊娠期女性提供自由选择所需要的信息。阴道分娩当然是独一无二的奇妙体验，但从未见任何人主张，阴道分娩一定会比剖宫产让母子关系更为密切、更为和谐。

115. 无论如何，一旦论辩偏离纯粹医学考虑，并涉及此类价值判断，那么就很清楚了，正如基尔勋爵和里德勋爵在第 85 段提到的结论，博勒姆标准（得到某派负责任的医学观点支持的行为标准）变得非常不恰当。除了医生对产妇及胎儿所面临之风险的评估，产妇有权利考虑自己的价值观念、自己对自然且传统的分娩方式及剖宫产分娩各自优势的评估，不管医学观点怎么说。产妇可能将自然分娩看得格外重要，愿意承受自然分娩给自己和胎儿带来的风险。医生必须尊重患者的选择，除非患者欠缺决定的法律能力（*St George's Healthcare NHS Trust v S*［1999］Fam 26）。若是产妇愿意放弃自然分娩带来的愉悦以避免自己和胎儿面临某些不能说小的风险，那么要说前面的立场不能适用于这个相反的情形，自然毫无道理。患者不能强迫医生提供医生认为无用或不恰当的医疗措施，但患者至少有权利知道能让自己恰当参与医疗决定的那些信息。

116. 正如国家健康及医疗质量署发布的指引所说,“应该向怀孕女性提供基于证据的信息及援助,俾使其就关涉己身的医疗事务做知情决定”(NICE Clinical Guidline 132, para. 1. 1. 1. 1)。女性一旦怀孕,不仅丧失意识能力,以意志自主的主体身份行事的权利也一并丧失了,这种看法流行的时代已经一去不复返了。

117. 我完全赞成基尔勋爵和里德勋爵涵盖全面的判决,以上针对妊娠及分娩事宜发表的额外意见不过是为一般立场添加的注脚。倘有人发现我的意见竟与两位法官的判决有何差异,我当即刻遵从两位法官的表述方式。我照准上诉请求。

附：罗杰斯诉惠特克案

Rogers v Whitaker（1992）175 CLR 479

澳大利亚高等法院

梅森法官（Mason）、布伦南法官（Brennan）、

道森法官（Dawson）、图希法官（Toohey）、

高德隆法官（Gaudron）、麦克休法官（McHugh）

1992 年 11 月 19 日

梅森法官、布伦南法官、道森法官、图希法官、麦克休法官

1. 上诉人克里斯托弗·罗杰斯（Christopher Rogers）是位眼科医生。被上诉人默里·琳内特·惠特克（Maree Lynette Whitaker）［女士］是上诉人的患者，在上诉人处接受右眼手术，术后几乎完全失明。被上诉人［惠特克女士］在新南威尔士州最高法院提起过失侵权诉讼，得到赔偿金 808 564.38 美元。上诉人［罗杰斯医生］在向新南威尔士州上诉法院提起上诉未果后［（1991）23 NSWLR 600］，现在向本院提起上诉。

2. 上诉人［罗杰斯医生］施行手术达到了要求的技能和注意水平，此点并无问题。初审法官坎贝尔（Campbell J）判令上诉人负赔偿责任的依据在于，上诉人未向被上诉人［惠特克女士］警示，右眼手术可能会使左眼患上交感性眼炎（sympathetic ophthalmia）。这个术后疾病以及给左眼带来的视力损失，对被上诉人来说简直是灾难性的，盖被上诉人在 9 岁时右眼遭受穿透性伤害，已近乎失明。虽说早年遭遇这个不幸，但被上诉人的生活还算平顺：完成了学业，找到工作，结婚成家。1983 年，距右眼遭受伤害已过去近 40 年，当时被上诉人在家全职照顾受伤的儿子已 3 年，为了给重返工作岗位做准备，决定接受眼科检查。全科医生将被上诉人转介给眼科的科恩医生（Dr Cohen），科恩医生给被上诉人配了眼镜，又将之转介给上诉人［罗杰斯医

生]，看看右眼是否要动手术。

3. 被上诉人并没有立即就诊，直到 1984 年 5 月 22 日，才第一次找上诉人检查。上诉人建议被上诉人接受右眼手术，不仅通过清除疤痕组织可以改善外貌，还有可能显著恢复右眼视力。3 周后第二次就诊，被上诉人同意接受手术。手术于 1984 年 8 月 1 日施行。术后，右眼视力似乎并无改善，更重要的是，被上诉人左眼由于交感性眼炎开始发炎。据初审时的证据，此类手术大概每 14 000 例出现一例交感性眼炎，也有证据显示，若是接受手术的眼睛早期有穿透伤，如本案病例，[交感性眼炎] 发病率还会略高一点。交感性眼炎并不一定导致失明，但本案中的被上诉人不幸左眼失去全部视力。由于手术未能丝毫恢复右眼视力，被上诉人现在近乎完全失明。

4. 在被上诉人 [惠特克女士] 启动的初审程序中，其主张了好几种过失侵权名目。坎贝尔法官认定，上诉人未警示交感性眼炎的风险构成过失，并造成被上诉人的疾病，当事人的其余诉由皆被驳回。坎贝尔法官并未确认，依恰当医疗惯例，哪怕被上诉人没有表达知情愿望，上诉人也应向被上诉人警示交感性眼炎的风险；但认为被上诉人表达了对此类信息的知情愿望，故有警示必要。上诉人对初审法官关于责任成立及赔偿金额的意见皆不服，提起上诉，上诉法院由马奥尼法官（Mahoney）、普里斯特利法官（Priestley）及汉德利法官（Handley）组成的审判庭驳回上诉人全部上诉事由；上诉法院还驳回被上诉人 [惠特克女士] 针对一般赔偿金提起的反上诉。被上诉人 [惠特克女士] 并未再向本院上诉，但上诉人 [罗杰斯医生] 就义务违反及因果关系两点提起上诉。

（一）义务违反

5. 不管在上诉法院还是在本院审理阶段，就上诉人对被上诉人负有注意义务这一点，并无任何争议。法律令医疗执业人于提供专业治疗及建议之际达到合理注意和技能水平。该义务是“单一全面义务（single comprehensive duty），涵盖医生应运用其技能和判断的所有方面”（*Sidaway v Board of Governors of the Bethlem Royal Hospital and the Maudsley Hospital* [1985] AC 871，893，per Lord Diplock）；延伸及于检查、诊断及治疗活动，以及在适当情况下提供信息（*Gover v South Australia* [1985] 39 SASR 543，551）。当然，必须在个案中充实义务的内容。

6. 合理的技能和注意以践行并自称具备该特别技能的通常熟练水平之人

为标准（*Bolam v Friern Hospital Management Committee*［1957］1 WLR 582，586；see also *Whitehouse v Jordan*［1981］1 WLR 246，258，per Lord Edmund-Davies，*Maynard v West Midlands Regional Health Authority*［1984］1 WLR 634，638，per Lord Scarman），在本案中，即以专事角膜及眼球前段手术的眼科医生为准。如前所述，上诉人未达到这个标准，表现在未让患者认识到所施行的手术有导致交感性眼炎的风险，被上诉人的这个主张得到初审法官的认可。上诉人的证词称，"我根本没想到要将交感性眼炎［风险］告知患者"。

7. 本案中的主要争点涉及上诉人注意义务的范围和内容：上诉人未向被上诉人说明并警示手术固有风险，是否构成义务违反？上诉人主张，应适用所谓博勒姆原则解决该争点；该标准出自博勒姆案中麦克奈尔法官对陪审团的指示。在西达威案中，斯卡曼勋爵如是阐述博勒姆原则：

> "博勒姆原则或得表述为如下规则，倘医生行事合乎某派医学观点在当时认可为恰当的惯例，即无过失，虽有其他医生持不同做法亦无碍。简言之，法律令医生负担义务，但注意标准乃属医学判断事宜。"（*Sidaway v Board of Governors of the Bethlem Royal Hospital and the Maudsley Hospital*［1985］AC 871，881.）

在初审阶段，有诸多声望卓著的医疗执业人出具证词，称在本案案情下，不会警示患者交感性眼炎的风险；但也有同样卓越的医疗执业人出具证词，称会给予此类警示。被上诉人主张，若博勒姆原则使得法官在医疗过失案件中必须服从医疗专家，那么该标准即不应适用。在本案案情下，初审法官没有听从那些声称不会警示患者的医疗执业人的证词，无论如何都是正确的。

8. 英国法一贯适用博勒姆原则（*Whitehouse v Jordan*［1981］1 WLR 246；*Maynard v West Midlands Regional Health Authority*［1984］1 WLR 639；*Hills v Potter*［1984］1 WLR 641；*Sidaway*；*Blyth v Bloomsbury Health Authority*，unreported，Court of Appeal，5 February 1987；*Gold v Haringey Health Authority*［1987］3 WLR 649）。在医疗过失案件之外，也有一些合乎博勒姆原则的论述（*Mutual Life Ltd. v Evatt*［1971］AC 793，804；*Saif Ali v Sydney Mitchell and Co.*［1980］AC 198，218，220）。该原则立足于如下认知，即在涉及医疗专业知识的事务中，

有充足空间容纳真正的观点分歧，不能仅因为某执业人的结论或操作不同于其他执业人即认为有过失（*Hunter v Hanley*［1955］SLT 213，217，per Lord President Clyde）；只有认定被告未达到相关领域专科医生通常技能标准，方认定为过失。是以，在怀特豪斯案中（*Whitehouse v Jordan*［1981］1 WLR 246），有利于原告的初审判决被撤销，盖有专家证据支持被告在接生原告过程中的努力是合格的，没有充分证据让初审法官判定被告有过失。类似地，在梅纳德案中（*Maynard v West Midlands Regional Health Authority*［1984］1 WLR 634），虽有一派医生的观点认为案涉手术决定错误，可也有另一派医生的观点认为案涉手术决定合理，故认定被告有过失的理由并不充分，有利于原告的初审判决遭撤销。

9. 在西达威案中，上议院考虑了博勒姆原则是否适用于诉称提供医疗信息和咨询服务有过失的案件。原告接受脊椎手术，意在减轻颈部、肩部及臂部反复发作的疼痛。手术包含伤害脊柱和神经元的固有实质风险，风险大小在1%到2%之间。风险果然实现，原告严重残疾。原告提起过失侵权诉讼，主张医生未告知或未解释手术风险。如上议院判决阐明的，没有可靠证据支持原告关于医生未予说明或警示的核心主张，故原告必定败诉。可多数意见认为（斯卡曼勋爵持异议），未向患者警示拟行手术固有风险是否构成违反医生注意义务，这个问题适用博勒姆原则处理。但持多数意见的各位法官对博勒姆原则看法有异。迪普洛克勋爵给予该原则最广的适用范围，认为就医生应向患者警示哪些风险而言，与医生对患者负有的全面注意义务的其他部分一样，都要运用同样的专业技能和判断，在这个问题上，如同医疗行为是否恰当的问题，以同样的方式对待专家证据（*Sidaway v Board of Governors of the Bethlem Royal Hospital and the Maudsley Hospital*［1985］AC 871，895）。布里奇勋爵的看法是（得基思勋爵附议），［知情］同意争点适用博勒姆标准，主要依专家证据决定（ibid.，p. 900），但又认为，纵使有某派负责任的医学观点支持在具体案件中不披露信息，初审法官仍得在特定案情下认为，披露特定风险信息对于患者的知情选择来说明显必要，没有哪位合理审慎的医疗执业人会不予披露。坦普尔曼勋爵看起来甚至不太情愿让医学观点决定这个争点，称：

> “法院必须决定，提供给患者的信息是否足以让患者警觉，认识到可能发生后来实际发生的严重损害。”（Ibid.，p. 903.）

但同时，坦普尔曼勋爵又给了医生很大空间决定，向患者披露全部可得信息可能有悖医生维护患者最佳利益的义务（ibid.，at p. 904）。这里说的是所谓医疗特权，即给医生机会证明，得合理相信披露特定信息对患者有害。(See *Canterbury v Spence* [1972] 464 F 2d 772，789；*Sidaway v Board of Governors of the Bethlem Royal Hospital and the Maudsley Hospital* [1985] AC 871，889，per Lord Scarman. See also *Battersby v Tottman* [1985] 37 SASR 524，527-528，534-535.)

10. 斯卡曼勋爵在异议判决中拒绝将博勒姆原则适用于提供医疗建议或信息的案件，称：

> "吾以为，未予警示［的不作为］是否构成违反对患者的注意义务，不能仅仅依据当时可靠的、合格的专业观点和惯例来决定（当然，这些都是重要考虑因素），而是取决于法院对下面问题的看法，即医生在向患者提供建议或说明时，是否考虑到了法律要求考虑的患者有权利依据相关信息自己决定是否接受医生推荐的医疗措施。"（*Sidaway v Board of Governors of the Bethlem Royal Hospital and the Maudsley Hospital* [1985] AC 871，876.)

斯卡曼勋爵援引了美国哥伦比亚特区巡回上诉法院的坎特伯雷案以及加拿大最高法院的赖伯诉休斯案，这些判决认为医生的警示义务源于患者知晓实质风险的权利，该权利又产生于患者自己决定是否接受推荐医疗措施的权利。

11. 将博勒姆原则适用于提供建议或信息的案件中，一个后果就是，即便患者直接询问可能有哪些风险和并发症，这样的调查在逻辑上也没有多大用处或完全没有意义；是医学观点决定特定风险信息是否应予披露，特定患者对于信息需求表达出来的明确愿望并不会改变该观点或者该观点的法律意义。在西达威案中，持多数意见的各位法官都提出（*Sidaway v Board of Governors of the Bethlem Royal Hospital and the Maudsley Hospital* [1985] AC 871，895，898，902-903），在令人尊重的医疗执业人群体所持观点之外，对患者提问应诚实回答（除医疗特权外），意指博勒姆进路有其弱点。这个弱点表明，可接受的进路应该认可并重视患者提问的重要性。即便法院确信，处在患者位置的理性人不太可能看重某特定风险，患者的提问要是表达出对该风险的关切，医生即应认识到案涉患者确实重视该特定风险。除医疗特权情形外，该问题应予诚实回答。

12. 澳大利亚判例法认可，具备特殊技能或资格的人应尽到怎样的注意，以从事并自称拥有该特殊技能的通常熟练水平之人为标准（*Cook v Cook*［1986］162 CLR 376，383-384；*Papatonakis v Australian Telecommunications Commission*［1985］156 CLR 7，36；*Weber v Land Agents Board*［1986］40 SASR 312，316；*Lewis v Tressider Andrews Associates Pty. Ltd.*［1987］2 Qd R 533，542）。但该标准并不完全甚至并不主要参考相关业务领域某派负责任的专业观点遵循或者支持的惯例来决定（see，e. g.，*Florida Hotels Pty. Ltd. v Mayo*［1965］113 CLR 588，593，601）。即便在诊断和治疗领域，也就是专业医疗执业人业务的核心地带，博勒姆原则也并不总是得到适用（see *Albrighton v Royal Prince Alfred Hospital*［1980］2 NSWLR 542，562-563；see also *E v Australian Red Cross*［1991］99 ALR 601，650）。此外，更重要的，尤其是在不披露风险以及提供建议或信息的领域，判例法抛弃了博勒姆原则（*Albrighton v Royal Prince Alfred Hospital*［1980］2 NSWLR 542，562-563；*F v R*［1983］33 SASR 189，196，200，202，205；*Battersby v Tottman*［1985］37 SASR，527，534，539-540；*E v Australian Red Cross*［1991］99 ALR，648-650），采纳了如下原则。虽说公认的医疗惯例是有用指引，但由法院决定何为恰当注意标准，法院要重视"首要的考虑，即人有权利决定自己的人生"（*F v R*［1983］33 SASR 189，193，per King）。

13. F诉R案是在上议院西达威案之前两年，由南澳大利亚州最高法院大审判庭审理的，在该案中，原告在接受输卵管结扎手术后仍怀孕，遂提起过失侵权诉讼，主张医生未警示手术失败的可能性。[1]就此种绝育手术来说，失败概率据估计低于1%。法院拒绝适用博勒姆原则。金法官写道：

> "最后的问题，并非被告的行为是否合乎职业惯例的问题，而是被告是否达到了法律要求的合理注意标准。这是由法院决定的问题，这个义务不能委托给任何从事专门业务的人士或社会组织。"（Ibid，p. 194.）

金法官认为，审慎负责的医生应向患者披露多少信息取决于诸多复杂因

〔1〕 译注：这是错误怀孕诉讼，并非知情同意案件。

素：应披露事宜的性质；治疗的性质；患者知悉信息的愿望；患者的性格和健康状况；周围的情况（ibid.，pp. 192-193）。金法官以赞许态度援引了加拿大最高法院赖伯诉休斯案判决的片段（ibid.，pp. 193-194）：

"允许援引医疗专家证据以决定哪些风险是实质风险，从而应予披露，以及相关的，哪些风险不是实质风险，是将信息披露义务范围的全部问题，包括是否有义务违反的问题，都交付给医疗职业。要认定拟行手术或其他医疗措施［是否］包含或者会带来损害风险，医疗专家证据当然很重要。医疗专家证据对风险的实质性判断也有影响，但实质性判断并不完全取决于医疗专家证据。这里要考虑的争点不同于医生实施医疗行为是否合乎可适用的职业标准这个问题中涉及的争点。这里要考虑的是，患者有权利知道接受或拒绝特定手术或其他医疗措施各自涉及哪些风险。"［*Reibl v Hughes*［1980］114 DLR (3d), at p. 13.］〔1〕

金法官采纳的进路类似于稍后斯卡曼勋爵在西达威案中采纳并有诸多判例遵循的进路（*Battersby v Tottman*［1985］37 SASR 52；*Gover v South Australia*［1985］39 SASR 543，551-552；*Ellis v Wallsend District Hospital*，unreported，Supreme Court of New South Wales，16 September 1988；*E v Australian Red Cross*［1991］99 ALR 601，649-650）。吾人以为，此乃正确进路。

14. 接受这个进路并不必然要求从整体的注意义务中切割出诸多具体的个别的义务，人为区分或切割成条块。医疗执业人在提供专业咨询和治疗上达到合理注意和技能水平的义务是单一全面义务。不过，案件是涉及诊断治疗还是提供信息或咨询服务，法院在决定医疗执业人是否违反注意义务时要考虑的因素是不同的；不同案件产生性质各异的难题，需要考虑不同的因素（*F v R*［1983］33 SASR 189，191）。检视医患关系的性质有助于得到这个结论。下面两者间有根本差别，一是诊断治疗活动，二是向患者提供建议或信息。在诊断治疗活动中，患者的贡献不过在于讲述症状和病史；医疗执业人依自己的技术水平提供诊断治疗服务。可除了紧急情况或必要情形，一切医疗活动都要以患者同意为前提。用法律术语来说，只要宽泛地向患者说明拟行医

〔1〕 译注：参见赖伯诉休斯案，（三）部分第4段。

疗措施的性质，患者同意可能就是有效的（*Chatterton v Gerson*［1981］QB 432，443）。但除非患者得到相关信息或建议，否则患者的选择就是没有意义的。患者选择要求患者基于信息做决定，但这些信息只有医生知晓而患者并不知晓，故而，认为应该只是从医疗执业人或者医疗职业角度来决定哪些信息应予披露，即不合逻辑。医疗执业人施行某种医疗措施是否合乎恰当注意标准，要解决这个问题，可靠的专业观点具有重要的且往往是决定性的作用；而患者为了选择接受还是不接受治疗，为此是否得到了全部相关信息，完全是不同种类的问题。一般而言，这个问题的解答并不取决于医疗标准或惯例。除患者异常神经紧张、心理失常或者情绪不稳定（unusually nervous，disturbed or volatile），向之披露全部相关信息会带来特别危险这种情况外，披露信息（包括附随的风险信息）不需要特殊医疗技能（see Fleming，*The Law of Torts*，7th ed.，1987，p. 110）。这里需要的技能是考虑患者的理解能力，向患者传达合理的、足够患者做选择的信息。

15. 在这个场合，重复美国判例法上的表达，如“患者自我决定的权利”（see，e. g.，*Canterbury v Spence*［1972］464 F 2d 772，784），或者常用但有些混乱的术语“知情同意”，无甚益处。自我决定的权利这个表达，或许适宜用于争点是患者是否同意了普通外科手术或治疗的案件，但就决定［医生］是否违反信息披露义务所涉及的权衡工作来说（balancing process），并无太大帮助。类似地，“知情同意”术语容易误导人，盖该术语暗示这是患者同意有效性的标准［*Reibl v Hughes*［1980］114 DLR（3d），at p. 11］。[1]此外，同意关乎的是非法侵犯人身之诉，而不是过失侵权诉讼。盎格鲁-澳大利亚法向来持有正确立场，即主张未向患者披露医疗措施固有风险的，只能提起过失侵权诉讼，不能提起非法侵犯人身之诉；只要宽泛地向患者说明拟行医疗措施的性质，用来否定非法侵犯人身侵权的同意［事由］即得到满足（*Chatterton v Gerson*［1981］QB 432，443）。加拿大最高法院在赖伯诉休斯案中用到“知情同意”术语时很谨慎［*Reibl v Hughes*［1980］114 DLR（3d），at pp. 8-11］。

16. 吾人同意，医疗执业人在决定是否告知或说明拟行医疗措施中的某些风险时，金法官提到的那些因素（*F v R*［1983］33 SASR 189，192-193），全部必须考虑。法律应认可，医生有义务向患者警示拟行医疗措施固有的实质

〔1〕译注：参见赖伯诉休斯案，（二）部分第1段。

风险；在个案案情下，处在患者位置的理性人，倘向之警示案涉风险，该人很可能会予以重视的，[该案涉风险即为实质风险；] 或者，医疗执业人已意识到或者应该合理意识到，倘向特定患者警示了案涉风险，该人很可能会予以重视的，[该案涉风险亦为实质风险]。[1]医疗特权为警示义务的例外。

17. 本案中，上诉人的患者一目几乎完全失明。正如其他一切手术，本案拟行手术也包含诸多风险，如视网膜脱离和出血感染，这些都比交感性眼炎更为常见，但交感性眼炎是唯一可能使双眼都失明的风险。双方当事人聘请的专家证人都称交感性眼炎为灾难性的残疾，上诉人承认，除了在麻醉状态下死亡，交感性眼炎就是被上诉人能碰到的最坏的可能后果。依据初审法官认定的事实，被上诉人“不断”向上诉人提问，尤其问及可能的并发症。上诉人知道，被上诉人极为关心拟行手术的可能结果，包括意外伤及“好的（good）”左眼的危险。在手术前一天，被上诉人问上诉人，能否对好的左眼采取什么措施，确保不会发生任何事情；医院病历日志中记载，被上诉人了解坏的右眼要动手术。但被上诉人并未提出右眼手术是否会影响左眼这样的具体问题。

18. 证据表明，当时医疗职业内有一派观点认为，只有患者提问特别指向右眼手术影响左眼的可能性，才需要回答交感性眼炎相关事宜。只有患者足够博学竟知道询问这么精确的问题，医生才应该回答交感性眼炎的危险，这个观点看起来真是古怪，但吾人不必于此深究，只是要提到一点，这生动证明将博勒姆原则适用于咨询和信息领域有多危险。被上诉人或许没有提出正确的问题，但明确表达了其极大担心，务必不要让伤害落到好眼睛上。初审法官并未确认，如果上诉人表达了对信息的愿望，恰当惯例会要求向被上诉人警示相关风险。[2]但依吾人已阐释的相关原则，得主张案涉风险为实质风险，即处在患者位置的理性人很可能会重视该风险，从而应予警示。[3]试想只有一只好眼睛的理性人，当然会关心选择性手术伤害好眼睛的可能性。不过，被上诉人在上诉审中并未质疑该具体认定。

19. 基于上述理由，吾人不接受上诉人关于义务违反争点的论辩。

---

〔1〕 译注：很可能（likely），用于表明事情发生或存在的可能性大于不可能性，在可能性的程度上大于 possible，小于 probable。这个段落是混合标准的重要源头。

〔2〕 译注：依博勒姆标准，即医疗职业标准，原告的主张或许得不到支持。

〔3〕 译注：但依混合标准，即患者标准，原告的主张即应予支持。

（二）因果关系

20. 虽说上诉人的上诉通知中质疑上诉法院对初审法官认定事实的确认，[1]即被上诉人若是知晓了交感性眼炎风险当不会接受手术，但上诉人的律师并未就此陈词支持其主张。是以，该上诉理由不必处理。

21. 基于上述理由，驳回上诉。

高德隆法官

1. 案件事实和争点详见梅森法官、布伦南法官、道森法官、图希法官和麦克休法官发布的共同判决（joint judgment），不必重复。除了后面的意见（comments），鄙人同意共同判决阐述的理由，同意几位法官关于上诉应予驳回的结论。

2. 在“单一全面义务”（*Sidaway v Board of Governors of the Bethlem Royal Hospital and the Maudsley Hospital*［1985］AC 871，893，per Lord Diplock）基础上分析医疗执业人的注意义务并无困难；单一全面义务涵盖诊断治疗及提供信息和咨询服务，只要求信息的提供足够概括即可（sufficient generality）。是以，该一般义务得称为尽到合理专业技能和判断的义务。该进路的难题在于，就义务的内容，这个说法实际上什么也没说，也无甚值得说。该进路也未考虑到诊断治疗活动和提供信息咨询活动在概念和实践上的巨大差异。

3. 诊断治疗上的义务是达到案涉领域专科医生的通常水平（*Lanphier v Phipos*［1838］8 Car and P 475，479，per Tindal CJ，173 ER 581，583；*Bolam v Friern Hospital Management Committee*［1957］1 WLR 582，586-587，per McNair J；*F v R.*［1983］33 SASR 189，190，per King CJ）。要在具体个案中确定义务的精确内容，就必须在具体案情下决定何者构成合理注意、何者构成相关医疗领域的通常水平。这些争点必然要考察医疗惯例。当然，要决定风险的性质（正是此点引发精确的案涉义务），包括风险的可预测性，当前的医学知识水平通常很重要。

---

[1] 译注：上诉通知（notice of appeal），当事人向上诉法院提出并送达给对方当事人声明其意图上诉的文件，上诉程序即以此通知正式开始。上诉通知内容包括上诉法院名称、要求上诉法院审查的原审判决或裁定、要求上诉法院给予的补救、上诉人姓名地址、对方当事人的姓名地址等。参见薛波主编，潘汉典总审订：《元照英美法词典》，法律出版社 2003 年版，第 982 页。

4. 上述内容表明，在诉称诊断治疗行为有过失的案件中，医疗执业人的证词具有格外重要的意义。可即便在该类案件中，特定风险的性质及可预测性也并不完全属于医学知识或专业的范围之内。诚然，虽说这些问题生于医疗领域，可往往都是普通常识事宜。还有，至少在某些情形，具体预防措施的合理性问题也属常识范畴。是以，纵在诊断治疗场合，依鄙人之见，用所谓博勒姆标准的规则来限制责任也没有法律基础；依该规则，倘医生行事合乎相关专科领域某派负责任的医生认可为恰当的医疗惯例，医生即无过失（*Bolam v Friern Hospital Management Committee*［1957］1 WLR 582，587，per McNair J）。这并非否定，考虑了证明责任后，博勒姆标准在某些案件中可能是对证据状态所指示之进路的方便陈述。[1]如此，在某些陪审团案件中，博勒姆标准或得以经验法则而发挥一定作用，但没有其他有用功能。

5. 诊断治疗不过是生于医患关系的具体义务。该法律关系还生出提供信息或咨询的义务。该义务的具体内容，即应提供之信息的性质及细节，来自患者的需求、关切及具体情况。患者可能有特殊需求或关切，倘医生知晓，即应提供特殊或额外信息。此种情形，应提供之信息取决于案涉具体患者的情况。在其他情形，比如患者没有具体询问的，即以处在患者位置之人合理需要的信息为准，确定医生的义务。

6. 不管是从个别患者角度还是假想的审慎患者角度来考虑，只要没有医疗紧急情况或者患者的什么特殊情况，在决定应予披露的信息时即不必考虑医疗惯例。不过，若争点在于，是否由于医疗紧急情况或者患者的什么特殊情况，使得医生没有立即说明的义务或者义务内容有别于通常情况，那么倒是有一定空间考虑医疗惯例。

7. 撇开涉及紧急情况或者患者特殊情况的案件，生于医患关系的信息披露义务至少延伸及于下面这样的信息，该信息关乎某个医疗决定或医疗行为过程，一旦如此决定或如此行为，必然带来在其他情况下应予警示的风险类型。真实且可预见的风险即属该类风险，“过于遥远或想象（far-fetched or fanciful）”的风险不属该类风险（*Wyong Shire Council v Shirt*［1980］146 CLR 40，47，per Mason J. See also *Gala v Preston*［1991］172 CLR 243，253）。警示义

[1] 译注：大概意指，医疗惯例得使法官初步形成内心确信，转移主观举证责任，但并不具有决定意义。

务当然及于拟行医疗措施中包含的风险。（在坎特伯雷案中，认定属于信息披露义务范围的其他事宜有：警示患者注意身体异常情况，患者病情对医疗帮助没有反应，患者为自身健康应该遵守的行为限制，预防医疗措施，带来更好效果的替代医疗措施是否有必要或者是否可期待。（See *Canterbury v Spence* [1972] 464 F 2d 772，781.）[1]

8. 还是撇开涉及紧急情况或者患者特殊情况的案件，我看不出有任何依据认为医生的风险警示义务（不管是拟行医疗措施包含的风险还是伴随患者病情的其他风险）与任何其他警示真实且可预见风险的义务在性质或程度上有什么不同。正如这里考虑过的，我看不出有什么依据认为这里存在着任何例外或“医疗特权”（这些例外并不以医疗紧急情况为基础或者不用考虑患者就自身病情或拟行医疗措施通常所需要的接收、理解或恰当权衡信息重要性的能力）。

9. 上诉应予驳回。

命令

驳回上诉，并承担［对方当事人］一切诉讼费用。

---

〔1〕 译注：这些应予说明的内容实属诊疗义务范畴，非属知情同意领域的说明义务。

庚帙　心理学上的因果关系：倘若知情当如何？

在诊疗过失诉讼中，原告要证明医疗行为与患者所受损害间有因果关系，这属于医学科学事宜，通常需要专家鉴定。而在知情同意诉讼中，在英国式过失侵权进路下，原告要证明医生未披露相关信息与患者所受人身损害间有因果关系。[1]

就事实因果关系，原告要证明两点：第一，事实联系，即患者所受人身损害系医疗行为造成，通常是风险实现，而非疾病的自然转归；第二，心理学联系，倘医生事先向患者披露了充分信息，患者更大可能不会接受医生拟行的医疗措施，也就不会因该医疗措施固有风险的实现而遭受人身损害。原告不能证明心理学联系的，即得不到救济，如杜斯诉伍斯特郡急救医院全民医疗服务基金案（参见该案判决第 28 段、第 72 段以下及第 92 段）。

心理学联系认定的难点在于，法官需要回溯评估从未发生的假设事件：倘若医生披露了相关信息（替换法），患者当会如何行事。这里有两个不同标准，一个是客观（理性）患者标准，即“若是将关乎紧要的一切风险皆以恰当方式告知，处于患者境况的审慎之人当会如何抉择”；[2]一个是主观（具体）患者标准，考察“案涉具体患者是否仍会同意治疗”。[3]

心理学联系考察特定信息对于患者的意义，无关医学科学，非属需要鉴定的“专门性问题”，由法官“通过生活常识、经验法则”来判断。[4]中国司法实务未充分认识到此点，仍将之看作应予鉴定的专业问题，如《广东省广州市中级人民法院医疗损害责任纠纷案件审理指引》第 15 条第 2 款称，患者无法证明“未尽告知说明义务与患者损害之间存在因果关系”的，得申请“医疗损害鉴定”。

切斯特诉阿夫沙尔案涉及心理学因果关系的特殊类型，即原告只能说服

---

〔1〕参见《广东省广州市中级人民法院医疗损害责任纠纷案件审理指引》第 15 条第 1 款第 3 项。

〔2〕*Canterbury v Spence*［1972］464 F 2d 772, 791.

〔3〕*Scott v Bradford*［1979］606 P 2d 554, 559.

〔4〕参见《最高人民法院关于人民法院民事诉讼中委托鉴定审查工作若干问题的规定》（法〔2020〕202 号）第 1 条第 1 项。

法官，患者或会犹豫，向其他医生寻求旁见，但病情使然，未来更大可能还是会接受手术，故仍会遭遇同样风险。此际因果关系是否成立，即生疑难。初审法官认为，医生应为未向患者警示风险负责任，若是手术改在其他某天施行，患者的伤害可能就不会那么严重。第一次上诉审中，上诉法院维持原判。上议院上诉委员会以3∶2多数形成分歧裁决（split decision），驳回上诉，认为医生未尽到职业义务，满足“若非–则不”因果标准，原告应予救济。斯泰恩、霍普、沃克法官持多数意见，宾厄姆、霍夫曼法官持异议。

切斯特诉阿夫沙尔案

Chester（Respondent）v Afshar（Appellant）［2004］UKHL 41

上议院常任上诉法官判决意见

2004 年 10 月 14 日，星期四

上诉委员会〔1〕

宾厄姆勋爵（Lord Bingham of Cornhill）

斯泰恩勋爵（Lord Steyn）

霍夫曼勋爵（Lord Hoffmann）

霍普勋爵（Lord Hope of Craighead）

沃克勋爵（Lord Walker of Gestingthorpe）

宾厄姆勋爵

诸位法官：

1. 本件上诉案的核心议题在于，原告主张，医生出于过失未向患者警示某微小但不可避免的手术风险，手术之施行虽合乎恰当注意和技术水平，但风险终于发生，可又无法证实，倘若恰当警示，患者当不会接受有着同样微小但不可避免事故风险的手术，此际，过失侵权诉讼中的传统因果关系进路是否应予改变。倘若患者得到恰当警示，是更大可能会还是更大可能不会（probably would or probably would not）同意接受案涉手术，这个认定是否影响诉讼的结果？

〔1〕 上诉委员会（Appellate Committee），上议院所设委员会，自 1945 年起，由上议院的每届会期任命，由法律议员（Law Lords）组成，负责审理向上议院提出的上诉案件，并将裁决结果报告给上议院。参见薛波主编，潘汉典总审订：《元照英美法词典》，法律出版社 2003 年版，第 83 页。

2. 感谢我尊贵博学的朋友霍普勋爵对案情事实的详细描述以及对这些程序的梳理，此处不再赘述。

3. 从 1988 年开始，差不多有 6 年，原告切斯特腰疼反复发作。切斯特接受风湿科顾问医生怀特（Dr Wrihgt）的保守治疗，予硬膜外硬化剂注射。1992 年 MRI（磁共振成像）扫描显示椎间盘突出。1994 年，就在打算出国职业旅行之前，切斯特病痛再次发作，“几乎不能行走”，控制膀胱的能力减弱。怀特医生给予硬膜外注射，切斯特得以启动旅程，在希思罗机场使用了轮椅，结束旅程后又感疼痛。MRI 扫描显示椎间盘显著突出，进入脊柱管。保守治疗并无效果，怀特医生将切斯特转介给阿夫沙尔医生（Mr Afshar），这是位声望卓著的神经外科顾问医生，椎间盘手术经验丰富，但切斯特不太情愿动手术。这当然可以理解，最好是用其他方法。

4. 既接纳切斯特为患者，阿夫沙尔医生即负有法律及职业上的义务，以合理注意及技能检查患者身体、评估患者病情、建议患者有必要做手术以减轻病情。倘患者接受手术建议，医生即有义务以合理注意及技能施行手术、在术后监控患者状况。阿夫沙尔医生着实检查了切斯特的身体，建议并施行了手术。所有这些义务，阿夫沙尔医生皆恰当履行。切斯特在庭审中主张，阿夫沙尔医生施行手术有过失，[初审] 法官未接受，当事人并未请求上诉法院裁决该问题。

5. 阿夫沙尔医生还负有更多义务：警告切斯特，不论手术操作多么熟练，总包含微小（1%—2%）但不可避免的风险，可能导致严重不良后果，医学上的说法是马尾综合征。医生负有此等义务无可置疑。这里的基本原理亦无可置疑：让心智健全的成年人自己决定密切关乎自己生命及身体的事务。阿夫沙尔医生就不良后果风险说过些什么，庭审中各方证据冲突，[初审] 法官的认定不利于阿夫沙尔医生，认为阿夫沙尔医生未予应为之警示，而上诉法院也未许可阿夫沙尔医生质疑该结论。是以必须认定，阿夫沙尔医生并未向切斯特发出应为之警示，即有微小但不可避免的风险，手术不但不能改善病情，还可能产生不利后果。实际也是这样，手术操作可谓技艺娴熟，仍然导致切斯特罹患马尾综合征。

6. 倘若证据使得 [初审] 法官可以而且也确实得出结论，切斯特若是得到本该得到的警示，更大可能不会接受手术，依传统原则，切斯特即有权请求损害赔偿。比较切斯特术后的状况与倘未手术其更大可能处在的状况，两者间的差额即为所受损害，但必须在因果关系上没有问题。倘给予警示，切斯特当会行事不同（基于前述事实裁决），额外伤害（additional injury）当直接归咎于未予警示。倘若证据使得法官可以而且也确实得出结论，切斯特若是得到本该得到的警示，应该会找其他医生动手术，或者接受不同形式的手术，或者（在不同的情况下）减重或戒烟，通过这些办法将手术风险减到最小，那么也同样处理。

7. ［初审］法官的裁决与以上两者皆不同。法官认为，倘得到恰当警示，切斯特不会在最初向阿夫沙尔医生咨询后的第三天接受手术，非常可以理解，她应该会希望与其他医生讨论并探索其他选项。但法官并不认为（当事人也未要求这样认定），切斯特更大可能不会接受手术，或者有什么办法将手术固有风险减至最小。正如我尊贵博学的朋友霍普勋爵在第 61 段发表的意见所说：

> “［案涉风险］无关医生操作手术时的注意程度和技能水平，倾向于随机发生。这意味着不论何时接受手术、由何人施行手术，风险都一样……很难说阿夫沙尔医生的失误是造成伤害的有效原因（effective cause）。”

8. 在我看来，现在普遍接受的立场是，在侵权法中，“若非-则不”并未提供全面适用或唯一的因果关系判断标准。有些时候（或许极少），该标准给出的答案过窄，如费尔柴尔德案（*Fairchild v Glenhaven Funeral Services Ltd* ［2003］1 AC 32）。更多时候，该标准的适用简单而机械，给出的答案过宽：“若非你出于过失误投我的行李，我也不会不得不推迟前往纽约的行程并登上泰坦尼克号。”但在通常案件中，满足“若非-则不”标准虽非建立因果关系的充分条件，却是必要条件。本案中，我以为该标准并未满足。切斯特并未证明，若非医生未警示风险，自己本不会接受手术。切斯特证明的是，若非医生未警示风险，自己本不会同意于 1994 年 11 月 21 日那个星期一动手术。但时间安排无关切斯特遭受的、现在请求赔偿的损害。该手术不管在何时由何人施行，损害的发生机会还是一样。

9. 于是产生如下问题，即切斯特不能证明医生的过失（在通常意义上）是造成损失的原因，是否有权利得到赔偿。我注意到学术界的声音，那些赞成本案中［初审］法官及上诉法院判决的学术意见论证有力且见识卓越。医生未警示风险，本应警示的损害果然发生，倘若这两点即足以支持损害赔偿请求（不需要更多要件），那么即便像史密斯案那样的情形（*Smith v Barking, Havering and Brentwood Health Authority* [1994] 5 Med LR 285），想来原告也能胜诉（在该案中基于或然性权衡认定，哪怕得到恰当建议，患者还是会同意手术）。在我看来（当然我也尊重那些不同看法），这在根本上背离了坚实牢靠的法律原则且并无正当理由。损害是过失侵权诉讼的根据（gist），这是基本立场（trite law）。并不是说，像眼下这件案子，依侵权法还是合同法来构造会有什么不同。他人的过失给原告造成损害的，原告有权利请求损害赔偿。被告的过失给原告造成损害的，被告有义务赔偿原告的损害。推论也成立：原告所受损害并非被告过失造成的，原告没有权利请求赔偿，被告没有义务赔偿。患者有权利得到警示，这么重要的权利，在当前的法律和社会环境下，没有几个医生会有意识地、故意地去侵犯。倘并未证明被告对该义务的违反加剧了原告的病情，我并不认为法律应该让被告赔偿原告可能遭受的非常巨大的损害，从而强化该义务。我愿以尊敬的态度采纳麦克休法官在查普尔案中所发表之异议判决的思路（*Chappel v Hart* [1998] 195 CLR 232, per McHugh J）。

10. 基于以上理由以及我尊贵博学的朋友霍夫曼勋爵给出的理由，我愿照准本件上诉。

斯泰恩勋爵

诸位法官：

11. 本案事实得概述如下：原告腰背疼痛，神经科医生建议接受选择性腰部手术，该手术包含1%—2%的严重神经损害风险，原告有权利得到该信息。医生违反了普通法上的注意义务，未告知该风险，原告勉强同意手术。谈话三天后，原告接受手术，后遭受严重神经损伤，医生本应警示的严重损害果然发生。手术操作并无过失：并未增加手术固有风险。另外，倘若原告事先得到警示，当不会同意［立即］手术，而是会就替代方案寻求更多建议。［初审］法官认定，倘原告得到恰当警示，即便仍会手术，也不会在实际发生的那天。但法官无法认定，倘原告得到恰当警示，在寻求更多医疗建议后，到底仍会同意抑或当会拒绝。很清楚的是，倘原告同意在稍晚某天手术，手术风险还是一样，即1%—2%。是以不大可能（improbable）患者还会遭受神经损害。

12. 基于以上事实，[初审] 法官认定原告已证明义务违反与所受损害间有因果关系，认为被告应负赔偿责任。上诉法院又以细致详尽的判决维持了[初审] 法官的结论：*Chester v Afshar* [2002] EWCA Civ 724（黑尔法官、斯莱德法官、亨利法官）。

13. 被告的律师呈送意见称，倘未证明被告的不法行为增加了原告的风险暴露，判令赔偿会有悖侵权法的一般原则。律师主张，在医生未向患者警示严重损害风险的案件中，要证明因果关系，患者不但必须证明不会在当时当地冒该风险，还要证明最终也不会冒该风险。唯一的保留情形是，原告得证明损害加速到来。本案事实无法证明此点。经过分析可知，本案是全有或全无的案件。律师主张，原告遭受的损害只是偶然，是可恶的坏运气，类似闪电击中人。律师的主张有力，阐述令人信服。

14. 这里的法律背景要求考虑诸多其他相关因素。第一，应牢记患者与医生之间相互依赖的权利与义务的性质。出发点是，任何心智健全的成年人有权利决定何者得（或不得）施于己身，有权利自己做影响生命的重大医疗决定，有权利做那些在医生看来不明智的决定。未经患者知情同意而施行手术，乃为不法。何者构成知情同意，法院是最终裁断人。通常来讲，知情同意的前提是，医生应将手术的重要风险（significant risk）向患者警示。

15. 就眼下的案件，唯一考虑的诉因就是过失侵权。医生向患者警示严重损害风险的义务如何装入过失侵权构造，掌卷法官伍尔夫勋爵在皮尔斯案中有精到阐述（并得罗奇法官和马默里法官附议）。在考察了从博勒姆案（*Bolam v Friern Hospital Management Committee* [1957] 1 WLR 582）、西达威案（*Sidaway v Board of Governors of the Bethlem Royal Hospital and the Maudsley Hospital* [1985] AC 871）到博莱索案（*Bolitho v City and Hackney Health Authority* [1998] AC 232）的三部曲之后，伍尔夫勋爵写道：

“原告主张，自己被剥夺了就接受何医疗措施做恰当决定的机会。在此类案件中，照我的看法，如同前引判例中指出的，法律立场是，倘有会影响理性患者判断的重大风险，倘该信息为患者自己决定采纳何医疗措施所必要，那么通常而言，医生即有责任向患者说明该重要风险。”（*Pearce v United Bristol*

Healthcare NHS Trust [1999] PIQR P53，59，per Lord Woolf MR.）

16. 医生对患者负有法律义务，以概括语言向患者警示手术包含可能的严重风险。唯一的保留是，在例外情形，出于患者客观最佳利益，得免去医生的警示义务。但该例外无关本案。依当今法律立场，医疗家父主义不再占支配地位，患者通常有权利（prima facie right）要求医生告知手术包含微小但得到确认的严重损害风险。

17. 第二，并非一切权利都同等重要。患者面对手术，有权利要求医生给予恰当警示，该权利通常应被看作重要权利，但凡可能即必须给予有效保护。

18. 第三，在追究法律责任的场合，必须明确受法律保护的利益到底何在。医生未经患者知情同意不得施行手术，该规则服务于两个目的：一个是意图避免发生特定人身伤害，盖患者并不愿意接受该人身伤害蕴含的风险；一个是确保给予每位患者的意志自主和人格尊严以恰当尊重。罗纳德·德沃金教授对这些概念阐述如下：

“最有说服力的解释强调身体完整（integrity），而非做选择的当事人的福祉。基于这个观点，意志自主的价值源于所保护的能力（capacity）。这个能力是在自己的生命中表现自身特质的能力，这些特质包括自己的价值观、志业、信念、关键权益以及体验权益（critical as well as experiential interests）。承认个体意志自主的权利，使得自我创造成为可能。意志自主使得每个人都得依自己连贯或不连贯的人格（无论如何都是独特的人格），对塑造自己的人生负起责任。意志自主让吾人得以过自己的生活，而非任由生活摆布，如此，在一系列权利的帮助下，每个人都可以成为自己塑造出来的人。基于当事人充分掌握信息后表达的意愿，当允许当事人选择死亡而不是截肢或输血，盖吾人承认，每个人对生命的权利由自己的价值观塑造而成。”（Ronald Dworkin, *Life's Dominion*：*An Argument about Abortion and Euthanasia*，1993，p. 224.）

19. 第四，本案独特之处在于，若非医生出于过失未向患者警示微小但严重的损害风险，损害即不会在实际上的那个时间发生，在以后的手术中发生的机会非常小。是以得认为，医生的义务违反导致了原告有权得到赔偿的实际发生的损害。

20. 这些因素要结合起来考虑。但也要顾及，背离公认因果关系原则并不可取，除非有充足理由。竞争观念的冲突造成了法律上的难题。

21. 这些难题并不必然只有单一正确答案，澳大利亚高等法院查普尔案判决揭明了此点（*Chappel v Hart*［1998］195 CLR 232）。在该案中，医生未向患者警示手术的某微小风险，患者接受手术，本应予以警示的伤害果然发生。如同本案，倘予警示，患者不会在那个实际上的时间和地点接受手术。倘若患者稍后接受手术，更大可能是平安度过。基于这些事实，澳大利亚高等法院以3∶2多数决定，就手术带来的人身伤害，患者有权利得到实质赔偿。该案判决很让人受启发。我的个人意见是，麦克休法官（McHugh J）的异议判决格外有力，本案被告的律师主要以之为据。查普尔案的争点和论辩，如同本案的镜像。详尽援引该案判决并无实际作用。就眼下本院面临的争点，我也不认为在诸如查普尔案这样的案子中数人头［似指多数决］是特别有用的办法。但至少，查普尔案呈现了两条根本不同的路径，一是坚定遵循传统因果关系技术（causation techniques），一是更侧重政策及矫正正义。

22. 当事人向本院提及大量学术文献，详尽讨论了诸如查普尔案和本案中出现的难题。并不令人惊讶，这些作者也是从多少有些不同的角度来解决问题的。但公允地讲，普遍支持查普尔案多数意见以及本案在上诉法院审理阶段的主导立场：Cane，“A Warning about Causation”（1999），115 *L. Q. R.* 21；Grubb，“Clinical Negligence：Informed Consent and Causation”（2002），10 *Med. L. Rev.* 322；Honoré，“Medical non-disclosure：causation and risk：*Chappel v Hart*”（1999），7 *Torts L. J.* 1；Jones，“‘But for’ causation in actions for non-disclosure of risk”（2002），18 *P. N.* 192；Stapleton，“Cause-in-Fact and Scope of Liability for Consequences”（2003），119 *L. Q. R.* 388；Stauch，“Taking the Consequences for Failure to Warn of Medical Risks”（2000），63 *M. L. R.* 261。那本论因果关系的开创性著作的作者，针对查普尔案撰写的案例评析，格外有趣。奥诺尔教授写道：

“是否由此得出结论，哈特夫人不能得到赔偿？抑或在这样的案件中，法院有权在欠缺因果关系的情况下仍要确保正义实现？我想后者较妥当，理由如下。医生有义务警示手术固有风险，目的在于将患者的风险减至最小。令医生承担警示义务，还意在让患者就是否接受医生推荐的治疗方案，如果接受，由哪位医生执刀、在何时手术，做知情选择。查普尔医生侵犯了哈特夫人为自己做选择的权利，哪怕并未增加哈特夫人面临的风险，亦无妨。法官应维护被侵犯的权利，只要做到以制定法和判例法为根据，立场连贯。在本案中，[澳大利亚] 高等法院做到了这一点，实际做法是，就医生应该警示患者的损害类型，在医生给患者做手术时，令医生对可能造成的任何该类型损害负严格责任。查普尔医生确实造成了哈特夫人所遭受的损害，不是未向患者提出的建议造成损害，而是施于患者的手术造成损害，虽说手术尽到恰当注意，但切开患者食管带来了灾难般的后果。在道德上，医生要为自己行为的后果负责……医生本应警示患者某类型损害的发生风险而未予警示，对果然发生的该类型损害应负道德责任，[澳大利亚] 高等法院所做的一切，就是在法律上认可（legal sanction）这个基本道德义务。

为了维护原告的权利，法院是否有权力在特定案件中搁置因果关系要件？我认为法院有这个权利（力），但必须极为谨慎。”[Honoré，“Medical non-disclosure：causation and risk：*Chappel v Hart*”（1999），7 Torts L. J. 1，p. 8.]

在我看来，奥诺尔教授勇敢面对查普尔案不能完美契合传统因果原则的事实，值得肯定。奥诺尔教授说，政策和矫正正义对维护患者知情权利起到巨大推动作用，同样应予赞成。

23. 诚然，英国法上没有直接先例，允许在眼下这类案件中修正因果关系的证明进路。但英国法上有类似的费尔柴尔德案（*Fairchild v Glenhaven Funeral Services Ltd* [2003] 1 AC 32），展示了解决此类难题颇有章法的思路。该案事实是，原告先后受雇于几个不同雇主，工作环境暴露于石棉粉尘下，后罹患间皮瘤。现证明几位雇主违反义务。但原告无法在或然性权衡标准下证明，疾病是某次特定暴露造成还是若干次暴露累积而造成。鉴于每位雇主的不法行为都在实质上增加了患病风险，上议院认为就因果关系证明采修正进路有正当理由。宾厄姆勋爵在其判词的结穴处道，“我更愿意认为因果关系证明的通常进路是多样的（varied），而不是乞援于并不吻合已证明之事实的法律推论（drawing of legal inferences）”（ibid，para. 35）。类似地，尼科尔斯勋爵的论证前提就是明白承认，通常的“若非-则不”因果证明关系标准并不令人满意，“相反，法律适用的是不同的、不那么严厉的标准”（ibid，para. 45）。基于“普通法和制定法所要践行的正义和政策”，霍夫曼勋爵得到同样结论（ibid，para. 63）。罗杰斯勋爵也说，基于政策考虑，设立较低门槛标准是有正当理由的（ibid，para. 168）。费尔柴尔德案的事实当然跟本案事实有很大不同。对因果原则的修正，如费尔柴尔德案的做法，永远是例外。但不能将之束缚于费尔柴尔德案的个案事实。宾厄姆勋爵就指出，“认为这里确认的原则以后不会得到扩张或类推发展，并不切实际”（ibid，para. 34）。费尔柴尔德案至少表明，倘正义或政策有此需求（*demand*），修正因果原则绝不会超出当今法院的智慧。

24. 从细致的论证回来，我的结论是，由于医生未向患者警示案涉风险，不能认为患者对手术表达了完全法律意义上的知情同意。患者对意志自主和人格尊严的权利能够也应该得到维护，只要稍稍偏离传统因果原则即可。

25. 在更宽泛的层面，我很愿意得出结论，原告在法律上有权利得到赔偿。这个结果合乎法律最基本的抱负，即纠正不义（right wrongs）。另外，上议院今天的判决反映了当今社会公众的合理期待。

26. 这个结果不会让医疗职业感到意外，盖令人赞赏地，医疗职业已经认可医生以概括语言向患者警示重要风险这个义务的重要意义。参见 Royal College of Surgeons：“Good Surgical Practice”（2002），chap. 4，guidelines on consent。

27. 基于以上理由以及我尊贵博学的朋友霍普勋爵和沃克勋爵给出的理由，我驳回上诉请求。

霍夫曼勋爵

诸位法官：

28. 令当事人负有义务向他人发出警示，该他人打算从事的行为或者允许施于其身的行为中包含特定风险，这个义务的目的在于给该他人机会以避免或减少风险。倘若该他人［纵使得到警示］本来也不可能或不愿意利用该机会而风险果然实现，未予警示即并未造成损害［并非损害原因］。损害无论如何也会发生。

29. 原告负有证明责任，证明被告的义务违反造成损害。倘被告的义务违反表现为未警示特定风险，原告必须证明，自己会利用该机会以避免或减少该风险。在本案案情下，原告要证明自己不会接受手术。

30. ［初审］法官并未认定原告当不会接受手术，原告也并未要求法官如此认定。原告主张，就法律立场而言，只要证明自己不会在那个时间或者不会由那个医生做手术即可，哪怕证据表明，在其他时间或者由其他医生做手术，风险还是完全一样。

31. 在我看来，这个论辩很有逻辑，就好比说，赌场告知进来的客人，在轮盘赌中，7 号球跳出来的概率是 1/37，客人会离开，下周再来或者改去其他赌场。这里的问题是，当事人是否会利用该机会以避免或减少特定风险，而不是当事人是否会在一些不相干的细节上改变剧情。[初审] 法官认定的事实是，不管手术是当时做还是稍迟做，不管是由案涉的这位有资质的医生做还是由其他医生做，风险都一模一样。

32. 遂可知，原告未能证明被告的义务违反造成自己的损害。依侵权法一般原则，被告不负责任。剩下的问题是，是否应设立特别规则，令未向患者警示风险的医生成为该风险的保险人（insurer）。

33. 支持设立此类规则的主张是，维护患者为自己做选择的权利。未予警示 [这个不作为] 虽说不会给患者造成任何损害，却是对患者人格的公然冒犯，令患者含冤抱屈。

34. 我知道会有人主张在此类案件中判给适度慰抚金（solatium）。但那个最终实现的风险，严重程度 [在不同个案中] 变化很大，我想，确定合适金额会遇到很大困难。无论如何，此类案件的诉讼成本 [较高]，使得侵权法并非用来分配可能支付的适度赔偿金的合适工具。

35. 我也不赞成奥诺尔教授让医生成为保险人的道德论辩，即认为医生的行为造成了损害。在我看来，该论辩既证明太多，又证明太少。太多是指，该论辩让医生成为所造成的任何损害的保险人，不管患者是否知道特定风险。太少是指，在下面的情形会让医生脱责：医生有警示义务，但手术由他人，比如专科住院医师（registrar），完美完成。

36. 基于上述理由以及我尊贵博学的朋友宾厄姆勋爵给出的理由，我照准上诉并驳回原告诉讼请求。

霍普勋爵

诸位法官：

37. 上诉人阿夫沙尔是声望卓著的精神科顾问医生，在全民医疗服务系统执业，同时私人开业。被上诉人切斯特过去是专事旅游写作的新闻从业人。1994 年 11 月 18 日，切斯特小姐以自费患者身份光顾阿夫沙尔医生位于哈利街的诊室，寻求医疗咨询服务。切斯特多年来饱受背疼折磨，由其他医生转介到阿夫沙尔医生处，看是否要动手术。三天后，1994 年 11 月 21 日，经切斯特同意，阿夫沙尔医生给切斯特背部动了手术。患者遭受巨大神经疼痛，身体部分瘫痪。

38. 切斯特的诊疗过失诉讼请求遭初审法官罗伯特·泰勒（Robert Taylor）驳回。［初审］法官认为，切斯特未能证明医生操作手术在哪方面有过失。但切斯特同时主张医生未告知手术固有风险，该义务违反亦使患者有权请求赔偿。初审法官判定，患者在术中所受损害系由医生未充分告知手术风险的过失造成，基于该理由，原告证明责任成立。上诉法院驳回阿夫沙尔医生针对初审判决提出的上诉：［2002］EWCA Civ 724（黑尔法官、斯莱德法官、亨利法官）。

39. 使得这件案子得以呈递于上议院诸位法官面前的争点，立足于初审法院认定的两点事实。第一，［初审］法官认定医生术前未告知可能导致瘫痪的神经损害风险。医生称，虽说不能逐字逐句地回忆起跟患者说过什么，但确实花了大量时间向患者清楚细致地解说风险所在。但［初审］法官形成的内心确信是，患者就可能导致瘫痪的神经损害风险并未得到充分或恰当的说明，虽说患者询问过此类风险信息，可实际上形成的理解是并不存在此类风险。初审法官认为，就此而言，依博勒姆案确立的原则，阿夫沙尔医生确有过失。第二，［初审］法官认定，倘切斯特知晓该手术的实际风险，当不会同意安排在 1994 年 11 月 21 日的手术，而是会寻求第二甚至第三意见，而后决定何去何从。

40. 基于以上事实产生的法律问题是，切斯特怎样才算完成证明任务：只需要证明，倘若得到恰当警示，当不会同意实际发生并导致伤害的那台手术，抑或还需要证明，自己永远不会接受该手术。该争点本质上是因果关系问题。倘切斯特主张，若事先得到警示，自己永远不会接受该手术，那么得认为未予警示造成了损害，此点应无争议。但正如初审法官指出的，切斯特并未试图走那么远，从未主张说若充分得知风险信息，永远不会同意做手术，这也表明其为人诚实。那么基于这些事实，能否认为因果关系要件已成立？

（一）事实

41. 切斯特由风湿科医生怀特转介到阿夫沙尔医生处。怀特自 1988 年起就为切斯特治疗背疼。怀特采用保守疗法，包含注射药物，但背疼不能得到永久缓解。1992 年，切斯特接受 MRI 扫描，显示腰椎 L2 到 L5 之间先天狭窄，有退行性变化，还有显著的椎间盘突出。1994 年 9 月，切斯特背疼再次发作，10 月再次接受 MRI 扫描，显示病情自 1992 年以来恶化。L2/L3 处中央外侧严重变形，L3 和 L4/L5 处环形椎管狭窄。怀特医生认为，从扫描报告看，到了该考虑手术的时候了。切斯特说，自己厌恶手术，希望尽可能避免手术。怀特医生继续以注射药物治疗，但病情无明显改善，遂再次建议手术，并提到阿夫沙尔医生是可考虑的选择。

42. 切斯特称，自己 1994 年 11 月 18 日去阿夫沙尔医生处看病的时候，并不知道只有手术才能起作用。自己是去寻求咨询服务，不只是问手术，还想了解是否有任何可能的替代方案。怀特医生应切斯特之请出具了转介书，提到患者对手术感到焦虑，极力避免，故阿夫沙尔医生无疑知晓此点。阿夫沙尔医生用了大概 15 分钟检查患者身体，然后双方交谈差不多 30 分钟。阿夫沙尔医生称三节椎间盘是疼痛的病灶，建议以手术去除。

43. 就谈话细节，双方证据冲突。阿夫沙尔医生称双方讨论了接受手术和不接受手术的预后，自己向患者指示了椎间盘位置，解说对神经根的影响以及为何建议做手术。医生说，自己解释了有造成马尾神经根障碍的微小风险，这意味着知觉障碍，导致腿部力量减弱，改变触觉以及对温度、位置的感知。马尾综合征可轻可重，轻可能导致微小的神经根障碍，重可能导致瘫痪。医生说自己认为已经告知这些风险以及不做手术可能碰到的麻烦。

44. 初审法官接受的是切斯特版本的事实。切斯特称自己告诉医生，听到太多关于手术的可怕故事，希望知道有哪些风险，但医生都没有向自己解说过。切斯特并未刻意提到希望了解瘫痪风险的信息，医生也未将之当作手术风险告知。医生的回答有些飘忽，称从未让任何患者残疾。医生让一切听起来很简单，切斯特遂同意手术。切斯特称，倘医生告知自己现在才知晓的风险，应该不会在下个星期一［1994 年 11 月 21 日］接受手术，自己会询问新闻界的朋友可以看哪位医生，会向医学会咨询，就手术必要性至少会再征求两次他人意见。

45. 1994 年 11 月 21 日，阿夫沙尔医生施行了切斯特同意的手术。手术内容是微创切除三节椎间盘，不过两个小时即完成。手术过程中没有并发症。手术结束时，阿夫沙尔医生对利用自己的技术顺利实现手术目标感到满意。

但当切斯特苏醒过来，就发现 L2 以下部位活动和感知能力受损。一个小时后，膝部可以伸屈，可以感知疼痛，但肢体功能没有实质改善。阿夫沙尔医生安排紧急 MRI 扫描，显示 L2/L3 处仍有一些压迫。

46. 基于该发现，阿夫沙尔医生安排了第二次手术，此时刚过午夜，是 1994 年 11 月 22 日。这次施行的是椎板切除术，这意味着医生可以看到全部脊柱管。没有神经根受损、神经囊断裂或者任何液体溢出的迹象。对切斯特的病情，医生找不到让自己满意的解释。为了确保没有任何疏忽，医生再次安排术后 MRI 扫描。找到的唯一东西就是一小块碎片，阿夫沙尔医生不相信这会造成眼下看到的如此重大的变化。阿夫沙尔医生认为，唯一能给出的解释就是，第一次手术中，L3 处神经根常规内侧收缩过程中马尾神经挫伤，L2/L3 处椎间盘去除过程中马尾神经硬膜［损伤］。阿夫沙尔医生在证词的最后对初审法院说，切斯特碰上的事情，自己也感到极度吃惊、巨大失望，从事神经外科这么多年，从未有过这样的结果。

47. 切斯特术后状况有所改善。差不多两三周后，右腿功能恢复正常。左腿功能的改善很缓慢。6 年后，当这起纠纷进入庭审的时候，切斯特身上多处仍有残疾。至于残疾的程度及后果，初审法官将该部分推迟，待责任是否成立的纠纷解决后，再予处理。

（二）警示义务

48. 并无争议的是，马尾神经损害是阿夫沙尔医生所施行之手术的已知风险。阿夫沙尔医生说该损害风险约为 0.9%。为被告出具专家证言的芬德利先生（Mr Findlay）称，神经根伤害或马尾神经损害是腰部手术的已知风险，而三节［椎间盘］手术风险更大，盖每节都有风险。芬德利解释说，在 L3 处动手术，损害风险并不高于在脊柱更靠下部分手术，但损害要是发生在靠上的部分，损害规模会增大。“神经损害（包括单一及多重神经损害）及其他严重风险的发生概率，多数医生的估计为 1%—2%”。

49. 庭审中双方也都认可，依良好执业守则，阿夫沙尔医生有义务向患者警示手术包含的损害风险、手术可能的后果，包括瘫痪风险。针对初审法官就医生是否告知的事实认定，被告请求上诉法院准许重新审理。但上诉法院认为，初审法官采纳了原告叙述的事实，说理详尽而有力，没有理由干预初审法官的事实认定（［2003］QB 356，368，para. 18）。

50. 初审法官在判决书第 65 段解释了何以认定医生并未向患者警示案涉

风险：

“如同诸多案件认可的（包括西达威案），医生要向患者说清楚什么是相对较小的风险往往是很困难且很讲究技巧的工作，尤其在患者饱受痛苦、压力、焦虑折磨的时候。医生非常希望避免不必要地让患者感到害怕或混乱。在本案中，正如被告在其证言中提到的，其清楚想到过，损害风险确实极为微小。此外，医生知道，执业差不多20年到25年，动手术数百台，从未造成过神经损害。很有可能，医生认为患者过度焦虑，满脑子都是‘恐怖故事’，被残疾的可能惊吓过度。在这样的案情背景下，医生为了让患者宽心，以轻描淡写的措辞（light-hearted terms，患者如是描述，医生也承认在某个阶段可能这样说过），挡开患者的穷究，我想这并非不可能。医生如此回应，虽说在心理学上可以理解，但正如坦普尔曼勋爵在西达威案中指出的，在法律上并非恰当回应。”

51. 争点遂聚焦于因果关系。但要讨论因果关系，所违反的义务（现已认可）构成背景的重要部分。过失侵权法的主旨在于损害赔偿，正如斯卡曼勋爵在西达威案中阐述的（*Sidaway v Board of Governors of the Bethlem Royal Hospital and the Maudsley Hospital* [1985] AC 871, 883H）。但只有原告遭受的损害落入［被告］注意义务的范围，才能得到赔偿。对注意义务的范围没有清晰理解，因果争点也得不到恰当解决。是以，在着手处理因果争点之前，顶好先略事探讨注意义务的范围（本案中已认定违反义务），以及西达威案确立的基本原则。

52. 西达威案确立如下原则：在医生就拟行医疗措施向患者提建议的场合，要判断医生是否尽到注意义务，英国法适用牢靠的医疗职业观点标准（competent professional opinion）。这是麦克奈尔法官在博勒姆案中描述（*Bolam v Friern Hospital Management Committee* [1957] 1 WLR 582, 586, per McNair J），又经斯卡曼勋爵在梅纳德案中肯定的标准（*Maynard v West Midlands Regional Health Authority* [1984] 1 WLR 634, 638, per Lord Scarman），其以从事并自称具备特定技能之人通常的熟练程度为准（ordinary skilled man）。西达威案的法律争点是，该标准是否应以一客观标准取而代之，布里奇勋爵描述该争点的背景如下：

“显然要认可的立场是，心智健全、神志清醒的成年人有权利自己决定是否接受医生推荐的特定医疗措施，尤其重要的是全身麻醉下的手术。以该权利为基石的‘知情同意’法则，引导了美国若干州的法院判决以及加拿大最高法院的附带意见（dicta），也是本案上诉人的依据，该法则将罢黜博勒姆标准并在医生说明义务上代之以一客观（objective）标准：告知患者接受拟行医疗措施的利与弊，尤其要告知包含的风险。”（*Sidaway v Board of Governors of the Bethlem Royal Hospital and the Maudsley Hospital* [1985] AC 871，897D－F.）〔1〕

53. 以客观标准为依据而不考虑任何医疗职业观点或惯例的典型案例是坎特伯雷案，罗宾逊法官代表哥伦比亚巡回上诉法院发表判决，称：

“为了尊重患者就特定治疗手段自我决定的权利，需要的是法律为医生设定的标准而不是全凭医生自己说了算的标准。”（*Canterbury v Spence* [1972] 464 F 2d 772，784.）

西达威案多数意见认可该进路的逻辑力量，但仍弃之而取博勒姆标准。迪普洛克勋爵称，并无令人信服的理由足以认为，博勒姆标准并未为英国法设立涵盖全面、适用于医生对患者所负之注意义务方方面面的一般原则（*Sidaway v Board of Governors of the Bethlem Royal Hospital and the Maudsley Hospital* [1985] AC 871，893H）。如迪普洛克勋爵所说，为了决定什么风险是医生应主动告知患者的、在何等条件下应予告知，考虑到警示可能产生的效果，[应认为] 这是医生对患者所负全面注意义务的一部分，跟任何其他部分一样，需要职业上的技能与判断，并以同样方式运用专家证词（ibid，895E－F）。得基思勋爵附议，布里奇勋爵提出若干理由，解释何以坎特伯雷案的原则适用起来不切实际（ibid，899E－F）。

54. 在西达威案中，各位法官的共识是，患者有权利接受或拒绝医生推荐的医疗方案，该权利具有基石般的重要意义。斯卡曼勋爵在其异议判决中称，患者自做决定的权利应被看作受普通法保护的基本人权（ibid，882D）。在前面援引过的段落中，布里奇勋爵认可，心智健全、神志清醒的成年人有权利

---

〔1〕 译注：这里所谓客观标准，意指由法律设定的 [客观患者] 标准。

自己决定是否接受特定医疗措施（*Sidaway v Board of Governors of the Bethlem Royal Hospital and the Maudsley Hospital*［1985］AC 871，897D–E）。稍后，还论及患者的知情选择及决定权利需要哪些必备条件（ibid，900F–G）。坦普尔曼勋爵称，自己并不赞成患者有权知晓一切事情的理论。有些信息可能让患者糊涂，有些信息可能吓坏患者。是以，应由医生根据自己的训练及经验来决定，应说些什么以及怎么说（ibid，904A–B）。但坦普尔曼勋爵又补充说：

> “就那些有不利影响或者危险的医疗措施，医生并没有最终决定的权利。当患者的健康及未来处于紧要关头时，必须由患者最终决定。”（ibid，904D–E）。

55. 是以，［患者］做最终决定的权利与（医疗措施有特别不利影响或危险的场合）医生向患者说明的义务，两者若手拉手。本案中，阿夫沙尔医生有义务向患者说明拟行手术的固有风险，包括瘫痪风险，此点并无争议。这个义务是让患者得就是否接受医生推荐的手术自做决定。这是义务的范围，法律效果是患者在为同意表示前有请求说明的权利。切斯特知晓风险信息当做何反应，对该义务的范围并无影响。

56. 有三个可能。切斯特可能不顾风险，同意接受手术。也可能在当时当地决定，当时不做手术，或将来永远不做手术。也可能决定，当时不做手术，会再加考虑，征求更多意见，将来接受手术的可能性是开放的。在这些方案间如何选择，由患者决定，由患者自己决定。法律的作用在于保护患者的选择权利。要实现这个作用，就要确保医生履行说明义务。医生违反该义务，而患者本应知晓的风险果然发生并令患者遭受损害，倘若不给予恰当救济，法律就发挥不了应有作用。

57. 上议院在西达威案中采纳了合理医生标准（博勒姆标准），而不是美国判例法上的审慎患者标准（加拿大也接受了该标准），引发围绕知情同意的大讨论；迈克尔·琼斯教授在论文中关注了其间的焦点难题［Michael A. Jones, “Informed Consent and Other Fairy Stories”（1999），7 *Med. L. Rev.* 103］。判断未披露信息的责任是否成立，依据是过失侵权法。过失侵权法考察的是医生义务的性质（适用博勒姆标准），而不是患者针对那个否则即为不法侵犯的行为所为之同意表示的有效性（validity）。是以，患者以未披露风险为由提起诉讼的，面临两个难题：一是证明义务违反，二是证明因果关系。患者在证明道路上遭遇的困难越大，就越难讲知情同意法是保护患者意志自主的有力工具。

58. 医患关系中的不平衡很容易感知，琼斯教授就此评论道：

“医患之间的不平衡，部分归因于患者缺乏信息，依通常看法，法律的作用即在于给予患者得到信息的‘权利（right）’，以此来纠正不平衡。对于知情同意是‘患者权利’重要成分的观念，医疗职业里有不少人满怀怨怼——被赋予权利的患者就是正等待着发生的诉讼。可另外一面，没有权利的患者，当走进诊所或医院时，如同被剥除衣裳，是被剥夺了个性和意志自主的顺民。”［Michael A. Jones，“Informed Consent and Other Fairy Stories”（1997），7 *Med. L. Rev.* 103，p. 129.］

琼斯教授说，法律不能给医生下达指引，从而发挥直接作用，设计出细致规则，但法律有强大的象征和激发作用，这是法律的主要力量所在（ibid，p. 133）。琼斯想要传递的想法是，虽说判例法给医生的指引甚少，给患者的安抚更少，但知情同意诉讼得促进关于医患关系性质的更广泛的大讨论。倘若判例法和行业指引之间的反复作用，最终为患者创造出对于真正知情同意的更为实质的“权利”，那就是想要寻找的童话故事的“快乐结局”。

59. 以上就是眼下要解决的因果难题的背景。义务的范围包括应予告知之风险的一切后果。倘患者知晓该风险当做何反应，并无影响。[1]

（三）因果关系

60. 倘患者主张，医生未披露损害风险信息导致自己遭受损害，即必须证明，损害系医生违反义务造成。就此而言，本件诉讼与依据过失侵权法提起的任何诉讼别无二致。但像本案这样，患者纵使知晓了风险，也不会彻底地，不仅是当时当地，而且永远拒绝接受手术，而是会推迟决定，此等情形，因果关系如何证明？

61. 在本案中，医生虽未警示风险却无论如何不能说增加了让患者受损害的风险，这个事实更加大了难度。该风险乃为手术所固有。切斯特的专家证人弗思先生（Mr Firth）将之描述为“神经外科的梦魇”。证据表明，无关医生操作手术时的注意程度和技能水平，风险倾向于随机发生。这意味着不论

〔1〕 译注：另见第55段末句，说明义务的范围与因果关系要分别考察。

何时接受手术、由何人施行手术，风险都一样。可以说，“若非”阿夫沙尔医生未警示风险，切斯特不会遭受损害，盖切斯特将会拒绝在1994年11月21日由阿夫沙尔医生施行手术。但很难说阿夫沙尔医生未警示风险是造成伤害的有效原因（effective cause）。

62. 没有疑问的是，切斯特接受阿夫沙尔医生施行手术时遭受的损害，落在医生的警示义务范围之内。医生有义务向患者警示拟行手术的风险，而正是在该手术过程中，患者遭受了医生本应警示的那个类型的损害。倘切斯特得到警示，当会避免该风险，就算是以后接受手术，以实际发生的那种方式遭受损害的概率也非常小，依芬德利先生的证词，在1%到2%之间。

63. 患者主张医生未尽到警示义务的诉讼，英国发生过4起，皆在一审结案，从未涉及本案这样的因果争点。在史密斯诉巴金、哈弗灵及布伦特伍德卫生局案中，哈奇森法官基于或然性权衡认定，即便原告知晓四肢麻痹风险，仍会同意手术。该判决的后果是，未警示风险［的不作为］并未造成损害，盖患者无论如何都会勇敢接受手术（*Smith v Barking, Havering and Brentwood Health Authority*［1994］5 Med LR 285, per Hutchison J）。在史密斯诉索尔福德卫生局案中，波特法官基于其他理由做不利于被告的判决。波特法官不会以未予警示为由判令被告赔偿，盖并未就患者若得到恰当信息应该不会接受手术［的主张］形成内心确信（*Smith v Salford Health Authority*［1994］5 Med LR 321, per Potter J）。不同于前面两件，在麦卡利斯特案中，罗杰法官认为，倘患者得到恰当信息，当不会接受手术，基于或然性权衡，患者会拒绝，因此认定因果关系成立（*McAllister v Lewisham and North Southwark Health Authority*［1994］5 Med LR 343, per Rougier J）。在史密斯诉坦布里奇韦尔斯卫生局案中，莫兰法官确信，倘原告知晓直肠手术包含不举及膀胱失能的风险，当会拒绝手术，原告胜诉（*Smith v Tunbridge Wells Health Authority*［1994］5 Med LR 334, per Morland J）。

64. 像本案这种形式的因果争点，澳大利亚高等法院的查普尔诉哈特案曾碰到过。在该案中，基于跟本案非常类似的事实，［持多数意见的］高德隆法官（Gaudron J）、古默法官（Gummow J）、柯比法官（Kirby J）认为，未警示风险与原告受损害之间有因果关系。持少数意见的麦克休法官（McHugh J）、海恩法官（Hayne J）认为，原告接受手术时，被告并未增加原告面临的风险，故因果关系不成立。

65. 本案在第一次上诉审阶段，上诉法院考察过查普尔案判决，认为该案多数意见正确，故而本案初审法官的判决亦正确。亨利法官代表法院发布判决，阐释了如此判决的思路：

“法律规则令医生向患者披露恰当信息，目的在于让患者行使选择权，是否接受医生请求其为同意表示的特定手术……法律要求医生向患者恰当披露治疗措施伴随的风险，要求医生回答关于该治疗措施及危险的提问，并依良好执业守则（good professional practice）评价医生的回答。执业守则这些年朝着更为开诚布公的方向发展，对于患者意志自主更为尊重，目的在于让患者决定，是否在该时［该地］冒风险接受手术。倘医生未尽警示义务导致患者同意接受若得知相关信息本不会同意的手术，而正是医生未向患者警示的风险不幸实现，并让患者遭受了本来在彼时彼地不会遭受的损害，此际若是不让医生负赔偿责任，法律规则的目的也就受挫了。”（［2003］QB 356，379，para. 47，per Sir Denis Henry.）

66. 考虑到上诉法院对查普尔案多数意见极为看重，有必要更为细致地考察基于该案论辩双方发表之意见而给出的指引。

（四）查普尔诉哈特案

67. 由耳鼻喉科医生查普尔执刀，哈特夫人接受手术，取除食管部位的咽囊。手术过程中食管穿孔，感染造成喉部神经损害。哈特夫人声带受损，无力发声，影响了其教师兼图书馆员的工作。经医学评估，哈特夫人不能胜任工作，只好退休。哈特夫人并未尝试主张手术操作有过失，而是主张医生并未向自己警示可能发生食管穿孔的风险（虽说很小），以及导致喉部损害的可能。初审法官认定，医生并未警示，倘若警示了声带损害风险，哈特夫人会推迟手术并更深入了解手术以将风险减至最小。

68. 让案件更复杂的事实是，哈特夫人坚持称，倘医生向自己警示该风险，自己会推迟手术，并找该领域最有经验的医生动手术。这个额外因素在本案中没有。这里并非暗示阿夫沙尔医生欠缺经验，切斯特接受阿夫沙尔医生动手术比接受其他医生手术风险更大。这里应该记住的是，澳大利亚法律在警示义务上也是采客观标准，而非主观标准或者博勒姆标准（*Rogers v Whi-*

taker ［1992］175 CLR 479，490）。[1]不过两件案子显然有诸多共同点。

69. 在查普尔案中，持少数意见的麦克休法官主张，原则上，倘若被告的作为或不作为不过是使原告暴露于某种类型的风险之下，而不管是否有这些作为或不作为，原告本来也会暴露于此类风险下，侵权法即不得让被告承担赔偿责任，这是讨论的出发点（*Chappel v Hart* ［1998］195 CLR 232，para. 28）。麦克休法官继续阐发这个主题，利用国王汽船公司案（*Monarch Steamship Co Ltd v Karlshamns Oljefabriker*（*A/B*）［1949］AC 196）和卡斯洛吉汽船公司案（*Carslogie Steamship Co Ltd v Royal Norwegian Government* ［1952］AC 292）中过失作为的例子，考虑在不作为案件中（比如被告未警示原告特定路段容易坍塌）如何建立因果关系。麦克休法官稍后再次阐述，被告的不法作为或不作为倘若并不会让原告改变其行为路径，那么在因果关系上从而在法律上，被告不必为此作为或不作为承担责任，并补充道：

"倘若原告得到警示当会怎么做，这个考察必定是假设的。假如证据表明，被告的作为或不作为不会影响原告的行为路径，被告即并未造成原告遭受的损害。"（*Chappel v Hart* ［1998］195 CLR 232，para. 32.）

70. 就被告未警示损害风险与原告因该风险实现嗣后遭受损害之间是否有因果关系这个争点，麦克休法官阐述了自己的结论，要点如下：

"（1）倘若更大的可能是（probable），原告会依警示行事，不再从事案涉类型的活动或行为路径，在不作为（failure）与损害之间即得建立因果联系；

（2）倘若即便给予警示，在相当的情势下，原告仍会坚持同样的行为路径，即不存在因果联系；

（3）倘若用以实现原告目标的任何替代手段都会产生同等甚至更大可能性的同一损害风险，而原告更大可能还是不顾警示地去尽力实现目标，即不存在因果关系。"（Ibid，para. 34.）

71. 麦克休法官说，自己的看法是，被告只有在下面的情形才能逃脱责

[1] 译注：参见罗杰斯诉惠特克案判决书第16段，句中客观标准意指由法律设定标准。

任，即原告不能证明，被告未予警示使得原告同意的医疗措施包含更高的损害风险，而该医疗措施倘由其他医生实施，风险不会那么高（ibid，para. 35）。麦克休法官接着审查了证据，认为情况不会有变，食管穿孔是该手术的固有风险，纵使以合理技能与注意实施手术，还是一样（ibid，para. 41）。麦克休法官最后得出其所持理论进路不可避免的结论，即原告的请求得不到支持。被告未予警示［的不作为］并未增加手术的损害风险，原告关于未警示与损害间存在因果关系的主张应予拒斥（ibid，para. 42）。

72. 另外一位持少数意见的法官海恩指出，就因果关系的判断，“若非-则不”既非全面适用的标准，亦非唯一标准（para. 116）。在海恩法官看来，未警示与原告损害间仅有的关联是，若非未警示，患者不会处于损害危险中（ibid，para. 121）。未予警示的内容恰恰正是损害的内容，仅证明此点并不够（ibid，para. 124）。虽说此点也很重要，但并不具有决定意义（ibid，para. 125）。要确定责任范围，也不能单单看扩张责任范围是否可以促进当事人审慎行为，盖因果关系问题仍应予以回答（ibid，para. 126）。海恩法官不接受原告关于丧失了得到更好治疗机会的主张，同意麦克休法官的看法，即没有足够证据表明，被告未予警示［的不作为］让原告暴露在更大的伤害风险之下（ibid，para. 146）。

73. 少数意见所持进路在逻辑上很有力，就其本身而言，在论证上甚至可以说无懈可击。显然，“若非-则不”本身并不是充分的因果标准。同样很显然，倘若哈特夫人证明，医生未警示风险将自己暴露在更大的伤害风险之下，或者若是得到警示，根本不会接受该手术，因果关系要件即得到满足。但要是用逻辑来找答案，那么在欠缺那些要素（thoses elements，当指前句描述的情形）的案件中，如本案这样，结果也是明摆着的。被告确实负有义务，确实违反了义务，损害确实发生并落在义务范围内，但该义务指向的那个患者却得不到救济。

74. 持多数意见的高德隆法官认为，因果关系应该当事实问题来解决，依对个案事实的常识来处理即可（ibid，para. 6）。高德隆法官指出，因果关系问题不能在法律真空中回答，而要放在该问题产生的法律框架下回答，就眼下的案子，法律框架即为过失侵权法（ibid，para. 7）。没有争议的是，被告负有义务向患者警示风险。该义务的存在是因为风险可预见，被告未履行义务而风险果然实现。要考察义务违反是否在实质上造成或促成原告所受损害，那通常是起点和终点（ibid，para. 8）。高德隆法官赞成，涉及说明义务，原告应证明，倘被告提供了相关信息，当会发生什么或不会发生什么。但你要是讲，虽说实际发生的人身损害风险让被告的注意义务受到质疑，但该义务违反并未造成或促成该损害，而不过是导致丧失尝试不同行为路径的机会，那就是诡辩，而不是常识（ibid，para. 9）。人身损害已发生，义务违反被看作实质上造成或促成该损害，除非有充足理由支持相反结论（ibid，para. 10）。

75. 古默法官在讨论之初，援引了梅森法官在极具影响力的马奇案判决中的一段话：

“在哲学和科学领域，因果关系概念的发展，是着眼于条件和事件之间的关系，寻求对现象的解释。而在法律领域，因果难题的产生，是为了针对给定事件，确定或分摊法律责任。”（*March v E & MH Stramare Pty Ltd* ［1991］171 CLR 506，509，per Mason CJ.）

古默法官还提及梅森法官在该案中的一段评论，称一般而言，倘若看起来，要是被告没犯下过失，原告本来不会遭受主诉的损害，充足的因果联系即得确立（ibid，p. 514）。古默法官接着引入自己的进路，其文道：

“本案中，哈特夫人遭受的损害发生在可预见的风险范围内。既然没有证据表明，被告的义务违反并无任何影响，或者损害仍会发生，哪怕查普尔医生已警示喉部神经损害风险以及部分或全部失声的结果风险，亦应认为义务违反造成了损害。”（*Chappel v Hart* ［1998］195 CLR 232，para. 68）

依古默法官的看法，应由查普尔医生证明，就若非自己未予警示，哈特夫人本来不会在自己手里遭受的损害，有什么充足理由不予赔偿，而查普尔医生并未证明此点（ibid，para. 69）。为了得到支持、拿到赔偿，哈特夫人并不需要否认对方的如下主张：任何稍后的治疗都会伴随同样甚至更高等级的风险（ibid，para. 76）。

76. 持多数意见的第三位法官是柯比，其称自己一度倾向于查普尔医生的论辩，该论辩的重心在于，从逻辑上考察，倘若自己并未违反对患者的警示义务，会发生什么后果；但最终还是得到反对的结论：

“在这个领域指引法院的‘常识’支持哈特夫人得到赔偿。在这里为被违反的法律义务设定标准也是一样［支持原告］。这是任何处在查普尔医生位置的医疗执业人都必须遵守的义务：向患者警示风险、坦率回答患者提问、尊重患者权利，包括（倘患者如此选择）推迟治疗以及向其他医生寻求帮助的权利。”（ibid，para. 95.）

柯比法官说，在罗杰斯诉惠特克案中，就医生向患者警示拟行手术固有实质风险的义务，法院为医生设定了被公允描述为繁重的说明标准，但这是法律，而且是基于充足理由确立的法律：

“倘不遵守（如本案据信的那般），自然招致法律后果。”（ibid，para. 96.）

77. 针对查普尔案的学术评论普遍支持多数意见的立场。彼得·凯恩指出，少数意见赞成以“原因（cause）”的核心意义（central sense）为违反说明及警示义务情形确定责任及赔偿事宜的恰当工具，这样会极大削弱该义务的力量［Peter Cane，“A Warning about Causation”，（1999）115 *L. Q. R.* 21，23］。其稍后写道，仅就查普尔医生在因果链条中的角色而言，自己认为多数意见是正确的。可取的规则是，就损害风险，医生对患者有警示义务的，医生对该损害负赔偿责任，损害风险落在警示义务范围之外的，对损害不负责任（ibid，p. 25）。马克·施陶赫认为，高等法院判令被告承担责任的结论正确，但理由未必恰当。施陶赫青睐的理论立足于医生警示风险义务的特殊性质。令医生承担该义务的主要理由在于促进患者决定的意志自主。法律应该认为医生已经承担了损害风险（assumed the risk of injury），医生不警示风险，就仿佛已担保风险不会实现。或者可以说，医生不得知而不谈风险的存在及不可避免的性质。［Marc Stauch，“Taking the Consequences for Failure to Warn of Medical Risks”（2000），63 *M. L. R.* 261，267.］

78. 格拉布教授针对本案上诉法院判决发表的评论说，该判决事实上肯定并采用了查普尔案的多数意见［Andrew Grubb，“Clinical Negligence：Informed Consent and Causation”（2002），10 *Med. L. Rev.* 322］。援引了该判决第47段的一部分后（前面第65段阐述过），格拉布写道（ibid，p. 324）：

“这个论证很难争辩。要求患者证明将来永远不会接受特定手术，这会动摇法律规则的根基，有失公正（see also *Chappel v Hart*［195 CLR 232］，per Kirby J especially at paras. 95-96）。要说患者以后还是会接受手术，还是会冒同样的风险，故过失与损害间没有关联，也违反直觉。最坏的情况下，患者会暴露于微小的损害风险，届时（*then*）不太可能实现，非常情况不论……患者在真正和直接意义上遭受了本来不会遭受的损害。这足以确立因果关系。”（另见格拉布教授的著作 *Principles of Medical Law*, 2nd ed.，2004，p. 200，para 3. 161-3. 162，重复同样立场。）

79. 奥诺尔教授在其撰写的案例评论中说，乍看起来，查普尔案中少数意见的论辩甚为有力。查普尔医生的建议涉及的风险，是哈特夫人迟早总会遭遇的。已假定不论何时接受手术都会面临同样的风险（奥诺尔教授论述的假定是，哪怕患者由经验更为丰富的医生手术，风险也完全一样），查普尔医生既未将患者暴露于不必冒的风险中，也没有增加患者无论如何要冒的风险。是以，基于该假定，医生未予警示并非患者遭受损害的原因。［Honoré，“Medical non-disclosure, causation and risk：*Chappel v Hart*”（1999），7 *Torts L. J.* 1，7.］

80. 但奥诺尔教授并不满足将问题搁在那里，稍后设问（ibid，p. 8）：

“是否由此得出结论，哈特夫人不能得到赔偿？抑或在这样的案件中，法院有权在欠缺因果关系的情况下仍要确保正义实现？”

奥诺尔教授认为后者较为妥当，理由如下：[1]

“医生有义务警示手术固有风险，目的在于将患者的风险减至最小。令医生承担警示义务，还意在让患者就是否接受医生推荐的治疗方案，如果接受，由哪位医生执刀、在何时手术，做知情选择。查普尔医生侵犯了哈特夫人为自己做选择的权利，哪怕并未增加哈特夫人面临的风险，亦无妨……医生本应警示患者某类型损害的发生风险而未予警示，对果然发生的该类型损害应负道德责任，高等法院所做的一切，就是在法律上认可这个基本道德义务。”

在结论部分，奥诺尔教授解释说，虽说自己相信法院有权在特定案件中

---

〔1〕 译注：参见前文第 22 段。

不理会因果要件，以维护患者权利，但该权利［力］的行使必须极为谨慎。在奥诺尔教授看来，查普尔案就是自己脑海中所想的某一类案件的适例，被告并没有过失却造成原告损害，而该类型损害的风险是被告本应警示原告的，此际，原告有权利得到赔偿。奥诺尔教授说这是非常罕见的案件类型，必须将因果关系搁在一边，让被告承担并非自己造成的损害的风险。

（五）本案中因果难题的答案

81. 我赞成，有利于切斯特的解决方案不可能立足于传统因果原则。“若非-则不”标准很容易满足，正如初审法官认定的，倘医生警示了风险，患者不会在 1994 年 11 月 21 日接受手术。但那个本应向患者警示的风险，非由未予警示而造成。风险已在那里，是手术本身不可避免的风险，无关手术操作多么熟练或审慎。阿夫沙尔医生未尽到说明义务，并未让风险增加，也没有让避免风险的机会减少。如奥诺尔教授在案例评论中指出的，将某人暴露在该人无论如何都会暴露的风险之下，并未造成任何事情［Honoré，“Medical non-disclosure，causation and risk：*Chappel v Hart*”（1999），7 *Torts L. J.* 1，4］。

82. 我也不认为，单单乞援于常识会给这个难题提供令人满意的答案。在斯特普利案中（*Stapley v Gypsum Mines Ltd*［1953］AC 663，681），里德勋爵说，要判断何者造成事故，必须像得到恰当指示的理性的陪审团那样去决定，将常识应用于个案事实。该案要解决的难题是，死者和同事都违反了工头的指示，能否认为同事的过错促成了事故发生。梅森法官在马奇案中援引了里德勋爵的附带意见（*March v E & MH Stramare Pty Ltd*［1991］171 CLR 506，515，per Mason CJ），梅森法官的意见为澳大利亚法解决因果难题的进路奠定了基础，是查普尔案的重要参考依据。

83. 在恰当的案情下，诉诸常识来解决因果难题，当然很管用。但只要出了恰当领域，常识就可能指向两个或更多方向。在查普尔案中即可看到这个局面，遵循梅森法官在马奇案中给出的指引，持不同意见的法官都援引常识为依据：高德隆法官（*Chappel v Hart*［1998］195 CLR 232，para. 6）、麦克休法官（ibid，paras. 23，24）、柯比法官（ibid，para. 93）、海恩法官（ibid，para. 148）。诉诸自己的常识而无更多指引，如同征求伦敦地铁乘客的意见，不会带来更为可靠的指向正确答案的指引。我每周两次经皮卡迪利线（Piccadilly Line）往返于希思罗机场，我会观察旁边的乘客——多种多样的年纪、种族、国籍、语言，我发现越来越难说服自己，有什么观点或者（除了最为基本的）事情是所有这些人都有的。

84. 如同霍夫曼勋爵在环境署诉女王汽车公司案中试图强调的［*Environment Agency*（*formerly National Rivers Authority*）*v Empress Car Co*（*Abertillery*）*Ltd*［1999］2 AC 22，29F］，取决于提问的不同目的，就因果难题给出的常识回答也会有异。霍夫曼勋爵举了很多例子来支持这个主张。霍夫曼勋爵说，在回答因果难题之前，首先要确认相关规则的范围，而这是法律问题，并非关于常识的事实（common sense fact）。但即便有了这个指引（我是赞成的），我发现自己还是回到同样的回答。相关规则即是法律令医生负担的义务，也就是警示义务。医生的义务违反是否造成患者损害？看起来这个问题只能得到否定的回答。医生并未做任何增加患者风险甚至改变风险的事情。这是患者无论如何都会遭受的风险。这是同样的风险，无关何时手术或由哪位医生施行手术。

85. 但因果难题不能从政策议题中割裂出来。正如哈特、奥诺尔在《法律中的因果关系》序言中指出的，有些因果难题超出了"若无被告的不法行为，损害是否还会发生"的简单层面，趋向于伪装了的法律政策事宜（Hart and Honoré，*Causation in the Law*，2nd ed. 1985，pp. xxxiv－xxxv）。要更好地回答因果难题，要问的是，考虑到一切事情，是否应该让被告对跟着发生的损害负赔偿责任，或者换个角度，损害是否在预见的风险范围内，或者在被告违反的规则范围内。我倾向于将这里的问题看作提出了一个法官必须决定的法律政策议题，即在本案这样的罕见案情下，为了实现正义，通常的因果进路是否应予修正。

86. 我讨论的起点是，法律令医生负警示义务，规则的核心是患者就以下事宜做知情选择的权利：是否接受手术，若接受，何时手术以及由哪位医生施行手术。就这些事宜，患者得持（而且有权利持）不同观点。一切类型的因素都可能起作用，如患者的希冀与恐惧，患者的个人处境，疾病的性质，以及最为重要的，患者就手术风险收益的个人看法（为了手术可能的收益，是否值得冒险）。对有些人来说，选择很容易，不过就是同意或拒绝。但对很多人来说，选择可能很难，需要时间考虑、听取意见、权衡各替代方案。有些患者得到警示后感到难以决定，有些患者得到警示后感到很轻松，可以立即给医生这样或那样的清晰回复，不管是哪类患者，医生负有同样多的警示义务。

87. 对那些做决定很困难的患者，倘依通常因果进路的要求不予救济，会在那些可能格外需要警示的情形让警示义务无用。对那些并不能够问心无愧地讲，倘若得到警示，自己将永远不会接受手术的患者来说，这就是歧视。我认为这个结果不可接受。法律的功能在于让权利得到维护，在义务遭违反时提供救济。若非如此，义务即为空洞，被剥除了实际力量，丧失了全部内容。义务［规则］将没有能力保护患者进而实现令其存在的唯一目标。是以，基于政策理由，我主张本案中因果标准已经满足。原告所受损害跟被告的警示义务密切联系在一起。施行患者所同意之手术的医生负有警示义务。案涉风险的结果，正是在患者为同意表示时必须向患者警示的内容。故我主张，在法律意义上，得认为该结果系违反警示义务造成。

88. 柯比法官在查普尔案中的论证是我怀着敬意表示赞赏的，我也支持这个进路。奥诺尔教授在案例评论中提出如下设问："抑或在这样的案件中，法院有权在欠缺因果关系的情况下仍要确保正义实现?"我也从奥诺尔教授的答案中得到很大激励。我主张，正义要求让切斯特得到其寻求的救济，盖其在阿夫沙尔医生手里受到的伤害，落在医生（在征得患者就后来造成损害的手术的同意时）应向患者警示的风险范围之内。

89. 基于以上理由以及我尊贵博学的朋友斯泰恩勋爵、沃克勋爵阐发的理由，我驳回上诉。

沃克勋爵

诸位法官：

90. 读罢我尊贵博学的朋友斯泰恩勋爵、霍普勋爵的判决草稿，我获益匪浅。我完全赞成两位法官的意见，基于两位法官阐述的理由，我驳回上诉。鉴于本件上诉案中提出的因果议题涉及一般利益且极为棘手，也鉴于诸位法官在见解上多有分歧，我也于此略抒管见。

91. 霍普勋爵在法官意见中正确强调，不清楚理解被告义务的范围，就无法恰当解决因果关系问题，而本案中的义务是向患者警示腰部手术包含神经损害的风险，虽说该风险很小。上议院最近好几件案子都提及这个要点：*Banque Bruxelles Lambert SA v Eagle Star Insurance Co Ltd*［1997］AC 191，212-213；*Environment Agency*（*formerly National Rivers Authority*）*v Empress Car Co*（*Abertillery*）*Ltd*［1999］2 AC 22，29-32；*Kuwait Airways Corpn v Iraqi Airways*

Co (*Nos* 4 *and* 5) [2002] 2 AC 883, 1091, 1106。

92. 医生向患者告知的义务，尤其是警示手术不可避免的风险，是医生职业义务极为重要的组成部分。在西达威案中，斯卡曼勋爵将患者自做决定的权利描述为基本人权（*Sidaway v Board of Governors of the Bethlem Royal Hospital and the Maudsley Hospital* [1985] AC 871, 882）。斯卡曼勋爵发表的是异议判决，不过上议院全体法官都认可该项权利（see Lord Diplock at p. 895, Lord Bridge of Harwich at pp. 897 and 900, and Lord Templeman at p. 904）；自该案判决发布 20 年来，个人意志自主的重要意义得到越来越广泛的承认。

93. 医生对患者负有告知和警示义务，跟需要患者表态同意（在麻醉状态下接受）侵入性手术密切关联；若无患者同意，手术即为非法侵犯身体。告知是同意的基础，故极为重要。出于这个理由，拿一些完全不同的事实来类比（比如土地所有权人是否有义务警示徒步旅游者山崩或树木倒塌造成损害的遥远风险），实在给不了什么助益。在本案中，医生未警示在三天后的手术中果然发生了的那个灾害的风险。如柯比法官在查普尔案中所说：

> "诚然，只要是外科手术，总会有罕见和随机原因造成损害的固有风险。此类风险，患者只要得到恰当警示［并同意手术］，就必须接受风险及后果。哈特夫人愿意接受得到警示的任何一般风险（general risks）。可若是询问了医生却未得到恰当解答，患者不会接受相关风险。当风险迅速发生时，依常识即可知晓，这绝不是纯粹巧合或者无关原因掺和进来。一旦认可下面的事实，这个看法更会强化，即哈特夫人倘得警示，便不会在那个时候接受手术。"（*Chappel v Hart* [1998] 195 CLR 232, 277, para. 96.）

94. 处在切斯特或哈特夫人位置的患者，若是由于完全不可预见的麻醉事故（古默法官在查普尔案判决中设想的场景）或者雷电击中手术室（海恩法官更富有想象力的场景）遭受损害，还可以在梅森法官所讲的意义上称之为巧合：

> "某个因素使得原告在其实际受伤害的那个时间出现在其实际受伤害的那个地点，还不足以在该因素与损害间建立因果联系，除非事故在那个时候发生的风险更大了"（*March v E & MH Stramare Pty Ltd* [1991] 171 CLR 506, 516, per Mason CJ）。

旅行者因铁路公司的过错耽误了行程，不得不于旅馆过夜，电灯爆炸让原告受伤。这是著名的乔治亚中部铁路公司案的情节（*Central of Georgia Railway v Price*［1898］32 SE 77），即完全是不幸的巧合。类似地，出租车司机开得太快，树木倒塌砸中车辆，伤及乘客，这是纯粹巧合。司机开得飞快，也可能躲开树木，司机遵守速度限制，乘客还是可能受伤。但在我看来，眼下的案子并非［梅森所讲的］巧合范畴。落在原告头上的不幸，正是医生警示义务关注的那个不幸，这个事实有力强化了单纯的“若非-则不”因果联系。

95. 这里必须考察麦克休法官在查普尔案异议判决中清楚阐发的有力论辩，即医生未予警示并未增加患者的风险：

> “要令被告对原告所受损害负赔偿责任，原告必须证明被告的行为实质上促成原告遭受损害。既然没有持相反立场的制定法或允诺，那么合乎逻辑的立场是，只有被告的不法作为或不作为增加了原告受损害的风险，才能认为在因果关系上应负责任。倘若不法作为或不作为增加了原告受损害的风险而该风险果然实现，即认为被告的行为实质上促成了原告所受损害，不考虑其他因素是否也促成了该损害发生。倘若被告的行为并未增加原告受损害的风险，即不能说被告实质上促成了原告遭受的损害。是以，不论是违约诉讼还是侵权诉讼，风险由于被告的行为而在特定时间或地点发生这个事实本身并不会在实质上促成原告遭受损害，除非该特定时间或地点这个事实增加了损害发生的风险。”（*Chappel v Hart*［1998］195 CLR 232, per McHugh J at para. 27.）

上述论辩放在本件上诉案的事实下更有力量。在查普尔案中，哈特夫人还会去找更有经验的医生，而在本案中，没有人认为阿夫沙尔医生不是该类型手术的顶尖专家。

96.［初审］法官仔细考虑了，倘阿夫沙尔医生在手术前三天的咨询中给予患者充分警示，会发生什么。［初审］法官尽其所能认定事实（初审判决第69段），撮述认定的最起码事实如下（初审判决第70段）：

> “倘若原告征求了更多意见，更可能（probable）发生什么，虽说无法弄清楚，但我想不大可能的是（improbable），患者最终同意接受的那个手术，

在具体情节方面（包括手术性质、步骤、医生），会完全等同于其于 1994 年 11 月 21 日接受的手术。”

97. 这是否足以支持法官认定医生的不作为与原告的神经损害间有充分因果关系？我尊贵博学的朋友霍夫曼勋爵拒绝这个观点。霍夫曼勋爵生动地拿轮盘赌来类比。但特定号码跳出的概率 1/37 是简单纯粹的数学计算事宜（假定恰当操作）。与之不同，（没有过失）神经在腰部手术过程中受损害的风险只能以后见之明来计算，通过裒集、分析关于该类型手术后果的统计数据，尽量接近真实。毫无疑问，风险受下列因素影响而变化：医生的技能与经验，病情的严重程度，手术的精确类型（比如，手术是否只及于一节椎间盘，法官就此点详细审查了专家证词）。还有其他不那么容易辨识的因素，也会影响手术风险。

98. 轮盘赌类比并不会让我认为，上面这些因素对案情的改变只是在一些无关紧要的细节方面。遭受着切斯特正遭受的身心痛苦的任何人，面临着切斯特所面临的困境的任何人（倘事先得知神经损害风险，这个困境恐怕更令人忧心），我想都不会这样认为。要做对自己的健康和福祉有着深远影响的决定，患者有权利知晓可能的替代方案或不一样的治疗手段。

99. 我赞成柯比法官说到的（*Chappel v Hart*［1998］195 CLR 232, para. 94），医生不能仅因意外事件本身就受到惩罚。认定已经操作了数百台此类手术而从未发生事故的阿夫沙尔医生命中注定要在 1994 年 11 月 21 日为切斯特小姐施行的手术中遭遇马尾综合征（依专家证人的说法，“神经外科的梦魇”），而只要将手术推迟一个月（甚至一天）就会彻底改变风险，这是荒唐无稽的迷信。说风险必定在那天发生，就如同在波特兰水泥厂案中［*Associated Portland Cement Manufacturers*（1900）*Ltd v Houlder Brothers & Co Ltd*［1917］86 LJKB 1495］说推迟的轮船必将在 1916 年 5 月 25 日被鱼雷击中，但要是提前两三天出发，就不会被击中一样“不真实（in the stars）”。

100. 在我看来，这是对上诉法院下述论证的批评：

“被告确实以实质方式改变了风险：被告让患者接受的那台手术，患者本来不会在那个时间和地点接受，有可能根本不接受（possible not at all）。从逻辑上讲，恰当的风险比较是比较在那个特定场合接受手术与不接受手术……

倘若更有可能的是（more likely than not），同样的损害本来不会发生，那么医生让患者在那天接受手术，也就导致了患者遭受该损害。”（［2003］QB 356，377，paras. 40–41.）

在这段意见中，“有可能根本不接受”这个说法，基于一般的因果原则，难以契合基本的要求，即原告应该证明其主张，包括被告的过失造成损害；而前引最后一句话，似乎对医生作弊，盖其比较的是，实际上随机发生的意外不幸与统计学上不可能确定风险将在未来特定场合发生。

101. 但对原告来说，要证明（倘得到风险警示）无论在何等情形下，永远都不会接受该手术，确实很困难（尤其是有良心的原告，意识到后见之明不可靠[1]）。如霍普勋爵指出的，诚实原告可能面临如下危险，即医生未尽到职业义务，原告遭受损害且正落入该义务范围之内，可原告却发现自己得不到救济。我赞成斯泰恩勋爵和霍普勋爵的看法，这样的原告不该得不到救济，哪怕需要扩张现有原则，如费尔柴尔德案那样（*Fairchild v Glenhaven Funeral Services Ltd*［2003］1 AC 32，尤其请参见我尊贵博学的朋友宾厄姆勋爵的意见，paras. 8–13）。否则，医生的重要义务在很多案件中就会被抽干内容。

---

〔1〕译注：有良心的（conscientious）、诚实的原告未必敢问心无愧地声称，自己永远不会接受案涉手术。

杜斯诉伍斯特郡急救医院全民医疗服务基金案

Duce v Worcestershire Acute Hospitals NHS Trust [2018] EWCA Civ 1307

皇家法院

伦敦河岸街

2018 年 6 月 7 日

审判庭

汉布伦法官（Lord Justice Hamblen）

纽维法官（Lord Justice Newey）

莱格特法官（Lord Justice Leggatt）

汉布伦法官

（一）小引

1. 本件上诉案，上诉人盖尔·玛丽·杜斯女士（Mrs Gail Marie Duce）主张，2008 年 3 月 25 日于伍斯特皇家医院接受子宫及两侧输卵管卵巢切除手术（TAH & BSO），依过失侵权法请求被上诉人伍斯特郡急救医院全民医疗服务基金赔偿自己遭受的损害。

2. 由于手术，上诉人遭受神经损害，现在感到持久剧烈疼痛，疼痛专科医生称之为慢性术后疼痛（Chronic Post Surgical Pain，CPSP）。[1] [诉状] 并

---

〔1〕 译注：国际疼痛学会（International Association for the Study of Pain）将慢性术后疼痛定义为，由手术引起、继发于术后急性疼痛且持续时间超过 3 个月的疼痛。与术后急性疼痛不同，慢性术后疼痛有其自身特点，即①其疼痛主诉与诊断结果的严重程度不成比例，常常存在手术刀口已愈合、局部炎症已消失的情况下病人仍有疼痛主诉；②疼痛主诉的时间超过预期恢复时间；③客观上存在一定程度的功能障碍或功能减退；④病人常有抑郁或焦虑性的心理问题。慢性术后疼痛常见于截肢术、乳房手术、开胸术、冠状动脉旁路搭桥术以及剖宫产术。大型临床研究表明，外科术后约 15% 到 60% 的

未提及手术操作有过失。上诉人的主张是，［医生］并未充分警示手术带来的疼痛风险。

3. 2015 年 9 月，伯明翰郡法院的沃斯特法官（HHJ Worster）主持了为期 4 天的庭审，判决于 2016 年 2 月 5 日发布，认为被上诉人并无过失，且因果关系无论如何并未证明，故驳回起诉。杜斯女士针对这两点提起上诉。

（二）事实

4. 案情事实见［初审］判决第 5 段到第 34 段。

5. 上诉人生于 1966 年 10 月 15 日，术前有痛经和月经过多病史，在手术之前一段时间情况加重。大概从 2006 年 1 月开始，杜斯女士还感到腰部疼痛。

6. 2007 年 12 月，上诉人就月经过多找医生咨询。12 月 18 日，上诉人在诊所跟阿莉亚女士（a Mrs Arya）讨论子宫全切除的可能，以缓解月经过多症状。（初审判决第 7 段到第 8 段。）

7. 2008 年 2 月 8 日，斯坦利医生（Dr Stanley）的医疗日志中记载，上诉人坚持想要将子宫全切除，虽然医生向其解释这是“大手术，伴随风险”，上诉人还是想“全拿掉（all taken away）”。（初审判决第 9 段。）

8. 2008 年 2 月 15 日，斯坦利医生请妇科的顾问医师帮助审查给上诉人做子宫全切除手术的选项。斯坦利医生写道，已向上诉人解释说子宫全切除“是很重大的外科手术”“我们的建议是使用侵袭性较小的方法”。（初审判决第 10 段。）

9. 2008 年 3 月 4 日，上诉人进一步跟阿莉亚女士面谈，再次确认上诉人想要子宫全切除，不会考虑其他医疗选项。上诉人并不打算尝试其他医疗选项，径直将这些排除。阿莉亚女士对当天会议的记载在最后写道，“解释了风险”（初审判决第 12—13 段）。阿莉亚女士出具的证词称，依惯例，这个阶段应向患者提供小册子，但阿莉亚女士不记得会议详情，故不能肯定地说当时是否提供了小册子。

10. 经过这些咨询，上诉人距离接受手术更近了。第一次预约取消了，看起来写明新预约时间的信件［上诉人］并未收到，也就是说上诉人只知道新

（接上页）病人可能经历慢性术后疼痛。大部分的慢性术后疼痛均与术中周围神经组织损伤有关。慢性疼痛在本质上是神经病理性疼痛，具有持续性、难以治疗的特点，与伤害性疼痛、炎症性疼痛有很大不同，一旦发生，很难通过药物治疗来减轻疼痛，改善生活质量。参见万琴、薛庆生、于布为：“慢性术后疼痛的机制和围术期防治”，载《中国疼痛医学杂志》2018 年第 5 期。

预约是 2008 年 3 月 25 日，手术安排在上午。由于不知道确切时间，加上交通困难，上诉人迟到了 5 分钟。待上诉人到达，接待员说迟到了，这让上诉人紧张和心烦意乱，感到激动不安。(初审判决第 23 段。)

11. 到达医院后，上诉人跟医生埃尔奈尔先生（Mr Elneil）和专科住院医师辛格女士（Mrs Singh）会面，大概在上午 8 点 20 分。由于上诉人难以理解埃尔奈尔医生的口音，辛格女士处理了同意事宜。辛格女士填写好同意表格，交给上诉人阅读并签字，上诉人照做，但上诉人说感到这些医务人员很匆忙，感到有压力去尽快完成这些程序。同意表格并未提及疼痛，但［初审］法官认定上诉人和辛格女士有过谈话，告诉患者手术不见得能减轻上诉人目前的疼痛病情，辛格女士医疗日志中的记载可证实此点。辛格女士在交叉询问中承认，在 2008 年，自己不会向患者说及手术有导致慢性疼痛或神经性疼痛的风险（初审判决第 31 段），自己应该只是警示患者手术通常都会出现的术后疼痛。麻醉师巴德瓦杰医生（Dr Bhardwaj）出具的证词也称，只是警示了通常的术后疼痛风险（初审判决第 32 段）。[1]

12. 2008 年 3 月 25 日上午 9 点 12 分到 10 点 10 分，埃尔奈尔医生为上诉人施行手术，手术无过失（初审判决第 33 段）。

13. 术后，上诉人神经损伤，导致腹壁疼痛，“疼痛的类型完全不同于术前经受的那些疼痛”（初审判决第 34 段）。关键在于，如疼痛科医生解释的，上诉人罹患的是现在认识到的慢性术后疼痛（初审判决第 35 段到第 37 段）。

（三）初审主张

14. 上诉人最初的主张是，被上诉人出于过失未警示慢性术后疼痛的风险。“赔偿请求详情”第 10 段将之界定为“神经性的慢性术后疼痛（neuropathic chronic post-surgical pain）”。

15. 这个主张得不到上诉人方面的妇科专家阿布扎伊德医生（Mr Abouzeid）的支持。阿布扎伊德医生在专家报告中写道：

“就罹患慢性术后疼痛这个特定风险，我的判断是并没有义务违反，盖在 2008 年 3 月并无发生该特定风险的明显证据。”

---

〔1〕 译注：通常的术后疼痛是伤害性疼痛、炎症性疼痛，不同于慢性术后疼痛。

16. 聘请阿布扎伊德医生的［上诉人］律师问医生，“2008 年 3 月，就杜斯女士术后疼痛可能持续的时长，医生应提供怎样的信息?”医生回答：

“术后短期疼痛的风险可能持续数周，这是应予告知的。”

17. 基于阿布扎伊德医生的证词，“赔偿请求详情”遂加修改，删除了未警示慢性术后疼痛的主张，改为未警示“术后疼痛（post operative pain）”。

18. 如初审法官指出的（初审判决第 47 段、第 48 段），上诉人的主张在庭审时“逐渐形成”，俾囊括警示神经性疼痛和“某些”慢性神经性疼痛的义务（neuropathic pain and “some” chronic neuropathic pain）。慢性在这里意指，疼痛持续 3 个月以上，不能用来指长期疼痛，盖已承认没有警示慢性术后疼痛的义务。于是，在各种各样的总结陈词中，将上诉人的主张称为“短期（short lived）”慢性疼痛。虽在书面论点大纲中有相反说法，代理上诉人的皇家大律师多诺万先生（Mr Donovan QC）还是确认，其无意将上诉人的主张表述得跟庭审时不同或者更为宽泛。

19. 如初审法官指出的（初审判决第 47 段），而且在初审的庭审记录中也看得很清楚，这个“逐渐形成”的主张所依据的，据称是皇家妇产科学院 2009 年 5 月发布的指引（the RCOG Guidance）所持立场。虽说该指引是在案涉事实发生一年后方才发布的，但专家一致认同，就子宫全切除手术的风险警示内容，该指引代表了最佳临床操作标准。

20. 皇家妇产科学院指引区分严重风险（serious risks，包括死亡）和多发风险（frequent risks）。“麻木、伤口周围的刺痛和灼烧感（应使女性确知，这些通常都是自限性的，但要警示，可能会持续数周或数月）”，都属于多发风险。或主张，这相当于可以持续超过 3 个月的神经病变风险。正如初审法官指出的，该指引并未提及慢性/或长期或者神经性/神经（neuropathic or nerve）疼痛的风险。

（四）判决

21. 初审判决分为几个部分：事实背景（第 5 段到第 22 段）、手术（第 23 段到第 24 段）、专家证言（第 35 段到第 46 段）、医疗因果关系（第 53 段到第 59 段）。

22. 如初审法官所说（初审判决第 3 段到第 4 段），庭审时听取了上诉人、上诉人的雇主克里·马奥尼（Kerry Mahoney）、阿莉亚女士、辛格女士及巴德瓦杰医生的证词，还审阅了苏珊·福里斯特-摩根（Susan Forester-Morgan）、基兰·杜斯（Kieran Duce）以及梅利莎·杜斯（Melissa Duce）的证人陈述。

23. 双方都有专家证人出具书面及口头证词，疼痛医学［专家证人］是上诉人方面的高奇医生（Dr Gauci）和被上诉人方面的埃文斯医生（Dr Evans），妇科医学［专家证人］是上诉人方面的阿布扎伊德医生和被上诉人方面的派珀医生（Mr Pyper）。

24. 初审法官比较详细地讨论了妇科专家的证词。法官认为阿布扎伊德医生的证词看起来“让人困惑”，被上诉人的专家证人派珀医生“更让人信服”。法官的“总体”结论是，“在两位专家证人意见不一致的场合，我会接受派珀医生的证词”。

25. 初审法官在判决第41段认定，阿布扎伊德医生和派珀医生出具的联合报告认为，慢性术后疼痛在2008年并非妇科医生的常识，在子宫切除手术中取得患者同意时通常并不会提及。两位医生还指出，2009年的皇家妇产科学院指引中并未提及该风险。

26. 就义务违反，阐述了上诉人关于警示义务的主张如何从最初的主张“逐渐形成”后，初审法官称，虽说这“本身已足够驳回诉求”，但还是考虑一下“庭审中提出的争点”。

27. 初审法官裁决如下：

“49. 当事人提请我注意蒙哥马利诉拉纳克郡健康委员会案（以下简称“蒙哥马利案”）判决，尤其是判决书中有关医生有义务采取合理措施确保患者认识到拟行医疗措施中包含的实质风险以及任何合理替代医疗措施的讨论。实质性标准意指，在个案具体案情下，处于患者位置的理性人是否很可能重视案涉风险，或者医生已经或应该合理认识到案涉患者很可能重视该风险。基尔勋爵和里德勋爵判决第89段和第90段所阐述的更多要点也与本案事实有相关性。评估某风险是否属实质风险取决于个案案情，以密集的技术信息轰炸患者并不算履行义务。

50. 我裁决如下：

（1）杜斯女士完全知道可用的替代医疗措施。

（2）双方同意，就慢性术后疼痛并无警示义务。

(3) 基于派珀先生的证词，我认为在 2008 年，[医生] 没有义务向杜斯女士这样的患者警示慢性疼痛、神经性（或神经）疼痛的风险，不管是长期还是短期疼痛。妇科医生 [职业] 在 2008 年对此类疼痛的理解并不足以令医生承担说明义务，皇家妇产科学院的指引也未提出相应要求。

(4) 另外，基于案件事实，我认为杜斯女士知道手术会带来疼痛，阿莉亚女士确实警示了为期 3 个月到 6 个月的麻木和疼痛风险，并未使用慢性或神经性这样的词汇，但派珀先生关于如何应对这个过程的观点显然是正确的。”

28. 就因果关系，初审法官写道：

“53. 原告主张的实质是，倘若医生向自己警示慢性疼痛或神经疼痛的风险，自己应该会决定不接受手术，重新考虑或征求第二意见，或者至少会推迟手术。

54. 考虑到患者的病情，以及术前将患者引导向其他医疗措施的努力，我确信患者不会改变想法。唯一的问题就是，患者是否可能推迟手术，进一步探求风险细节。

……

59. 我必须基于或然性权衡来认定，警示可能持续数月的神经疼痛（或类似者）是否会让原告重新考虑，从而不会在那天接受手术。考虑到原告知道手术会造成疼痛，4 周到 6 周的疼痛风险警示并未让原告推迟手术，医生已向原告警示手术不会缓解腹壁疼痛，以及还有其他一些非常严重的风险，我得出结论，原告更有可能（more likely than not）还是会在那天接受手术。”

(五) 上诉理由

29. 上诉理由如下。

A. 理由 1：义务违反。

(1) 初审法官并未适用蒙哥马利案设定的 [说明] 标准（*Montgomery v Lanarkshire Health Board* [2015] AC 1430），尤其是未（基于上诉人接受手术的动因是缓解疼痛这个事实）考虑案涉风险是否属“实质”风险；

(2) 相反，初审法官适用的是类似于西达威案（*Sidaway v Board of Governors of the Bethlem Royal Hospital and the Maudsley Hospital* [1985] AC 871）和博勒姆案（*Bolam v Friern Hospital Management Committee* [1957] 1 WLR 582）

阐发的“旧（old）”同意法分析思路，并且不恰当地依赖被上诉人方面的专家证人派珀医生的证词，该证词是依据西达威案和博勒姆案确立的法律表达的。

B. 理由 2：因果关系标准。

（1）初审法官错误地未适用切斯特诉阿夫沙尔案（以下简称“切斯特案”）阐发的因果关系标准（*Chester v Afshar*［2004］UKHL 41）；

（2）倘适用该标准，上诉人当能成功证明因果关系。

C. 理由 3：因果关系标准的适用。

（1）另外的思路，初审法官错误适用了判决书中所说的因果关系标准；

（2）倘恰当适用该标准，法官当会认定，上诉人希望动手术的动因是缓解疼痛，是以医生若是恰当警示疼痛风险，上诉人至少会重新考虑。

A. 理由 1：义务违反。

30. 在蒙哥马利案中，最高法院强调了患者意志自主以及患者决定是否承担医疗措施固有伤害风险的权利具有重要意义。依其立场，患者权利指向“医生不同角色的根本区分，一个是考虑可能的诊断或治疗选项时的角色，另一个角色是跟患者讨论推荐的医疗方案以及可能的替代方案，这些方案可能包含的损害风险”（蒙哥马利案判决第 82 段）。

31. 该案判决认为，“前一个角色要动用专业技能和判断，比如，手术中包含什么样的伤害风险属于医疗职业人士专门知识的范围”，后一个角色就没那么多限制，盖医生不能“不考虑患者有权利决定要冒怎样的健康风险（这个决定可能受到非医疗考虑的影响）”（蒙哥马利案判决第 83 段）。

32. 该案判决第 87 段对该义务性质的理解是，“有义务尽到合理注意，确保患者认识到所推荐之医疗措施中包含的任何实质风险，以及任何合理替代方案或者有所变化的治疗方案”。

33. 依据这两个不同角色，这里包含的是一个双重标准：

（1）伴随手术的哪些风险是案涉医疗职业已经知道或者本应该知道的。这属于医疗职业的专业知识领域（蒙哥马利案判决第 83 段）。

（2）是否应该参照这些风险是否属实质风险而向患者告知。这是由法院决定的事宜（蒙哥马利案判决第 83 段）。是以，此点并非博勒姆标准适用的对象，并非仅仅依据专家证言即得决定的事宜（蒙哥马利案判决第 84 段和第

85 段）。

34. 实质性标准意指，

“在个案具体案情下，处在患者位置的理性人很可能认为重要的风险，或者医生认识到或本应合理认识到，案涉患者很可能认为重要的风险”（蒙哥马利案判决第 87 段）。

35. 关乎实质性判断的因素得包括：风险实现的概率；风险的性质；风险发生对患者生命的影响；希望通过治疗得到的好处对于患者的重要性；可行的替代方案及相关风险。

36. 在本案提交诉状及专家报告的时候，蒙哥马利案判决尚未发布，故诉状及专家报告皆援引博勒姆标准。代表上诉人的多诺万先生提出，派珀医生庭审出具证词从头到尾遵循的都是错误的博勒姆案进路，而初审法官判决依据的正是这些证词。

37. 在此情况下，上诉人方面主张，虽说初审法官提到并正确阐述了蒙哥马利案标准，但并未适用该标准，反而错误适用了博勒姆进路。

38. 上诉人方面主张，下面的事实可证实此点，即经恰当理解，初审判决第 50 段第 iii 小段第一句认定了［医疗职业］明知“慢性疼痛、神经性（或神经）疼痛”的风险。故，初审法官应该相应地认定，蒙哥马利案标准的第一点已满足，接着应考虑该标准的第二点，即实质性。[1]可初审法官完全未考虑实质性。

39. 显然，不管是开庭陈词还是总结陈词，都敦请法官注意蒙哥马利案。初审判决第一段就提到蒙哥马利案，称本案原告的诉讼请求需要［法官］考虑最高法院蒙哥马利案判决的效力。

40. 在初审判决第 49 段，初审法官再次提到该案，提及该案所阐述之义务的性质以及实质性标准。

41. 在此情况下，要说初审法官在下一段中判定是否有义务违反时并未将蒙哥马利案放在心上，实在令人难以置信。实则，［初审判决］第 50 段第 i 小段提到上诉人知道替代治疗方案的事实，这正是蒙哥马利案判决特别提及

〔1〕 译注：参见本判决第 33 段。

的内容。

42. 我赞成代理被上诉人的皇家大律师哈弗斯先生的意见，即初审法官之所以未讨论［风险的］实质性争点，是因为初审法官认为原告的赔偿请求未能通过第一道障碍：[1]证明妇科医生［职业］知道或者应该知道相关风险，这属于专家证据的事宜。

43. 若是整体解读初审判决第 50 段第 iii 小段，而不是像多诺万先生建议的那样片段式解读，这应该是很清楚的。初审法官判定，在 2008 年，妇科医生［职业］尚未充分了解“慢性疼痛、神经性（或神经）疼痛的风险，不管是长期还是短期疼痛”，故尚不足以令医生承担警示此类风险的义务。这番论证正合乎蒙哥马利案进路，即临床医生不必警示自己不能合理认识到的风险。

44. 初审法官的这个判定合乎［眼下的］证据，尤其是妇科医生的专家证据。这些专家证人的共识是，慢性术后疼痛在当时并非妇科医生的常识，而且正如阿布扎伊德医生说的，当时并没有该特定风险的明显证据。依上诉人自己的说法，慢性术后疼痛是“神经性质的慢性（neuropathic chronic）”疼痛。在此情况下，法官认定［医疗职业］对“慢性”或“神经性”疼痛并不充分了解，完全不会让人惊讶。

45. 上诉人对不得不根本修正诉讼请求造成的难题，[2]试图依据皇家妇产科学院的指引绕过去。但初审法官认为，上诉人关于医生知晓相关风险这个“逐渐形成”的主张在该指引中找不到依据。初审法官有权利得出这个结论，事实上也未受质疑。

46. 多诺万先生提出，初审法官本应认定［医生］知晓诉称的风险，并敦请本院留意辛格女士的书面陈述和口头证词。可多诺万先生认为应该依据的相关内容，跟对慢性术后疼痛的提法一致，关于慢性术后疼痛，一般认为并无警示义务。[3]此外，多诺万先生认为应该依据的辛格女士书面陈述中的那部分内容，未经过交叉询问。我仔细考虑了多诺万先生在书面陈述和口头论辩中提到的证据，这些证据完全不能说服我，这些证据甚至不足以让初审

---

〔1〕 译注：参见本判决第 33 段。

〔2〕 译注：参见本判决第 17 段。

〔3〕 译注：这一句原文为 The passages relied upon are, however, at least as consistent with references being made to CPSP, as to which it is accepted there was no duty to warn。

法官的判决受到哪怕是可争辩的质疑。

47. 基于前面的讨论，驳回第一点上诉理由。

B. 理由 2：因果标准。

48. 上诉人关于因果关系的主张是，倘若医生警示了风险，上诉人应该不会在那天接受手术。这是起诉时的主张，也是初审时庭审论辩中的主张。

49. 初审法官基于证据，不接受该主张，于初审判决第 59 段认定，即便医生如上诉人认为应该做到的那样警示了相关风险，上诉人“还是会在那天接受手术”。

50. 上诉人现在主张，在法律上讲，没有必要证明此点。其依据是霍普勋爵在切斯特案中发表的意见：

“86. 我讨论的起点是，法律令医生负警示义务，规则的核心是患者就以下事宜做知情选择的权利：是否接受手术，若接受，何时手术以及由哪位医生施行手术。就这些事宜，患者得持（而且有权利持）不同观点。一切类型的因素都可能起作用，如患者的希冀与恐惧，患者的个人处境，疾病的性质，以及最为重要的，患者就手术风险收益的个人看法（为了手术可能的收益，是否值得冒险）。对有些人来说，选择很容易，不过就是同意或拒绝。但对很多人来说，选择可能很难，需要时间考虑、听取意见、权衡各替代方案。有些患者得到警示后感到难以决定，有些患者得到警示后感到很轻松，可以立即给医生这样或那样的清晰回复，不管是哪类患者，医生负有同样多的警示义务。

87. 对那些做决定很困难的患者，倘依通常因果进路的要求不予救济，会在那些可能格外需要警示的情形让警示义务无用。对那些并不能够问心无愧地讲，倘若得到警示，自己将永远不会接受手术的患者来说，这就是歧视。我认为这个结果不可接受。法律的功能在于让权利得到维护，在义务遭违反时提供救济。若非如此，义务即为空洞，被剥除了实际力量，丧失了全部内容。义务［规则］将没有能力保护患者进而实现令其存在的唯一目标。是以，基于政策理由，我主张本案中因果标准已经满足。原告所受损害跟被告的警示义务密切联系在一起。施行患者所同意之手术的医生负有警示的义务。案涉风险的结果，正是在患者为同意表示时必须向患者警示的内容。故我主张，在法律意义上，得认为该结果系违反警示义务造成。”

51. 一般认为，这在同意案件中的因果关系问题上创立了一条替代路径，要满足三个要件：①患者所受伤害跟警示义务密切相关；②实施患者已同意的手术的医生有警示义务；③患者所受伤害，正是在患者为同意表示时本应向患者警示的特定风险造成的。

52. 上诉人主张上述三个要件在本案中都已满足。

53. 多诺万先生主张，切斯特案中对因果关系标准的宽松理解，得到最高法院蒙哥马利案中政策性论辩的支持。上诉人方面的主张格外依赖并援引蒙哥马利案判决的如下内容：医患关系发生变迁，今天的患者普遍被看作享有权利，得自由选择的消费者（第 75 段）；整个社会也发生变迁，患者不再被看作一无所知（第 76 段）；医疗惯例向知情同意方向的发展（第 77 段）；知情同意被认可为人权（第 80 段），以及“对知情同意的需求已确定是英国法的一部分”这样的论断（第 107 段）。

54. 正如哈弗斯先生指出的，这个论辩（倘若正确）相当于在同意案件中完全停用传统因果关系标准。

55. 上诉人援引［切斯特案中］霍普勋爵的意见为依据，这里援引的片段要放在事实背景下来考虑。

56. 在［切斯特案］多数意见中，斯泰恩勋爵在第 11 段撮述了案件事实，其中写道：

“……［初审］法官认定，倘原告得到恰当警示，即便仍会手术，也不会在实际发生的那天。但法官无法认定，倘原告得到恰当警示，在寻求更多医疗建议后，仍会同意或当会拒绝手术。很清楚的是，倘原告同意在稍晚某天手术，手术风险还是一样，即 1%—2%。是以不大可能患者还会遭受神经损害。”（下划线系本件判决添加。）

57. 上段中画线部分的重要性，斯泰恩勋爵在［切斯特案］判决第 19 段解释如下：

“本案的独特之处在于，若非医生出于过失未向患者警示微小但严重的损害风险，损害即不会在实际上的那个时间发生，在以后的手术中发生的机会非常小。是以得认为，医生的义务违反导致了原告有权得到赔偿的实际发生的损害。”（下划线系本件判决添加。）

58. 这是对"若非-则不"因果关系或者说事实因果关系的认定。伤害是义务违反的结果，盖①手术本不会发生在实际动手术的那天；②伤害风险极小，倘手术改天施行，即不太可能发生。

59. 霍普勋爵在［切斯特案］判决第39段开头强调，法律争点"立足于初审法院认定的两点事实"。第一是认定医生未警示风险，第二是"［初审］法官认定，倘切斯特知晓该手术的实际风险，当不会同意安排在1994年11月21日的手术，而是会寻求第二甚至第三意见，而后决定何去何从"。

60. "基于以上事实产生的法律问题是，切斯特怎样才算完成证明任务：只需要证明，倘若得到恰当警示，当不会同意实际发生并导致伤害的那台手术，抑或还（also）需要证明，自己永远不会接受该手术"。（切斯特案判决第40段，下划线系本件判决添加。）[1]

61. 霍普勋爵在［切斯特案判决］第61段解释说，只要证明得到恰当警示，当不会同意手术，即证明了"若非-则不"的因果关系：

"可以说，'若非'阿夫沙尔医生未警示风险，切斯特不会遭受损害，盖切斯特将会拒绝在1994年11月21日由阿夫沙尔医生施行手术。"

［切斯特案］判决第81段也表达了同样观点。

62. 霍普勋爵在［切斯特案判决］第61段还说，考虑到并未证明切斯特小姐将永远不接受该手术，或者未警示风险将切斯特小姐暴露在更大的伤害风险下，很难说阿夫沙尔医生未警示风险是"造成伤害的有效原因（effective cause）"，另见第73段。

63. 霍普勋爵在［切斯特案判决］第62段强调，以后动手术遭受同样损害的风险非常小：

"倘切斯特得到警示，当会避免该风险，就算是以后接受手术，以实际发生的那种方式遭受损害的概率也非常小，依芬德利先生的证词，在1%到2%之间"。

---

〔1〕译注：这是切斯特案第40段。

64. 霍普勋爵接着在更为一般的意义上讨论了因果关系，并在［切斯特案判决］第 73 段指出，显然，“若非-则不”本身并不是充分的因果标准。

65. 在“本案中因果难题的答案”小节下，霍普勋爵强调了个案事实的重要性，并考虑“在本案这样的罕见案情下，为了实现正义，通常的因果进路是否应予修正”（［切斯特案判决］第 85 段）。接着得出结论，基于［切斯特案判决］第 86 段到第 87 段阐述的道理，尤其是“案涉风险的结果［即患者所受伤害］，正是在患者为同意表示时必须向患者警示的内容”这个事实，正义确实有如此要求（第 87 段）。

66. 将霍普勋爵判词第 86 段到第 87 段拿到本案判决背景下来考虑，即清晰可见，霍普勋爵并非如本案上诉人主张的那样在阐述独立标准，而是在讲具体案情要求修正通常的因果关系进路。该修正目的在于，在该案那样的“罕见（unusual）”案情下（［切斯特案判决］第 85 段），将并非有效原因的“若非-则不”原因看作法律上的充分原因。

67. 持多数意见的沃克勋爵也是这个思路，其在［切斯特案］判决第 94 段指出，在该案中，“落在原告头上的不幸，正是医生警示义务关注的那个不幸，这个事实有力强化了单纯的‘若非-则不’因果联系”。

68. 正是患者所受伤害与医生警示义务间的密切联系所产生的有力强化作用，使得沃克勋爵同样得出结论，认为“若非-则不”因果关系足够用。

69. 是以我赞成被上诉人的看法，即切斯特案多数意见并未否定应由原告证明义务违反在“若非-则不”意义上的后果这个要件（依多数意见对该要件的解释），特别是案涉手术不会在实际上的那天施行。

70. 还应该提到，在最近的科雷亚案中（*Correia v University Hospital of North Staffordshire NHS Trust*［2017］EWCA Civ 356），法院在判决第 28 段强调，倘若适用切斯特案创立的因果原则例外，就必须主张并证明，若是警示了风险，原告当会推迟手术。

71. 基于以上讨论，驳回第二点上诉理由。为周全计，还要提及，哈弗斯先生保留主张切斯特案判决倘提交最高法院当会被判定为错误的权利。

C. 理由 3：因果标准的适用。

72. 第三个上诉理由质疑初审法官对案件事实的认定，即纵使医生向上诉人警示了风险（如上诉人主张本来应该发生的），上诉人仍会接受手术，如实际发生的。

73. 初审法官对案件事实的认定见初审判决第 59 段。多诺万先生称，法官考虑的因素仅限于该段列举的那些因素，这表明法官未考虑一个极为重要的因素，即上诉人做手术的主要目的既然是缓解疼痛，则告知上诉人手术会带来更多的不同性质的慢性疼痛，当会让上诉人重新考虑。

74. 初审法官在第 59 段对事实的认定以庭审时的全部证据为背景，包括［初审］判决前面各处提及的相关证据，比如第 6 段，第 9 段到第 13 段，还包括第 56 段到第 58 段提出的那些证据点。

75. 如被上诉人指出的，有大量的证据支持初审法官的事实认定。不管是全科医生还是妇科医生，都多次鼓动上诉人考虑一下侵袭性稍小的替代医疗措施，上诉人知道子宫切除是包含重大风险的大手术，可还是拒绝那些侵袭性稍小的选项，坚持接受子宫切除手术。

76. 此外，［初审判决］第 59 段本身强调，虽说子宫切除手术“还有其他一些非常严重的风险”，上诉人还是愿意一往无前。如初审法官认定的，尽管知道有严重风险，上诉人还是希望“全拿掉”。

77. 说初审法官未考虑上诉人想要手术的动机，无论如何没有根据。法官仔细考虑了上诉人的病史，当然知道上诉人接受手术是为了缓解疼痛。正是这段病史支持上诉人理所当然地选择接受手术，哪怕医生警示了不同的疼痛风险，也在所不顾。

78. 基于上面的讨论，第三点上诉理由亦不能接受。

（六）结论

79. 基于前面的讨论，鄙人不能接受上诉人提出的三点理由，故驳回上诉。

纽维法官

80. 我赞成汉布伦法官的意见。

莱格特法官

81. 鄙人亦赞成汉布伦法官的意见。为了支持第二点上诉理由，多诺万先生援引了霍普勋爵在切斯特案中的判决片段，得被解读为如下立场，即医生出于过失未向患者警示拟行手术固有的实质风险，倘患者同意手术而损害果然发生，不需要更多要件，医生即要承担赔偿责任。例如，霍普勋爵在［切斯特案判决］第56段称，“医生违反该义务，而患者本应知晓的风险果然发生并令患者遭受损害，倘若不给予恰当救济，法律就发挥不了应有作用”。

82. 这样的进路根本不需要斯泰恩勋爵所说“稍稍偏离传统因果原则”（［切斯特案判决］第24段）。正如宾厄姆勋爵指出的，这个思路会完全取消证明被告的义务违反造成原告请求赔偿的损害这个要件（［切斯特案判决］第9段）。汉布伦法官已论证，经对切斯特案判决的恰当解释，这并非上议院多数意见的立场。对该案判决很关键的是，基于认定的事实，倘若原告得到充分警示，原告不会同意在实际发生的那天接受手术——当然，原告到底会怎样做，初审法官认为无法认定。

83. 切斯特案中原告遭受的伤害是拟行手术虽小却不可避免的风险（1%—2%），不管手术本身施行得如何恰当（［切斯特案判决］第5段）。初审法官认定的事实是，倘得到恰当警示，原告不会在实际发生的那天接受手术，已足以在或然性权衡的基础上证明事实因果关系或“若非-则不”因果关系。用斯泰恩勋爵的话讲：

> “本案的独特之处在于，若非医生出于过失未向患者警示微小但严重的损害风险，损害即不会在实际上的那个时间发生，在以后的手术中发生的机会非常小”。（［切斯特案判决］第19段。）

另见霍普勋爵（［切斯特案判决］第61段到第62段，第81段）以及沃克勋爵的意见（［切斯特案判决］第94段）。

84. 切斯特案判决有些疑问，盖依案情事实，适用通常的证明责任［规则］，医生未警示［相关风险的行为］并未将原告置于其本来不会愿意接受的风险之下。在法律上，如同在日常生活中，如果A的不法行为对伤害发生可能性无任何影响，通常不会认为A的不法行为造成B的伤害。此际，若非不法行为损害不会发生的事实不过是巧合。试看沃克勋爵举的例子，出租车司法超速驾驶，车辆被一棵倒塌的树木砸中，伤及乘客，不能说过失驾驶造成损害：司机超速驾驶同样可能避开倒塌的树木，而司机遵守速度限制，乘客同样可能被树木砸伤。类似地，在切斯特案中，倘手术安排在稍晚的某天，发生严重损害的风险还是一样。如霍普勋爵赞成的，“将某人暴露在该人无论如何都会暴露的风险之下，并未造成任何事情”（［切斯特案判决］第81段）。出于这个理由，宾厄姆勋爵和霍夫曼勋爵皆持异议（参见［切斯特案判决］第8段和第31段）。

85. 就相关义务的范围，也有问题。霍普勋爵认为没有疑问，切斯特所受伤害在阿夫沙尔医生警示义务范围内（［切斯特案判决］第62段）。倘医生所负义务是避免让原告遭受严重神经伤害的风险发生的注意义务，那霍普勋爵说得没错。但可以主张说，被告并没有义务保护原告远离该损害风险。并没有人认为，手术包含严重伤害的微小风险，故施行手术有过失。警示风险的目的在于，让原告得决定是否认为该风险可以接受。是以，被告负有注意义务去避免的损害，必须归因于原告并不打算接受的风险：参见斯泰恩勋爵判决意见的第18段。这也是澳大利亚高等法院在最近的判例中分析医疗执业人警示义务范围的思路（*Wallace v Kam*［2013］250 CLR 375 at［32］-［40］）。基于此，还是适用通常的证明责任［规则］，在眼下考察因果关系时切斯特所处状况，跟倘得知神经损害风险并决定接受手术那么现在当处的状况，原则上并无差异。

86. 至少基于某个观点，切斯特案在这些方面显著不同于影响了切斯特案多数意见的澳大利亚高等法院查普尔案判决（*Chappel v Hart*［1998］HCA 55）。在查普尔案中，新南威尔士州最高法院上诉法庭认为，倘向原告警示了相关风险，原告不会接受手术，而是会去找能找到的最有经验的医生，在此情形下，原告实际所受损害发生的概率会小一些。在高等法院，持多数意见的三位法官中的两位——高德隆法官和柯比法官，基于前面认定的事实［指会找最有经验的医生］，认为因果关系得到证明（查普尔案判决第17段到第19段，第97段到第98段）。麦克休法官和海恩法官持异议，认为上诉法庭的裁决得不到证据支持（［查普尔案判决］第38段到第41段，第146段）。第五位成员，也就是古默法官，并未考虑相关问题（［查普尔案判决］第81段）。在切斯特案中，宾厄姆勋爵同意，若是基于证据得认为，患者要是得到恰当警示，“应该会找其他医生动手术，或者接受不同形式的手术，或者（在不同的情况下）减重或戒烟，通过这些办法将手术风险减到最小”，那么有权利得到赔偿（切斯特案判决第6段）。但基于切斯特案认定的事实，不管何时施行手术，不管由何人施行手术，原告所受损害还是同样可能发生（［切斯特案判决］第 8 段，另见第 11 段、第 31 段和第 61 段）。

87. 切斯特案多数意见认为，基于政策理由，偏离通常的因果原则有正当性。在斯泰恩勋爵看来，关键考虑因素是有必要捍卫患者知情选择的权利。斯泰恩勋爵的结论是：

“由于医生未向患者警示案涉风险，不能认为患者对手术表达了完全法律意义上的知情同意。患者对意志自主和人格尊严的权利能够也应该得到维护……”（［切斯特案判决］第 24 段。）

霍普勋爵也强调，患者决定是否接受医生推荐之医疗措施的权利具有“基石般的重要意义”，称“法律的作用在于保护患者的选择权利”（第 54 段、第 56 段）。

88. 这个论证思路的困难在于：第一，做知情选择的权利并非传统上过失侵权法保护的权利。相反，侵权法的目的在于保护受害人不被加害人的过失行为伤害。斯泰恩勋爵所用语言看起来更贴合非法侵犯身体的诉求，而不是基于过失侵权法的诉求。第二，倘过失侵权法例外地用来保护患者“意志自主和人格尊严”的权利，那么赔偿的就是对该权利的侵害，而不是赔偿手术造成的身体伤害（physical injury）。正是在这个基础上，霍夫曼勋爵理解就公然冒犯患者人格以及患者因未得警示而感受到的委屈赔偿“适度慰抚金”的主张，但基于实践操作方面的理由，拒绝此类主张。在更近些时候的肖诉科瓦奇案中（*Shaw v Kovac*［2017］EWCA Civ 1028），上诉法院全面拒绝了就未警示手术实质风险造成意志自主受侵害从而请求损害赔偿的立场。是以本案中杜斯女士不得据此立场请求赔偿。

89. 霍普勋爵和沃克勋爵看重的另一个政策因素是，要证明在假想情形下原告会怎样做，在很多案件中都很困难，这会让诚实的原告得不到救济。霍普勋爵写道：

“对那些做决定很困难的患者，倘依通常因果进路的要求不予救济，会在那些可能格外需要警示的情形让警示义务无用。对那些并不能够问心无愧地讲，倘若得到警示，自己将永远不会接受手术的患者来说，这就是歧视。我认为这个结果不可接受。”（［切斯特案判决］第 87 段。）

类似地，沃克勋爵写道：

“对原告来说，要证明（倘得到风险警示）无论在何等情形下，永远都不会接受该手术，确实很困难（尤其是有良心的原告，意识到后见之明不可靠）。如霍普勋爵指出的，诚实原告可能面临下面的危险……发现自己得不到救济。”（［切斯特案判决］第101段。）

90. 对原告得不到救济的担心是修正通常因果进路的理由，这个担心看起来涉及在某些案情下证明因果关系的困难，即初审法官发现无法认定倘若原告得到恰当警示很可能发生的后果是怎样的。是以，对原告当会接受案涉风险的假定（assumption），并非基于任何事实认定，而是由于原告没有办法证明相反的立场。应由原告证明其主张的一般规则，当然适用于因果关系的证明，正如适用于原告诉因其他要件的证明。但有时，被告的不法行为让原告面临证明难题，得构成证明责任倒置的理由。例如，在合同法上，原告有权请求赔偿浪费的开销（wasted expenditure），除非被告证明，哪怕合同得到履行，这些开销也无法得到补偿。如美国杰出的勒纳德·汉德法官所说：

“要想知道履行的价值到底有多少，通常非常困难；此际，通常的便宜之计，也是公正之计，就是让那个以自己的不法行为使他人的权利事宜成为争点的当事人来承担回答［不出来］的风险。”（*L Albert & Son v Armstrong Rubber Co* 178 F 2d 182［1949］, per Learned Hand CJ.）

有条类似原则有时用在过失侵权案件中，比如被告的过失行为剥夺了原告对第三人请求损害赔偿的机会：例如参见 *Allen v Sir Alfred MacAlpine & Sons Ltd*［1968］2 QB 229, 256-7；*Phillips v Whatley*［2007］UKPC 28,［2007］PNLR 27 at［45］。

91. 倘若没有被告的过失行为，原告会怎样做，这里的证明困难通常并不会被当作将证明责任倒置给被告的充分理由，尽管在此类困难产生的任何情形，总是可以说这是被告造成的。但特殊的政策考虑，包括捍卫患者知情选择权利的重要意义，或许在这个场合可以援引用来支持偏离通常规则的正当性。

92. 这些都是可以供最高法院在时机来临时进一步考虑的事宜。但并不支持本案中的杜斯女士，盖对上议院切斯特案判决的任何合理解释，都不可能支持将出于过失不警示手术实质风险信息的责任扩张及于像本案这样的情形，即已认定如下事实，倘向患者警示了风险信息，患者仍会在同样的时间接受同样的手术。

辛帙　损害要件：意志自主受侵害?

在知情同意领域，依特别流行的学说，此间法律规则保护的是患者的自我决定权或者知情同意权。依此说，医疗干预纵未造成人身损害，甚至让患者恢复健康，医疗服务人侵害患者自我决定权的事实本身亦足以令责任成立，应予精神损害赔偿。[1]最高人民法院受此学说影响，在《民事案件案由规定》中将“侵害患者知情同意权责任纠纷”设计为独立案由，最高人民法院为司法解释编写的释义书也称此说为通说。

英国判例法上也碰到类似主张。在肖诉科瓦奇案中，医生未披露的手术固有风险不幸实现，致患者死亡，原告方面在通常的人身损害赔偿金之外，还请求对侵害患者意志自主给予额外赔偿。[2]法院指出，在知情同意的过失侵权案型下，以人身损害为要件，赔偿了人身损害带来的财产损害和非财产损害，损失即得到填补；这里的非财产损害，主要表现为身心痛苦和丧失身心活动能力这两个损害名目。可以认为，大多数侵权行为都涉及“丧失意志自主（loss of autonomy）”，倘若承认侵害意志自主得予单独赔偿，那就意味着几乎一切侵权案件都应认可这个损害名目。而且依原告的主张得推论，只要医生未披露特定信息，哪怕手术成功，患者并未遭受人身损害，或者哪怕患者得到信息也仍会同意医生推荐的医疗措施，原告也仍得请求赔偿对意志自主的侵害，这完全颠覆了过失侵权法的传统构造。[3]

依民法的意识形态，人的本质在于自由意志，意志自主构成整个民法制度的出发点。各种类型的民事权益，莫不用以圆满、周全人的意志自主。不论侵犯何类型权益，不管是殴击他人身体、使用他人肖像、泄露他人隐私，还是抢夺他人之物、剽窃他人作品、诈取他人金钱，莫不同时构成对意志自主的侵犯，只要保护了这些权益，也就捍卫了主体在案涉利益上的意志自主，设计出自我决定权之类人格权，不但叠床架屋，还抹杀了以上不同类型权益在保护力度、救济手段上的差异。故而，“法律对某项权益的保护已经将对意

〔1〕 参见杨立新：《侵权责任法》（第四版），法律出版社 2020 年版，第 249—250 页。

〔2〕 参见辛帙肖诉科瓦奇案判决第 48、58 段。

〔3〕 参见辛帙肖诉科瓦奇案判决第 68、81 段；另见戴蒙德诉皇家德文及埃克塞特全民医疗服务基金案判决第 11 段、第 33—35 段、第 37—38 段。

志自主的保护吸收在其中的，即不得将意志自主单独拿出来讨论”。[1]在医疗领域，只要对“生命权、身体权和健康权”的侵害得到救济，患者的意志自主即得到维护，所谓知情同意权，并不成立。

〔1〕 唐超：“说明义务的类型化与知情同意权否定论：兼及意志自主如何保护”，载《河北法学》2018年第11期。

肖诉科瓦奇案

Shaw v Kovac & Ors [2017] EWCA Civ 1028

皇家法院
伦敦河岸街
2017 年 7 月 18 日

审判庭
戴维斯法官 (Lord Justice Davis)
昂德希尔法官 (Lord Justice Underhill)
伯内特法官 (Lord Justice Burnett)

戴维斯法官

(一) 小引

1. 2007 年 9 月 26 日，时年 86 岁的威廉·尤安先生 (William Ewan) 接受横贯主动脉瓣膜植入手术，于术后死亡。通过正当程序，其女加布丽埃勒·肖女士 (Gabriele Shaw) 以遗产代理人身份，[1]针对第一被告，即负责监督手术施行的医生，在过失侵权法上提起诉讼。第一被告当时是心脏介入手术专科的顾问医师，于莱切斯特的格伦菲尔德医院 (Glenfield Hospital) 工作，该医院由第二被告经营和管理。[2]

2. 原告依过失侵权法提出的损害赔偿请求的核心内容是，不管是死者还

[1] 译注：遗产代理人 (personal representative)，一般指遗嘱执行人和遗产管理人。有时也指继承人、最近亲属、破产管理人、受托人等。参见薛波主编，潘汉典总审订：《元照英美法词典》，法律出版社 2003 年版，第 1050 页。

[2] 译注：第一被告是简·科瓦奇医生 (Dr Jan Kovad)，第二被告是莱切斯特大学医院全民医疗服务基金 (University Hospitals of Leicester NHS Trust)。

是家属，就实际施行之手术的性质及固有风险，都没有得到恰当信息，从而死者对该手术也并未给予基于恰当知情的同意。原告诉称，被告未提供必要信息乃为过失，倘若提供了信息，尤安先生当会完全拒绝手术。结果，被告承认应负责任。2015年7月2日和10月24日，［高等］法院做出了不利于被告的损害评估判决。正是为评估损害的目的而认可，尤安先生倘得知恰当风险信息，绝不会接受手术（事实上导致其死亡的手术）。

3. 在评估损害的审判中，为期三天的听审程序结束的时候，即2015年10月28日，[1]高等法院普拉茨法官（HHJ Platts）评定赔偿金为15 591.83英镑（包含利息）。其中5500英镑用于赔偿身心痛苦（pain，suffering）以及丧失身心活动能力（loss of amenity）。

4. 原告上诉，主张法官应额外判给一笔金钱，代表一个不同的损害名目：该名目用于赔偿原告所称的“不法侵犯［患者］个人权利（unlawful invasion of the personal rights）”以及患者“丧失个人意志自主（loss of personal autonomy）”。当事人在上诉审中承认这样的损害名目无先例可循，盖在针对人身损害的过失侵权诉讼中，从未认可过请求赔偿如此名目的权利。但上诉人又认为，法律的近来发展以及当今社会对于个体意志自主权利的日益重视要求今天的法院承认这样的可诉损害名目。本案中恰当赔偿金额应为50 000英镑。

5. 原告/上诉人一方由皇家大律师戴维·伯克利先生（David Berkley QC）以及马修·莫兹利先生（Matthew Mawdsley）代理，被告/被上诉人一方由皇家大律师亚历山大·赫顿先生（Alexander Hutton QC）以及尼古拉斯·皮尔斯伯里先生（Nicholas Pilsbury）代理。

（二）回避

6. 上诉听审伊始即有程序上的争点提出。上诉听审安排在2017年6月23日，上诉人一方申请提交更多证据（但提交证据的申请在听审时撤回）。上诉听审的当天上午，伯克利先生发来电子邮件，称自己的客户［上诉人］对组成审判庭的两位法官即鄙人和伯内特法官有异议，请求回避。伯克利先生在听审时回答法官询问称，其客户肖女士甫休假归来，故无法提早向法院知会该异议。

7. 该回避申请以表面上的偏见为理由。事实很清楚，当事人并未主张真

[1] 译注：跟上文的时间似乎有出入，或许不是连续开庭。

实的偏见。[1]

8. 该申请的提出背景如下。

9. 尤安先生亡故后有一项死因调查程序。肖女士深度深与了该程序（肖女士有出庭律师资格，但未实际执业）。该程序异常复杂且极为冗长，多方当事人，包括尤安先生的遗产（estate），皆有法律上的代表人参与。死因调查最终安排在2011年1月，用了差不多两周时间。副助理验尸官在证据总结中将一大堆问题留给了陪审团。[2]陪审团对有些问题的回答表明，基于眼前的证据，陪审团的结论中最为重要的就是认为尤安先生适合接受横贯主动脉瓣膜植入手术，尤安先生知道手术的性质并且基于知情对手术表示了同意。陪审团认为死亡是“医疗措施的意外结果”。

10. 肖女士对死因调查的操作和结果都极不满意。肖女士最为强烈的想法是，并非一切相关信息都已掌握并提交给陪审团。肖女士认为非法杀人（unlawful killing）以及不作为（neglect）都应该是［陪审团］可能的裁决（verdict）。肖女士还认为，就［患者］同意这个争点，任何合理的陪审团都不会得出眼下这支陪审团的结论：肖女士的看法是，实际上尤安先生在不明就里的情况下成为某种试验性质的高风险主动脉瓣膜外科手术的参与者，该手术操作是全新的、未经验证的。肖女士还强烈抱怨，副助理验尸官怀有表面偏见。

11. 无论如何，肖女士于2011年依正当程序启动了司法审查程序。在司法审查程序中，如伯克利先生坦率所讲，肖女士每点必争。在整个程序中，肖女士都是事必躬亲。[3]

12. 2013年1月21日到22日，行政法院听审了相关争议，当时主持听审的是伯内特法官和首席验尸官、王室法律顾问彼得·桑顿法官（HHJ Peter Thornton QC）。肖女士提出的大量理由皆遭驳回。伯内特法官发布篇幅长达

---

〔1〕 译注：法官事实上对某方当事人有偏见（prejudice against），是真实偏见（actual bias）。假想的公正并且掌握充分信息的旁观者相信法官怀有偏见的，为表面偏见（apparent bias，preceived and ostensible bias）。

〔2〕 译注：证据总结（summing-up），法官在全部证据听审之后，在向陪审团所作指示中，就与解决争议有关的证据要点所作综述。在英国，法官同时还要就裁断的格式向陪审团作提示。参见薛波主编，潘汉典总审订：《元照英美法词典》，法律出版社2003年版，第1310页。

〔3〕 译注：亲自、本人（in person），指当事人一方自己进行诉讼而非由其律师代理进行。参见薛波主编，潘汉典总审订：《元照英美法词典》，法律出版社2003年版，第701页。

99 段的主旨判决，驳回申请。

13. 肖女士想要上诉。经过书面审查，[请求准许上诉的] 全部提议理由 (proposed grounds) 皆遭里查德·巴克斯顿爵士 (Sir Richard Buxton) 驳回。肖女士遂提出修正理由 (amended grounds)，在为是否批准这第二次上诉申请而举行的口头听审程序中，艾肯斯法官 (Aikens LJ) 将两点理由提交扩大法庭 (Full Court) 处理。2014 年 2 月 11 日，哈利特法官 (Hallett LJ)、鄙人以及弗洛伊德法官 (Floyd LJ) 组成扩大法庭处理申请。肖女士仍亲自出庭。主旨判决长达 29 段，由哈利特法官临时发布 (*ex tempore*)，驳回了肖女士的第二次上诉申请。弗洛伊德法官及鄙人皆在稍后表态，基于哈利特法官指出的理由，驳回第二次上诉申请。若说这件事很重要（无疑并非如此），可要不是伯克利先生提醒，我都不记得了，即便知道了，也只有隐约记忆。

14. 判断是否存在表面偏见，法律标准已由最高审级的先例确立。简单来讲，就是基于具体事实，公正并且掌握充分信息的旁观者是否会认为存在 [法官] 怀有偏见的真实可能性 (*Porter v Magill* [2002] UKHL 67; *Helow v Secretary of State for the Home Department* [2008] UKHL 62)。

15. 那么本案中哪些事实产生了表面偏见？

16. 伯克利先生承认，就因为在此前死因调查的司法审查程序中，伯内特法官和鄙人曾参与做出对肖女士不利的决定，还不足以认为构成表面偏见。但伯克利先生说还有更多理由。

17. 先说伯内特法官。伯克利先生称，伯内特法官在行政法院所作判决第 68 段的论述表现出了偏见。当时肖女士提交一张清单 (schedule)，意图呈现在案涉横贯主动脉瓣膜试验中患者死亡的细节，伯内特法官说，“很遗憾，我不得不说该清单误导人 (misleading)”，接着阐述了理由。伯克利先生认为得据此主张，伯内特法官的该认定质疑了肖女士的品行；是以，就本件上诉案而言，构成表面偏见。

18. 该主张站不住脚。伯内特法官不过是拿眼前的清单发表意见，法官有权这么做。或许这会被看作多多少少在责备肖女士，但就眼下而言无关紧要。若认为这段话是批评肖女士，那正好是洛科贝尔公司案判决（由一格外强大的上诉法院发布）第 28 段针对的场景 [*Locobail (UK) Ltd v Bayfield Properties Ltd* [2000] QB 451]，该处写道：

“法官在本案早些时候或此前的案件中，曾对当事人或证人有过负面评论，或认为当事人或证人的证据不可靠，倘无更多佐证，这个事实本身不构成有理有据的异议。”

站在公正并且掌握充分信息的旁观者立场看，伯内特法官说的那些话不能在嗣后涉及该当事人的诉讼中用于证明法官对该当事人怀有偏见。

19. 类似地，在俄罗斯开放银行案中（*Otkritie International Investment Management Limited v Urumov* [2014] EWCA Civ 1315），法院认为，法官曾做过对当事人不利裁决的事实本身并不会影响该法官审理嗣后的案件。在该案中，被告申请初审法官回避，盖初审法官在此前同样复杂的商业纠纷中，曾认定被告欺诈；初审法官竟让人吃惊地应申请而回避。上诉法院认为该法官的回避显然错误。本案显然更有理由坚持该案的立场。

20. 伯克利先生试图从其所谓伯内特法官在行政法院的结论中找出更多东西：大意是，就本案关键争点（简言之，倘未征得尤安先生知情同意，得请求赔偿哪些损害），伯内特法官［在行政法院］已认定存在知情同意，从而意味着不承认原告的损害赔偿请求权。这是很不平常的陈词，不仅扭曲了伯内特法官的判决，而且扭曲了行政法院在此类司法审查案件中的职能。［行政］法院并不关心对事实的初步认定，其关心的毋宁是陪审团是否有权基于眼前的证据做出事实认定。这也必然是公正并且掌握充分信息的旁观者的看法。

21. 只要恰当且公正地解读，从判决书可以看得清清楚楚，那正是伯内特法官（正确）关注的问题。

22. 这个争点随之得到解决。但在我看来，就此论点还有一个同样根本的反对理由，简单讲就是现在不存在未取得知情同意这个争点。在民事程序中此点已得到承认。就出于过失未恰当向尤安先生披露信息，法院也发布了确定损害赔偿金额的判决。调查陪审团基于当时可得证据所持的立场（当然，制定法不允许陪审团宣告民事责任），〔1〕被后来的事实推翻了。法庭向伯克利先生指出（相当明显的）此点，伯克利先生无从回答。

〔1〕 译注：调查陪审团（inquest jury），由行政司法官、验尸官或其他行政官员从某一特定地区的公民中召集的，对与死亡有关的事实情况进行调查的陪审团。参见薛波主编，潘汉典总审订：《元照英美法词典》，法律出版社 2003 年版，第 702 页。

23. 是以，吾以为，并无恰当理由要求伯内特法官回避。本案中不存在表面偏见。

24. 再说鄙人。伯克利先生援引哈利特法官判决（鄙人附议）第 24 段，哈利特法官在该处说肖女士“试图提出一个跟在验尸官面前的主张完全不同的论点，但不幸的是，该论点的依据不过是玄想和断言而已”。伯克利先生还提及判决第 27 段，哈利特法官在该处说及陪审团向来有权利认定事实。但基于前述类似理由，这些言论不能为表面偏见提供依据。我可能还应该指出，哈利特法官在判决第 29 段以饱含同情的措辞写道：

“肖女士足以宽慰自己，要知道，为了让父亲死亡的情节得到世人重视，没有哪个女儿能比肖女士做得更多、比肖女士战斗更为勇敢。我真诚希望，肖女士现在就结束这令人伤心的程序。”

25. 我还要补充说明。不难推断出，父亲的死亡以及自己认为的真相得不到揭露，这些让肖女士在当时深感冤屈，可能到今天还是如此，我不知道。这可以理解。诚然，可以说肖女士的坚持已经得到了某种形式的证成，盖被告已接受判决，不再质疑应该因出于过失未提供恰当信息而承担损害赔偿责任。肖女士显然（还是非常可以理解）仍与整个案件关系最为密切。但肖女士不愿意让两位此前曾参与做出对其不利之决定的法官听审本件上诉案，这个事实本身不足以令法官回避。法律很清晰，标准也很客观。异议方当事人的主观看法或愿望不能决定结果。如前面提到的，伯克利先生也承认此点；当然，从伯克利先生在口头辩论程序中的一些发言很难不产生下面的印象，即［认为］实际上异议确有真实依据。但对个别当事人个体情感任何的屈从倾向，本身不能证明法官应予回避（遑论要求法官回避）。正如查德威克法官在特里多斯银行案判决中所说：

“受到批评的法官往往会说，自己情愿再不听审涉及该批评人的诉讼。法官总爱这么说是因为法官知道，倘若判决结果不利于该批评人，该人多半会心怀怨怼与委屈而去。不管是对是错，当事人若是不信任听审的法官，一旦败诉，很容易认为自己多多少少受到法官不公正对待。法官主动回避固然会感到更为轻松，但法官务必抗拒这个想法。缘故在于，倘若当事人（可能有律师代理，也可能是亲自参加诉讼）批评了法官（时有发生，并不罕见），法官即予回避，法院很快就会出现如下局面：当事人不希望哪位法官听审自己的案件即得随意批评，通过这个办法可以选择法官。”（*Triodos Bank NV v Dobbs* [2005] EWCA Civ 486, per Chadwick LJ, cited in *Otkritie* at para. 27.）

26. 在针对回避申请的听审结束时，法院宣布，不论鄙人还是伯内特法官都不会也不应回避，且吾人以为，以目前［几位法官组成］的审判庭继续听审本件上诉案，乃吾人之司法职责。鄙人亦参与决定，以上即为驳回申请的理由。

（三）背景事实

27. 现在转向本件上诉案的实质诉求，上诉申请系此前由格罗斯法官（Gross LJ）通过书面审查批准。为上诉审裁判目的，先概述案件背景事实如下。

28. 2007 年，时年 86 岁的尤安先生被诊断为主动脉瓣膜狭窄，第一被告评估病情为严重（是否为严重的主动脉瓣膜狭窄或有些许争议，但当事人并未因此争讼）。当时，尤安先生的健康状况在其他方面都不错。尤安先生头脑机敏，肖女士在一份证词中生动描述尤安先生有着苏格兰高地人的谨慎与稳重性格。尤安先生被转入莱切斯特的格伦菲尔德医院。2007 年 6 月，第一被告为尤安先生安排了超声心动图检查，几天后又在局部麻醉下安排冠状动脉造影检查。医生认为尤安先生适合接受某种特殊形式的横贯主动脉瓣膜植入手术，［普拉茨］法官称这是比较新颖的手术方式，当时格伦菲尔德医院正从事该手术的试验。医生跟尤安先生及家属沟通过多次。

29. 2007 年 9 月 4 日，医院告知患者家属现有新的更大的瓣膜可用。尤安先生在 9 月 25 日住院，打算次日接受用新方法施行的手术。尤安先生签署了同意书。手术在全身麻醉状态下施行，不幸的是，在瓣膜植入后，发现大面积出血。医生切开患者胸部寻找出血点，止血尝试不成功，患者被转入加重看护病房。患者并未恢复神志，很快死亡。

（四）此前的法律程序

30. 前面已提到冗长的死因调查程序。民事程序中的索赔申请表格（claim form）已于 2010 年 9 月 23 日签发。索赔的依据是 1934 年《法律改革法（杂项条款）》[Law Reform (Miscellaneous Provisions) Act] 及 1976 年《死亡事故法》，[1]尽管看起来事实上并非依据这两部法。

31. 这里的程序总是要参照被告的义务，即以合理技能和注意为尤安先生提供治疗、告知和管理医疗事务，［这些义务］以传统术语来构造（framed in orthodox terms）。

32. 原告的赔偿请求在程序不同阶段经过几次修正。最后重新修正的"赔偿请求详情"标注日期为 2015 年 7 月 9 日，第 30 段详列了 17 条，属于"对过失及义务违反的详细说明（Particulars of Negligence and Breach of Duty）"部分，其中有 16 条单纯指向原告所主张的，被告未恰当取得尤安先生知情同意且未告知所推荐之新手术方式中包含的风险。剩下一条详细说明了在术中发生主动脉损害后，医生处理有过失。但在因果关系上的总体主张却是，倘若尤安先生得到恰当警示，知道该新型手术中包含案涉的风险，那么尤安先生绝不会接受造影检查和手术；若未接受手术，也就不会在 2007 年 9 月 26 日死亡。若是如此，虽说动脉狭窄病情还会持续甚至恶化，但尤安先生可以"享受更多的生活时光"（第 37 段）。

33. 原告请求赔偿的损害包括造影检查及手术造成的不便（inconvenience）、焦虑及丧失身心活动能力（loss of amenity），还有造影检查带来的疼痛和不适。在一纸损失清单中详细列明了各损失名目。在重新修正过的"赔偿请求详情"的结尾诉求部分，原告写明主要请求为"损害赔偿（详见 2015 年 6 月 24 日损失清单）"。

34. 在诉讼过程中，原告成功请求法院发布命令，令被告披露了远比死因调查程序中更为丰富的文档材料。无论如何，法院最后于 2015 年 7 月 2 日发布经双方同意的裁决（2015 年 7 月 6 日盖章），判定第二被告应负责任，赔偿金待评估。这里有些争议，即在此种情形，是否还有必要发布针对第一被告的判决，但在 2015 年 10 月 22 日达成一致。

35. 重新修正过的"赔偿请求详情"中提到的 2015 年 6 月 24 日签字的损

[1] 译注：在英格兰普通法上，过失或疏忽造成他人死亡的，死者亲属不享有民事请求权。随着铁路和工业化的发展，疏忽造成的死亡人数日增，从而促使法律变革，制定了《坎贝尔法》（Lord Campbell's Act），即 1846 年《死亡事故法》（Fatal Accidents Acts），此后又予增补。该法规定，如果死者是在仅因受伤就可对肇事者提起诉讼的情况下死亡的，则死者生前扶养的亲属有权对肇事者提出赔偿请求，请求范围限于实际的和预期的经济损失，不包括精神损害赔偿。参见薛波主编，潘汉典总审订：《元照英美法词典》，法律出版社 2003 年版，第 535 页。

失清单，请求赔偿的名目有一般赔偿金，[1]包括针对身心痛苦（pain，suffering）、丧失身心活动能力以及“尤安先生未予知情同意而失去生命”的赔偿，还包括“返还性损害赔偿（restitutionary damages）和惩罚性损害赔偿（punitive damages，exemplary and/or aggravated damages）”。这些赔偿名目被2015年7月6日案件管理命令删除。[2]

36. 被告方面在2015年8月4日提出一份损失清单，提议对身心痛苦及丧失身心活动能力赔偿1000英镑。就“尤安先生未予知情同意而失去生命”是否应予赔偿，双方有争议。站在被告立场的最有力理由是，1982年《司法行政法》（Administration of Justice Act）第1条不允许赔偿预期寿命损失，[3]所失去之生命中的身心活动能力丧失也并非法律认可的赔偿请求。

37. 原告方面在2015年10月8日更新了损失清单，仍坚持这些赔偿名目。就身心痛苦和丧失身心活动能力，当事人主张尤安先生本来可以多生存差不多5年。就“尤安先生未予知情同意而失去生命”，原告方面主张，“法院得给予其认为原告有权得到的任何救济或金额，哪怕该救济或金额并未在索赔表格中特别写明”。原告方面还主张，尤安先生的死亡“发生在极为特殊的场景，对仍处临床试验阶段的包含极高风险的案涉医疗措施，并未得到患者的知情同意”。原告方面援引了最高法院最近的蒙哥马利案（*Montgomery v Lanarkshire Health Board* [2015] UKSC 11）判决，这是在法庭论辩中让人敬畏的判决。

38. 损害评定事宜于2015年10月提交到普拉茨法官面前时，这些争议还是老样子。

---

〔1〕 译注：一般赔偿金（general damages），指对不法行为所当然或通常造成的损害或损失给予的金钱补偿。原告无须在诉状中专门说明或加以证明。参见薛波主编，潘汉典总审订：《元照英美法词典》，法律出版社2003年版，第597页。

〔2〕 译注：案件管理（case management），指法院程序的时间表（schedule of proceedings），程序的每个阶段都有固定时间段，要在时间段内向法院提交材料或完成特定工作。在案件管理会议（Case Management Conference）结束时，法官可能发布案件管理命令，也可能是和解命令或者如何更好地管理案件，比如合并审理的命令。

〔3〕 译注：预期寿命损失（loss of expectation of life），若某人因他人的不法行为而致伤或致死，在计算损害赔偿金时应考虑因该行为而导致其正常预期的健康生命的实质性缩短所造成的损失。参见薛波主编，潘汉典总审订：《元照英美法词典》，法律出版社2003年版，第872页。

（五）普拉茨法官的判决

39. 普拉茨法官经验丰富，虽为临时判决（*ex tempore*），[1]但说理详尽、细致、透彻。普拉茨法官检视了整个背景，注意到诉讼历程无比漫长，称“部分由于患者家属可以理解的愿望，想知道深爱的父亲身上到底发生了什么”。

40. 普拉茨法官讨论了原告请求赔偿的诸损失名目。就身心痛苦和丧失身心活动能力，[普拉茨] 法官认为，原告所请求的且被告同意判决的是，医生从开始（2007 年 6 月）即应告知拟行医疗措施的真实风险状况，倘患者知道了该信息，当不会继续接受治疗。[普拉茨] 法官判定，身心痛苦和丧失身心活动能力损害名目有三点是可以认明的：第一，2007 年 9 月 25 日、26 日的事实，即手术准备、手术本身及术后；第二，手术前的医疗措施，尤其是 2007 年 6 月 28 日特地为手术准备的造影检查；第三，尤安先生知道有必要手术，由此感到焦虑。参阅《人身损害案件中一般赔偿金评定指引》，[2]考虑到所有相关事宜，就身心痛苦和丧失身心活动能力，[普拉茨] 法官认为应判给的恰当赔偿为 5500 英镑。赫顿先生认为这一金额放在本案案情下过于慷慨。我却不以为然。这是法官有权判给的金额，指出此点即已足够。伯克利先生自己倒并未说过赔偿太少的话。

41. 下一个损害名目，普拉茨法官称之为“丧失生命的赔偿（damages for loss of life）”（跟原告的损失清单表述一致）。[普拉茨] 法官拒绝了过失的严重程度影响此名目下损害赔偿金额的主张。吾以为这个立场完全正确（原告不再主张惩罚性赔偿），无论如何我都不理解伯克利先生在上诉程序中会质疑这个立场。

42. 就损失清单对该请求的描述来讲，[普拉茨] 法官认为 1982 年《司

---

〔1〕 译注：大概意指并非终审判决。

〔2〕 译注：《人身损害案件中一般赔偿金评定指引》（The Judicial College Guidelines for the Assessment of General Damages in Personal injury Cases）是不足 90 页的小册子，每隔几年更新一次，最新版本是 2022 年 4 月版。新版有 14 章，以相关损害为一章，包括：导致死亡的伤害、涉及瘫痪的伤害、大脑及头部损害、心理学和神经损害、影响感官的损害、内脏损害、骨科损害、影响工作的肢体障碍、长期疼痛、面部伤、其他部位留下疤痕的伤害、伤害头发、皮肤疾病、微小伤害。以骨科损害（Orthopaedic Injuries）章为例，下分颈伤、背伤、肩伤、截肢、肘伤、腕伤、手伤、足伤、膝伤、踝伤、趾伤等小节，依伤情严重程度，给出建议的赔偿金额。该指引中还写明判断伤情严重程度时应考虑哪些因素。金额不是固定数字，而有一定浮动范围，如“背伤，最为严重程度，91 090 英镑到 160 980 英镑”。由经验丰富的律师组成工作班子，依据近年来法院判决的金额确定参考金额。参见 https://www.mooneerams.com/blog/what-are-the-judicial-college-guidelines/。

法行政法》第 1 条不认可该赔偿名目。该法第 1 条写道：

“(1) 依英格兰及威尔士法，或者依北爱尔兰法，就人身损害赔偿提起诉讼的，

(a) 就加害人给受害人造成的预期寿命损失，不予赔偿；但

(b) 伤害造成受害人预期寿命减少的，法院于评估伤害造成的身心痛苦赔偿金时，应考虑受害人在知道预期寿命减少时遭受的或可能遭受的任何痛苦。”

43. 但在法庭审判阶段，伯克利先生对请求赔偿之损失的表述，却跟事实陈述及损失清单中的表述有相当大不同。伯克利先生依靠的是蒙哥马利案，也援引了切斯特案。依［普拉茨］法官的记载，伯克利先生主张患者有选择接受何等治疗的意志自主权利，医生出于过失未提供相关信息，让患者失去选择给予还是拒绝知情同意的机会，从而否认了患者意志自主的权利，这本身就产生了损害赔偿请求权，无关其他损失的赔偿请求，应在损害赔偿金中单独体现。如此遂得主张，这既不是对人身损害的赔偿请求，也不是对预期寿命损失的赔偿请求，故并未被 1982 年《司法行政法》第 1 条排除。［普拉茨］法官愿意考虑这个论证（尽管未经辩论）。［普拉茨］法官详细检视了原告方面的陈词以及蒙哥马利案和切斯特案，得出结论：经恰当分析，这些先例并没有原告方面主张发生的那些效果。［普拉茨］法官认为，就未获知情同意，并没有独立无倚的损害赔偿请求权。［普拉茨］法官最后总结说，当事人实际上请求赔偿的是人身损害以及预期寿命损失，1982 年《司法行政法》第 1 条并不认可。这个结论并不是说［尤安先生的］遗产就得不到救济，相反，法官已经判给了实质损害赔偿金。

44. ［普拉茨］法官对其他损失名目的处理这里不需要考虑。

45. 在本件上诉案中，上诉人主张，法官本应认可原告诉求，判给额外的损害赔偿金以反映对尤安先生意志自主的不法侵犯。

(六) 上诉审裁决

46. 吾以为，普拉茨法官的结论正确无误。

47. 我尊重上诉人的想法，但代表上诉人提出的论辩多少有些抓不住重点。如同在下级法院，上诉人在论辩过程中一直在改变［论述］。

A. 截然不同的诉因（distinct cause of acion）？

48. 首先要注意的是，在“上诉理由（Grounds of Appeal）”第4段以及书面论证中，还有伯克利先生在上诉审（如同下级法院审判阶段）口头辩论中偶尔提到的，上诉人认为不法侵害尤安先生的个人意志自主代表着一个独立无倚的诉因。倘果真如此，从概念上即得认为产生了一个独立于人身损害的损失名目。但该主张不成立，事实上充满困难。

(1)［该主张］内在要害在于，该诉因此前从未主张过。现在不得提出。下级法院法官或许会宽厚地允许以某种方式主张先前未曾提到的损失名目。但这种宽厚举动不得延伸到构造新的诉因（哪怕不考虑任何潜在的时效问题）。这个要害本身也就解决了此争点。

(2) 无论如何，就那个否则即为不法侵害尤安先生身体的医疗措施未恰当提供信息从而取得知情同意，已恰当构造为过失侵权诉讼（违反义务）。这在判例法上表现得很清楚。比如切斯特案确认（该案援引了其他判例，尤其是皮尔斯诉联合布里斯托医疗基金案），医生向患者警示相关风险的义务包含单一诉因，也就是过失侵权：参见斯泰恩勋爵判决意见第15段。基尔勋爵和里德勋爵于蒙哥马利案中联合发布判决，于第82段称，医生有义务尽到合理注意以确保患者认识到所推荐之医疗措施中包含的实质风险，应“在传统过失侵权法框架下”理解，对应患者决定是否承担该风险的权利。第87段进一步写道：

> “心智健全的成年人有权利决定接受哪种治疗方案（若有），必须在妨害身体完整的医疗手段施行之前取得该人同意。是以医生有义务尽到合理注意，确保患者认识到所推荐之医疗措施中包含的任何实质风险……”

诚然，在术前提供恰当信息不同于以恰当技能和注意施行手术本身。但在本案中，原告方面主张的造成诉称损失的过失侵权只是未披露恰当信息［不涉及医疗行为本身］。

49. 就此争点，我不必再费口舌：盖法庭就此询问伯克利先生时，伯克利先生最终放弃在区别于过失侵权的独立诉因基础上请求赔偿。伯克利先生确认仅仅主张基于诉称的过失侵权而产生额外的损失名目（additional head of loss）。

B. 保护性赔偿？[1]

50. 损害赔偿得表现为不同形式，包括象征性赔偿（nominal）、惩罚性赔偿（punitive）、加重赔偿（aggravated）或者返还性赔偿（restitutionary）。通常来讲，在过失侵权法中，损害赔偿原则上是填补性赔偿（compensatory damages）。法院尽可能地通过判给赔偿金使得受害人处在倘未遭受不法侵害其本当处的状况。

51. 在上诉审开庭前，法庭了解到，在论点纲要（skeleton argument）描述的所有情形下，上诉人的主张可能实际上都是想要在眼下这类侵权案件中通常可以期待的填补性赔偿之上，得到"保护性"赔偿。故在开庭之前，法院即请当事人留意最高法院拉姆巴案：[*R*（*Lumba*）*v Secretary of State for the Home Department* [2011] UKSC 12] 判决。

52. 该案案情完全不同于本案，该案指控的是行政机关依据未公开的政策，非法扣留被判有罪且应被驱逐的外国人。该案有多个争点，其中一个就是损害赔偿。法庭多数意见认为应予象征性赔偿。少数意见认为应判给实质赔偿，金额为 1000 英镑。还有少数意见认为根本不应赔偿。

53. 诚然有些高审级法院的判例，针对恶意侵犯宪法权利的行为，可能会判给"保护性赔偿"：例如参见 *AG of Trinidad and Tobago v Ramanoop* [2005] UKPC 15。（侵犯隐私诉讼是否得构成此类案件的某种特殊类型，还有争议。）但最高法院拉姆巴案多数意见认为，在该案案情下不得判给此类保护性赔偿，那些甚至连象征性赔偿都不赞成的少数意见当然可以看作支持多数意见：参见布朗勋爵判决意见第 361 段，罗杰勋爵附议。

54. 可能跟本案特别相关的，是戴森勋爵（Lord Dyson）判决意见第 100 段、第 101 段。戴森勋爵指出，要说填补性赔偿（不管是实质赔偿还是象征性赔偿）能起到维护权利的作用（即是说，捍卫遭侵犯的权利），这是一回事。可要判给原告一笔额外赔偿，反映不法行为的特殊性质，那就是另一回事。讲完这个道理，戴森勋爵在第 101 段写道：

"在本案中判给保护性赔偿会产生深远影响。这会导致让人讨厌的不确定

[1] 译注：保护性赔偿（vindicatory damages），既不以损失为基础，也不以收益为基础，是以权利为基础的救济（rights-based remedy）；以一个公正合理的金额，或者有时是一个常规金额，承认了原告权利被侵犯；用于弥补救济手段的漏洞，在传统救济手段如填补性赔偿不足以救济原告时，保护性赔偿方得利用。

性。倘在本案中判给此类赔偿，那么只要涉及以国家力量实施的非法侵犯身体或非法拘禁案件，原则上皆可赔偿。遂要问，为何局限于此类侵权案件？又为何局限于国家实施的侵权行为？放任不确定性这匹烈马在吾国法律中任意行走，我看不出有何正当理由。愚以为，捍卫原告在普通法上的权利，通过以下途径即可实现：（i）判给填补性赔偿，包括（严格责任侵权案件）不能证明实质损害的，给予象征性赔偿；（ii）在恰当场合，以合适措辞发布确认判决；（iii）在恰当场合，判给惩罚性赔偿（exemplary damages）。”〔1〕

另可参见柯林斯勋爵在判决意见第 237 段的评论。这里还要提请注意基尔勋爵在判决意见第 256 段发表的看法，其跟本案高度相关（如果我可以这样说），论及保护性赔偿只适用于极为有限的场合。

55. 在口头论辩阶段，当问及上诉人是否事实上在请求得到此类保护性赔偿，伯克利先生放弃此立场。伯克利先生说并非如此。稍后在本件判决结尾，我还会解释，既然伯克利先生已表态让步，为何还要援引拉姆巴案判决。

C. 象征性赔偿？

56. 伯克利先生明确，就原告/上诉人诉称的［被告］不法侵犯尤安先生意志自主，表述赔偿请求的主要路径就是利用实质的填补性赔偿——这个思路无论如何都吻合通常的原则。但伯克利先生还是简单提到一个替代主张，即就不法侵犯患者意志自主请求象征性赔偿，用为退路。

57. 我不敢苟同。此类过失侵权诉讼要求证明损害，这是诉因成立的必备要件：并非本身可诉的那类侵权。〔2〕在本案中，当事人主张受有损害并已证明，法院也判给了实质赔偿。在此情形下，看不出有任何空间判给象征性赔偿。

D. 填补性赔偿？

58. 下面转向上诉人构造其赔偿请求的主要路径：未取得患者知情同意即

---

〔1〕 译注：惩罚性赔偿（exemplary damages）指向被告的不法行为。是以，判给惩罚性赔偿时完全不考虑原告。我们可能会认为某人应受惩罚，但并不关心受害人。甚至有可能认为受害人活该。普遍认为，即便无人受损害，亦可判令惩罚性赔偿，如持有毒品。通过判令惩罚性赔偿，法院关注的并非原告权利，而意在表达对被告的谴责，但谴责被告并不意味着对原告权利的维护（vindication）。

〔2〕 译注：本身可诉（actionable per se），诉因的成立不需要主张或证明额外的事实，也不需要主张或证明遭受任何损害。比如侮辱或诽谤领域，某段文字明显损害他人名誉（如“史密斯性犯罪”），不需要考虑案件具体情况或事件，即可理解其诽谤性质。

施行外科手术，患者意志自主遂遭侵犯，就此请求实质的、填补性质的独立赔偿金。得到认可的事实是，根据［被告］律师的研究成果，在此类过失侵权诉讼中，在此前报道过的判例中，从未明确赔偿或承认过这样的损失名目。

59. 伯克利先生试图以切斯特案和蒙哥马利案为后援。但正如普拉茨法官指出的，吾以为很正确，经分析，这两份判决并未持该立场。

60. 切斯特案涉及因果关系。切斯特小姐不能证明，倘若阿夫沙尔医生告知马尾综合征的风险信息，自己会彻底拒绝该手术。依侵权法上传统因果关系规则，依某个观点，赔偿请求不成立：持少数意见的宾厄姆勋爵和霍夫曼勋爵即这样认为。多数意见改变了此前法律对因果关系的理解，认为医生披露恰当风险信息义务的范围跟法律对［医生应取得］患者同意的要求、患者就是否接受治疗做知情选择的权利密切相关，既然阿夫沙尔医生本来负有义务警示马尾综合征风险，而患者最终遭受的正是该疾病损害，那么就有正当理由偏离传统因果关系规则，以维护切斯特小姐的选择权利，为违反义务造成的损害提供救济。

61. 马上可以意识到，本案的案情迥乎不同。本案并不涉及切斯特案中的那类因果关系争议：盖本案当事人皆认可，倘医生向尤安先生恰当告知风险，尤安先生根本不会接受手术。另外，切斯特案多数意见没有任何迹象显示出，可以得到如本案中建议的这类额外的、独立的赔偿名目。相反，（基于多数意见对因果关系的结论）该案判给的赔偿正是我所说的常规类型（conventional kind）。在本案中，尤安先生的遗产得到的同样是常规类型赔偿。切斯特案判决并不支持额外的赔偿名目。

62. 伯克利先生提及［切斯特案中］斯泰恩勋爵判决意见的多处地方，尤其是第 14 段和第 18 段。斯泰恩勋爵在第 18 段强调，法律要求医生未经患者同意不得施行手术，该规则服务于两个目的：第一，意在避免患者并不愿意接受的特定损害风险的发生；第二，意在确保每位患者的意志自主和人格尊严都得到恰当尊重。伯克利先生抓住第二个目的。但斯泰恩勋爵讲到这个目的，并非意在由此产生一个损失名目：毋宁说，这句话是为要求医生将取得患者同意放在首位提供重要理由。

霍普勋爵在切斯特案判决第 87 段写道：

“对那些做决定很困难的患者，倘依通常因果进路的要求不予救济，会在那些可能格外需要警示的情形让警示成为无用。对那些并不能够问心无愧地讲，倘若得到警示，自己将永远不会接受手术的患者来说，这就是歧视。我认为这个结果不可接受。法律的功能在于让权利得到维护，在义务遭违反时提供救济。若非如此，义务即为空洞，被剥除了实际力量，丧失了全部内容。义务［规则］将没有能力保护患者进而实现令其存在的唯一目标。是以，基于政策理由，我主张本案中因果标准已经满足。原告所受损害跟被告的警示义务密切联系在一起。施行患者所同意之手术的医生负有警示义务。案涉风险的结果，正是在患者为同意表示时必须向患者警示的内容。故我主张，在法律意义上，得认为该结果系违反警示义务造成。”

63. 伯克利先生也抓住这一段话不放。伯克利先生说，本案也是一样，尤安先生的权利应予维护，损害应予救济。但霍普勋爵这段话意在阐释，在该案具体案情下，为何认为传统因果关系规则应在该案中予以修正。那些考虑并不适用于本案，本案中因果关系和损失要件不论依何观点都已成立，损害赔偿请求权随之也已成立。

64. 类似地，吾以为，经过分析，蒙哥马利案也并未予上诉人的主张以真正支持：事实上，随着论辩走向深入，援引该案的声音也趋于衰歇。在蒙哥马利案中，蒙哥马利女士只是代表孩子提起诉讼，并非自己提起诉讼；医生出于过失未告知肩难产给产妇和孩子带来的风险，法院支持损害赔偿：该案最终认定，倘产妇得到恰当信息，当会选择剖宫产，孩子也就不会遭受损害。该案真正的重要意义在于，简单讲，就医生要取得患者对所推荐之医疗措施的同意，应该达到怎样的注意标准，（跟此前的一般理解相反）于评定之际不再适用博勒姆标准（*Bolam v Friern Hospital Management Committee*［1957］1 WLR 582）。该事宜显然并非本案争点：盖本案当事人已自认，在告知事务上对尤安先生未尽到恰当注意。

65. 诚然，在蒙哥马利案判决中，法院强调未经知情同意，患者有权利不接受侵犯身体完整性的治疗，强调患者意志自主权利应受恰当保护的立场：参见基尔勋爵和里德勋爵联合发布的判决意见第 87 段，黑尔女爵判决意见第 108 段。但这些议论不过意在指出（与切斯特案立场完全一致），何以博勒姆标准不应再继续适用于［告知案件，用作］评判恰当注意的标准。是以，医生提供信息的注意义务和标准不再受博勒姆标准规制，医疗职业就特定类型案件中信息披露事宜可接受的行为规范的一般看法，不再有拘束力。法律对恰当信息披露的标准是，必须调整到适合个别患者及个案情况的需求：盖此处涉及患者意志自主的权利（另可参见蒙哥马利案报告第 1434—1438 页，皇家大律师詹姆斯·巴德诺赫先生代表蒙哥马利女士在最高法院的论辩）。但以上提及的判决没有任何地方提议或支持本案上诉人的主张，即侵害患者意志自主权利或侵犯患者身体完整性，应额外判给一笔独立赔偿金。

66. 由是可知（不仅鄙人，下级法院亦是如此认为），上诉人想为额外的损失名目找到正当理由，而切斯特案和蒙哥马利案判决并不能为此提供真正帮助。

67. 此外，吾人还以为，上诉人亦不能从法律原则那里找到帮助（上诉人从判例法中找不到任何案例支持自己的主张，大概也反映了法律原则的立场）。相反，目前上诉人主张的损失名目正有悖法律原则。

68. 长期以来的法律立场是，医生在实施医疗行为前未恰当披露风险信息，使得患者同意了本不会同意的医疗措施，由此遭受损失，受害人得依过失侵权法请求赔偿。该同意表示并非无效，是以在通常的案件中，受害人主张的不是非法侵犯身体（本案即是如此，并不涉及欺诈或恶意）：例如参见 *Chatterton v Gerson* [1981] 1 QB 432 at p. 443 (per Bristow J)。如此（这是法院向来坚持的路径），就必须确认，正如赫顿先生在其极为出色的陈词中指出的，对身心痛苦及丧失身心活动能力的赔偿已经包含在一般损害赔偿中，上诉人在此之外请求的赔偿金到底要赔偿什么？

69. 简单讲，我无法确认这样的备选赔偿名目（candidate）。伯克利先生当然会说，这是非法侵犯患者人身权利（personal rights），涉及丧失意志自主。诚然，在人权和基本权利日益深入人心的时代气候下，伯克利先生讲的权利在今天得以用远比过去用过的更为生动、浓重的笔墨来描述。此类权利的存在，不管使用怎样的语言来描述，一直都是医生负有披露恰当信息注意义务的根据与基本理由。一旦认识到此点，即可发现如本案中所主张的额外的填补性赔偿事实上并不必要、亦无道理。为此处目的［保障患者权利］，应该判给的恰当赔偿即是以通常方式对身心痛苦以及丧失身心活动能力的赔偿，反映了必需的补偿（requisite compensation）。

70. 此外，在任何具体案件中，倘若受害人由于知道自己的“个人意志自主”因未获知情同意而遭受侵犯（补充一下，并非本案事实），从而痛苦增加，那么这就反映在判给一般损害赔偿中。正如托马斯法官在里查德森诉豪伊案（*Richardson v Howie*［2004］EWCA Civ 1127）中指出的（在非法侵害人身的案情下），对感情的伤害（injury to feelings），[1]包括侮辱、精神痛苦、难受、蒙耻、发怒或者愤慨，得被理解为填补性赔偿金的要素（element），包含在一般损害赔偿中（*Richardson v Howie*［2004］EWCA Civ 1127, per Thomas LJ）。在认识到失去预期寿命的案件中，也一直是这个立场，如1982年法律第1条第1款c项写明的。

71. 还有，倘若上诉人额外赔偿的请求确有理由，那么必然得出结论，在未获知情同意的案件中，即便施于患者的手术完全成功，原则上仍得请求［该额外］赔偿。当向伯克利先生提及此点时，伯克利先生同意，这是其主张的必然推论。类似地，伯克利先生还坚持，即便证明患者得到恰当信息也还是会同意，仍应予赔偿（不过令人困惑的是，伯克利先生说是“象征性赔偿”）。不过吾以为，这个结果无理可据。

72. 再者，上诉人主张的这个无先例的（填补性）赔偿，评估标准是什么？伯克利先生认为，赔偿金额视个案案情而变动。但法院如何评估此类赔偿金，伯克利先生指不出有章法的标准。为何个人意志自主权利以及未经知情同意身体不受侵犯的权利，其价值及重要性会因案而异、因人而异，这很难理解。对所有心智健全的成年人来说，这当然是同样的基本权利。

73. 在此损害名目下，建议赔偿尤安先生50 000英镑，何以认为这是恰当金额？上诉人方面并未给出有理有据的回答：没有详细的阐述和解释，就是简单提出“本案案情下的”恰当金额。不得不说，我已形成牢固印象（第二份上诉理由中的说辞强化了我的印象），上诉人主张50 000英镑实质赔偿，实际上想要赔偿的是尤安先生失去了差不多5年生命（依上诉人的说法）。但囿于1982年《司法行政法》第1条的规定，又不得如此表述。确实，上诉人方面也曾试图主张，本案并非“人身损害赔偿诉讼”。但只要看重新修正的“赔偿请求详情”，就知道本案正是人身损害赔偿诉讼。吾以为，普拉茨法官的看法显然是正确的。

74. 所有这些争点还触及上诉人方面的另一个基本主张：不在这个新名目

---

〔1〕 译注：感情（feelings），伤害感情常用作精神痛苦之同义词。参见薛波主编，潘汉典总审订：《元照英美法词典》，法律出版社2003年版，第541页。

下给予赔偿，就意味着尤安先生的遗产得不到救济。诚然，在切斯特案中，这样的处境就对多数意见的形成起到重要作用（该案判决修正了传统因果关系进路，前面已提过，并不是通过本案上诉人主张的这类赔偿来达到救济目的）。但在本案中，不能说遗产得不到救济。相反，侵犯尤安先生个人意志自主权利的事实已让被告承认违反注意义务，法院从而判给实质赔偿。是以，遗产已得到救济。

E. 常例赔偿金（conventional award）？

75. 在口头辩论快要结束时，伯克利先生大概认识到，赔偿金额视个案案情而定的填补性赔偿请求成立有困难，遂主张在医生出于过失未先取得患者知情同意即施行手术的场合，就侵害患者个人意志自主，法院应判给一笔常例赔偿金。上诉理由和书面陈述中并未写及这个思路。

76. 在切斯特案中，霍夫曼勋爵在少数意见中曾考虑过，在医生未向患者警示风险的场合，为维护患者自我选择的权利，是否应判给“适度慰抚金”。霍夫曼勋爵拒绝了这个思路，认为侵权法“并非用来分配可能支付的适度赔偿金的合适工具”（切斯特案判决第 34 段）。

77. 在本案案情下，若让这个审级的上诉法院表态支持此类常例赔偿金并为之确定金额，即便在其他方面都很恰当（鄙人深表怀疑），我无论如何也会毫不犹豫地拒绝。看不出有什么政策理由或其他理由足以证明在此类案件中采行此路径的正当性；相反，我看到的是在政策上有强大理由反对这样做。

78. 在侵权案件中要限制赔偿数额，普通法上的常例赔偿金只能起到很有限的作用（不过有趣的是，在 1982 年《司法行政法》颁行前，常例赔偿金在失去预期寿命案件中有重要作用）。上诉人方面提请法院参考里斯诉达林顿纪念医院案（*Rees v Darlington Memorial Hospital NHS Trust* [2003] UKHL 52，以下简称“里斯案”）。（我留意到最高法院拉姆巴案也考虑了里斯案。）在里斯案中，原告有残疾，故接受绝育手术，手术施行有过失，原告产下健康婴儿，上议院依据自己的先例麦克法兰案判决（*McFarlane v Tayside Health Board* [2000] 2 AC 59），不支持就孩子的出生请求赔偿。[1]孩子的抚养费用请求亦遭驳回：主要是基于政策理由。但多数意见在妊娠和出生费用之外，还批准

〔1〕 译注，参见唐超译：“英国上议院对错误怀孕（出生）诉讼的基本立场——麦克法兰诉泰赛德卫生委员会案”，载《苏州大学学报（法学版）》2019 年第 3 期。

了 15 000 英镑的常例赔偿金。本案中，上诉人方面向本院提出，基于相同进路，也应同样处理。

79. 吾人不敢苟同。里斯案是完全不同于本案的类型。该案多数意见在此问题上采纳的进路引人瞩目：事实上 7 位法官中的 3 位对此持异议，认为此项赔偿完全违背原则；另见《麦格雷戈论损害赔偿法》（*McGregor on Damages*, 19th ed.）第 13. 287—13. 289 段相关讨论。虽说如此，该案整个案情还是很引人瞩目。正如赫顿先生指出的，依传统“若非-则不”进路，里斯案的原告本来有权利得到赔偿，但如同麦克法兰案，基于政策理由，[原告] 被剥夺了损害赔偿请求权。但本案并非如此。就侵害个人意志自主，法院并未基于政策理由剥夺尤安先生遗产的损害赔偿请求权：不支持额外赔偿的理由在于，判给一般赔偿金即已恰当填补了损害。

80. 虽说里斯案中宾厄姆勋爵称判给的金钱“并不意在赔偿”，现实情况看起来是，从宾厄姆勋爵角度看（虽说无法计算），该笔金钱意在赔偿 [填补] 的是，原告失去了按自己希望和设计的方式生活的机会：故常例赔偿金得“表征所受伤害和损失”（第 8 段）。尼科尔斯勋爵论及判给常例赔偿金时说，这表明不法行为“对父母的生活及原有家庭造成了深远影响”（第 17 段）。米利特勋爵认为，判给常例赔偿金反映出“被告剥夺了原告个人意志自主的重要方面，即限制自己家庭规模的权利。这是人格尊严的重要方面，愈益被看作应受法律保护的重要人权”（第 123 段）：该笔金钱意在“补偿 [填补] 父母意志自主所受的 [和身体伤害及财产损害] 完全不同的伤害”（第 125 段）。斯科特勋爵认为医生的过失行为剥夺了患者的期待利益，该笔金钱即是为该期待利益标定的金钱价值（第 148 段）。

81. 该案的案情很罕见，去本案甚远。当然，尤安先生失去了预期寿命。但如前面讲过的，这并非 1982 年《司法行政法》第 1 条认可的损害名目。此外，在本案中额外判给常例赔偿金还会带来其他令人不安的影响。倘在本案中判给此类常例赔偿金，那么在侵犯个人意志自主的其他类型案件中，是否也应该如此赔偿，比如，非法侵犯人身？常例赔偿金又能否扩张及于一般侵权案件（试想，多数侵权都得认为涉及“丧失意志自主”）？即便提议将常例赔偿金限制在本案这类案件，即医生出于过失未向患者披露恰当信息，如赫顿先生指出的，告知恰当信息的注意义务也仍会在大量医疗场合发生：并不会只是局限于，比如，医生准备给患者动大手术。另外，如我在前面提到过的，依此论辩的逻辑，即可得到结论，即便在医疗措施大获成功的场合，或者已证明，患者虽得到恰当信息也还是会同意手术的场合，再或者医疗措施失误，但造成的后果跟未取得知情同意并无关联，诸如此类，皆可得到常例赔偿金。

82. 对洪闸论辩漠不关心可就大错特错了：赫顿先生提请注意引入此类新型赔偿金的影响，鄙人以为是对的。诚然，在今天怂恿起诉大行其道的气候下，[1]此类赔偿请求爆炸式增长的风险会很高。针对所主张之损失名目而设的任何常例赔偿金，将来的赔偿金额都会很节制，这个事实给不了答案。相反，上诉人现在主张的这类赔偿金不管将来在金额上多么节制，据经验可知，本身就会激励诉讼：［潜在原告］期待着被告由于担心成本会迅速处理。吾以为，像上诉人建议的这类无先例的常例赔偿金，会产生真正的（纵不可量化）经济、实践及其他方面的影响。

83. 总之，在眼下这类特殊案件中，我看不出任何支持判给常例赔偿金的政策或其他理由。相反，没有这个必要。像这类的普通法渐进发展，并没有根据。

（七）结论

84. 不妨退后一步，再来检视一下上文立场。我的考虑是，倘若上诉人请求的是（如上诉人所说）填补性赔偿 50 000 英镑（或者其他实质赔偿），那么事实上，这就是人身损害赔偿诉讼中对失去预期寿命的赔偿请求：1982 年《司法行政法》第 1 条已将之排除。倘若请求的并不是此类填补性赔偿，那么事实是，这实质上就是请求所谓的保护性赔偿：基于拉姆巴案多数意见给出的理由，同样被排除。无论如何，就侵犯尤安先生个人意志自主的权利，通过公权机构承认医生出于过失未恰当披露信息且未取得患者知情同意（反映在经双方同意的裁决以及普拉茨法官的判决中）并判给实质赔偿，尤安先生的地位在很严肃的意义上得到维护，并得到公正赔偿。总之，这个结果和结论并无任何不公之处。

85. 我的结论是，驳回上诉。

---

［1］ 译注：怂恿起诉（claims farming），即为金钱利益而催生赔偿诉讼。律师会联系潜在原告，鼓励提起诉讼。律师允诺会让受害人得到大笔赔偿，以此诱惑潜在原告。

昂德希尔法官

86. 我赞成，基于戴维斯法官给出的理由，本件上诉应予驳回。吾亦以为，要求戴维斯法官和伯内特法官回避的申请乃是出于对法律的误解。当事人此前曾在某位法官面前败诉的，自然不希望自己的案子由该法官听审，此乃人之常情，可以理解。但若是认可这是请求回避的充分理由，法律体系即无法运转。法官应客观公正，不受情感左右。公正的观察者一般都会坦然接受，职业法官会基于案件本身的事非曲直审理，此前曾审理过相同当事人的不同纠纷［这个事实］并不会影响法官。当然，在某些具体案情下，或会有理由对法官的公正产生真正怀疑，但本案中伯克利先生甚至不能举出蛛丝马迹的线索。

伯内特法官

87. 上诉人就医生未恰当披露信息从而使得尤安先生未能为知情同意请求赔偿 50 000 英镑，戴维斯法官经过充分论证，认为该请求并不成立，我深表赞成。吾亦赞成，请求鄙人及戴维斯法官回避的申请并无依据。

88. 法官在何等情形下应回避审理，本院及上议院一系列判决已全面考虑过这个问题，这些判决强调，表面偏见应站在公正并且充分知情的旁观者角度来判断。想把法官赶出案件的当事人，可能公正且充分知情，也可能并不客观。还有些当事人（我要强调，非指本案），心术不正地想要操控法庭构成，求得利益。伯克利先生以表面偏见为由提交回避申请时，反复提及其客户的感情，而不着力于客观且充分知情的旁观者，着实让人有些吃惊。当事人的情感应受尊重，但那并非论据。此外，基于戴维斯法官给出的理由，我在因死因调查而生的司法审查程序中发表的意见并不足以支持表面偏见主张。还有，我完全无法理解，哈利特法官在审理上诉申请时的意见以及戴维斯法官表示的附议，从中怎么可以得到应该回避的主张。上诉人希望戴维斯法官和鄙人皆主动回避，就因为对上诉人的司法审查请求做了不利于上诉人的裁决。虽说可以理解上诉人的想法，该想法却不能为回避主张提供恰当依据。

89. 是以，正如戴维斯法官于判决意见第 25 段及第 26 段所阐释的，吾人之司法义务即在于听审上诉。

戴蒙德诉皇家德文及埃克塞特全民医疗服务基金案

Diamond v Royal Devon & Exeter NHS Foundation Trust [2019] EWCA Civ 585

皇家法院

伦敦河岸街

2019 年 4 月 8 日

审判庭

麦库姆法官（Lord Justice McCombe）

弗洛伊德法官（Lord Justice Floyd）

妮古拉·戴维斯女爵（Lady Justice Nicola Davies DBE）

妮古拉·戴维斯女爵

1. 本件上诉案，上诉人［露西·戴蒙德（Lucy Diamond）］在过失侵权法上请求赔偿医疗过失造成的损害，涉及如下医疗活动：2010 年 12 月 6 日施行脊柱融合术，术后于 2011 年 6 月 28 日确认并治疗腹疝。在高等法院法官弗里德曼（Freedman）主持的初审中，有两项过失赔偿请求：

（1）在脊柱手术完成后的复查面诊中（2011 年 1 月 21 日），主刀医生卡恩先生（Khan）未检查患者状况，导致耽误了腹疝病情的确认和治疗。该赔偿请求得到支持，就耽误腹疝手术两个月，法院判令赔偿 7500 英镑。

（2）施行腹疝手术的瓦吉德医生（Wajed）在以补片置入技术治疗疝气之前未取得上诉人知情同意。上诉人成功证明，瓦吉德医生未提供恰当信息以满足知情同意的要求，但弗里德曼法官认为，即便上诉人得到恰当信息，还是会选择接受实际施行的补片置入手术。

本件上诉案针对后一诉讼理由，即［知情］同意诉讼理由以及因之［未获知情同意］而生的任何伤害或损害。

（一）背景事实

2. 上诉人生于1971年9月11日，案涉事实发生时39岁。2011年5月9日，上诉人在瓦吉德医生处看病，瓦吉德医生选择利用补片置入技术重建腹壁。[1]术后，上诉人仍诉腹部肿胀及疼痛。医生建议另行手术。2014年8月5日，上诉人接受手术，手术内容包括取除补片、修复疝口，完成了全腹壁成形术。弗里德曼法官认定，上诉人的身心健康皆受不利影响，感到沮丧/抑郁和焦虑。另外，上诉人后来与新的伴侣建立了稳定关系。证据上的一个争议是，2011年5月，上诉人跟瓦吉德医生就将来可能的怀孕讨论了什么内容。

3. 初审阶段的共识是，在2011年5月的面诊中，瓦吉德医生只提及补片置入治疗疝气，未提及一期缝合修复手术（primary sutured repair）的可能。就双方当事人怎么讨论上诉人希望在将来怀孕的想法这个争点，弗里德曼法官更倾向于上诉人的陈述，即瓦吉德医生并未询问上诉人是否有怀孕打算。但弗里德曼法官在初审判决第23段写道：

“但最终，该事实争议影响很小（若有），盖纵依瓦吉德医生的陈述，原告也只说过在可预见的将来没有怀孕计划，医生理解是指接下来几个月。”

4. 在初审判决第24段到第28段，弗里德曼法官如是阐述何以被告在取得患者同意方面违反义务：

“24. 瓦吉德医生认可，自己完全未与原告讨论过补片置入手术对将来怀孕的影响。不管是原告方面的专家证人温斯赖特教授（Winslet），还是被告方面的专家证人罗伊斯顿先生（Royston），一致认为原告应该得到关于补片对怀孕潜在不利影响的信息。事实上瓦吉德医生自己也同意，倘预知［患者］将来打算怀孕，应该讨论补片修复手术伴随的风险。

25. 在此案情下，毫不奇怪，［被告律师］查尔斯先生并未试图反驳我表达过的初步看法，即欠缺知情同意。简单讲，依我认定的事实，瓦吉德医生不能合理排除原告将来怀孕的可能，是以未提醒原告腹部补片伴随的风险

---

[1] 译注：依第一段，手术应该是在6月28日，5月9日可能只是咨询。

[这个不作为] 即构成义务违反。

26. 类似地，查尔斯先生也未尝试说服我放弃看法，即瓦吉德医生有义务提醒一期缝合修复手术的可能。基于全部专家证据，一致看法是原告应该知晓这是可行选项，是补片置入手术的可能替代方案。

27. 我充分确信，瓦吉德医生之所以未予提醒，是他自己相信或者至少认为非常可能，缝合修复手术不会成功，会导致疝气复发。但温斯赖特教授和罗伊斯顿先生都肯定，原告本应该知晓补片置入手术有可能的替代方案。

28. 相应地，就补片置入手术的面诊咨询过程 [2011 年 5 月]，我认定被告在两个方面违反义务：

(1) 本应向原告解释，倘原告将来怀孕，补片置入会带来特定风险；

(2) 本应告知原告，相对于补片置入手术，一期缝合修复手术是可能的替代方案，虽说失败的风险较大。"

5. 就原告应该得到哪些信息，弗里德曼法官依据了瓦吉德医生 [给全科医生] 的书面函件，当时上诉人主诉伤口下方不适，[1] 全科医生将之转往瓦吉德医生处，瓦吉德医生在 2013 年 12 月 3 日检查了患者身体。在这次面诊中，上诉人询问瓦吉德医生关于怀孕的事宜。瓦吉德在 [给全科医生的] 函件中称：

"她今天问了怀孕的事情，我想，虽说并非完全禁忌，考虑到此前腹部做过手术，必须小心，盖补片可能限制子宫生长，导致早产。还有如下风险，即若需紧急剖宫产，补片在那里，可能很难打开腹部；还有可能，怀孕后，补片和腹部会受到扰乱 (disrupted) ……"

弗里德曼法官在初审判决第 31 段认定：

"是以得合理推断，在 2011 年 5 月的面诊中，要是瓦吉德医生注意到怀孕事宜，应告知原告，补片置入并不意味着原告不会怀孕。但医生有义务向原告指出有如下风险：

(1) 补片会限制子宫生长，有可能导致早产；

[1] 译注：应该是指 2011 年 6 月补片置入手术的伤口。

（2）要是需要剖宫产，补片会使得进入腹部比较困难；

（3）怀孕后，补片和腹部可能受到扰乱。

还有可能，要是原告主诉自己怀孕，瓦吉德医生还应补充［提醒原告］，最好是看一下妇科医生。”

6. 考虑了专家证词后，弗里德曼法官确认，倘若瓦吉德医生将函件中的事项告知了上诉人，[1]医生就不会受到指责。弗里德曼法官说，瓦吉德医生本应告知的那些内容：

“完全在合理的具备资质的普通外科医生告知的范围内。相应地，我认定，倘［被］问及怀孕风险，瓦吉德医生本应告知的那些内容足以让原告给予知情同意［表示］，当然，前提是给原告选择不同手术的机会。”

7. 就替代医疗措施，依弗里德曼法官的描述，瓦吉德医生“强调”，其认为一期缝合修复手术不会成功。瓦吉德医生在补充证人陈述（supplementary witness statement）中称：

“患者腹壁组织非常脆弱，故仅仅是缝合手术不能算是牢靠、持久的治疗方式。不管是临床判断还是扫描，这点都很明显……依我的意见，单纯的缝合治疗，疝气复发的风险非常大，在两年内复发的可能大约为50%，而且在以后的自然生命过程中是一定会复发的。是以，我不认为这对原告是可行选项。”

8. 就此意见，弗里德曼法官认为：

“37. 回到瓦吉德医生对该事宜的评估，我的结论是，倘瓦吉德医生与原告讨论了缝合手术的可能性，医生会告知患者该手术使疝气复发的概率非常高，两年内为50%，哪怕不是不可避免，在整个生命中复发的可能性也非常高。简言之，瓦吉德医生会强烈推荐补片置入手术，建议不要接受缝合手术。我确信，这是瓦吉德医生会提供的建议，哪怕其意识到原告并未排除将来怀孕的可能。医生会向原告解释，怀孕会给缝合手术带来额外压力，带来疝气

---

[1] 译注：应该在2011年5月即告知，而不是等到2013年12月才跟全科医生提及。

复发的真正风险。医生很可能会补充说，绝大多数医生（大约95%）都会选择以补片置入手术治疗原告的疝气。

38. 依据温斯赖特教授和罗伊斯顿先生的专家证据，在我看来，瓦吉德医生对缝合手术当说的那些话，如我认定的，完全合理且在具备资质的医生应该告知的范围内。这合乎罗伊斯顿先生本应讲的，温斯赖特教授也认同对瓦吉德医生来说，认为缝合修复手术成功机会非常小是合理的。”

9. 弗里德曼法官初审在判决第39段以下讨论了其所谓的“关键问题”：

“39. 关键问题当然是，要是知道补片置入手术在怀孕的时候会带来特定风险，缝合手术是可行选择但失败可能较大，原告当会如何选择。

40. 我要说清楚，没有人主张原告会选择不接受治疗：可以理解，原告极为迫切地希望疝气得到治疗。

41. ［代理原告的］凯勒先生以原告证词中的不同片段为依据。通过例证，原告说，倘若知晓［补片置入手术在］怀孕［情形下造成］的风险，‘那会改变一切事情’。原告继续说，自己不会‘以［放弃］生育能力（fertility）为代价’而选择某固定/长期不变的治疗方式。原告试图强调，胎儿的任何风险都会压倒对自己的关切，还说了大致下面意思的话：‘当你得知胎儿可能面临风险，那就不只是你自己了，那是你不会想到要去冒的风险’。原告补充说，怀上孩子的能力‘就是我的一切’。

42. 原告在证词陈述第7段写道：

‘如果医生在2011年5月告知我，普理灵补片置入手术（prolene）可能害及将来的妊娠，我绝不会同意该手术。怀上孩子的能力对我向来十分重要，我可不想被以这种方式剥夺母亲身份。我亲眼见证，我母亲43岁的时候，子宫切除手术给人的心灵、自尊和后来的家庭关系会造成多大损害，还有一位堂表亲（像我的亲姐妹一样），至少10年前，也有过类似经历。’

43. 凯勒先生也促我认可，疝气复发的风险不会妨碍原告选择缝合手术。凯勒先生说，这吻合下面的事实，即脊柱手术风险很大，失败概率也很大，可原告仍选择接受手术。

44. 凯勒先生还以如下事实为据，补片置入手术给怀孕带来的风险不管在客观上还是主观上都是严重风险。就后者来讲［主观上］，凯勒先生指出的事实是，原告一旦知晓怀孕的风险，会选择放弃再有一个孩子的计划。但要注意到，彼得·琼斯医生以非常清楚的措辞告诉原告，在置入补片的情况下怀孕是不明智的。

45. 在这里我要说两句，我毫不犹豫地认为原告是可靠诚实的证人。在判决的前面部分，我已认定在两个重要问题上得依赖原告证词：在 2011 年 1 月 21 日告知卡恩医生胃部问题，以及并未与瓦吉德医生讨论过任何关于怀孕的事情。

46. 但回忆特定事件或谈话，显著不同于试图重构倘知晓特定信息当会如何反应的场景。专家证人、律师还有其他人，所受的训练都是不要利用后见之明的优势去形成可能或应当会发生什么的观点。可人之常情却是，在思考倘若当初得到特定警示信息自己当会怎样做的时候，难免会受到实际发生的事情的影响。据我看，原告极不可能将其想法与下面的事实割裂开来，即后来琼斯医生告知，由于置入补片，怀孕不是明智做法，结果［由于知道这个信息］，原告没有再要孩子。毫无疑问，在我看来，这个不幸的结果深刻影响或主导了原告关于自己倘若得到恰当警示当会如何行事的看法。

47. 我的结论是，原告真诚相信并说服自己，倘若医生提供了全部相关信息，自己当会选择缝合手术。是以，原告在证词中所述合乎其真诚的信念。但不能理所当然地由此自动推导说，原告此时认为的实情事实上就是案涉那个时间的立场。

48. 我评估了这个争点上的全部可得证据（包括客观证据和主观证据），如我必须做的，基于或然性权衡得到结论：即便原告处在得予知情同意的位置，还是会接受同样的手术。

49. 当面听取了原告的陈述，我形成该看法的理由如下：

（1）医生已告知原告，一期缝合修复手术几乎必定会在将来失效，而且很可能会在两年内失效。

（2）医生会告知原告，补片置入手术成功概率非常大。

（3）医生会告知原告，依原告的病情，事实上所有外科医生都会采用补片置入方案。

（4）瓦吉德医生会强烈建议原告接受补片置入手术。

（5）瓦吉德医生会表现出对缝合手术极为不情愿的态度。

（6）医生不会告知原告，原告将来不能得到孩子——告知的内容只会是有一定风险。(在我看来这有根本区别。)

(7) 原告当时为单身状态。虽说原告在两年前考虑过跟前任伴侣生孩子，但就眼下而言，怀孕并不在当下规划之内。

(8) 总体来说，面对这些信息，面对当会提供给原告的建议，从客观和主观两方面看待这个事情，对原告来说，选择缝合手术是非理性的(irrational)；我认为原告并不是会非理性行事的人。

我要强调，依我的判断，哪怕手术提早两个月施行，也就是在损伤可能还比较小的时候，[1]原告也还是会选择补片置入手术。”

10. 弗里德曼法官在处理了同意争点上的主要论辩之后，接下来处理上诉人律师提出的另外两点主张——就未予知情同意得产生损害赔偿请求权。就第一个主张，弗里德曼法官在初审判决第50段到第53段讨论如下：

“50. ……第一，原告律师主张，原告发现自己不能有孩子后感到‘震惊(shock)’，就此有权利请求赔偿。原告对怀特医生说，‘得知不会有孩子，好似在我脸上重重一掴’。原告方面主张，得知不能有孩子，使原告精神疾病的病情恶化。

51. 应该注意到，这个多少有些别出心裁的论辩最初在凯勒先生的总结陈词（closing submission）中扮演重要角色。原告方论点的全部要旨都在于，倘若得到恰当咨询服务，原告不会接受补片置入手术，如此，原告本可以怀孕。只有认定，哪怕得到恰当警示和咨询服务，原告仍会选择接受补片置入手术，才会提出‘第二个’主张（‘secondary’case)。

52. 在我看来，凯勒先生并没有在更早些时候提出这个论辩，这并不奇怪。我持这个看法的理由在于，依我的判断，该论辩不管在事实上还是法律上都不成立。瓦吉德医生违反义务表现在未警示原告［接受补片置入手术后若是怀孕,］妊娠中可能的并发症。这完全不同于医生有义务告知患者，如果接受特定医疗措施，将来不可能怀孕。差不多三年后，才有其他医生（琼斯）告知原告怀孕并不明智，故而，说这是未予警示特定风险的可预见后果，实在无法想象。依我的看法，［其他医生］给予这个建议跟瓦吉德医生违反义务

〔1〕 译注：损伤、损害（lesion)，尤指身体组织器官的伤害、损害或机能障碍。这里指脊柱手术后腹疝。参见薛波主编，潘汉典总审订：《元照英美法词典》，法律出版社2003年版，第830页。

并无关系，或者至少是过于遥远的后果。

53. 此外，原告的说法是，在琼斯医生给出该建议时，原告已经感到沮丧/抑郁和焦虑。在我看来，很难以任何合理的方法来测量琼斯医生给予的建议在多大程度上加重了原告的沮丧/抑郁和焦虑。还有，‘震惊’本身在损害赔偿法上并不成立，这当然是公认的道理。”

11. 上诉人的第二个主张是，医生出于过失未披露信息这个事实本身为患者创设了损害赔偿请求权。凯勒先生称此主张的依据在于最高法院蒙哥马利案判决（*Montgomery v Lanarkshire Health Board* [2015] 2 WLR 162）和上议院切斯特案判决（*Chester v Afshar* [2005] 1 AC 134）。弗里德曼法官认为，蒙哥马利案判决没有半点支持下面的立场，即仅仅是未警示风险（别无其他）就产生独立无倚的损害赔偿请求权。弗里德曼法官还认为，切斯特案判决并非下面这个主张的先例，即未予知情同意使得原告不必证明传统意义上的因果关系。弗里德曼法官发表上述意见，考虑了科雷亚案（*Correia v University Hospital of North Staffordshire NHS Trust* [2017] EWCA Civ 356）。弗里德曼法官拒绝了上诉人进一步的主张。

（二）上诉理由

12. 在上诉申请得到照准后，上诉理由（尤其是理由三）经过修正。现在的理由如下：

理由一：就因果关系争点，初审法官适用理性（rationality）标准是错误的。或者，初审法官既然认为被上诉人有义务将缝合手术当替代方案提出来，那么法官认定上诉人接受替代方案“从客观和主观两方面看待这个事情……是非理性的”，即有错误。

理由二：或者，初审法官拒绝精神伤害（psychiatric injury）赔偿请求有错误。上诉人的主张是，在建立新的伴侣关系后，当得知怀孕有风险而自己此前从未同意过该风险时，深感震惊和失望。可以预见，在这种情境下，上诉人会感到震惊、痛苦（distress）以及因之而生的沮丧/抑郁（depression）。

理由三：或者，倘精神伤害赔偿请求不能基于传统因果关系/可预见原则得到法院支持（被驳回），上诉人得依科雷亚案的原则请求赔偿。上诉人的震惊、痛苦以及因之而生的沮丧/抑郁与未予恰当知情同意至少“密切相关（intimately connected）”。

A. 理由一

13. 上诉人主张，初审判决第 49 段之 viii 的明确文义以及初审法官在第 49 段 ii 至 vi 用于支持其结论的客观决定性因素，都证明初审法官在分析因果关系阶段错误适用了理性标准。初审法官依据的是在判决第 41 段确认的上诉人“令人信服”的证词以及对上诉人是可靠诚实证人的认定。考虑到初审法官的这些认定，初审法官不应将某些选择视为“非理性”从而拒绝接受上诉人关于其会如何选择的证据。上诉人以先例切斯特案和蒙哥马利案判决为依据来支持其主张，称法律要求恰当知情同意的基本目的在于确保患者的意志自主、人格尊严以及自我决定的权利得到尊重。这样的权利意味着，可以选择做出在他人（包括法院）看来并不明智、非理性或者对自身利益有害的决定。

14. 被上诉人则主张初审法官并未适用理性标准；这里理性标准意指，将假想理性人的行为强加于上诉人。初审法官恰当权衡了可得证据，就上诉人若是充分知情当会选择接受何种手术方案的［假想］事实做了认定。除非基础错误，否则这样的［事实］认定，上诉法院不会介入。

讨论

15. 依共识，传统“若非-则不”因果标准适用于［知情］同意案件，盖由患者证明，倘得到风险警示，患者不会同意案涉治疗。在蒙哥马利案中，基尔勋爵和里德勋爵考虑了医生告知实质风险的义务：

“86. ……西达威案多数意见对法律的如下分析不能令人惬意，即认为医生告知医疗措施风险的义务落在博勒姆标准适用范围之内，该一般原则受到两个限定，两者在根本上跟该标准立场不一致。并不奇怪，法院后来适用西达威案立场会感到困难，英格兰和威尔士的法院事实上背离了该立场；切斯特诉阿夫沙尔案对此给予有力背书，尤其是斯泰恩勋爵。在这个场合［医疗告知］继续适用博勒姆标准直到永久，并无道理。

87. 就治疗的伤害风险，正确立场现在看来应该是斯卡曼勋爵在西达威案、伍尔夫勋爵在皮尔斯案中采纳的立场，并接受澳大利亚高等法院在罗杰斯诉惠特克案所为之提炼，前面第 70—73 段已讨论过。心智健全的成年人有权利决定接受哪种治疗方案（若有），必须在妨害身体完整的医疗手段施行之前取得该人同意。是以医生有义务尽到合理注意，确保患者认识到所推荐之医疗措施中包含的任何实质风险，以及任何合理替代方案或者有所变化的治疗方案。实质性标准意指，在个案具体案情下，处在患者位置的理性人很可能认为重要的风险，或者医生认识到或本应合理认识到，案涉患者很可能认为重要的风险。

……

89. 还有三点要提及。第一，由此进路可知，评估特定风险是否为实质风险，不能简化为只看百分比。特定风险的重要性很可能反映风险大小之外的诸多不同因素：比如，风险的性质，风险发生对患者生命的影响，治疗意图实现的功效对患者的意义，可得的替代方案，替代方案包含的风险。是以，该评估工作高度依赖案件事实，同样高度依赖患者个人特征。”

16. 就上诉法院如何才能推翻初审法官的事实认定，基尔勋爵和里德勋爵论述道：

“97. 本院在近来诸多判例中重申（包括 *McGraddie v McGraddie* [2013] UKSC 58 和 *Henderson v Foxworth Investments Ltd* [2014] UKSC 41），上诉法院打算推翻初审法院的事实认定时要克制。如在亨德森案判决中写道：

‘若是没有其他可辨识的错误，比如（无意穷尽描述），实质性的法律错误，或者重大的事实认定欠缺证据基础，或者已证实对相关证据理解错误，或者已证实未能考虑相关证据，那么上诉法院只有在一种情况下才会干涉初审法院的事实认定，即确信初审法官的决定得不到合理解释或论证。’（*Henderson v Foxworth Investments Ltd* [2014] UKSC 41, para 67.）

另外，只在极少见案件中，本院才会干涉数个下级法院一致认定的事实。正如乔安西勋爵在辛吉斯案中指出的：

‘对下级法院一致认定的事实，只有证明所有下级法院都显然有误，本院才会干涉事实认定。’[*Higgins v J & C M Smith* (*Whiteinch*) *Ltd* 1990 SC (HL) 63, 82, per Lord Jauncey.]

98. 正如在澳大利亚判例法中已经看到的，在未披露的风险发生的情形，跟因果关系争点紧密关联的，是要确认本应披露的特定风险……”

17. 上诉人认可，初审法官在判决第 39 段提出的“关键”问题是正确的。上诉人提交了三份证人陈述，共 41 页纸，还向法院口头做证。初审法官不仅阅读了详尽的书面证词，还当面听取了口头陈述，故于事实认定有着巨大优势。

18. 弗里德曼法官在初审判决第 48 段表明了自己的思路，第 49 段阐述理由。第 49 段 i 至 vi 认定的事实符合相关证据。不管是这些证据的有效性，还是根据证据认定的事实，都未受质疑。至于第 49 段 vii 的事实，即怀孕并不在上诉人当下规划内（虽说两年前跟前任伴侣有过生孩子的想法），在事实认定上是也是正确的。盖在 2011 年 5 月向瓦吉德医生咨询的时候，原告为单身状态，故怀孕并不在其“当下规划（immediate contemplation）”内。

19. 除了前面提到过的，上诉人主要观点是法官［错误］适用了理性进路，即以假想理性人而非法院面前真实的人为标准，上诉人特别将批评矛头指向第 49 段 viii 的理由，即上诉人选择缝合手术是“非理性”的，法官认为上诉人并非那种会非理性行事之人。上诉人主张，法官对客观理性的评估并非可靠基础，不能据之推导出上诉人会怎么做。

20. 弗里德曼法官依据的是蒙哥马利案判决第 87 段最后一句话确认的实质性标准。我理解该标准的含义是，在考虑处在患者位置的理性人会重视哪些信息时，必须考虑具体患者的情况。上诉人主张，适用客观理性标准，会给医生关于何者对具体患者最好的观点赋予过大权重。上诉人同意，法官有权关注理性［标准］，但提出，一段叙述越是被认定为非理性，越是应该仔细审查。

21. 在我看来，弗里德曼法官对上诉人及其证词的评估态度认真，一丝不苟。弗里德曼法官认为上诉人可靠、诚实，考虑了关乎上诉人的个人及社会因素。弗里德曼法官以上诉人的个人特征及处境为背景，考虑了临床事实。弗里德曼法官表达了有充分理由的意见，即回忆具体事实或谈话显著不同于试图重构当事人倘若得到特定信息当会如何反应的图景。后见之明是要考虑的因素，弗里德曼法官认为上诉人“极不可能（quite impossible）”将其想法“与下面的事实割裂开来，即后来琼斯医生告知，由于置入补片，怀孕不是明智做法，结果［由于知道这个信息］，原告没有再要孩子”。弗里德曼法官认为这个“不幸的结果（sad outcome）”深刻影响或主导了原告关于自己倘若得到恰当警示当会如何行事的看法。弗里德曼法官并未止步，而是继续得出结论：上诉人真诚相信并说服自己，倘得知恰当信息自己当会选择缝合手术。弗里德曼法官站在批判立场上认为，上诉人的证词固合乎其真诚信念，但不能由此认为上诉人现在的想法事实上就是其当初的立场。

22. 弗里德曼法官的思路，连同其对上诉人及其证词的评估，详尽、精致且深刻。弗里德曼法官是基于提交到法院的证据在权限范围内做出的决定。弗里德曼法官达到了蒙哥马利案设定的要求，不但考虑了处在患者位置的理性人，也同样重视上诉人的个人特征。弗里德曼法官并未单纯适用“理性”标准而不顾及因果关系争点。对弗里德曼法官的思路，更不用说其对事实证据的评估，不可能提出有理有据的批评。本院未曾发现有什么法律适用的重大错误，或者某个关键事实认定欠缺证据基础。上诉理由一的这个观点不成立。

23. 上诉理由一的第二个观点是，假定并未发现原则错误（有利于被上诉人的假定），法官无权依证据得出结论，称上诉人拒绝缝合手术是非理性的。[1]上诉人认为这很难跟专家证据立场一致。我并不赞成。就缝合手术是否为可行选项，如初审判决第 37 段和第 38 段阐述的（参见前文第 8 段），几位外科专家的观点只有很小的分歧。由于复发概率很大，瓦吉德医生不会支持缝合手术。这合乎被上诉人聘请的专家的看法，上诉人聘请的专家也认为合理。上诉人看的医生会是瓦吉德，瓦吉德医生会向患者提供建议。考虑到瓦吉德医生明确认为缝合手术不可靠，所持理由跟上诉人直接相关，提交上来的证据为弗里德曼法官像实际上那样认定事实提供了恰当基础。是以，第二个观点也不成立。

B. 理由二

24. 支持这个上诉理由的观点，弗里德曼法官在初审判决第 50 段到第 53 段讨论过（参见前文第 10 段）。从初审判决第 44 段和第 46 段确认的证据可以看得很清楚，是另外一位医生琼斯告知上诉人，由于置入了补片，怀孕是不明智的。上诉人是在 2014 年看的琼斯医生。上诉人在证词中称，琼斯医生发来邮件说，“基于或然性权衡，你不能要孩子”。邮件日期为 2015 年 6 月 2 日，是为了回应初审开始前几天上诉人的询问而回复的。上诉人在询问邮件中问琼斯医生，“在病情恢复的这个阶段，还有 4 个月满 44 岁，要是怀孕，医生怎么看”。琼斯医生回复称，“不能简单地回答是或否，但权衡来看，我会说不要怀孕”。

---

〔1〕 译注：疑有误，似应为“接受”缝合手术是非理性的。

25. 在经过修正的标注日期为 2014 年 10 月 7 日的诉讼请求陈述中，［上诉人］并未主张因医生未告知补片置入手术会影响怀孕而得请求赔偿精神伤害。双方当事人聘请的精神科专家证人都向法院提交了证词。上诉人方面的专家证词称，上诉人在 2002 年和 2009 年得过抑郁症（depression）。在签署日期为 2015 年 8 月 26 日的报告中，这位专家证人写道：

“先是腰椎间盘脱垂，而后腹疝病情发展，又带来慢性疼痛、容貌毁坏和残疾，这些因素促成 2011 年第三次发病［应该是指抑郁症］。在 2014 年第三次手术后，未能控制住术后疼痛和感染，而且由于一系列腹部手术，患者认识到以后无法与新伴侣成功怀上孩子，［抑郁症］病情加重。”

还是在这份报告中，这位精神科医生记载了上诉人告知医生的内容：

“2014 年，她又接受手术，取除此前置入的补片，再次修复疝口和腹壁成形。她对美容效果很满意，但经历了极为严重的术后疼痛，此后一直难以控制。她还经历了术后感染，持续了三个月。

……2014 年，她意识到，由于腹部手术，可能无法有孩子。当时她和现在的伴侣已建立关系，这位伴侣没有孩子，但希望将来建立家庭。她描述感到‘挫败……对他没有用……想要结束关系……’”

26. 在标注日期为 2016 年 10 月 11 日的一份联合精神疾病声明中，上诉人的精神科医生“基于原告在面诊中的叙述”出具意见，包含以下内容：

“她表现出诸多精神疾病的症状……与 2011 年以来较轻的重度抑郁症发作（mild Major Depressive Episode）一致……

这些症状 2014 年以来加重，当时患者认识到手术意味着不能有孩子，开始寻求全科医生的治疗……”

27. 代表被上诉人的精神科专家证人提交了一份详细报告，披露了上诉人全科医生从 1976 年到 2015 年 9 月的病历记录。值得注意的是，从 2013 年到 2015 年，未有任何涉及上诉人因医生的建议而感到焦虑或压力从而就诊的记录。

28. 上诉人对代表自己的精神科专家证人讲述的内容，也就是［琼斯医生］2014年关于怀孕不明智的建议加重了此前的抑郁症病情，跟上诉人提交给法院的关于在该年看琼斯医生的证词吻合（不过法院看到的关于琼斯医生表达该意见的证据，是迟至2015年的邮件）。正是依据前述证词，他［当指上诉人］确定了现在产生第二个上诉理由的意见。

29. 上诉理由并未质疑弗里德曼法官的事实认定，即使得上诉人感到痛苦的，是听到琼斯医生的建议，知道由于补片置入手术的影响，怀孕不是明智做法。上诉人的律师并不惧怕，现在试着将这个上诉理由的事实基础转向将上诉人诉称的瓦吉德医生在2013年面诊中的讲话内容也包括进来。法院要求明确到底如何表述上诉主张（put the case），凯勒先生称是上诉人对瓦吉德医生告知内容的解读。这并不是上诉人上诉时的主张（pleaded case），也不是在初审阶段的主张。不管是医疗记录，还是提交给法院的精神科专家证词，都没有任何事实支持，是2013年瓦吉德医生的面诊以及给予的建议触发或加重了先前的抑郁症病情。

30. 现在看起来，上诉人的主张是，上诉人将瓦吉德医生2013年的建议解读为，由于补片置入手术，上诉人将来不应再怀孕。这并非医生告知的内容。瓦吉德医生2013年建议的内容可见于签署日期为2013年9月3日的函件，[1]具体内容可见于前文第5段。弗里德曼法官对该建议的认定（该建议合理），见前文第5段和第6段。是以，不论上诉人现在试图如何解读该建议，都不会认定［该建议］有过失，遂生琼斯医生在2014年到2015年的建议是否合理或者是否正确的问题。

31. 上诉人事实上提出的主张在弗里德曼法官那里得到恰当处理，尤其是弗里德曼法官在初审判决第52段认定，琼斯医生是在差不多三年后告知上诉人怀孕不明智，故很难认为诉称的未予警示特定风险会造成什么可预见的［损害］后果。

32. 第二个上诉理由（如现在表述的），并无任何事实或因果关系基础。

C. 理由三

33. 弗里德曼法官在初审判决第54段记录了支持第三个诉讼理由的意见：

"……医生出于过失未披露信息的，这［这个不作为］本身（that of itself）

---

〔1〕 译注：本段和第5段所说时间不吻合，或有误植。

就为患者创设了损害赔偿请求权。"

34. 上诉人不再试图质疑初审法官下面的立场：就侵害个人意志自主/选择的权利（right to personal autonomy/choice），并不存在独立无倚的损害赔偿请求权。公认看法是，肖诉科瓦奇案（*Shaw v Kovac* [2017] EWCA Civ 1028）和杜斯诉伍斯特郡急救医院案（*Duce v Worcestershire Acute Hospitals NHS Trust* [2018] EWCA Civ 1307，以下简称"杜斯案"）并未决定此点。上诉人必须证明，[被上诉人] 违反义务让自己遭受伤害（injury）。可上诉人现在主张，倘精神伤害的赔偿请求不能基于传统可预见性原则得到法院支持，上诉人亦得依科雷亚案确认的原则得到支持（*Correia v University Hospital of North Staffordshire NHS Trust* [2017] EWCA Civ 356），也就是说，上诉人的震惊、痛苦以及因之而生的沮丧/抑郁跟未获恰当知情同意至少"紧密相关"。

35. 上诉人在初审阶段最初的主张是以切斯特案和蒙哥马利案判决为依据。蒙哥马利案判决并不支持如下立场：未予警示风险本身（不需要更多要件）即产生独立无倚的损害赔偿请求权。蒙哥马利案判决的重要性在于，如该案判决第 87 段所说，背离了西达威案多数意见采取的立场，即医生向患者告知拟行医疗措施风险的义务落在博勒姆标准的适用范围之内。蒙哥马利案判决发展起患者意志自主概念，以及与之相符，要求患者认识到治疗的实质风险和任何替代医疗方案。这些现在都属于医生合理告知义务的范围。

36. 科雷亚案、肖诉科瓦奇案和杜斯案都分析了先例切斯特案。在科雷亚案中，西蒙法官（Simon LJ）在判决第 13 段阐述了切斯特案少见的案情事实：

"不管怎么看，切斯特案的案情事实都很罕见。被告神经科医生建议原告接受脊椎手术，但未警示，纵使手术操作无过失，手术也包含很小（1%—2%）但不可避免的会导致残疾的神经损害风险。原告在周五同意手术，在接下来的周一接受了手术。原告果然碰上残疾风险，半身瘫痪，遂依过失侵权法起诉医生。在此情形，原告应该证明倘得到相关警示，当不会接受手术。但切斯特案认定的事实并非如此。初审法官认定，被告施行手术并无过失，但未警示原告残疾风险有过失，倘知晓该风险，原告当会寻求关于替代方案的建议，手术就不会在实际发生的那天施行。初审法官认为，未警示手术固有风险与原告遭受损害之间有充分因果关系，原告虽有可能在将来仍会同意该手术，也不会打断这个因果链条。上诉法院驳回被告的上诉，被告遂向上议院上诉。”

西蒙法官在［科雷亚案］判决第22段以支持态度援引了切斯特案判决中霍普勋爵表达结论性意见的那几段：

“86. 我讨论的起点是，法律令医生负警示义务，规则的核心是患者就以下事宜做知情选择的权利：是否接受手术，若接受，何时手术以及由哪位医生施行手术。就这些事宜，患者得持（而且有权利持）不同观点。一切类型的因素都可能起作用，如患者的希冀与恐惧，患者的个人处境，疾病的性质，以及最为重要的，患者就手术风险收益的个人看法（为了手术可能的收益，是否值得冒险）。对有些人来说，选择很容易，不过就是同意或拒绝。但对很多人来说，选择可能很难，需要时间考虑、听取意见、权衡各替代方案。有些患者得到警示后感到难以决定，有些患者得到警示后感到很轻松，可以立即给医生这样或那样的清晰回复，不管是哪类患者，医生负有同样多的警示义务。

87. 对那些做决定很困难的患者，倘依通常因果进路的要求不予救济，会在那些可能格外需要警示的情形让警示义务无用。对那些并不能够问心无愧地讲，倘若得到警示，自己将永远不会接受手术的患者来说，这就是歧视。我认为这个结果不可接受。法律的功能在于让权利得到维护，在义务遭违反时提供救济。若非如此，义务即为空洞，被剥除了实际力量，丧失了全部内容。义务［规则］将没有能力保护患者进而实现令其存在的唯一目标。是以，基于政策理由，我主张本案中因果标准已经满足。原告所受损害跟被告的警示义务密切联系在一起。施行患者所同意之手术的医生负有警示义务。案涉风险的结果，正是在患者为同意表示时必须向患者警示的内容。故我主张，在法律意义上，得认为该结果系违反警示义务造成。

88. 柯比法官在查普尔案中的论证是我怀着敬意表示赞赏的，我也支持这个进路。奥诺尔教授在案例评论中提出如下设问：‘抑或在这样的案件中，法院有权在欠缺因果关系的情况下仍要确保正义实现？’我也从奥诺尔教授的答案中得到很大激励。我主张，正义要求让切斯特得到其寻求的救济，盖其在阿夫沙尔医生手里受到的伤害，落在医生（在征得患者就后来造成损害的手术的同意时）应向患者警示的风险范围之内。”

西蒙法官在［科雷亚案］判决第24段如是理解体现在霍普勋爵意见第87段的切斯特案判决理由（ratio）：

“……倘医生出于过失未警示手术的特定风险，而伤害跟警示义务密切相关，那么即得认为伤害系由违反警示义务造成；得理解为对既定因果关系原则温和的背离。”

西蒙法官在［科雷亚案］判决第28段补充说：

“切斯特案关键的事实认定是，倘得到警示信息，原告当会推迟手术。相反，在本案中，上诉人并未主张自己当不会接受手术，或者会推迟手术或者会接受其他手术……在我看来，若是原告希望援引切斯特案确立的因果关系例外原则，就必须提出该观点并找证据支持……”

37. 在肖诉科瓦奇案中，戴维斯法官在判决第61段考虑先例切斯特案时写道：

“……另外，切斯特案多数意见没有任何迹象显示出，可以得到如本案中建议的这类额外的、独立的赔偿名目。相反，（基于多数意见对因果关系的结论）该案判给的赔偿正是我所说的常规类型……”

38. 对于蒙哥马利案支持就未予警示［相关信息］创设独立损害赔偿请求权的主张，戴维斯法官在［肖诉科瓦奇案］判决第64段和第65段提到蒙哥马利案时予以驳斥：

“64. ……该案真正的重要意义在于，简单讲，就医生要取得患者对所推荐之医疗措施的同意，应该达到怎样的注意标准，（跟此前的一般理解相反）于评定之际不再适用博勒姆标准……

65. ……是以，医生提供信息的注意义务和标准不再受博勒姆标准规制，医疗职业就特定类型案件中信息披露事宜可接受的行为规范的一般看法，不再有拘束力。法律对恰当信息披露的标准是，必须调整到适合个别患者及个案情况的需求：盖此处涉及意志自主的权利……但以上提及的判决没有任何地方提议或支持本案上诉人的主张，即侵害患者意志自主权利或侵犯患者身体完整性，应额外判给一笔独立赔偿金。”

39. 在杜斯案中，汉布伦法官在讨论上诉人关于因果关系的主张时，分析先例切斯特案并得到如下结论：

“66. 将霍普勋爵判词第 86 段到第 87 段拿到本案判决背景下来考虑，即清晰可见，霍普勋爵并非如本案上诉人主张的那样在阐述独立标准，而是在讲具体案情要求修正通常的因果关系进路。该修正目的在于，在该案那样的‘罕见’案情下（［切斯特案判决］第 85 段），将并非有效原因的‘若非-则不’原因看作法律上的充分原因。

67. 持多数意见的沃克勋爵也是这个思路，其在［切斯特案］判决第 94 段指出，在该案中，‘落在原告头上的不幸，正是医生警示义务关注的那个不幸，这个事实有力强化了单纯的“若非-则不”因果联系’。

68. 正是患者所受伤害与医生警示义务间的密切联系所产生的有力强化作用，使得沃克勋爵同样得出结论，认为‘若非-则不’因果关系足够用。

69. 是以我赞成被上诉人的看法，即切斯特案多数意见并未否定应由原告证明义务违反在‘若非-则不’意义上的后果这个要件（依多数意见对该要件的解释），特别是案涉手术不会在实际上的那天施行。”

在［杜斯案］判决第 70 段，汉布伦法官提到科雷亚案并写道：

“……在最近的科雷亚案中（*Correia v University Hospital of North Staffordshire NHS Trust*［2017］EWCA Civ 356），法院在判决第 28 段强调，倘若适用切斯特案创立的因果原则例外，就必须主张并证明，若是警示了风险，原告当会推迟手术。”

40. 在［杜斯案判决］第 92 段，莱格特法官写道：

“……对上议院切斯特案判决的任何合理解释，都不可能支持将出于过失不警示手术实质风险信息的责任扩张及于像本案这样的情形，即已认定如下事实，倘向患者警示了风险信息，患者仍会在同样的时间接受同样的手术。”

41. 上诉人关于理由三的论辩无甚优长。弗里德曼法官认定，哪怕向上诉人警示了相关风险，上诉人也还是会接受补片置入手术。本院支持弗里德曼法官的事实认定。故没有事实基础支持上诉理由三。此外，考虑到上诉人主张变动的事实基础，即是瓦吉德医生 2013 年的建议造成相关损害，任何涉及理由三的论辩都没有基础，盖没有医学证据支持如此主张。上诉人主张，2011 年的未予警示与 2014 年到 2015 年的建议密切相关，就此涉及该建议是否正确的争议，这个主张没有坚实事实基础。

（三）结论

42. 是以，基于上述理由，我驳回上诉。

弗洛伊德法官

43. 我赞成驳回上诉。

麦库姆法官

44. 我也赞成驳回上诉。

王帙　最易混淆的案型：错误怀孕（出生）

在中国司法实务中，法院往往将错误出生案件理解为知情同意的具体类型。[1]倘在民事权利体系里引入自我决定权范畴，这样的混淆事有必至：被剥夺了就医疗事务自我决定的机会，即为侵害知情同意权；被剥夺了就生育事务自我决定的机会，即为侵害生育自主权。

两类诉讼的相似处在于，原告皆主张被告应作为而不作为且该不作为影响了原告决策，但从争点、保护的法益、法律依据以及证明责任来看，这两类诉讼风马牛不相及。

第一，知情同意诉讼的争点在于医疗干预本身是否合法，指向医疗干预前的说明义务；而错误出生诉讼未必涉及医疗干预（纯粹的遗传咨询），纵涉及医疗触碰（彩超）或医疗侵入（穿刺检查），该医疗行为亦经过知情同意，合法性未受质疑，争点在于医疗服务人是否尽到检查义务或者医疗行为结束后是否尽到解释、提醒等说明义务。

第二，在知情同意诉讼中，患者多遭受“人身损害”，该损害确系医疗行为造成；错误出生诉讼多因新生儿缺陷而起，该缺陷却非医疗行为造成。是以，就知情同意诉讼来讲，倘赞成自我决定权说/知情同意权说不成立，那么请求赔偿的就是“生命权、身体权和健康权”受侵害所生的后果损害；而在错误出生诉讼中，原告请求赔偿的主要项目是残疾孩子的一般或特殊抚养费用以及治疗费用，性质皆为纯粹经济损失。[2]

第三，不论在侵权法还是合同法上，知情同意诉讼的成立都不成问题，而错误出生诉讼救济的既然是纯粹经济损失，责任成立更为困难一些。比如在德国法系，原则上只能在合同法上请求赔偿。就中国法而言，主要规范应为《民法典》第929条。有些法域基于政策考虑，甚至禁止提起错误出生诉讼。

---

〔1〕 参见，例如，刘成琼、郭杰：“医务人员未尽到说明义务，医院应承担赔偿责任——刘某诉重庆市荣昌区妇幼保健院医疗损害责任案”，载最高人民法院司法案例研究院编：《民法典新规则案例适用》，中国法制出版社2020年版。

〔2〕 参见唐超：“纯粹经济利益还是生育自主权：错误怀孕和错误出生诉讼的恰当路径”，载《北方法学》2020年第3期。

第四，倘争点在于医疗服务人是否尽到说明义务及心理学上的因果关系是否成立，从比较法经验看，错误出生诉讼的证明责任总在原告，知情同意诉讼则不然，证明责任往往分配给被告。比如普通法系，错误出生诉讼属过失侵权范畴，自然是原告承担证明责任，知情同意诉讼却有可能属非法侵害身体范畴，由被告承担证明责任。在德国法上，错误出生诉讼的请求权基础为《德国民法典》第 619 条之一，不适用第 280 条第 1 款的举证责任倒置规则；在侵权法上，知情同意诉讼的请求权基础则为《德国民法典》第 823 条第 1 款，违法阻却事由的证明责任在被告。

里斯诉达林顿纪念医院案

Rees（Respondent）v. Darlington Memorial Hospital NHS Trust（Appellants）［2003］UKHL 52

上议院常任上诉法官判决意见

2003 年 10 月 16 日，星期四

上诉委员会[1]

宾厄姆勋爵（Lord Bingham of Cornhill）

尼科尔斯勋爵（Lord Nicholls of Birkenhead）

斯泰恩勋爵（Lord Steyn）

霍普勋爵（Lord Hope of Craighead）

赫顿勋爵（Lord Hutton）

米利特勋爵（Lord Millett）

斯科特勋爵（Lord Scott of Foscote）

宾厄姆勋爵

诸位法官：

1. 在麦克法兰案中（*McFarlane v Tayside Health Board*［2000］2 AC 59，以下简称“麦案”），原告夫妇诉称，就夫所接受之输精管结扎手术，被告于手术效果说明有过失，后原告夫妇产下健康的孩子，请求赔偿孩子的抚养费用。原告夫妇身体健康。上议院不赞成苏格兰最高民事法院内庭立场（1998 SLT 307），以全体一致意见驳回原告夫妇的诉讼请求。[2]上诉法院亦曾处理

〔1〕 译注：本件上诉案，宾厄姆勋爵、尼科尔斯勋爵、米利特勋爵、斯科特勋爵持多数意见，斯泰恩勋爵、霍普勋爵、赫顿勋爵持少数意见。

〔2〕 译注，参见唐超译：“英国上议院对错误怀孕（出生）诉讼的基本立场——麦克法兰诉泰赛德卫生委员会案”，载《苏州大学学报（法学版）》2019 年第 3 期。

过事实构成略有不同的案件，即帕金森案（*Parkinson v St James and Seacroft University Hospital NHS Trust*［2001］EWCA Civ 530）：这回是母亲接受绝育手术，医生操作有过失，后原告怀孕，产下的孩子先天严重残疾。

［在帕金森案中，］遵循麦案立场，上诉法院认为，母亲不能请求赔偿全部抚养费用；但上诉法院又认为，母亲得请求赔偿孩子残疾造成的额外费用。当事人未上诉。眼下这件案子的事实构成，又是麦案的另外变形。原告里斯女士视力严重残疾，且为渐进性残疾，深感自己无力履行母亲职责，遂寻求绝育服务。原告将其意愿告知顾问医生（系上诉人的雇员），医生施行绝育手术有过失，原告后怀孕并产下一子。孩子健康，但原告的残疾状况不容乐观。原告请求赔偿孩子的抚养费用。上诉法院罗伯特·沃克法官（Robert Walker LJ）和黑尔法官（Hale LJ）持多数意见，认为由原告残疾造成的额外费用应予赔偿，沃勒法官（Waller LJ）持异议（［2002］EWCA Civ 88，［2003］QB 20）。上诉人现就该判决提出质疑，认为有悖麦案立场。原告则望上议院维持原判，同时敦请上议院重新考虑麦案判决，照准全部抚养费用的赔偿请求。

2. 本件上诉案启动后，澳大利亚高等法院发布卡塔纳克诉梅尔基奥尔案判决（*Cattanach v Melchior*［2003］HCA 38）。该案案情为，绝育手术未完成，医生的说明又有过失；争议之一，也是后来提交到澳大利亚高等法院的唯一争点为，父母和孩子都健康的情形，父母可否请求赔偿孩子的抚养费用。初审法官支持原告此项请求，初审判决又得到昆士兰州最高上诉法院多数支持（［2001］QCA 246），澳大利亚高等法院终以勉强多数维持原判（bare majority）。余以为澳大利亚高等法院此件判决深具价值，虽说双方所举论据，多数并不新颖（考虑到不同法域此类诉讼已是积甲如山，新颖论据怕是稀见罕闻了），却将对立论据阐发得格外尖锐鲜明。

3. 从麦案开始讨论再合适不过。就该案来说，依余之见，上议院要解决面临的难题，方案大致有三［借鉴柯比法官（Kirby J）于卡塔纳克诉梅尔基奥尔案判决第138段胪列的五种方案，针对此处讨论，略去两种，采纳三种，并改动柯比法官所列顺序］，依次为：

（1）全部抚养费用皆予赔偿，仅受合理可预见性和间接性（remoteness）这样的一般限制，不得以子女带给父母的欢愉、好处和对父母的扶助来抵扣赔偿金，只得以议会立法形式对赔偿额施加限制。

（2）不考虑孩子健康还是残疾或者是否遭受损害，计划外孩子全部合理抚养费用皆予赔偿，计算至孩子经济上应该自立时为止，但孩子带给父母的欢愉、好处以及潜在的经济帮助，应予扣除。

(3) 倘孩子身体健康，并无残疾、未受损害，即不予赔偿。

4. 吾以为，依侵权法传统原则，应采纳方案一。那个犯下咨询过失的医生，为麦克法兰夫妇的利益而运用其专业技能，而麦克法兰夫妇亦抱以信赖。计划外孩子的出生，是咨询过失可预见的后果，也正是麦克法兰夫妇想避免的事情。谁都知道，抚养孩子会带来经济负担。上议院诸位法官都认可，医生对麦克法兰夫妇负有注意义务，可预见的结果即为后来发生之事。故权利遭受侵害，自应予以赔偿。麦案之前的英国判例法（*Emeh v Kensington and Chelsea and Westminster Area Health Authority* [1985] QB 1012, *Thake v Maurice* [1986] QB 644, *Benarr v Kettering Health Authority* [1988] 138 NLJ 179），苏格兰最高民事法院内庭就麦案的态度（1998 SLT 307），荷兰最高法院、德国联邦宪法法院（see Keuleneer, Androulidakis-Dimitriadis and Pozzo, *European Review of Private Law* 2：241-256, 1999），还有现在澳大利亚高等法院多数意见，皆持此立场，不足为怪。倘坚持斯卡曼勋爵于麦克洛克林诉奥布赖恩案中阐述的规则（*McLoughlin v O'Brian* [1983] 1 AC 410, 429-430, per Lord Scarman），亦会采纳方案一。

5. 美国有6个州的法院采纳方案二［see La Croix and Martin, "*Damages in Wrongful Pregnancy Tort Actions*", in Ireland and Ward, *Assessing Damages in Injuries and Deaths of Minor Children* (2002) 93, 97-98, quoted by Callinan J in his judgment in *Melchior*, para. 287］。但不论是麦案中的上议院，还是［卡塔纳克诉］梅尔基奥尔案中的澳大利亚高等法院，没有法官对此方案投以青眼，本件上诉案，律师亦未提出此方案，而对此方案的反对意见，甚难批驳。虽说拿出个大概的抚养费用数字（计算至孩子经济上理应自主时为止，并经扣减），也并非全无说服力，但在孩子还不过襁褓中的婴儿时，要以金钱来量化计划外孩子可能带给父母的欢愉和利益的价值，或者孩子可能带给父母的经济利益，纯属玄想，没有法院擅长此道。就此方案的讨论，亦到此为止。

6. 麦案［全部］五位法官采纳了方案三，论证思路和理由却各不相同。但吾以为，诸位法官显然都是出于政策理由（当然是法律政策，而非公共政策）。这不是指责。正如丹宁勋爵在达顿案判决中所说（*Dutton v Bognor Regis Urban District Council* [1972] 1 QB 373, 397, per Lord Denning MR）：

“此乃全新案件。此前未曾有过对市议会及其调查员在房屋认证方面的过失提起诉讼的例子。这案子本身倒是落入阿特金勋爵于多诺霍诉斯蒂文森案中发布的判词内（*Donoghue v Stevenson*［1932］AC 562, per Lord Atkin），[1]问题在于是否应将阿特金勋爵的判词适用于本案。在多西特游艇公司案中（*Dorset Yacht Co Ltd v Home Office*［1970］AC 1004），里德勋爵说，阿特金勋爵的判词阐明了应予适用的一般原则，‘除非有什么正当理由或者有力辩解，方得排除’（Lord Reid, p. 1023）。皮尔逊勋爵亦采此说（Lord Pearson, p. 1054）。但迪普洛克勋爵观点不同，认为那只是指引，并非普遍适用的原则（Lord Diplock, p. 1060）。吾以为，这是吾人身为法官必须决定的政策事宜。是依事理来做决定的时候了。

往日，面对新难题，法官从不开诚布公地讨论什么是法律应该采纳的最好政策，这样的问题总是隐入背景中。掩藏于诸如这些问题背后的是：被告是否对原告负有注意义务？原被告间的关系是否足够密切？伤害是直接的还是间接的？是否可以预见？足否过于遥远（remote）？诸如此类。

而今吾人要转向政策考虑。在龙德尔诉沃斯利案中（*Rondel v Worsley*［1969］1 AC 191），吾人以为，倘令辩护律师负过失责任，会妨碍律师执业。在多西特游艇公司案中，吾人以为，就感化院逃脱少年造成的损害，内务部工作人员有过失的，内务部自应负赔偿责任，但应限于紧邻地区的损害。在SCM公司案中［*SCM（United Kingdom）Ltd v W J Whittall & Son Ltd*［1971］1 QB 337］，部分法官认为，经济损失不该落在一两个应负责任的人头上，而应该分摊给所有受害人。在朗奇伯里诉摩根案中（*Launchbury v Morgans*［1971］2 QB 245），吾人以为，家用轿车既然已投保，自应由车主承担损失。总之，先要考察当事人间的关系，接着从政策上判断应由何人承担损失。”

以余所见，上议院［麦案］判决背后的政策考虑在于，不愿意将孩子（哪怕计划外孩子）看作没有价值的纯粹经济负担，承认父母身份（哪怕不自愿）可能带来的回报无法量化，并且认为，让永远面临巨大财政压力的全民医疗服务系统赔偿给健康孩子的父母数额可能非常庞大的金钱，将有悖于整个社会关于如何分配公共资源的价值观念。柯比法官（Kirby J）在［卡塔纳

〔1〕译注：即著名的瓶中蜗牛案，系现代苏格兰及英格兰过失侵权法的开创性判例。

克诉］梅尔基奥尔案判决中（第 178 段）正确指出：

“担心正肩负着多重压力的全民医疗服务系统的服务供给能力，或有助于解释上议院在麦案中为何会援引‘分配正义’概念。”

如果上议院采纳了前述方案一，令对孩子出生有过失的全民医疗服务系统赔偿给经济宽裕的父母大笔金钱，为计划外孩子提供所需要的私立学校教育、礼物、服装和海外度假（即便并不比此前提供给计划内孩子的更昂贵），很难想象这样的判决可以坚持多长时间。而依方案三，认为原告主张的损害不得赔偿，上议院就和美国多数州法院统一了立场，依据的则是［卡塔纳克诉］梅尔基奥尔案中持异议的格里森法官（Gleeson CJ）、海恩法官（Hayne J）和海登法官（Heydon J）强烈支持的论据。

7. 吾以为，正如我尊贵博学的诸位朋友充分阐述的，倘扰乱不过 4 年前的麦案一致判决，将完全背离上议院实践，哪怕由不同法官组成的上诉委员会倾向于采纳不同的方案［，亦不可孟浪从事］。绵长的判例法立场于 1999 年遭到废弃，[1]却在 2003 年起死回生，仅仅因为法官意见力量对比发生变化而别无其他理由，［如此儿戏］将有损英国法的信誉。本堂无论如何不会鼓吹说，上议院 1999 年拒斥的那些论据，现在应予接受，或者（我认为）推动上议院做出麦案判决的那些政策考虑，而今已失其力量。是以，本堂愿坚持麦案判决所持立场，惟应添加一条重要笺注（gloss）。[2]

8. 余所关注者在于，即便同意计划外孩子不得被视为纯粹经济负担而别无价值，承认将孩子的抚养费用和父母身份得到的无形回报度长絜短乃是无益玄想，也不会改变计划外孩子的父母乃为不法行为受害人的事实。在麦案中，上议院各位法官都以为应给麦克法兰太太一定赔偿（当然，米利特勋爵的论证思路和其他几位法官不同，认为原告夫妇应得到共同赔偿），也即认同此事实。余愿接受此等法律政策，即于给定情形，不得赔偿全部抚养费用，但要说除了直接关乎计划外妊娠分娩的赔偿，不法行为的受害人即不得分文，这样的规则是否公平，颇可怀疑。对经济宽裕的父母劫掠全民医疗服务系统的忧虑，不该蒙蔽吾人的眼睛，让吾人看不到其他现实：单身母亲带着幼子，

---

〔1〕 译注：在麦案之前，抚养费用原则上予以赔偿，麦案则判决不予赔偿。

〔2〕 译注：笺注意指，于麦案判决不予赔偿抚养费用立场的基础上，给予常例慰抚金。

苦苦挣扎，量入为出，掐着日子，盼孩子长大些，好有更多时间工作，不让日子过得那么紧巴巴；母亲的炽烈愿望就是忘却家务，去从事新职业或者重操旧业。例子不胜枚举。失去了限制家庭规模的自由，[1]此种提法掩盖了此种情形下的真正损失。真正损失在于，孩子的父母，尤其是母亲（哪怕今天），因他人过失，被剥夺了以自己希望和计划的方式生活的机会。我不认为直接关乎计划外妊娠分娩的赔偿，充分承认并公正评判了所受损失。是以，我赞成米利特勋爵于麦案判决中提出的建议（麦案判决第114页），即于所有此类情形，皆应以常例慰抚金（conventional award）表征所受伤害和损失，但米利特勋爵建议的5000英镑似嫌微薄（窃以为15 000英镑较合适），另外，这笔金钱系于妊娠分娩［身心痛苦］赔偿金之外给予。吾以为，此方案合乎麦案的规则和原理。常例慰抚金并非亦并不意在赔偿，其并非计算所得，但亦不能徒具象征意义，更不能太过寒酸悭吝。此笔金钱乃是对不法行为某种程度的认定，且比麦案规则在更大程度上实现正义。

9. 我愿将此规则不加区别地适用于孩子或者父母残疾的情形：

（1）我很理解上诉法院关于帕金森夫人应该得到赔偿的立场，但令被告对并非医生过失造成的残疾负责任，却不为其过失造成的出生负责，似颇乖谬（anomalous）。

（2）上诉法院多数意见于本案中支持的规则，不可避免会造成乖谬，如沃勒法官于其异议判决中所揭橥者（［2003］QB 20，paras. 53-54）。[2]

（3）倘法律规则竟至激励父母将自己或孩子描绘为残疾以获赔偿，则实非所欲。柯比法官于［卡塔纳克诉］梅尔基奥尔案判决中（第163—166段）发表的意见颇具说明力量。

（4）在吾国这样力图以公共资源救济残疾的国家，不论父母残疾还是孩子残疾，残疾造成的额外费用的量化，都是至为艰巨的工作。本件上诉案，原告就其主张的额外费用竟不能举出任何现实线索，即为明证。

10. 是以，本堂照准上诉，撤销上诉法院及［高等法院］代理推事发布之命令，但准予给付原告15 000英镑。各方当事人就此得于14日内提交书面陈词。

---

〔1〕译注：米利特勋爵麦案判决倒数第三段，霍普勋爵亦有类似提法。

〔2〕译注：参见本判决第38段引用的内容。

尼科尔斯勋爵

诸位法官：

11. 本件上诉案，正如不久前的麦案，上议院不得不就这个聚讼纷纭因而也是极为困难领域的法律发展状况给出定谳。医务人员过失施行手术或者过失提出咨询意见，致计划外怀孕和计划外孩子出生，法律就损害赔偿事宜应持何政策立场？医生或医院是否应赔偿孩子的抚养费用直到孩子经济上自立为止？

12. 此类案件中的父母诉求很简单。医生过失地对父母实施了不法行为，父母意图避免的事情因之发生，即孩子出生。依一般法律原则，不法行为可预见的经济后果应由不法行为人承担。这里，孩子的抚养费用可预见，而且可能正是父母意图避孕的重要原因。

13. 这论辩当然有力。但应记得，对不法行为造成的损害，法律评定损害赔偿金的多少，并非自动、机械工作。得请求赔偿多少，要考虑公平和合理标准：参见科威特航空公司案（*Kuwait Airways Corporation v Iraqi Airways Co* (*Nos* 4 *and* 5)［2002］UKHL 19，paras. 69-70）。故需评估，在此类案件中，何谓公平、合理。

14. 法官的法学专业技能，可以推动从此案到彼案、从此类案件到彼类案件法律立场的连贯，并避免其他漏洞，但就当下社会对何谓公平、合理的理解，法官并不拥有也不会自诩拥有特别的洞见。但不论争议事项如何蜩螗沸羹、如何艰难险阻，对呈递到庭的案子，法官总得裁判。碰到新型案件，倘有必要，法官也得就何谓公平、合理形成意见。

15. 在麦案中，上议院以一致意见认为，此类案件，医生不必赔偿健康孩子的抚养费用。但各位法官的表述，以及某种程度上法律论证的思路，各不相同。但不论如何表述，背后的基本观念都在于，依公平、合理原则，医生的赔偿责任不该延伸到那么远。此类案件，不法行为的内容是计划外健康孩子的出生，而权利请求的名目则为孩子的抚养费用，此际，通常用来计算经济损失的方法并不合适。

16. 本件上诉案，当事人提交的书面陈词，并无任何内容说服我，可以认为上议院［麦案］判决有误从而需要重新审定。相反，令犯下过失的医生（或者多数情形，全民医疗服务系统）赔偿全部抚养费用，吾以为，这法律效果绝非妥当。这不符合社会赋予生命和父母身份的价值。孩子的出生和父母遭受人身伤害不可同日而语，孩子的抚养费用也不能看作类似罹患慢性病导致不利经济后果的特定损害。〔1〕

17. 但非谓，除关乎妊娠分娩本身的身心痛苦以及相关费用外，其他一概不予理会，方才合乎公平、合理原则。就孩子的出生，应给予父母一笔金钱，以表明父母遭受了不法行为，且该不法行为对父母的生活及原有家庭造成了深远影响。这笔金钱的多少，确实具有任意性质（arbitrary character）。我尊贵博学的朋友宾厄姆勋爵建议为 15 000 英镑，甚为妥当。仅就此节，我同意上议院给麦案判决添加一条笺注。

18. 一旦判决健康孩子的抚养费用不在赔偿之列，倘为孩子残疾或母亲残疾的情形破例，诸如上诉法院沃勒法官于本案中所指出的那些乖谬现象，即不可避免。此类案件，个案具体情形差异甚大，对此案家庭的具体情势（包括家庭财产状况）来说公平、合理的方案，对彼案则未必。但是，此类赔偿金的计算，又不能只考虑家庭收入或者全凭法官任意裁断。故可取思路乃是不考虑个案情势，一次性给予适中金额。

19. 基于以上理由，同时基于宾厄姆勋爵给出的理由，本堂照准上诉并撤销上诉法院以及高等法院代理推事、王室法律顾问斯图尔特·布朗（Stuart Brown QC）的命令。就预审事宜，原告不得请求赔偿抚养安东尼的任何费用，但准予 15 000 英镑常例慰抚金。

斯泰恩勋爵

诸位法官：

（一）母亲残疾，绝育手术失败

20. 卡瑞娜·里斯女士（Ms Karina Rees），31 岁，罹患遗传疾病色素性视网膜症，两岁时即一目失明，一目视力低下（6/36），算是严重视力缺陷。

21. 1995 年，里斯向其全科医生提出接受绝育手术的想法。全科医生将其

〔1〕 译注：特定损害（special damages），不能由法律推定为被告行为所致，而是必须由原告在起诉书中特别请求。不仅要证明该损害确已发生，而且必须证明是被告行为的直接后果。参见薛波主编，潘汉典总审订：《元照英美法词典》，法律出版社 2003 年版，第 1275 页。

转往达林顿纪念医院妇科某顾问医生处。转诊书写明以下情事：

(1) 里斯病情记载为弱视；

(2) 里斯过去几年视力恶化，最近已停止工作；

(3) 里斯找到合适的避孕方法有极大困难，有时不得不使用事后避孕药；

(4) 里斯单身，已向其说明绝育手术不可逆，但其意志坚决，表示未曾打算也绝不打算要孩子；

(5) 里斯深感自己的病情会妨碍自己照看孩子；

(6) 里斯对健康事宜深感忧虑，对妊娠分娩的想法更是悚然而惧。

里斯见到顾问医生，告知了不打算要孩子的想法。里斯说，照自己的视力，很难抚养孩子。

22. 1995 年 7 月 18 日，这位顾问医生为里斯施行绝育手术，输卵管结扎不当。里斯并未意识到手术失败。

23. 1996 年 7 月 1 日，里斯怀孕，1997 年 4 月 28 日诞下男婴安东尼。孩子的父亲不愿牵扯进来。安东尼有遗传眼疾的风险，但风险很低；所幸生下来是健康的孩子。里斯的残疾会给抚养安东尼造成多大影响，难以判断。据上诉法院掌握的信息，里斯在母亲和邻近亲属的帮助下自己带孩子；里斯没有起火［做饭］，盖感到危险，但会给孩子穿衣服。

(二) 此前诉讼经过

24. 1999 年 9 月 21 日，里斯于达林顿郡法院提起诉讼，主张医生过失造成绝育手术失败，请求损害赔偿。里斯稍后修改赔偿请求详情，请求赔偿将安东尼抚养至成年的费用，包括健康母亲抚养孩子的通常费用以及自己眼疾造成的费用。被告承认绝育手术操作有过失，但不认为应就安东尼的抚养费用负责任。案件移送至高等法院。2001 年 5 月 1 日，王室法律顾问斯图尔特·布朗先生以高等法院代理推事主持预审（preliminary issue）。预审目的在于决定，鉴于上议院麦案判决，里斯原则上是否有权利请求赔偿安东尼的全部或部分抚养费用。上议院麦案判决立场为，因术后咨询意见过失而产下健康孩子的，孩子父母在侵权法上不得请求赔偿抚养费用。上议院同时认为，就妊娠分娩带来身心痛苦，得给予适当慰抚金。2001 年 5 月 16 日，［布朗］法官判决，里斯不得请求赔偿任何抚养费用。

25. 等官司打到上诉法院，上诉法院面对的可就不只是上议院麦案判决了，还有上诉法院于麦案后发布的帕金森案判决。帕金森案判决认为，在绝育手术失败产下残疾孩子的情形，履行亲权职责的特殊费用不受麦案判决影响，原则上应予赔偿。当事人未上诉。[就本案，] 2002 年 2 月 14 日，上诉法院以多数判决（黑尔法官和罗伯特·沃克法官持多数意见，沃勒法官持异议），照准原告上诉并认为，残疾父母有权请求赔偿抚养健康孩子所需要的“特殊”费用，这些费用正是父母残疾的事实造成的（[2003] QB 20）。遗憾的是，相较健康的母亲，本案原告抚养安东尼要多花费多少，上诉法院一无所知。

（三）待决争点

26. 各方同意，上议院应解决如下争点：

“在本案中，身体残疾的当事人接受绝育手术，手术操作有误，当事人后怀孕并产下健康孩子，因孩子出生而负担以下费用：

（a）健康父母抚养健康孩子所需费用；

（b）因父母身体残疾，抚养健康孩子所需额外费用，健康父母不会担负此种费用。

鉴于上议院麦案判决，在针对负责施行绝育手术的当事人提起的过失侵权诉讼中，健康孩子的哪些抚养费用，父母得请求赔偿。”

虽说争点表述如此，但从本院听审看，原告方陈词似乎限于请求赔偿父母残疾所致额外抚养费用。如同上诉法院，本院掌握的信息亦寥寥无几。尤其是，相较健康母亲，本案原告抚养安东尼会多花费多少，本院一无所知。这是此类复杂案件的难点。

27. 试将本件上诉案的框架详细说明如下。第一项议题，原告方主张上议院麦案判决错误。倘此质疑成立，原告的赔偿请求自应支持，本案上诉自当驳回。倘质疑不成立，其他问题生焉。第二项议题，依帕金森案立场，残疾孩子的情形落于麦案所确立原则适用范围之外，此立场正确否。此问题于本案的意义，不在于直接适用，而在于类推适用。对此问题的回答会影响本案定谳。顺理成章地，第三项议题便是，本案中，上诉法院多数意见认为，麦案判决并未排除健康孩子的残疾父母请求赔偿额外抚养费用的可能性，上诉法院对麦案的解读正确否。

（四）对麦案判决的质疑

28. 我无意讨论麦案判决，此话题让人望而生畏。但有必要简单说明麦案判决立场。[麦案]判决认为，由于[医生]就绝育手术效果的说明有过失，[患者]得到计划外孩子，健康孩子的抚养费用在侵权法上不予赔偿。当然，各位法官的论证思路容有差异。除了米利特勋爵主张给予适中常例慰抚金，例如5000英镑（[2000] 2 AC 59, 114)，对于主要诉讼请求，即孩子的抚养费用，各位法官意见一致。判决理由很清楚。除论证思路差异外，有两点至关紧要。第一点，避免孩子出生以及得到健康孩子，各有多大利益，没法以金钱计算。在帕金森案中，黑尔法官为证明麦案判决妥当，提出视为平衡理论(deemed equilibrium theory：292–293, paras. 87–91)。但这并非对麦案的正确解释。相反，重点在于，此间利弊无法权衡。第二点则如米利特勋爵的论述（[2000] 2 AC 59, 113 H–114 A)：

“吾以为，法律必须将肢全体健孩子的出生看作福佑，而非损害。实在讲，这福佑是悲喜交集的，带来欢愉与悲伤，福报与责任。利益弊害不可分。就个体来说，将这利弊权衡，或会得出不利结论，并将父母身份带来的欢愉与责任一并抛弃。个体有权决定自己的利益所在。**但就社会来说，必须将这利弊权衡的结果看作有利的。否则将有悖社会本身的价值观念。认为肢全体健孩子带来的麻烦和经济负担超过其价值，将是对社会的道德冒犯。**”（着重部分系米利特勋爵标明。）

余深信，此乃诸位法官拒绝健康孩子抚养费请求的主旨所在，参见诸位法官判词：斯莱恩法官（[2000] 2 AC 59, 75C and 76C)、鄙人（[2000] 2 AC 59, 83D－E)、霍普勋爵（[2000] 2 AC 59, 97C－D)、克莱德勋爵([2000] 2 AC 59, 103 B–D）以及米利特勋爵（[2000] 2 AC 59, 111C–D)。

29. 此处问题为，这段论证的基础何在。就我来说，答案很清楚：上议院判决所依据的并非惯常意义上的公共政策：斯莱恩勋爵（[2000] 2 AC 59, 76D)、鄙人（[2000] 2 AC 59, 83D－E)、霍普勋爵（[2000] 2 AC 59, 95A)、克莱德勋爵（[2000] 2 AC 59, 100A–C）以及米利特勋爵（[2000] 2 AC 59, 108A–C)。[1]相反，诸位法官依据的是法律政策（legal policy)。诸

〔1〕 译注：公共政策、公共利益准则（public policy)，指被立法机关或法院视为与整个国家和社会根本相关的原则和标准，要求将一般公共利益（general public interest）与社会福祉（good of community）纳入考虑范围，从而使法院有理由拒绝承认当事人某些交易或其他行为的法律效力。在英美法中，法

位法官考察此议题，必然会在具体案情下考察，何种立场在普通人看来在道德上可以接受。援引分配正义的道德理论，以及从判例法中提炼出来的正当、公平、合理标准，都是用来确认法律政策的路径。

30. 接下来的问题是，此结论何由达成？是对健康孩子的抚养费用并不负有注意义务？还是此种损失名目不可赔偿？此问题之所以产生，是因为，母亲就妊娠分娩伴随的身心痛苦既得请求赔偿，［被告］就此当然负有注意义务。上议院诸位法官，或以为此间并无注意义务，或以为此种损失名目不得赔偿。以余之见，前说乃系传统见解：霍普勋爵（［2000］2 AC 59，95E-96D）、斯莱恩勋爵（［2000］2 AC 59，76B-C）及鄙人（［2000］2 AC 59，83D-E）。后说亦为同样有效解释：克莱德勋爵（［2000］2 AC 59，105E-F）和米利特勋爵（［2000］2 AC 59，113H-114B）。［后说］大概属于概念主义的思考（conceptualistic thinking），有些外国学者简慢呼之为教授法（professors' law）。倘能知晓此间所涉法律政策的基础和范围，方法的区别并不那么重要。本案中，两套思路殊途同归。

31. 这里有必要讨论，于何种情形得背离上议院判决。上议院 1966 年“背离先例声明”［*Practice Statement*（*Judicial Precedent*）［1966］1 WLR 1234］宣布了此种可能性，但绝不意味着给了由不同法官组成的上诉委员会以通关口令（open sesame），得率性将其见解凌驾于上诉委员会过去形成的一致或多数判决之上。这样的通行证并不适合最高法院终审判决。里德勋爵于 R 诉克努勒案［*R v Knuller*（*Publishing*, *Printing and Promotions*）*Ltd*［1973］AC 435］中曾论及此点。里德勋爵道（Lord Reid at 455）：

“上议院于肖诉检察长案（*Shaw v Director of Public Prosecutions*［1962］AC 220）中认为，图谋败坏风俗在英格兰法上构成犯罪。是故，倘上诉人要胜诉，

（接上页）院有时将其用作判决的正当理由，例如以合同“违反公共政策”为由宣告合同无效。“违反公共政策”的认定标准并不依赖于证据，而是依据司法印象，故有法官抨击其是不确定的、危险的标准；若无先例，往往不愿引用。公共政策原则可以限制当事人的契约自由或私人交易。例如，以“违反公共政策”为由认为对贸易不正当限制的协议或者在战时与敌国的贸易行为无效或不可执行，尽管这些交易并不违背现行法的规则。除合同法外，公共政策还用来支持婚姻的神圣、宗教宽容的正当、保持政治廉正等。在狭义上，这一原则是指不允许实施任何可能给一般公共利益造成损害的行为。该词亦作 policy of the law，而在大陆法系，与之相对应的则为公共秩序或称公序良俗。参见薛波主编，潘汉典总审订：《元照英美法词典》，法律出版社 2003 年版，第 1117 页。

要么上议院必须推翻前判，要么必须有充分理由将本案区别出来。上诉人的主要论点为，应重新审查该判决；退而求其次，上诉人认为可以而且应该将之区分出来。

余于肖诉检察长案中持异议。再经思考，仍坚持认为判决有误，亦未见理由更改余之判词。但这并不意味着余愿动议重新考虑该判决。余于最近判例中陈说再三，吾国法制虽经改弦易辙，不再将上议院此前判决的拘束力看作绝对，但也并非说，但凡以为此前判决错误，即得率性推翻。本着对法律安定性的一般利益，必须确信有充分理由，方得推翻此前立场……吾以为，不论那判决看起来多么错乱乖谬，亦应适用于合理相似案件，直到议会更张改造。”

正是基于此认识，上议院拒绝背离11年前的错误判决。那是菲茨利特置业公司案（*Fitzleet Estates Ltd v Cherry* [1977] 1 WLR 1345），上议院再晤此问题。当事人敦请上议院背离11年前多数判决（3∶2），经萨尔蒙勋爵（Lord Salmon）和基思勋爵（Lord Keith）附议，威尔伯福斯勋爵论述如此（Lord Wilberforce at 1349）：

“上诉人已别无他法，唯主张1965年判决错误一途，其亦果然如此主张。此主张意味着，应有三位或更多位法官采纳当时少数派青睐的观点。

诸位法官，依余之见，1966年声明并非意在，亦不可解读为意在开放此条路径。在上议院发布了怎么看都具有终局意义的判决之后，倘竟给当事人指望，得再叩上议院并说服由不同法官组成的上诉委员会重拾前任摒弃的立场，没有比这个再令人不能容忍的了。上议院此前判决当然是多数通过：对判决的正确以及论证的有效，余亦未稍加质疑。有两项可能的方案，各得到两位法官支持。难题需得解决，而法律所知的最好办法，莫过于遵循终审法庭经过深思熟虑的多数意见。而仅仅是对此多数意见表示质疑，远远不足以为背离此多数意见提供正当性。”

迪尔霍恩子爵（Viscount Dilhorne）和戴维斯勋爵（Lord Edmund-Davies）的判词思路亦同。这当然不会贬损上议院于具备强有力理由的情形背离其此前判决的权力。本堂无意穷尽胪列，试举两例，诸如米利安戈斯案［*Miliangos v George Frank (Textiles) Ltd* [1976] AC 443］那样的情势根本变更，或者证据表明上议院判决造成了不可预见的严重不公，此际，上议院自得摒弃此前判决。

32. 麦案所涉议题向来聚讼纷纭，最终要在彼此冲突的合理论据中有所定夺。上议院仔细梳理了国内判例法，并广泛考察了比较法动态。各种可行方案俱纳入视野，似未见遗漏。2003 年 7 月 16 日的卡塔纳克［诉梅尔基奥尔］案判决，澳大利亚高等法院以 4∶3 多数照准赔偿请求，不过是突出了此间议题言人人殊的性质以及不同立场的跨度之大。在麦案中，上议院耕耘颇深，各种原则和相似情形，皆经检视。［本案］原告律师亦并未主张上议院于任何重要论据有所疏漏，而是敦请上议院表态，确认麦案判决误入歧途。依余之见，虽说有些法官改了主意，以为麦案本当另择他途，［由不同法官组成的］上议院倘果真摒弃麦案判决，那才是大错特错。

33. 听罢原告律师关于麦案判决有误的论辩，（还不及麦案当时的反对论据详尽有力，）余深信四年前的麦案判决妥当无误。上议院从事的比较法考察表明，虽说此议题歧见丛出，方案多样，却有诸多法域踵武麦案判决。学界对麦案的批评诚然向来不断，实则弹赞皆有：例如参见，Tony Weir, *A Casebook on Tort*, 9th ed., 2000, p. 131; Joe Thomson, "Abandoning the Law of Delict? *McFarlane v Tayside Health Board* in the Lords", 2000 *S. L. T.* 43; Laura C H Hoyano, Misconceptions about Wrongful Conception（2002）, 65 *M. L. R.* 883。此议题本来言人人殊，上议院判决既植根于道德、正义和法律政策，当为最不坏的选择。故余以为麦案判决牢靠妥当。

（五）帕金森案：孩子残疾

34. 纵观麦案判决，始终强调出生的是健康孩子。诸位法官的意见表明，上议院充分意识到在孩子严重残疾情形会生出诸多不同考虑。但麦案的案情并不需要上议院就此表态。

35. 等上诉法院碰上孩子残疾的情形，也就是帕金森案，以一致意见认为，此案不受麦案影响。对于布鲁克法官（Brooke LJ）和黑尔法官的详尽判词，余虽不能尽表赞成，却愿为其结论背书。麦案判决所立足的法律政策，苛刻地依赖于健康孩子的出生。该政策并不适用于孩子身/心严重残疾的情形。此际，依矫正正义的一般原则，为满足残疾相关的生活医疗需求而应支出的费用，得予赔偿，至于基本抚养费用，则不予赔偿。

（六）里斯案：母亲残疾

36. 麦案判决并未考虑，在残疾母亲产下健康孩子的情形应持何立场。据我所知，各位法官并未虑及此节。倘麦案系由残疾母亲提起，其已告知医生，因残疾而无力抚养孩子，上议院当会如何区处，无由揣测。但眼下，上议院必须对付这个难题。

37. 不同于残疾孩子的处境，健康孩子的残疾母亲不可能不受麦案原则的影响。相反，只有为麦案创设例外，方有可能给予赔偿。只要想想前面阐述的麦案判决所据之法律政策理由，此点即更为清晰。

38. ［上诉法院］沃勒法官于本案发布雄辩的异议判词，讲到为何不能容忍此例外。沃勒法官写道（［2003］QB 20，paras. 52–55）：

“52. 法院面对健康孩子出生这种情形，在我看来，考虑是否为麦案确立的一般原则创设例外之前，先得投入更大力量来考察（倘为可能）创设例外是否正当，盖（如我所强调的）上议院关注的就是健康孩子出生情形的赔偿事宜。在此背景下，必须考虑，前已述及，本来依一般原则可以得到赔偿但因为麦案判决却不能得到赔偿的人，会如何看待此项例外，或者更准确些，必须考虑，普通人会如何看待此项例外，普通人是否认为公平。

53. 试举数例，希望不会过于极端。设某位女性已有四个孩子，不想再要第五个；还假设，再要孩子会危及其健康，除非能在抚养孩子方面得到帮助。依我对麦案判决的理解，这位母亲不能请求赔偿抚养费用，虽然这些费用可以减轻其面临的健康风险。我会认为，这位母亲避免健康受摧残的需求，和本来就残疾的母亲的需求，没有什么不同；要是残疾较轻，那么前面那位母亲的需求可能还大于后面这位残疾母亲。假设那位有四个孩子的母亲不能得到赔偿，而这位残疾母亲却可以得到赔偿，这样的法律立场难道可取吗？

54. 再假设，那位有四个孩子的母亲家徒四壁，而那位残疾母亲钟鸣鼎食，又将如何？这只会强化规则有失公平的看法。还可以为这两位母亲添加不同的家庭环境。假设那位有四个孩子的母亲，茕茕孑立、形影相吊，完全得不到丈夫、母亲或兄弟姐妹的帮助，而那位残疾母亲却门庭若市，丈夫、母亲或兄弟姐妹争先恐后施以援手。要说只有残疾这个因素在这里起作用，我想普通人都会觉得不妥。

55. 母亲残疾而孩子健康，母亲在家人的帮助下抚养孩子很顺利，忧虑没有成为现实，此种情形，用霍普勋爵的话讲，孩子带来的好处是没法计算的。依余之见，正因为健康孩子带来的好处没法计算，法院不会就孩子的出生给予赔偿。很简单，法院不愿从事牵扯这样度长絜短的计算，在我看来，这样的工作会造成有违公平、正当、合理的结果，也就是残疾的母亲可以得到赔偿而更需要帮助的母亲却不能。基于分配正义，我相信普通人都会认为，如果残疾母亲可以得到赔偿，而因为有了孩子，健康遭到摧残的母亲却不能得到赔偿，这是不公平的。”

沃勒法官举的例子很有说服力（［2003］QB 20，paras. 53，54）。我同意，认为只有健康孩子的残疾母亲可以得到赔偿的立场颇有几分武断。法律应竭诚尽智以免武断，故现在面临重大难题。

39. 另外，罗伯特·沃克法官的论述亦颇具分量。其文如下（［2003］QB 20，para. 41）：

“在本案这种余以为并未为麦案判决所涵摄且为帕金森案判决合法延伸的情形，依余之见，这些难题不会妨碍本院肯定准予赔偿的可能性（预审议题）。法律愈益认可，残疾人群体应受特别关注（1995 年《反歧视残疾人法》是为重要界标），而正如黑尔法官所阐明的（*Parkinson's* case，at para 91），蓬勃发展的残疾人立法应避免霍夫曼勋爵的那些界定疑难（*Frost v Chief Constable of South Yorkshire Police*［1999］2 AC 455，510B，per Lord Hoffmann）。”

这些背道而驰的有力论辩，如何解决其间的紧张关系？不论在学术上，还是实证法上，都是难题。要说只有一个正确答案，并不现实。但必须做决定，这个决定必须是最好的选项，而且期待这个决定得伸张正义。基于以上理由，不要直截了当地将眼下的案子仅仅看作帕金森案的延伸，方才合乎逻辑。另外，（如同黑尔法官和沃克法官，）我也认为法律应特别考虑母亲严重残疾的事实，正是为此才接受绝育手术以避免妊娠。我相信，对这位严重残疾的母亲，倘不给予有限救济（限于其残疾所致额外费用），由此造成的不公正，分量重于沃勒法官强调的那些考虑。

（七）常例慰抚金（conventional award）

40. 宾厄姆勋爵解释了为何支持在本案中给予 15 000 英镑的常例慰抚金。

彰明较著，在此限度内，就孩子健康的案件，宾厄姆勋爵愿意背离麦案判决。宾厄姆勋爵进而说，他愿意将此规则不加区别地适用于孩子或者父母残疾（或声称残疾）的情形。这当然要推翻上诉法院于本案的多数判决。也意味着要推翻上诉法院帕金森案判决（只不过该案当事人并未上诉）。其他观点毋庸赘述。

41. 正如宾厄姆勋爵所说，这个思路最初由米利特勋爵于麦案中提出（［2000］2 AC 59，114），但当时持多数意见的各位法官皆未论及此点。当然，在麦案中这本不是争点。但要以为持多数意见的各位法官并未考虑此点，那可就错了。和霍普勋爵一样，余也虑及此点，但以为不可接受。毫无疑问，这也是斯莱恩勋爵和克莱德勋爵的立场。是以，给予常例慰抚金的建议和麦案多数意见正相舛忤。现在，由不同法官组成的上诉委员会以微弱多数意见采纳此想法。并非说此点不能重新检视，但确实说明，对这些事宜的考察，应极为谨慎并遵守正常程序。

42. 在帕金森案中，常例慰抚金的想法压根儿没有提出来。这个思路本来可以用为备选，之所以未提出，是因为在麦案之后都以为此路不通。

43. 本案初审及上诉法院阶段，亦未提及常例慰抚金。吾以为，未经上诉法院考察，不能参考上诉法院的意见，而由上议院径直面对此问题，实为重大不利。将新规则称作“笺注”，并不能消除此重大不利。这条笺注构成法律的激进变革，只有经过对冲突论据严谨缜密的考察，才能接受如此重大的发展。

44. 根据自认的事实和争点以及提交的书面论辩，很显然，本案口头审理前，并未触及常例慰抚金事宜。口头辩论阶段才提出此问题，但讨论浮皮潦草，未经深入研究。

45. 未见援引任何英国判例，支持法官有权力于此类案件中创设常例慰抚金这样的救济方式。也没有这样的先例。还应注意，众多国外判例，结果各异，亦未见如此解决途径。故知此方案乃是旁门左道（heterodox nature）。

46. 正如霍普勋爵，余亦以为此类案件中的常例慰抚金想法有悖原则。法官创设此类救济方式实乃革新，而法官革新自有其界限。吾以为，多数意见已踏入禁区。麦案判决阐明的法律政策亦借此后门逃遁。倘如此规则确实可欲，亦只好由议会创制。但事实是，这样的立法举措定是蜩螗沸羹、莫衷一是。最好法律委员会和议会深入考察一番，创设在此类案件中给予常例慰抚金的权力，对于侵权法体制的连贯性会产生何等影响。

47. 本堂不赞成创设新规则的建议。

（八）结论和处置

48. 虽然里斯的请求囫囵含糊，本堂仍照准其赔偿请求。为免疑问，本堂多讲两句，［上诉法院］沃勒法官阐述的理由（［2003］QB 20，paras. 53，54）已偏离麦案判决划定的路线，本堂不会将［不予赔偿的］例外延伸及于本案。

49. 本堂驳回医院基金会的上诉。

霍普勋爵

诸位法官：

50. 我尊贵博学的朋友斯泰恩勋爵已概述本案事实于前，余径用之。上议院麦案判决认定健康孩子的抚养费用不得赔偿，斯泰恩勋爵就此判决所作分析至为精到，余不能赞一词。虽有几位法官见异思迁，以为麦案本当另择他途，但余仍赞成斯泰恩勋爵立场，以为上议院倘背弃麦案判决，那才是误入歧途，理由斯泰恩勋爵备陈如前。

51. 余于麦案判词中曾说，用来抵消孩子抚养费用的利益，其价值无法计算（［2002］2 AC 59，97）。非谓就健康孩子的出生给予赔偿乃是道德败坏，而是如格里森法官于 2003 年 7 月 18 日卡塔纳克［诉梅尔基奥尔］案判决中指出的，人类生命秉有的基本价值乃是伦理概念而非经济概念，而要解决的乃是法律问题而非神学问题（该案判决第 6 段）。就我来讲，不可克服的计算难题乃是［麦案］判决肯綮所在。倘果然如余所信，此处利益无法计量，自然不能得知其价值，进而无从将抚养费用与此处价值度长絜短，得到应予赔偿的金额。余遂可得出结论，抚养费用不在那些医院、实验室工作人员对原告所负注意义务的射程之内。

52. 前面的表述方式，遵循奥立佛勋爵（Lord Oliver of Aylmerton）于卡帕罗案（*Caparo Industries plc v Dickman*［1990］2 AC 605，651）和墨菲案（*Murphy v Brentwood District Council*［1991］1 AC 398，486-487）中针对经济损失指出的路径。我赞成格里森法官的意见（卡塔纳克诉梅尔基奥尔案判决第 30 段），原告请求赔偿的乃是源出于特定人际关系的纯粹经济损失，只有证明［被告］负有使原告免受此种损害的注意义务，责任方才成立。或主张，简单说此种损失名目不可赔偿，更为准确。当然，可能还有其他表述方式。我还是认为，奥立佛勋爵对此原则的表述可用于此处。但正如斯泰恩勋爵阐明的，判决的根本立足点在法律政策。这意味着，就此法律领域，推动法律发展的责任落在法官身上。

53. 本案提出的问题是，原告严重残疾，是否应和麦案区别处理。事实当然不同，麦案中的父母身体健康，就和因被告过失而生下的孩子一样。但麦案判决理由应细加考察，以究明此种案情差异可否得出下面的结论，即本案中，母亲残疾导致的额外抚养费用应予赔偿。

（一）孩子残疾

54. 帕金森案立场为，孩子严重残疾的情形应区别处理，虽说一般抚养费用不予赔偿，但麦案判决并未排除孩子残疾所致特殊费用得到赔偿的可能性。麦案本身不涉及此节。初审独任法官吉尔勋爵（Lord Gill）于其判词起首即道，区处该案纠纷，全以孩子健康为前提（1997 SLT 211，212F）。麦案打到上议院，此立场亦未更易，查各位法官的判词，历历可见。

55. 我赞成上诉法院的看法，残疾孩子的特别抚养费用是否得予赔偿，乃是独立问题。对因加害人过失而遭受损害的父母来说，原则上，这些费用构成额外的、截然不同的负担。［诚然，］将健康孩子抚养成人，这整个期间，各式各样的费用和利益，包括有形和无形的利益，要全部找出来，还要彼此抵扣，这是无法完成的工作。正如我尊贵博学的朋友米利特勋爵于麦案中所说，利弊交织，不可分割。

56. 但因错误怀孕或者说计划外怀孕［就这些不同术语，参见 J K Mason，"Wrongful Pregnancy，Wrongful Birth and Wrongful Terminology"（2002），6 *Edin. L. R.* 46，pp. 47，65，note 77］，产下严重残疾孩子，而且很可能直到成年都不会改善，情况即有变。同样，费用和利益，福佑和损害，错综交织，不可分割。因为承担孩子的抚养责任，生出悲喜交集的复杂情感，无形的负担和回报，着实没法辨出泾渭。但不能逃避的事实是，残疾孩子的父母为了让孩子尽可能茁壮成长，很可能会承担额外的费用。

57. 残疾孩子往往需要额外照顾，也就意味着额外开销。正如梅森教授于其大作中所说（ibid，pp. 58，64），[1]在这样的残疾情形，爱是需要资源支撑

[1] 译注：参见上段所引梅森论文。

的。这些资源得花钱买。残疾越重，父母尽其养育职责就越艰难。吾以为，从法律政策上讲，上诉法院主张额外费用原则上应予赔偿的立场是正确的。在卡塔纳克［诉梅尔基奥尔］案中，柯比法官说，准予赔偿额外费用，将会强化某些有悖于当前澳大利亚法律精神的有关残疾的看法以及对待身心残障人士的态度（该案判决第 166 段）。吾国法制对于反残疾歧视亦同样敏感。但我并不认为反残疾歧视领域的法律政策和准许赔偿额外费用两者间有任何冲突，正是这些费用，满足了残疾孩子的特别需求，使其过上尽可能正常的生活。

（二）母亲残疾

58. 接下来的难题是，严重残疾的父母抚养健康孩子所需要的额外费用，是否应予赔偿。麦案未触及此问题。但吾以为，该案各审级未曾明说的假设是，原告夫妇请求赔偿的抚养费用，是身体健康的父母抚养自己孩子也会支出的费用。

59. 应该明确，麦案判决所依据的，并非黑尔法官于帕金森案中提出的视为平衡理论（［2002］QB 266，292-293，paras. 87-91）。黑尔法官以此隐喻意指，健康孩子带给父母的利益，被视为足以抵消抚养费用（［2003］QB 20，para. 10）。也就是说，假定利益和弊害在两端平均分配。但这番解读未免失于穿凿。上议院并未尝试，甚至未曾考虑如此计算。为求公平结果而巨细靡遗地将一切事宜纳入考虑，这样的计算实无可能。

60. 但确实可以这么说，在考察孩子出生带来的利弊时，倘假设孩子和父母俱为健康，对称因素即内在于此权衡工作中。这个对称因素即在于假设父母和孩子都健康。倘不得不假设父母或者孩子严重残疾，即生麻烦。如果像我这样接受，抚养严重残疾孩子的额外费用应予赔偿，可以想见，倘不准许严重残疾的父母请求赔偿额外费用，即会造成武断的、不合理的区别对待。

61. 但判决武断、不合理的风险并不是单方面的。如来利特勋爵指出的，将父母残疾造成的额外费用，从抚养孩子长久带来的经济利益中区隔出来，诚然很困难。或会问，如果抚养健康孩子的利弊无法计算，那么如何勘明这些额外费用？还有主张，比如说孩子太多已经不堪重负的母亲，更因计划外孩子而力尽筋疲、神辱志沮，就其特殊境况造成的额外费用，倘不能得到赔偿，那么为严重残疾的父母创设例外，便难谓正当。上诉法院沃勒法官即为此点深感困扰，从而针对原则上准许赔偿此种额外费用的多数判决，[1]发表了细致缜密、颇有助益的异议判词（［2003］QB 20，paras. 52–55）。

62. 吾以为，第一个难题乃事实问题，而非原则问题。[2]应极小心，不要把单纯源于父母残疾事实的费用，转嫁给加害人。严重残疾的父母，合理地考虑到预期经济来源，面对着日常抚养任务，仍不得不承担的额外现付费用，也只有这些费用，才是这里讨论的事宜。必须将残疾母亲的境况，和健康父母的境况加以比较。或可以说，正如在孩子严重残疾的情形，严重残疾而有特别需求的父母，想让孩子健康成长，很可能需要帮助，从而很可能需要额外费用。同样地，针对残疾歧视的法律政策，和准予赔偿额外费用，从而使有着特别需求的父母可以给孩子提供尽可能正常的生活，吾未见这两者间有任何冲突。我赞同罗伯特·沃克法官的立场，要弄清楚哪些费用可以归咎于而哪些费用不可归咎于残疾当然不容易，但这项工作不应妨碍吾人认可赔偿的可能性，这也正是预审阶段所要处理的先决问题（［2003］QB 20，para. 41）。

63. 第二个问题更为麻烦，[3]很惭愧，我发现难以找到清晰的答案。我同意米利特勋爵的看法，一般而言，父母不打算要孩子或者不打算要更多孩子这个动机无关紧要。经过权衡，我认为，父母严重残疾这个事实确实提供了和麦案区别对待的理由，而且，认为可归因于残疾的额外费用落在加害人的注意义务之内从而应予赔偿，这是公平、正当、合理的。

64. 或以为，为严重残疾的父母创设例外，会动摇麦案判决基础，从而为遭受损失的父母一般性地主张额外抚养费用大开方便之门。接下来的问题就是，只在严重残疾情形创设例外，理由是否充足？

65. 可以毫不犹豫地讲，父母于计划外怀孕之前对生活方式的选择，与［因计划外孩子出生而］遭受的损失，落入完全不同的范畴。父母控制之外的情势，例如社会剥夺（social deprivation）、种族歧视或者家庭破裂，这些因素造成的损失也是如此，当然更困难些。麦案判决普遍适用于一切健康的父母，不管其社会背景或者家庭状况如何。严重残疾的父母则处于不同范畴。是残疾这个无法逃避的事实，将父母严重残疾这种情形从其他众多情形中辨识出

[1] 译注：黑尔法官和沃克法官的多数意见判决。

[2] 译注：指第 61 段米利特勋爵提出的问题。

[3] 译注：指第 61 段沃勒法官的论辩，参见本判决第 38 段。

来。此范畴同样普遍适用于一切残疾父母，不管其社会背景或者家庭状况如何，这就表明了残疾这个特征所具有的基本性质。母亲的社会背景或者家庭环境，当然会影响可能得到的赔偿费用的多寡。但这位母亲的案子之所以落入不同范畴，则是因为下面这个无法回避的事实：不论严重残疾的母亲多么努力，都不能如健康父母那般将孩子抚养过程中的种种普通事务应付裕如。

66. 我也会考虑下面这个额外因素。上诉法院罗伯特·沃克法官提到残疾领域的法律动态（［2003］QB 20, para. 41）。沃克法官以为这有助于克服何谓残疾的界定难题。我更愿意将残疾领域的法律动态看作对大方向的指引，普通法于处理严重残疾领域的难题时得将之用作法律政策。

67. 雇佣法领域和反歧视法领域向来动作颇多。如马默里法官所说，雇佣领域的残疾歧视给立法者带来格外的挑战（*Clark v Novacold Ltd*［1999］ICR 951, 954 E~G, per Mummery LJ）。据 1995 年《反残疾歧视法》第 1 条第 1 款，身心遭受损害，给从事普通日常活动的能力造成严重、长期不良影响的，即为该法所谓残疾。但该法附录 1 设置了诸多条件和例外。该法第 3 条所说指引已由政府大臣发布，另外还有相关《行为守则》（Code of Practice）可用。在这些辅助材料的帮助下，将制定法定义适用于具体案情，操作可能很复杂，劳工上诉法庭古德温诉专利局案判决将此点揭橥甚明（*Goodwin v Patent Office*［1999］ICR 302）。[1]为了在 2006 年 12 月 2 日落实欧盟指令的相关内容［Council Directive 2000/78/EC（OJ, L303/16, 2 December 2000）］，还需要更多立法；欧盟指令搭建了雇佣领域平等对待的一般框架，涉及年龄歧视和残疾歧视事宜：参见第 18 条第 2 款。[2]

68. 倘要寻找方向，更该关注的是这部立法的动力所在，而不是其烦琐的界定。这部法律尊重一切生命，肯定一切生命价值，延伸及于任何人，不论生下来残疾与否。但正如立法表明的，这部法律同样勇敢直面残疾的事实，以及残疾造成歧视和损失的风险。这部法律的目标在于赋予残疾人民事权利，

---

〔1〕 译注：劳工上诉法庭（Employment Appeal Tribunal），1976 年取代全国劳资关系法庭（National Industrial Relations Court）而成立，由法官及劳资双方的非司法专业人员代表共同组成，负责与工业和劳动立法有关纠纷的上诉案件审理工作。参见薛波主编，潘汉典总审订：《元照英美法词典》，法律出版社 2003 年版，第 470 页。

〔2〕 译注：《欧洲联盟理事会 2000 年 11 月 27 日关于建立雇佣和职业领域平等对待一般框架的第 2000/78/EC 号指令》（Council Directive 2000/78/EC of 27 November 2000 establishing a general framework for equal treatment in employment and occupation）。

这些残疾人过普通生活的能力受到了残障影响。要使那些严重残疾的父母，如同身体健康的父母，有同样的条件来履行父母责任，那么允许赔偿父母残疾所致的额外抚养费用，便是法律能做的最好工作。

69. 那么，在此场合，当提到严重残疾，所指为何？我宁愿依靠普通法的灵活性。何谓严重残疾，取决于个案案情。要克制无中生有刻意制造残疾的冲动。依我的提法，例外为谁创设，谁即是“严重残疾”。“严重”语词很重要。各方面都很健康的生活难免碰上的事件，即应为麦案原则所涵摄。至于“残疾”语词，我以需求要件为指导原则。将本案与父母健康情形区分开来的是本案父母的身心状况。为了让孩子得到正常、合适的成长条件，这种身心状况的性质，是否使得本案父母不得不产生对额外费用的需求？在本案中，原告罹患的是遗传疾病，答案应该是肯定的。

（三）常例慰抚金？

70. 多说两句，我并未忽略米利特勋爵的建议。依米利特勋爵的看法，所有这些案件，原告限制家庭规模的权利遭剥夺，或者如其现在的表述，意志自主遭侵害，合适的做法是赔偿适中常例金额。在麦案判决中，此建议未曾打动我；坦白讲，现在仍未打动我。我赞成格里森法官在卡塔纳克［诉梅尔基奥尔］案判决中的观点（该案判决第 23 段），即更为准确的说法是，父母有选择的自由，从而有限制家庭规模的自由。将此种自由描述为权利，或者如米利特勋爵现在的提法，机会丧失，以之为损害赔偿的标的，窃以为，回避了诸多在米利特勋爵的分析中未曾解决的问题。但这还不是我难以接受其建议的唯一原因。

71. 在人身损害赔偿领域，常例慰抚金司空见惯。常例慰抚金性质为一般赔偿金，针对典型伤害（如肢体、眼睛伤残）或者致命事故中失去孩子或父母的丧亲之痛（bereavemen）。原告遭受的损害无法以算数计算的，法院即以常例慰抚金得到相应数字，也只能如此（Kemp and Kemp, *The Quantum of Damages*, vol. 1, para. 1-003）。如丹宁勋爵所说，“基于经验及可比较案件中的赔偿数额，得到约定俗成的数字”（*Ward v James*［1966］1 QB 273, 303, per Lord Denning MR），另见迪普洛克勋爵的论述（*Wright v British Railways Board*［1983］2 AC 773, 777D, per Lord Diplock）。之所以称为常例（conventional），是因为没有得以金钱衡量的指引来帮助正确评估损害（*Lim Poh Choo v Camden and Islington Area Health Authority*［1980］AC 174, 189G-H, per Lord

Scarman）。经济损失即不生此难题，得以金钱评估。是以，就落入特定赔偿金名目的损失，即从来不必乞援于常例慰抚金。

72. 试举一例，1976 年《苏格兰损害赔偿法》第 1 条（经 1993 年《苏格兰损害赔偿法》第 1 条修订）界定死者亲属的权利，即认可这两种损失名目的区分。死者亲属的抚养费和丧葬费请求见于第 1 条第 3 款。无损第 1 条第 3 款的任何权利，对近亲属的悲伤忧戚（distress and anxiety）、疾痛惨怛（grief and sorrow），还有诸如亲属本来可以期待的来自死者的陪伴扶持（society and guidance）之类非财产利益，法院得依第 1 条第 4 款判给其认为合适的赔偿。这相当于依 1979 年《事故死亡法》第 1A 条（由 1982 年《司法行政法》第 3 条第 1 款插入）得主张的丧亲损害赔偿金，只不过赔偿金额由法院定夺，不像英格兰和威尔士那样以条例法令设置固定金额。

73. 因为父母限制家庭规模的权利或者机会遭损失而判给常例慰抚金，功能上类似于依第 1 条第 4 款给予的常例慰抚金。这区处的是父母请求中落入一般赔偿金范畴的部分，并不区处，如米利特勋爵所说明的，也不意在区处父母请求中因权利受侵害而落入特定损害赔偿金的部分。将损害赔偿请求分割为两部分，就是为了准予赔偿此部分而不准赔偿彼部分，这可真是新观念，在我看来完全违背原则。如果是完全赔偿，那么赔偿目的必定是通过金钱尽可能使受害人处于倘未遭受不法侵害其当处的状况（*Livingstone v Rawyards Coal Co* [1880] 5 App Cas 25，39，per Lord Blackburn）。如果先假定限制家庭规模的权利遭受侵害应予赔偿，又接着认为只能限于一般赔偿金，以法律将赔偿额度限为常例金额，那就违背了完全赔偿原则。如果说常例金额意在补偿些许经济损失（和我的假设相左），那同样违背了完全赔偿原则。盖如此一来，原告就没有机会依照赔偿原则，确认那部分赔偿请求的真正价值。

74. 宾厄姆勋爵回避了此问题，称其赞成的常例慰抚金并非赔偿性质，亦不意在赔偿。常例慰抚金并非计算的结果，亦非徒具象征意义，而是对遭受不法侵害一定程度的承认。窃以为，宾厄姆勋爵的进路背离了普通法上指导损害评估的传统原则。宾厄姆勋爵并不认为常例慰抚金意在惩罚。如果并非意在惩罚，又并非纯粹象征性赔偿，那么除了赔偿原则，常例慰抚金的基础还能何在呢？从米利特勋爵和斯科特勋爵的表述看，其都认为原告被剥夺了机会或者有权期待的利益，要为原告找到合适的赔偿金额。尼科尔斯勋爵的表述不同，但只有寥寥数语，我很疑惑其基础何在。诸位法官的多数意见，判决理由既不连贯，又欠协调，令人挠头。这就突出了斯泰恩勋爵所说，口头审理阶段对此议题的考察浮皮潦草，未经深入研究。是以，如同斯泰恩勋爵，余亦不赞成宾厄姆勋爵和尼科尔斯勋爵将新规则看作麦案判决“笺注”的立场。

75. 接下来的难题是，常例慰抚金要多寡适宜，不能太过寒酸悭吝。米利特勋爵于麦案中建议的数额，窃以为即易招致寒酸悭吝的批评。现在提出的数字当然大了许多，但能否根除难题，尚存疑问。这是块未知领域，盖就此权利损失，未有先例可用为参数。但要对当前人身损害诉讼的赔偿水平视而不见，绝非明智。举件近期案例，原告夫妇的成年儿子在飞行事故中丧生，［苏格兰］最高民事法院内庭依 1976 年《苏格兰损害赔偿法》第 1 条第 4 款，判决原告夫妇就丧亲之痛各自可得 2 万英镑赔偿（*Shaher v British Aerospace Flying College Ltd*, 2003 SLT 791），就参考了陪审团就丧亲之痛认同的赔偿水平（在苏格兰的人身伤害赔偿诉讼中，陪审团仍可裁决赔偿金事宜：1988 年《最高民事法院法》第 11 条 a 项）。考虑到计划外孩子的出生给其父母带来的持久且深远的影响，又该如何评判限制家庭规模的权利遭侵害，该给予多少赔偿呢？在我看来，应先详细考察此类以及其他类似案件中的一般赔偿水平，然后才能得到相应赔偿金额，进而判断是否合适。而尊贵的诸位法官，未有初审法院为其前驱，即试图从事此评判工作，吾未见其明也。

76. 宾厄姆勋爵将其新规则不加区别地适用于孩子或者父母残疾的情形，理由之一即为，残疾所致额外费用的量化工作至为艰巨。前已提及，我赞成罗伯特·沃克法官的看法，要弄清哪些费用可以归咎而哪些费用不可归咎于残疾，应极为谨慎。但要说这项工作至为艰巨，未免夸大其词。宾厄姆勋爵说，被上诉人就其请求赔偿的额外费用，不能给出任何现实线索，更凸显此处困难。吾为被上诉人抱不平，盖这个阶段当事人所寻求的，就是对额外费用是否可能得到赔偿这个先决问题的回答。吾人没法知道，眼下个案中的额外费用是否容易勘明，盖不管是初审还是上诉法院，都未探讨此问题，虽上诉至本院，亦未列入争点。

77. 本堂深感担心，根据这条新规则得到的赔偿金额，在很多案件中，尤其本案中，将远远不能实现米利特勋爵的目标（斯科特勋爵同意），也就是使遭受不法侵害的父母得到赔偿。正如斯泰恩勋爵所说，此项议题言人人殊，要妥善解决，需要投入的研究，应该远逾本案多数意见所投入者，以故，我同意斯泰恩勋爵的看法，此议题应留交议会，法律委员会当然要提交相关报告。

（四）结论

78. 本堂照准被上诉人请求，驳回上诉。

赫顿勋爵

诸位法官：

79. 原告卡瑞娜·里斯女士，三十出头，罹患遗传疾病色素性视网膜症，两岁时，一目失明，一目弱视，算是严重视力残障病人。里斯近年病情加重，已放弃工作。里斯认为眼疾会妨碍自己抚养孩子，对自己的健康深感忧虑，害怕妊娠分娩。找到合适的避孕方法对里斯来说非常困难，遂毅然决定，以前既不曾打算，以后也永远不打算要孩子。里斯的全科医生将其转往达林顿纪念医院妇科某位顾问医生处，里斯向医生说明了自己的眼疾以及促使自己决定不要孩子的那些担忧和恐惧。知晓了里斯的担忧和决定后，医生于 1995 年 7 月 18 日为里斯施行绝育手术。上诉人承认，手术操作有过失，右侧输卵管结扎不完全。1996 年 7 月，里斯怀上孩子，1997 年 4 月 28 日诞下安东尼。孩子的父亲不愿牵扯其中，故原告为单身母亲。就本件上诉案来说，当事人皆认可，安东尼身体健康。

80. 原告于 1999 年 9 月提起诉讼，主张医院基金会就其手术过失负赔偿责任，请求赔偿将安东尼抚养至成年的费用，包括健康母亲抚养孩子也会承担的费用，以及自己严重眼疾造成的额外费用。

81. 王室法律顾问斯图尔特·布朗先生以高等法院代理推事主持预审，认为应受上议院麦案判决约束，故原告不得主张任何抚养费用的赔偿。上诉法院以多数判决认为（罗伯特·沃克法官和黑尔法官持多数意见，沃勒法官持异议），原告得请求赔偿其残疾所致的额外抚养费用，医院基金会针对该判决遂上诉至上议院。

（一）麦案

82. 麦案案情为：原告夫妇已有四子，不想再要孩子，夫遂接受结扎手术。被告雇用的医生为夫施行手术，五个月后，医生告知夫，精液化验结果呈阴性，不必再采取避孕措施。原告夫妇据此行事，妻又孕，妊娠分娩皆顺利，产下健康孩子；虽是意外所得，父母宠爱如常。原告夫妇身体健康。两人对被告提起过失侵权诉讼，妻主张赔偿因妊娠分娩遭受的身体不便，夫妇两人并主张赔偿孩子的抚养费用。最高民事法院外庭以为，正常的妊娠分娩不构成得请求赔偿的人身伤害，而父母身份带来的好处远逾抚养孩子的经济负担，故将诉讼驳回。内庭第二庭撤销外庭判决，认为就妊娠分娩造成的身体影响，只要证明了过失，妻即得请求赔偿。内庭第二庭还认为，依侵权法传统原则，父母得请求赔偿孩子的抚养费用，并无什么公共政策理由将此权利剥夺。

83. 上议院认为，妻就妊娠分娩带来的身心痛苦及不便，得请求一般赔偿金（米利特勋爵持异议）；就额外医疗费用、服装以及妊娠分娩带来的收入损失，得请求特定损害赔偿金（克莱德勋爵持异议）。上议院还认为，父母不得请求赔偿孩子的抚养费用。上诉委员会各位法官皆发布判词，但论证思路并不一致。斯莱恩勋爵（[2002] 2 AC 59，76B–D）和霍普勋爵（[2002] 2 AC 59，97D–E）认为，令健康委员会（也就是责任人）的雇员医生对孩子的抚养费用负注意义务，并不合乎公平、正当和合理原则。斯泰恩勋爵则据分配正义原理提出（[2002] 2 AC 59，83D–E），计划外健康孩子的父母，请求健康委员会或者医生赔偿抚养用，这种事情苏格兰和英格兰侵权法是不会允许的。斯泰恩勋爵又道，倘有必要，他会说此种赔偿请求不合乎公平、正当和合理的要求。克莱德勋爵主张（[2002] 2 AC 59，105B–F），赔偿孩子的抚养费用，是未考虑健康可爱的孩子带给父母的好处，故不合理。米利特勋爵称，法院旨在追求正义，故纠纷解决应以公平、合理方式为之，合乎普通人对何谓合适和恰当的理解（[2002] 2 AC 59，108C）；故社会本身必须将抚养健康孩子的利弊权衡结果看作有利的，否则将违背这个社会的价值观念，还有，认为健康孩子的价值抵不上孩子带来的麻烦和经济负担，也是粗鲁的道德冒犯（[2002] 2 AC 59，114B）。

84. 斯莱恩勋爵和霍普勋爵认为，令医生对孩子的抚养费用负担注意义务，不合乎公平、正当和合理观念，这种主张依据的是奥立佛勋爵在卡帕罗案中阐述的原则（*Caparo Industries plc v Dickman* [1990] 2 AC 605，633B，per Lord Oliver of Aylmerton）以及霍夫曼勋爵在布鲁塞尔–拉姆贝特银行案中阐述的相关原则（*Banque Bruxelles Lambert SA v Eagle Star Insurance Co Ltd* [1997] AC 191，211H，per Lord Hoffmann）：前者称，法律欲令当事人负担注意义务，必须使“对发生的损害承担责任‘正当合理’”；后者称，原告必须证明，“［被告］对自己负有注意义务，而且义务指向的正是自己所遭受的那类损失”。

85. 不论卡帕罗案，还是布鲁塞尔-拉姆贝特银行案，在诉称的义务违反和所遭受的经济损失之间，并未介入义务违反造成的身体伤害，另外在布鲁塞尔-拉姆贝特银行案中，霍夫曼勋爵说，“法律通常会将责任限于那些使得加害行为不法的因素所造成的后果”（［2002］2 AC 59，213C），很显然，依侵权法传统原则，孩子的抚养费用可以归因于医务人员的不法行为。窃以为，正是出于此原因，克莱德勋爵写道（［2000］2 AC 59，102 A and D）：

“本件上诉案的争议不在于是否负有注意义务……本案关注的是在具体案情下得主张赔偿多大范围的损失，而非是否应负赔偿责任。”

但正如我尊贵博学的朋友斯泰恩勋爵所说，这是概念化思考领域的问题。重点在于，两派观点，斯莱恩勋爵和霍普勋爵一边，克莱德勋爵另一边，得到同样的结果，吾以为，麦案判决背后的基本原则就是，准予赔偿健康孩子的抚养费用将有悖公平、正当和合理的要求。

（二）本件上诉案争点

86. 本件上诉案主要争点有二。其一，上议院是否应背弃麦案判决。被上诉人的律师，王室法律顾问威尔德先生（Mr de Wilde QC）提出，依 1966 年“背离先例声明”，上议院有权背弃其先例，而麦案判决违背了侵权法长久奉行的原则，理当背弃。诸位法官，此论本堂不敢采纳。本堂不以麦案判决为非；纵以为非，余亦以为上议院不当背弃麦案判决，理由上议院菲茨利特置业公司案阐述綦详。[1]

87. 其二，倘麦案判决诚为良法，是否应如高等法院代理推事那般认为，本案中（不同于麦案，是单身母亲严重残疾），不应准予赔偿。讨论此争点之前，有必要多说几句。正如黑尔法官于帕金森案（［2002］QB 266，288D）和上诉法院沃勒法官于本案（［2003］QB 20，33B）中所说，很显然，在麦案判决中，上议院承认，依侵权法的一般原则，抚养费用赔偿请求应予支持。米

---

〔1〕译注：参见本判决第 31 段。

利特勋爵即称（［2002］2 AC 59，107B）：

“被告并不否认，应该对提供了不正确的信息负责（麦克法兰夫妇有权利信赖这些信息），而且负有义务尽到必要注意确保信息准确。被告也不否认，倘未尽到义务，一般要对所有可预见的结果负责，参见霍夫曼勋爵在布鲁塞尔-拉姆贝特银行案中的阐述（*Banque Bruxelles Lambert SA v Eagle Star Insurance Co Ltd*［1997］AC 191，214，per Lord Hoffmann）。”

后面还写道（［2002］2 AC 59，109C）：“盖怀孕和分娩，正为原告寻求被告专业服务所竭力避免者。原则上，由此而生的任何损失皆得请求赔偿，不论如何定性。”

另见斯莱恩勋爵（［2002］2 AC 59，70H）和霍普勋爵（［2002］2 AC 59，90B）的判词。

（三）上诉法院帕金森案

88. 为了解决第二个争点，还要考虑下面这个问题，即帕金森案判决是否正确。在帕金森案中，绝育手术操作有过失，原告后怀孕并产下孩子，孩子先天严重残疾。［初审］朗莫尔法官（Longmore J）认为，孩子残疾会带来特别需求，为满足此特别需求的费用应予赔偿，基本抚养费用则不予赔偿。判决得到上诉法院支持。

89. ［上诉法院］布鲁克法官判令驳回上诉，认为因抚养严重残疾孩子而生的额外费用，给予赔偿，方可谓公平、正当和合理。布鲁克法官援引佛罗里达州最高法院法索拉斯案判决（*Fassoulas v Ramey*［1984］450 So 2d 822）：

“将残疾孩子养大到成年需要付出格外的注意，并无有力政策理由反对父母就此费用得到赔偿。吾人以为因孩子残疾而生的特别抚养费用应予赔偿。”

布鲁克法官说（［2002］QB 266，282G）：“除非有相反立场的先例约束，吾以为此论辩甚有说服力。”

布鲁克法官还写道（［2002］QB 266，283C）：

“将赔偿金限于抚养严重残疾孩子而生的特别费用，是公平、正当和合理的；（vii）倘乞援于分配正义原则，我相信普通人都会认为，法律在此种情形给予赔偿，而且限于因孩子残疾而生的特别费用，是合乎公平观念的。”

90. 黑尔法官在判决中考虑了身体自主权（right to physical autonomy），并认为怀孕和分娩都是对身体完好性的侵犯（［2002］QB 266，285）。讨论了麦案判决后，黑尔法官写道（［2002］QB 266，292E）：

“对判决核心的感受是，就抚养健康孩子的经济费用，倘给予赔偿，走得太远了。孩子不仅带来经济负担，也带给父母好处；要精确计算这些好处从而抵扣部分赔偿，实无可能；唯一明智的办法就是假定两者互相抵消了。”

黑尔法官接着说（［2002］QB 266，293C）：

“视为平衡的办法有其优越之处，无论如何对我们有拘束力。这个思路给本案的很多问题提供了答案。这个思路的本质，是对依一般原则本来可以得到的赔偿金额加以限制。是以，没有理由也没有必要将麦案判决施加的限制往更深处推。这样就顾及普通孩子的通常费用。残疾孩子则需要额外的照顾、额外的费用。这个思路将残疾孩子视作和健康孩子带给家里同样的欢愉、同样多的好处。老实讲，很多案情下——本案或许就是，这不太可能。额外的负担和压力，会给整个家庭带来严重负面影响，还可能像本案这样造成夫妻关系破裂，害及其他孩子的利益。但我们也知道，很多时候整个家庭因为意外得到的残疾孩子而丰富多彩，保持着家庭和睦。这个思路将残疾孩子视为和健康孩子具有同样价值。这个思路给予残疾孩子同样的尊严和地位，只不过承认残疾孩子花费更多些。”

黑尔法官于其判词结穴处写道（［2002］QB 266，295A）：

“94. ……健康孩子和残疾孩子的区别主要在于［后者］所需要的额外照顾，这当然会带来额外的费用。是以，承受了额外负担的父母应该得到赔偿。

95. 朗莫尔法官认为，这样的赔偿请求不会‘卡在喉头（stick in the gullet）’，余深表同意。不论普通地铁乘客如何看待凯瑟琳·麦克法兰的赔偿请求，大概都可以合理认为，那个允诺提供避孕服务却又失误的专业人员，令其对残疾孩子的额外抚养费用负起责任，普通的地铁乘客不会认为有何不公平、不正当或者不合理的地方。

96. 基于以上理由以及布鲁克法官的论证，本堂驳回上诉。”

马丁·诺斯爵士（Sir Martin Nourse）对布鲁克法官和黑尔法官的判词表示同意。

91. 吾以为，上诉法院帕金森案判决正确无误。在麦案中，上议院只考虑了孩子健康的情形，就孩子残疾的情形未发表意见。上议院认为，在孩子健康的情形，赔偿健康孩子的抚养费用，不公平、不正当、不合理。但以余之见，赔偿抚养残疾孩子的额外费用，甚为公平、正当、合理，而且我赞成［上诉法院］罗伯特·沃克法官在本案判决中对帕金森案的评论（［2003］QB 20，30G）：

“在绝育手术失败后生下残疾孩子的情形，对孩子残疾带来的而在孩子健康情形不会发生的直接经济负担给予赔偿，不会产生同样的赔偿过度的直观感受。”[1]

（四）上诉法院就本案的判决

92. 在本案中，［上诉法院］罗伯特·沃克法官阐述其判决依据如下（32B）：

“我判决的基础思路是，允许赔偿有限范围内的费用，亦即密切关乎母亲严重眼疾的那部分费用（要经详细指明并得到证实），这些费用和健康孩子的出生带给母亲的福佑完全无关，这没有任何不公平、不正当、不合理、不可接受或者道德败坏之处。”

沃克法官接着说（［2003］QB 20，32G），本案的情况未为麦案判决所涵盖，给予里斯适当赔偿是帕金森案判决的合法延伸，而法律也愈益认可，残疾人群体应该得到特别关注。

93. 黑尔法官也认为，里斯的上诉应予照准。黑尔法官说（［2003］QB 20，27H-28A），麦案判决所有讨论都以孩子健康而原告请求的是健康孩子的抚养费用为前提。在黑尔法官看来，帕金森案判决认为残疾孩子的额外抚养费用改变了案件的正当性所在，这并未破坏麦案判决的论证。在麦案中，就

[1] 译注：在麦案情形，倘准予赔偿抚养费用，即会产生“赔偿过度的直观感受（intuitive feeling that it would be exorbitant compensation）”。

孩子需要的实际照顾来说，原告夫妇有着其他父母同样的能力照顾孩子，而上议院也没有考虑处于不同境况下的父母。在［本案］判决书前部（［2003］QB 20，25 E），黑尔法官援引了其在帕金森案判决中倚赖的视为平衡概念，并写道（［2003］QB 20，28G-29A）：

“是以我认为，正如为履行对残疾孩子的亲权职责而需要的额外费用可以得到赔偿一样，残疾父母为履行对健康孩子的亲权职责而需要的额外费用，也应予以赔偿。当然可以假定，这样的父母得到出乎意料的孩子，从中获益良多。还可以而且必须假定，这些好处抵扣掉了一般抚养费用请求。但不必然假定可以抵扣更多。就父母残疾所致的额外抚养费用给予赔偿，不能认为是过度赔偿。[正是通过赔偿额外费用,] 使其处于健康父母同样的境况。”

94. 但罗伯特·沃克法官（［2003］QB 20，31D）和沃勒法官（［2003］QB 20，34D）都对视为平衡概念的有效性表示质疑，理由如沃勒法官所说，在麦案判决中，上议院诸位法官并未考虑过什么两端等重而恰得平衡。吾以为，沃勒法官所言甚是，不应采纳此概念。

95. 沃勒法官不同意额外费用应予赔偿的多数意见，盖这构成麦案判决所确立的一般原则的例外；将母亲身体健康但面临其他严重困难的情形与里斯的困难相比较，就知道设此例外难谓公平、合理。沃勒设例为，母亲已有四子，不想再要孩子，再有孩子会给母亲的身体健康带来很大危险，除非在抚养照顾孩子方面得到帮助。［沃勒］法官（Lord Justice）在判词最后写道（［2003］QB 20，35D）：

“法院不愿从事牵扯这样度长絜短的计算，在我看来，这样的工作会造成有违公平、正当、合理的结果，也就是残疾的母亲可以得到赔偿而更需要帮助的母亲却不能。基于分配正义，我相信普通人都会认为，如果残疾母亲可以得到赔偿，而因为有了孩子，健康遭到摧残的母亲却不能得到赔偿，这是不公平的。”

（五）结论

96. 沃勒法官指出的难题将本件上诉案的难点揭橥甚明，但我却赞同罗伯特·沃克法官的看法（［2003］QB 20，32G），这些困难不会妨碍法院得出结论，残疾母亲得请求赔偿抚养孩子的额外费用。

97. 我的理由在前面的论述中已露端倪，再简述如下。如前所述，吾以为麦案判决的基本思想是，就抚养健康孩子的费用给予健康的父母以赔偿，不合公平、正当、合理之旨；上议院并未考虑母亲残疾的情形。以余之见，在母亲残疾的情形，赔偿额外的抚养费用，并无不公平、不正当或不合理之处。要考虑是否给予赔偿，吾以为应明确区分母亲残疾和母亲健康的情形。虽说并非残疾的母亲也可能面临严重困难，如沃勒法官构想的情形，但吾仍以为应认可此区分，并确立相关原则以指导初审法院。当然会碰到疑难案件，徘徊于赔偿与不赔偿的分界线上，但这无损原则本身的有效性。

98. 另外，本案的上诉法院判决，得以两种方式表述。可以说该判决为麦案确立的原则创设了一项例外；也可以说是麦案判决为侵权法的一般原则创设了一项例外：依一般原则，义务违反造成人身伤害的，直接源于义务违反的一切损害皆应赔偿，而麦案例外适用情形为，健康母亲产下健康孩子。前已言及，我相信上议院法官都认同，依过失违反注意义务情形损害赔偿一般原则，麦克法兰夫妇本来是有权利得到赔偿的。是以，虽在某种程度上是术语事宜，本堂仍以为麦案创设了一般原则的例外，该例外不适用于孩子残疾或者母亲残疾的情形，是以麦案判决也不能妨碍本案母亲得到赔偿。

99. 是以，基于以上理由，本堂驳回上诉。

米利特勋爵

诸位法官：

100. 在麦案中，上议院诸位法官头一次考察错误怀孕致计划外孩子出生的案件，当事人可以在多大范围内得到赔偿。怀孕系失败的绝育手术所致，至于是手术操作失误，还是医生错误告知手术成功，则无关紧要。上议院认为，健康孩子的抚养费用不予赔偿。在稍后的帕金森案，上诉法院认为，抚养残疾孩子的额外费用得予赔偿。眼下这件案子的问题则是，孩子健康，由父母残疾而致的额外费用，是否亦得予以赔偿。

101. 诸位法官必须决定，眼下这件案子是帕金森案的合理延伸，还是受麦案确立的最高原则辖制。被上诉人则敦请上议院背弃麦案判决，如此即可回避前句问题。

102. 上议院要决定是否背离自己此前判决，自有成法可循，其指导原则于判例中屡见陈述，参见："背离先例声明"［*Practice Statement*（*Judicial Precedent*）［1966］1 WLR 1234］；R 诉克努勒案［*R v Knuller*（*Publishing*, *Printing and Promotions*）*Ltd*［1973］AC 435, 455 per Lord Reid］；菲茨利特置业公司案（*Fitzleet Estates Ltd v Cherry*［1977］1 WLR 1345, 1349 per Lord Wilberforce）。正如威尔伯福斯法官于适才所引第三件判例中所说：

"仅仅是对此多数意见表示质疑，远远不足以为背离此多数意见提供正当性。"〔1〕

103. 在本案中，这个背离标准远未满足。纵经深入思考，以为麦案一致判决诚然错误，吾亦不会背离该判决。更何况未有论据说服我相信该判决错误。目前所见提交至法庭的论辩，麦案无一未曾考虑过。这个问题的方方面面，以及诸多法域终审法院的论证思路（虽说各法域立场难得统一），皆经爬梳洗剔。实证考察表明，法律适用上并未出现什么意外难题；亦未见麦案判决造成了什么不公正。学界固然没有普遍接受麦案判决，但也没有普遍谴责该判决。非要说些什么，也只能说该判决引得聚讼纷纭；随意翻检比较法，此点彰明较著。倘需要更多证据，澳大利亚高等法院近来以四比三微弱多数通过的卡塔纳克［诉梅尔基奥尔］案判决即是也。几位法官言人人殊，虽说观点各异，也只是老调重弹，并未提出什么新洞见。

104. 麦案是绝育手术过失说明案，法院判决健康孩子的抚养费用不予赔偿。过失未得承认（此节仍待审理），但上诉状既获允，即只得假定确实犯下过失。被告承认自己负责提供咨询服务，承认负有合理注意义务，以确保咨询意见准确。被告认可，对自己不法行为一切可预见的后果应负责任。被告同意，麦克法兰女士怀孕以及孩子出生是错误咨询意见直接可预见的结果。因果关系并非争点。依传统法律论证思路，麦克法兰夫妇得请求赔偿怀孕及孩子出生造成的全部经济损失和其他损失，包括孩子的抚养费用。

105. 但上议院以一致意见认为，孩子的抚养费用不予赔偿。上诉委员会各位法官的表述固然有异，实则皆以法律政策为据。我尊贵博学的朋友斯泰恩

〔1〕译注：参见本判决第 31 段。

勋爵提及分配正义，探询普通人的道德立场。其他各位法官则讲到何谓“公平、正当和合理”，亦表达同样理念。余则开诚布公论及法律政策（［2000］2 AC 59，108）：

“承认新的赔偿名目，并不仅仅是原则问题。对法律责任范围的限制，源于法律政策，法律政策表达‘吾人往往难以陈述到位的正义理念’（*Prosser and Keeton on Torts*, 5th ed.，1984，p. 264）。本案的问题是，要么承认新的赔偿名目，要么认可在新情境下负有注意义务。这个意义上的法律政策不同于公共政策；当然，不论法律政策还是公共政策，道德考虑都会在其间发挥作用。法院的任务在于寻求正义，故纠纷解决应以公平、合理方式为之，并合乎通常认为的何谓合适和恰当的观念。法院还要维护法律立场连贯，为避免不正义，应避免在其他情形不恰当的区别对待。”

其他法官也讲得很清楚，这不是传统意义上的公共政策。在麦案中判给原告赔偿金，并不会比超越哈德利诉巴克森代尔案设定的界限而判给违约赔偿金更加有悖公共政策。[1]但这两种情形，都是出于政策考虑而驳回赔偿请求。

106. 另外的、更具技术性格的进路区别，得从各位法官的意见中看出。克莱德勋爵和我认为，此间问题乃是认可新的损失名目。其他法官则认为是所主张的损失是否落入注意义务范围的问题。以余之见，这只是阐述不同。有些案件，从这个角度更容易说明问题；另外一些案件，则从另外的角度更为合适。在卡帕罗案中，布里奇法官写道（*Caparo Industries plc v Dickman*［1990］2 AC，627，Lord Bridge of Harwich）：

“只是问 A 是否对 B 负有注意义务，这是永远不够的。必须参考 A 应注意使 B 免受伤害的损害类型，以确定义务范围。‘问题永远在于，被告是否负有义务避免或预防该损害，但所受损害的真实性质，关系到是否有义务避免或防止损害以及在多大程度上负有义务’（*Sutherland Shire Council v Heyman*,

〔1〕 译注：哈德利诉巴克森代尔案（*Hadley v Baxendale*［1854］9 Exch 341），英国契约法上的开创性判例，确立了判断违约间接/后果损害（consequential damages）的基本规则。违约方应就当事人本可预见的一切损失负赔偿责任，违约方基于可得信息无法预见到的损失不予赔偿。

60 ALR 1, 48, per Brennan J)。”

在布鲁塞尔-拉姆贝特银行案，霍夫曼勋爵写道：

“注意义务，例如评估人员所负的注意义务，并不是抽象存在。原告诉称被告违反法定义务（不管是契约法、侵权法还是制定法），仅仅证明被告未遵守义务是不够的。原告必须证明被告对自己负有义务，而且义务指向的正是自己所遭受的那类损失。”（*Banque Bruxelles Lambert SA v Eagle Star Insurance Co Ltd* [1997] AC 191, 211, Lord Hoffmann.）

107. 这些案件皆涉及因果关系议题。这些因果关系议题皆非事实问题，盖原告所受损失确是被告过失提供信息的直接结果，此点并无疑问，但法律不会令当事人就其行为一切可预见结果承担责任。是以各个案件中的问题皆是归责问题（responsibility）：被告就其过失造成的损失，是否在法律上负有责任？就这里损失的性质来说，并无任何不同寻常之处；实在司空见惯——错误投资造成的经济损失。难题在于被告过失和原告所受损失间的因果关系。解决方案就是，只就落于自己注意义务范围内的损失负责。

108. 但错误怀孕案件中的难题不一样。不论从事实还是法律责任角度看，因果关系都不成问题。原告雇请被告为自己提供服务，正是为了防止怀孕和孩子出生。绝不能说由此造成的间接/后果损失（consequential loss）落于被告注意义务范围之外。是以被告应为通常的、可预见的损失名目负赔偿责任，例如妊娠分娩带给母亲的身心痛苦，在某些情形还有收入损失。麦案诉讼请求的新颖之处，在于原告提出特别的损失名目，健康孩子的抚养费用。上议院认为，为健康孩子的出生给付赔偿金乃是道德冒犯。从损害名目而不是注意义务的角度着眼，更有利于阐述。以这种方式来探求麦案判决理由还有额外的好处，即更容易为本案［里斯诉达林顿纪念医院案］提出的问题找到答案。

109. 人身伤害纠纷律师协会（Personal Injury Bar Association）2003年开年会时，法律委员会主席罗杰·图尔森爵士（Sir Roger Toulson）发表演讲，阐述麦案判决理由如下：

“倘纠缠于细节，各位法官的判词自有重大差异，倘着眼于宏观，大略而言，有两点统率全局：第一，健康孩子出生带给父母的好处，没法以金钱计算；第二，父母请求赔偿健康孩子的抚养费用，不但违背了父母的价值观念，还违背了父母相信整个社会当秉持的价值观念。”

110. 我同意图尔森爵士的分析，此正是余之思路，相信也是上诉委员会其他诸位法官的思路。如我［于麦案判决中］所说（［2000］2 AC 59，113-114）：

“吾以为，法律必须将健康孩子的出生看作福佑，而非损害。实在讲，这福佑是悲喜交集的，带来欢愉与悲伤，福报与责任。利益弊害不可分。就个体来说，将这利弊权衡，或会得出不利结论，并将父母身份带来的欢愉与责任一并抛弃。个体有权决定自己的利益所在。**但就社会来说，必须将利弊权衡的结果看作有利的。否则将有悖社会本身的价值观念。认为肢全体健孩子带来的麻烦和经济负担超过其价值，将是对社会的道德冒犯。**”（着重部分系本堂于麦案判决中标明。）

111. 在后来的案件中，黑尔法官阐发说，麦案判决是基于所谓“视为平衡”理论。但从诸位法官的意见，却无从提炼出这样的原则；相反，这理论与诸位法官的意见完全不合。说有些东西没法计算或者完全没法衡量，完全不同于说视其与其他某些东西价值相当。说“社会必须将利弊权衡的结果看作有利的”，完全不同于说必须将利弊看作等重的。

112. 麦案判决认为，健康孩子的抚养费用抵不上孩子带给父母的无法计算的福佑，故不予赔偿。帕金森案判决则认为，残疾孩子的特殊抚养费用得予赔偿。大概是严格的逻辑要求不同的答案。残疾孩子并不比健康孩子“价值”更低。残疾孩子出生带来的福佑并不更容易计算。社会必须同样“将权衡结果看作有利的”。但法律不是依严格逻辑发展的；多数人本能地认为两者有差异，即便不知道如何表述这差异。听说朋友生下健康的孩子，我们表现得轻松、愉快；知道朋友生下严重残疾的孩子，我们会深感同情（尽管未必表现出来）。我们对朋友添丁进口的愉快并不纯粹，掺杂了对孩子残疾感到的悲伤。以余之见，将这个差异反映于赔偿金，算不得道德冒犯。当然，就本件上诉案的解决来说，不必非要就帕金森案正确与否得出结论，不妨将此留待讨论。无论如何，应将赔偿限于孩子残疾带来的额外费用；但只要不引进精分技术以及可能使法律蒙羞的讨厌的精分工作，就很难做到此点。基于我在麦案中给出的理由，我不打算区别当事人寻求避孕服务的不同动机。

113. 不管怎样，上诉法院本案判决并非帕金森案的合理延伸，而是为麦案判决添加的不合法的笺注。传统损害赔偿法当会照准健康孩子的抚养费请求，但以合理为限。不合理负担的费用不予赔偿。是以，麦案判决的立场是，健康孩子的抚养费用，哪怕是合理负担的抚养费用，亦不得请求赔偿。

114. 抚养费用是显著变量，因案而异，家家不同。不仅孩子的个体需求，还有父母及其他家人的具体情况，都会影响抚养费的多寡。比如单亲家庭，抚养费用可能需要更多，倘有祖父母或者兄姐施以援手，帮助家务，需要的便少些。倘若母亲选择或不得不出外工作，只好聘用保育员或家务助理，所需抚养费就会更多。倘若母亲是高薪职业女性或者工作性质要求时常出差，或者家庭向来利用私办医疗或教育服务，那么抚养费就会极为高昂。所有这些因素，根源于孩子家庭而非孩子本身的具体情势，都会增加合理负担的抚养费用。但麦案判决的立场为，在孩子健康的情形，不论负担这些费用多么合理，都不予赔偿。原则上，父母残疾的情形也是如此。母亲的残疾有所影响，从而增加了合理负担的抚养费用的，抚养费用仍不得请求赔偿。

115. 你要说残疾的父母束手无策，说倘母亲因残疾无力照顾子女，只好雇人帮忙，［故应赔偿特殊费用，］都是行不通的。说起来，就算健康的父母，也可能别无选择。没有残疾津贴的单身母亲，就只好出去工作，别无他法。要是母亲像那歌谣中生活在鞋子里的老妇，“子女成群，不知所措”，那也只好雇人，没别的法子。要是这个家庭向来为孩子提供私办医疗或教育资源，那要降低最小孩子的待遇，也不现实。反过来，残疾的母亲，也可能丈夫、父母或其他家人愿意帮助照看、抚养孩子。“必要”费用和“合理”费用间没有本质区别，纵可区分亦无意义；但不能以残疾父母和健康父母的区分来划界。

116. 还有另外的考虑。孩子先天残疾的，整个未成年期间都处于残疾状态；同样，父母残疾的，在孩子未成年期间，也都处于残疾状态。但二者有重大区别。倘为残疾孩子的出生给付赔偿金是合理的，使之合理的那些因素始终存在。倘为健康孩子的出生向残疾父母给付赔偿金是合理的，使之合理的那些因素，将因孩子带给父母的好处而逐渐消失。等孩子能独自上学，帮助做家务，即可或多或少减轻父母残疾带来的不利。等孩子成年，即可为年迈残疾的父母带来无法计算的帮助。

117. 以为不论孩子残疾还是父母残疾，残疾造成的都是“特殊费用”，两者适成对称，此论大谬。麦案涉及的，诚为健康父母生下健康孩子，但此类案件也包括父母出于各种原因而无力抚养更多孩子的情形。上议院将其判决明确限于孩子健康的情形，是因为上议院认识到，孩子残疾的情形应予区别。但吾以为不必假定父母的健康状况或者其他特征。父母的具体情势无关紧要。父母不想再要孩子，或者无力抚养更多孩子，这就足够了。我过去明确说，父母不想再要孩子的动机是无关紧要的。我现在还是这么认为。

118. 残疾诚为不幸，而为残疾人提供经济扶助乃为文明社会的标志。吾国即以残疾津贴履行此项责任。但此系政府责任，并以普通税收来醵资，并非自然人的责任（其行为并未造成或促成残疾）。麦案判决的精神是，未遭损害的父母就抚养健康孩子的费用不得请求赔偿。任巧舌如簧，只要赔偿父母残疾事实所致的“特殊”费用，即为对残疾的赔偿［，而残疾并非医生造成］。

119. 应该说，就父母的残疾，要小心不能给予赔偿金。于是难题生焉，源于父母残疾的费用和源自孩子出生的费用，两者没法解扣。倘父母因残疾无力照顾健康的孩子，只好雇人帮忙，这些费用如何定性？至少部分因为孩子的出生，部分因为父母的残疾。两者无法区隔，并非费用的不同组成部分，而是多重原因造成同一笔费用。

120. 即便得将这些费用区隔开来，亦无甚助益，盖原则上都不能得到赔偿。这是本案和帕金森案的区别所在。在帕金森案中，孩子残疾，抚养费用要么归因于孩子出生，要么归因于孩子残疾。前者不予赔偿，后者得予赔偿。本案则为母亲残疾，抚养费用要么归因于孩子出生，要么归因于母亲残疾。没有第三种可能性。就源于孩子出生的抚养费用，麦案判决排除了赔偿可能性，就并非源于孩子出生的抚养费用，和不法行为间的因果链条中断，被告无论如何不必对此负责。母亲的残疾加重了健康孩子出生的经济后果，而这个健康孩子的出生也加重了母亲残疾的经济后果。前者确是被告的责任（responsibility），但在损害赔偿法上不成立，后者压根儿不是被告的责任。

121. 以余之见，法律的原则要求将父母的赔偿请求深闭固拒。但在本案中，原则亦与正义同行。上诉法院的多数判决破坏了分配正义。上诉法院判决造成了法律立场的不连贯，而且竭力在得予赔偿和不可赔偿的费用间划出原则性的界限，这个界限必定是人为的（artificial）、不牢靠的。沃勒法官在其雄辩的异议判决中强调，在完全错误的地方划界会造成荒谬结果。沃勒法官道（［2003］QB 20，34-35）：

“53. 试举数例，希望不会过于极端。设某位女性已有四个孩子，不想再要第五个；还假设，再要孩子会危及其健康，除非能在抚养孩子方面得到帮助。依我对麦案判决的理解，这位母亲不能请求赔偿抚养费用，虽然这些费用可以减轻其面临的健康风险。我会认为，这位母亲避免健康受摧残的需求，和本来就残疾的母亲的需求，没有什么不同；要是残疾较轻，那么前面那位母亲的需求可能还大于后面这位残疾母亲。假设那位有四个孩子的母亲不能得到赔偿，而这位残疾母亲却可以得到赔偿，这样的法律立场难道可取吗？

54. 再假设，那位有四个孩子的母亲家徒四壁，而那位残疾母亲钟鸣鼎食，又将如何？这只会强化规则有失公平的看法。还可以为这两位母亲添加不同的家庭环境。假设那位有四个孩子的母亲，茕茕孑立、形影相吊，完全得不到丈夫、母亲或兄弟姐妹的帮助，而那位残疾母亲却门庭若市，丈夫、母亲或兄弟姐妹争先恐后施以援手。要说只有残疾这个因素在这里起作用，我想普通人都会觉得不妥。”〔1〕

122. 这些批评没法回答。吾以为，法律原则、正义观念以及法律立场的连贯，这些因素都要求，界限应该将可归因于孩子特征的费用和可归因于父母特征的费用区分开来。我同意沃勒法官的看法，倘残疾人得请求赔偿健康孩子的抚养费用，而那些并未犯什么错却同样没有照顾孩子能力的健康人却不能得到赔偿，普通人会认为这是不公平的。没有什么法律原则会赞成这样的区别对待。

123. 吾仍坚持，所有这些案件，合适的做法乃以一般赔偿金的形式，给予父母适中常例金额，非为孩子的出生，而是为被告剥夺了原告个人意志自主的重要方面，即限制自己家庭规模的权利。这是人格尊严的重要方面，愈益被看作应受法律保护的重要人权。这种权利的损失并非抽象损失或理论上的损失。正如我尊贵博学的朋友宾厄姆勋爵指出的，父母失去了以自己所希

〔1〕 译注：参见本判决第 38 段。

望和计划的方式过自己生活的机会。这种机会的丧失，不论定性为权利还是自由，皆适宜以损害赔偿金来救济。

124. 余于麦案判决中即有此提议，惜无人采纳。依我看，是既不纳亦不拒，吾并不以为此点已有定谳。多数意见压根儿未虑及此点，至少未公开表示，原因大概在于，错误地将此给付看作对母亲身心痛苦赔偿的替代路径。但并非如此，吾以为父母两人皆可得到此笔给付。以余之见，此点仍可讨论而不必背离麦案判决。

125. 这笔金钱当然不能太接近孩子的抚养费用。这笔金钱不反映健康孩子出生的经济后果，但也不能太小气。出于麦案判决阐述的理由，这笔金钱并非赔偿的恰当内容。适中金钱即足以补偿父母意志自主所受的［和身体伤害及财产损害］完全不同的伤害；此外，给付这笔金钱，不必证明所受经济损失，故不会招致厌恶或道德反感，而这些正是麦案判决的决定因素。余于麦案判决中建议，就简单案件来说，此笔金钱不应超过 5000 英镑。经深入思考，我同意这笔金钱应是纯粹约定俗成，不因个案环境而涨跌。宾厄姆勋爵建议的 15 000 英镑甚为合适。

126. 故本堂照准上诉，［就原告之赔偿请求，］易以 15 000 英镑常例慰抚金。

斯科特勋爵

诸位法官：

127. 本件上诉，敦请诸位法官重新审查上议院麦案判决，并考虑麦案判决所确立之原则对本案争议是否具有决定意义。是以自有必要勘明麦案的基本原则。

128. 略述麦案如下：麦克法兰夫妇不欲再要孩子，麦克法兰先生遂接受输精管结扎手术，术后向手术医生提交精液样本以供检查。医生信誓旦旦，称精液样本显示手术成功，无须采取避孕措施。麦克法兰夫妇遂据以行事，谁知出了岔子。大约 6 个月后，麦克法兰女士怀孕，后产下健康孩子；孩子虽是意外所得，但仍受家庭钟爱。麦克法兰夫妇提起过失侵权诉讼。很可能手术操作本身有过失，但原告夫妇主张的是医生过失陈述（称精子计数为阴性）。诚然，也只有据过失咨询起诉。原告夫妇主张，麦克法兰女士因计划外妊娠遭受的身心痛苦以及分娩伤害，[1]应予赔偿；夫妇俩将孩子抚养至成年所需费用，亦应赔偿。前项赔偿请求未遭反对，但上议院以一致意见认为原告夫妇不得请求赔偿后者。

129. 最好从损害赔偿的一般原则着手讨论。损害赔偿的基本原则，不论契约法还是侵权法，可追溯至布莱克本勋爵的利文斯通案判词（*Livingstone v Rawyards Coal Co* [1880] 5 App Cas 25, per Lord Blackburn）。法官道（利文斯通案判决第39页），损害赔偿的金额“应使受害人处于，倘未遭受其现在据以请求赔偿或恢复原状的不法侵害，其本当处的状况”。

130. 但这条原则的适用，往往因当事人提起的是契约诉讼还是侵权诉讼而有别。一般而言，倘提起的是契约诉讼，原告有权主张契约利益，故得要求尽金钱之所能，使其处于倘契约债务恰当履行，其本当处的状况。倘是侵权诉讼，即无契约可供原告主张契约利益，原告得要求处于倘不法侵权行为未曾实施，其本当处的状况。在过失咨询或者过失陈述案件中，这种路径差异往往很重要。倘被告负有提供恰当咨询意见的契约义务，原告即得要求处于倘被告提供了恰当意见，其本当处的状况。倘被告对原告不负契约义务，而且提起的是侵权诉讼，就应当使原告处于倘根本没有提供意见，其本当处的状况。

131. 前段略述契约路径与侵权路径之差异，系为清除此讨论障碍。盖以余之见，在专业咨询或者专业服务案件中，此种区分无甚意义。原因有二。第一，纵使专业人员（医生、律师等）并非基于契约而向顾客提供专业咨询或者专业服务，该专业人员仍对顾客负有专家注意义务。例如，在全民医疗服务系统工作的医生，为全民医疗保险投保病人（NHS patients）提供咨询或者治疗服务，依据的是医生与全民医疗服务系统的契约关系，而非医生和病人的契约关系。但契约目的是为全民医疗保险投保病人提供服务。如此，吾以为，医生对全民医疗保险投保病人所负的注意义务，在医生违反注意义务情形其所负的责任以及全民医疗服务系统的雇主替代责任，与医生和自费患者订立契约情形的注意义务和责任规则，别无二致。医生依契约对其雇主全民医疗服务系统（NHS employers）所负的契约义务，全民医疗保险投保病人

[1] 译注：损伤、伤害（trauma），可指殴打或摔倒等所致外伤，也可指神经、精神或心理创伤。参见薛波主编，潘汉典总审订：《元照英美法词典》，法律出版社2003年版，第1355页。

亦得对之主张相应契约权利。（c/f *White v Jones*［1995］2 AC 207，遗嘱受益人提起侵权诉讼，被告律师应负损害赔偿责任，使原告处于倘被告恰当履行了对其顾客即立遗嘱人的义务，原告本当处的状况。）

132. 第二，依传统侵权损害赔偿法的思路，可以认为，在麦案这种情形，倘医生就术后效果未加任何说明，麦克法兰夫妇就不会想当然地不再避孕，所处的状况也就会和医生正确说明术后效果的情形一样。类似地，像本案这种情形，倘被上诉人未接受涉案医生的绝育手术，被上诉人可能继续采取避孕措施，也可能找其他医生做绝育手术。不论哪种情形，依或然可能性权衡，都不会怀上孩子。

133. 是以，依余之见，麦案、本案以及上议院诸位法官援引的其他类似案件，解决办法并不依赖于原告提起的是契约诉讼还是侵权诉讼。不论原告是自费患者，还是全民医疗保险投保病人，结论一样。不论哪种情形，原告证明了过失之后，依一般原则，都有权要求处于倘被告恰当履行了专业咨询或服务义务，其本当处的状况。是以在这些案件中，依损害赔偿的一般原则，应使原告处于倘孩子未出生，其本当处的状况。

134. 正是在这里，依余之见，一般原则的适用碰到困难。既因为此处过失的结果表现为人的出生，也因为评估特定生命的价值或负担实无可能。这些难题逃不掉，在后文回到这些难题之前，吾将试着探讨，倘类似的专家过失发生在不涉及这些难题的场合，将如何看待这些损害赔偿事宜。设有两岁雄驹，主人欲为其去势，遂聘用兽医施行手术。兽医称手术成功。主人信赖兽医的说法，遂未理会围场里还有母马，而将“骟马”放入围场。谁知手术操作有过失，雄驹使一匹母马怀孕，待发现孕情，采取任何措施皆为时已晚。母马产下健康小马驹。母马未因妊娠分娩遭受损害。现主人要求兽医赔偿损失。过失非为争点。兽医应为何等损害负赔偿责任？这就要将利弊开列清楚。因母马计划外妊娠分娩所生的医疗费用自应赔偿。其他呢？根据个案具体情势，或得主张特定赔偿请求，当然，要受间接规则约束（remoteness rules）；但这里将特定赔偿请求略过。［重点在于，］小马驹的饲养费用（至成年）是否应予赔偿。那种被告兽医应为此等饲养费用负赔偿责任的看法是荒谬的。试着回答这个问题当深具启发意义。之所以说荒谬，吾以为，是因为主人并不是必须饲养这匹小马驹。这匹意外到来的、原本不想要的小马驹，给了主人很多选项。当然可以在马驹生下来时就杀掉。但此选项不合理，盖马驹自有其价值，而且让母马带着马驹到断奶，也花费不了多少。主人得将马驹养到断奶，将其卖掉。也可以养到一两岁，差不多成熟了再卖掉。亦得试着训练，让马升值，然后卖掉。当然也可以留着自己用。这些选项（除了第一项），主人都需要支出若干饲养费用。但这些饲养费用是主人选择饲养马匹的结果。此外，饲养费用还得拿马的价值来抵扣。主人不能不考虑马的价值而要求赔偿饲养费用。

135. 马匹主人不能要求兽医赔偿饲养费用，在我看来不会造成什么特别难题或者原则事宜。而麦案和本案之所以生出疑难，在于意外所得并非动物而是人，还出于根深蒂固的文化缘由。人的生命，不论孩提或少年，不论春秋鼎盛还是年老体衰，不论健康还是残疾，社会和法律都将之看作无比珍贵，不能以金钱计算。虽是计划外的孩子，既来到世上，家里仍视如珍宝，父母子女和同胞间的骨肉之情，是不能以金钱来计算利弊的。

136. 当然，将这计划外的孩子抚养成人的费用，确实是出于父母将这孩子养大的决定。倘若父母将孩子交福利组织收养，也就不必承担这些费用。倘若母亲不管出于什么原因将孩子堕掉，父母也不必承担这些费用。余深信，多数父母不会将自己养大孩子的决定当作选项来理解。在父母看来，此乃无可选择的分内之事。但那匹小马驹的主人，却是真正有所选择。主人不是非留下小马驹不可，但既如此决定，就得接受一切有利和不利后果。但计划外孩子的父母所面临的选择，倘得称为选择的话，却无法比较。出于文化、道德等各方面的混杂原因，父母总愿意为孩子和孩子的福祉肩负起责任，这是那匹小马驹无法相提并论的。法律也对父母怀有期待，令父母对孩子负起义务，从而强化那些文化、道德观念。吾以为，如果计划外孩子的父母说，自己别无选择，只有将孩子当至亲家人，尽最大努力抚养成人，实乃人之常情，再合理不过。

137. 但这个结论本身还不足以回答如下问题：犯错的医生为何要对父母养大孩子这个决定的经济后果负责（虽说这个决定无疑是合理的、得到社会赞许的）？就因果关系来说，医生的过失行为无疑是所涉费用的必要条件（*causa sine qua non*），［这些费用］尽管出于父母养大孩子的独立决定，但仍是妊娠的合理可预见结果。而防止妊娠，正是父母寻求医疗服务的原因所在。倘只是着眼于这些考虑，问题的答案应该有利于原告。

138. 但还有两项考虑，在我看来格外重要且具有决定意义。首先，在这些案件中，没有例外地，要求医生赔偿的费用实际上都用于或者肯定会用于养大孩子所需的开销。在这些案子里，没有哪位父母主张过，至少未见哪位法官援引过，说是不用这些开销的。养大这个孩子对父母的价值，对其他家人的价值，不论在当初选择的当口，还是经过岁月淘洗，待孩子长大成人，都是没法计算的。父母诚有所得，这所得具有独一无二的、没法计算的价值，当然，父母也为这所得付出了成本和费用。要让被告赔偿这些成本和费用吗？倘为此间的利弊做账［一边是抚养费用，另一边，至少包括儿童福利（benefit allowance）］，要是不把父母付出费用［养大孩子］之所得以金钱计价，就只好账目不清。要制作出对两边都公允的平衡表实在不可能，出于这个有力理由，吾以为根本不必从事此项工作。最后，[1]依余之见，将父母抚养孩子的净损失标定一个金钱价值，不符合孩子的地位，这孩子终归是家庭钟爱的一员。基于以上考虑，吾以为应背离适用侵权法损害赔偿的一般原则当会得致的结论。

139. 麦案的结论是，父母不得请求赔偿健康孩子的抚养费用，但上诉委员会各位法官的理由并不相同。我赞同麦案结论，也不反对其他法官提出的理由。但吾以为应特别强调，依侵权法损害赔偿的一般原则，是得不出麦案结论的。麦案结论是基于对人之生命特殊性质的认识而创制的例外，这种特殊性质，既被文化和社会认可，亦应被法律认可。在前面提到的马驹情形，亦可得到同样结论（当然是经由完全不同的路径），或许有些讽刺，却未始不可接受（acceptable irony）。

140. 如果麦案一致判决立场正确，且该判决并非适用损害赔偿一般原则的结果，而是基于对人（当然包括孩子，不管是计划内还是计划外的孩子）之个体独特性的肯认而创设的例外，那么接下来的问题就是，本案是否落入该例外范畴。

141. 麦案与本案唯一重要的事实区别就在于，本案中母亲残疾（眼疾）。正为这眼疾，这位母亲才打算接受绝育手术。母亲担心，有了孩子，自己也没有能力抚养。但由于医生的过失，她还是有了孩子，又由于麦案判决不允许赔偿孩子的一般抚养费用，这位母亲请求赔偿因自己残疾而不得不负担的额外抚养费用。

---

[1] 译注：这里的“最后（finally）”可能就是句首所说“两项考虑”的第二点。

142. 诸位法官，依余之见，这位母亲的眼疾不会将本案拎出麦案判决确立的例外范畴。本案中的孩子同样健康，受家庭宠爱。这位母亲从未说过这孩子的降临没有给家庭带来欢愉幸福的话。但孩子确实带来经济负担，这经济负担当然还会持续若干年。可麦案判决据以确立例外的那些特征，本案也都具备。这位母亲不必留下孩子，但决定这么做。我不认为这位母亲觉得自己有什么真正的选择。毫无疑问，孩子给母亲的生活增添了价值，这价值没法以金钱评估。就医生过失造成的利弊，没法制作出资产负债表（balance sheet）。

143. 上诉法院多数意见，基于母亲残疾这一事实，认为此案构成麦案判决立场的例外。为例外复设例外，易造成法律紊乱，而且出于沃勒法官于其异议判决中雄辩阐述的理由，在本案中设此例外会导致更多例外。麦案所设例外，是基于对人之独特性的肯认。麦案立场所据之原则不能限于该案特有的具体情势，我不认为本案中母亲的残疾得为背离麦案的基础提供正当性。我猜测，上诉法院多数意见背后的真实想法是认为麦案判决有误，从而希望尽可能束缚麦案的影响。然依余之见，麦案判决正确无误且该案的基础应适用于本案。

144. 这里要提到帕金森案，在该案中，医生为原告施行绝育手术出了差错，致原告计划外怀孕。医生警示说婴儿可能先天残疾，但这位母亲拒绝终止妊娠。孩子生下，果然先天严重残疾。原告主张被告过失侵权。上诉法院在某种程度上遵循麦案判决，认为满足残疾所致特殊需求的费用可以赔偿，但就满足日常生活需要的基本费用不予赔偿。

145. 倘母亲健康，孩子却先天残疾，该如何适用麦案原则，并非本件上诉案所需裁夺者。但吾以为，应区分以下两情形：其一，父母寻求避孕医疗服务，正是为防止残疾孩子出世，结果却不幸遭遇医疗过失；其二，单纯为避孕而寻求医疗服务。帕金森案自属后者。此际，父母并没有特别缘故去担心，倘孩子出世会罹患残疾，似无任何充足理由将因残疾所生费用置于麦案原则辖制范围之外。要将抚养残疾孩子的负担与添丁进口给父母带来的好处度长絜短，就如在孩子健康的情形一样，既乞人憎，亦不可能。

146. 此外，额外费用的直接原因是孩子的残疾，而非医生的过失行为。沃勒法官在埃姆案中提到（*Emeh v Kensington and Chelsea and Westminster Area Health Authority*［1985］QB 1012, Waller LJ at p. 1019），证据表明，婴儿先天

发育异常的概率为 1/400 到 1/200。布鲁克法官于帕金森案判决中援引此统计数据，用来支持自己的结论，即残疾孩子的出生乃是医生过失手术合理的可预见结果。

147. 诸位法官，余于此结论颇抱怀疑。但凡妊娠，婴儿总有一定程度的先天残疾可能性。然此可能性，是否足以令犯了过失的医生对先天残疾所致的额外抚养费用负赔偿责任？余以为不然。依 1/400 到 1/200 的可能性本身，即令医生就此费用负责，难谓合理。倘有特殊缘故担心孩子可能罹患某种先天疾病，自另当别论。倘病人接受绝育手术正是为了避免这种担心，那就尤其应另当别论。但据帕金森案的事实，吾以为上诉法院结论与麦案立场并不契合。

148. 基于以上理由，本堂照准上诉。但被上诉人以为手术可保安稳无虞的期待落空，却只能空手而回，正如我尊贵博学的朋友宾厄姆勋爵和米利特勋爵，余亦恐有失公道。医生施行手术，对被上诉人负有注意义务。医生对其雇主全民医疗服务系统负有以恰当注意施行手术的契约义务，被上诉人得就此主张契约利益。医生的过失行为剥夺了被上诉人的此种契约利益，法院得为此期待利益评定价值（c/f *Farley v Skinner* [2002] 2 AC 732）。宾厄姆勋爵建议给予 15 000 英镑，余甚表赞成。是以，虽照准上诉，针对被上诉人被剥夺其有权利期待的利益，[就被上诉人亦即原告之赔偿请求，] 本堂亦易以 15 000 英镑常例慰抚金。

卡恩诉梅多斯案

Khan（Respondent） v Meadows（Appellant）［2021］UKSC 21

英国最高法院审判庭

里德勋爵（Lord Reed, President）

霍奇勋爵（Lord Hodge, Deputy President）

布莱克女爵（Lady Black）

基钦勋爵（Lord Kitchin）

塞尔斯勋爵（Lord Sales）

莱格特勋爵（Lord Leggatt）

巴罗斯勋爵（Lord Burrows）

2021 年 6 月 18 日

霍奇勋爵与塞尔斯勋爵

（里德勋爵、布莱克女爵、基钦勋爵附议）

1. 一位女性前往全科诊所接受检测，以确认自己是否携带某种遗传疾病基因。诊所安排了检测，但该检测其实并非解答该问题的恰当方法。全科医生向该女性通报检测结果时并未说明，要确认是否携带［担心的］疾病基因，应接受基因检测；全科医生于此有过失。事实上，这位女性确实携带疾病基因。几年后，这位女性产下一男婴，不幸，婴儿既罹患案涉遗传疾病，还有某处与遗传基因不相干的残疾。全科医生在过失侵权法上要对哪些抚养费用负赔偿责任？是跟两种疾病相关的全部抚养费用，还是仅赔偿与遗传疾病相关的抚养费用？

2. 这里的法律争点在于，在医疗过失案件中要确定被告注意义务的范围，是否遵循上议院在布鲁塞尔-拉姆贝特银行案（*Banque Bruxelles Lambert SA v*

Eagle Star Insurance Co Ltd［1997］AC 191）以及南澳大利亚资产管理公司案（*South Australia Asset Management Corpn v York Montague Ltd*［1997］AC 191）中设定的进路，倘是，又如何适用该进路。为了检视南澳大利亚资产管理公司案如何适用于不同活动领域，由 7 位法官组成的同一审判庭听审了两件上诉案，本案即为其一。本案判决与曼彻斯特建筑协会案（*Manchester Building Society v Grant Thornton UK LLP*［2021］UKSC 20）判决一起发布。

（一）案情事实

3. 上诉人［梅多斯小姐］对于自己可能携带血友病基因这个事情非常警觉，该基因会带来血友病，即血液凝结的能力严重降低；2006 年 1 月，上诉人外甥出生，后来诊断为血友病。上诉人希望避免生下有血友病的孩子，不让这样的事情发生。2006 年 8 月，上诉人向全科医生阿杜克拉拉（Athukorala）咨询，希望确认自己是否携带该遗传基因。医生安排的检测用来确认患者是否罹患血友病，并不能确认患者是否携带遗传基因。为了得到想要的信息，应将上诉人转诊给血友病专科医生，做基因检测。

4. 2006 年 8 月 25 日，上诉人［梅多斯小姐］求诊于同诊所的另一位全科医生哈芙莎·卡恩（Hafshah Khan），拿血液检查结果并跟医生讨论相关事宜。卡恩医生告诉上诉人，结果正常。这次医生给的建议还有上次的咨询让上诉人相信，自己以后生的孩子不会有血友病。

5. 2010 年 12 月，上诉人怀上儿子阿德朱旺（Adejuwon）。儿子出生后不久，即被诊断出患血友病。上诉人接受了基因检测，结果表明其确实是血友病基因携带者。

6. 要是全科医生在 2006 年就安排上诉人接受基因检测，上诉人在还没有怀孕的时候就已知道自己携带血友病基因，在 2010 年怀孕以后，就可以做胎儿检测。检测会显示胎儿有血友病。得到这个信息，上诉人会选择终止妊娠，儿子阿德朱旺不会出生。

7. 阿德朱旺的血友病很严重，传统的凝血因子 VII 置换疗法对这个孩子没有作用。关节反复出血。阿德朱旺不得不忍受令人不愉快的治疗，必须接受持续照看，盖很小的伤口也会带来越来越多的出血。

8. 2015 年 12 月，阿德朱旺又被诊断出患有孤独症。这个病跟血友病基因无关；血友病不会造成孤独症，也不会增加得孤独症的机会。

9. 阿德朱旺的孤独症让血友病治疗管理更为困难。阿德朱旺不能理解治疗的好处，痛苦愈发严重。阿德朱旺流血了，也不知道向父母报告。阿德朱旺很可能无法掌握并记住信息、管理自己的药物，或者管理自己的治疗计划。血友病的新疗法可能意味着该病的预后会有显著改善。可阿德朱旺的孤独症很可能使其无法独立生活，或者将来找不到带薪工作。

10. 以上事实出自［初审］伊普法官（Yip J）令人赞赏的简洁概述，基于这些事实，毫不奇怪，若是上诉人［梅多斯小姐］有权请求赔偿跟两种疾病相关的额外抚养费用，双方当事人都同意，相较赔偿仅跟血友病相关的额外抚养费用，前者需要的金额是后者的 6 倍。

11. 卡恩医生承认，自己应对关乎血友病的额外费用负赔偿责任，但就关乎孤独症的额外费用，拒绝承担责任。

12. 在对事实和争点的陈述中，双方当事人同意，“由于卡恩医生违反义务，上诉人或会产下患病的孩子，除了血友病，还可能是比如孤独症，这是可合理预见的（reasonably foreseeable）”。

（二）当事人的主张

13. 上诉人［梅多斯小姐］主张，其有权请求赔偿如下损害：妊娠持续及其后果带来的损失，包括阿德朱旺残疾相关的一切费用。被上诉人［卡恩医生］主张，其责任应限于跟阿德朱旺血友病相关的费用，至于跟孤独症相关的费用，落在其对上诉人所负注意义务的范围之外。

（三）伊普法官初审判决和上诉法院判决

14. 伊普法官在初审判决中如是描述案件的法律争点：

“母亲向医生咨询，意图避免患有特定疾病的孩子出生（并非意图避免任何孩子出生），就［跟咨询的疾病］并不相干的疾患所生特殊费用，母亲能否请求赔偿？”（［2018］4 WLR 8，para. 2.）

伊普法官给予肯定回答，并判令赔偿 900 万英镑，包括利息。初审阶段的多数争议都涉及上诉法院两件判决：帕金森案判决（*Parkinson v St James and Seacroft University Hospital NHS Trust*［2001］EWCA Civ 530）和格鲁姆案判决（*Groom v Selby*［2001］EWCA Civ 1522）。在帕金森案中，帕金森女士绝育失败，后怀孕。孩子严重残疾，但无关绝育治疗。在格鲁姆案中，格鲁姆女士接受绝育手术，当时无人知道已经怀孕差不多六天。不久，格鲁姆女士咨询其全科医生，医生未安排妊娠检测或者检查看是否怀孕。待发现怀孕，格鲁姆女士不愿意终止妊娠，但要是早些知情，当会终止妊娠。格鲁姆女士后生下孩子，孩子患沙门氏菌脑膜炎，致严重残疾。在这两件案子里，医疗执业人的过失跟孩子残疾之间没有直接关联。在帕金森案中，孩子残疾是遗传造成，而在格鲁姆案中，孩子残疾是由于分娩过程中暴露于细菌导致。在这两件案子里，母亲都没打算要孩子，正是为此才寻求被告的医疗服务［指绝育医疗服务］。

15. 在这两件案子里（布鲁克法官和黑尔法官发布实质判决），上诉法院依据上议院麦案判决（输精管结扎手术后的医疗建议有过失：*McFarlane v Tayside Health Board*［2000］2 AC 59），认为父母不得请求赔偿健康孩子的基本抚养费用。但上诉法院认为，麦案裁决并不延伸及于孩子严重残疾的情形，原告得请求赔偿跟孩子残疾相关的特殊需求和特殊照顾生出的额外费用。在这两件案子里，上诉法院认为，这样的残疾孩子的出生是医疗执业人过失行为可预见的后果，医疗执业人应为此等后果承担责任，令医生承担此等责任并非不公正、不公平或不恰当（unjust，unfair or disproportionate）。

16. 在本案初审判决中，伊普法官指出（［2018］4 WLR 8，para. 38），上诉法院在帕金森案中注意到了南澳大利亚资产管理公司案，在该案判决中［帕金森案］，布鲁克法官写道：

> “有些时候，法院或有必要自问，某项服务提供的目的何在，这个考察或得框定服务人所负注意义务的界限。”（［2018］4 WLR 8，para. 18）

伊普法官指出（［2018］4 WLR 8，para. 40），上议院在切斯特案中已考虑过将南澳大利亚资产管理公司案［的立场］适用于医疗过失侵权案件的不同场合。[1]伊普法官还提到本院休斯-霍兰案中萨姆欣勋爵的主旨判决对南澳大利亚资产管理公司案的讨论（*Hughes-Holland v BPE Solicitors*［2017］UKSC 21，per Lord Sumption）。

17. 伊普法官正确指出（［2018］4 WLR 8，para. 26），本案被告所提供之服务的目的“并不在于防止原告怀上孩子，而是防止原告得到患有血友病的孩子”。但又写道：

---

〔1〕 译注：参见本书切斯特诉阿夫沙尔案，并未提到南澳大利亚资产管理公司案。

“原告［梅多斯小姐］希望核实自己是否为［血友病基因的］携带者。倘医疗服务恰当履行，原告就会发现自己确实带有该基因。原告当已采取措施，不会继续妊娠让那个患有血友病的孩子生下来。如此，即得避免阿德朱旺的出生。正如格鲁姆案，可以说正是被告违反义务使得原告的妊娠在否则本已终止的情况下仍在继续。”

18. 伊普法官指出，若非被告的过失，阿德朱旺本来不会出生，“若非-则不”因果关系成立，被告应赔偿跟阿德朱旺的血友病及孤独症相关的全部费用。伊普法官承认，倘原告经历另一次妊娠，仍有同样的［怀上］孤独症［孩子的］风险，但认为基于或然性权衡，后来的妊娠不会受孤独症影响［罹患该病可能性较小］。孤独症发生于此次妊娠，而若非被告过失，本次妊娠本应已终止。

19. 伊普法官从帕金森案和格鲁姆案中辨识出四项决定性争点（［2018］4 WLR 8，para. 59）：

“（1）孤独症这个后果是否落在被告承担的责任范围内；

（2）被告所提供之服务的目的，以及因之而生之义务的范围；

（3）就孤独症所生费用，令被告承担责任是否公平、公正、合理；

（4）矫正正义的原则。”

伊普法官解决这些问题并得到被告应负责任的结论，主要基于两点考虑。第一，伊普法官认为被告的义务以及原告寻求医疗服务的目的，核心都在于向原告提供必要信息，使原告得终止受血友病影响的任何妊娠（［2018］4 WLR 8，para. 62）。第二，被告若是恰当履行其承担的责任，本可避免阿德朱旺的出生（［2018］4 WLR 8，para. 63）。伊普法官认为，区分想要终止这次妊娠的母亲和本来想要终止任何妊娠的母亲并不公平、公正和合理；也没有任何矫正正义原则会要求如此区分（［2018］4 WLR 8，para. 68）。伊普法官遂适用上诉法院帕金森案和格鲁姆案进路，判给原告900万英镑。

20. 上诉法院照准了卡恩医生的上诉请求，将赔偿金额减少到140万英镑（［2019］EWCA Civ 152）。妮古拉·戴维斯法官（Nicola Davies LJ）发布主旨判决，另外两位法官是赖德（Ryder）和希金博特姆（Hickinbottom）。［第一,］上诉法院区分了本案事实与帕金森案、格鲁姆案的事实：梅多斯小姐寻求医疗咨询、检测服务，核心事宜旨在确认梅多斯小姐是否携带血友病基因，并非指向梅多斯小姐是否应该怀孕这样的宽泛事宜。霍夫曼勋爵在南澳大利亚资产管理公司案中确认的义务范围标准（scope of duty test）对法院要解决的争点具有决定意义（［2019］EWCA Civ 152，para. 27）。简言之，卡恩医生对阿德朱旺孤独症相关费用不负赔偿责任，盖该损失并不在卡恩医生允诺保护梅多斯小姐不让其遭受的风险范围内，从而也不在其注意义务的范围内。咨询目的在于使梅多斯小姐在孩子的问题上得为知情决定（怀上的孩子检测出来携带血友病基因）。第二，医生要为母亲产下血友病孩子的风险负赔偿责任，盖［医生的过失使得母亲］没有［尽早接受］胎儿检测，从而也就没有终止妊娠。但妊娠和分娩的所有其他潜在难题，不管是对母亲的还是对孩子的，风险都要由母亲承担。第三，适用南澳大利亚资产管理公司案的反事实因果分析（counterfactual）（稍后讨论），第 27 段第 iii 小段表述有误，但一定是妮古拉·戴维斯法官意图表达的，倘若被告传递的信息是正确的，也就是说梅多斯小姐并未携带血友病基因，那么结果将会是，生下来的孩子患有孤独症［但没有血友病］。参考罗宾逊案中里德勋爵的判决（*Robinson v Chief Constable of West Yorkshire Police*［2018］UKSC 4，per Lord Reed），妮古拉·戴维斯法官称，本案中没有必要单独考虑法院决定是否公平、公正、合理，本案并非无先例可循的案件，适用已确立的法律原则即可。

（三）讨论

21. 代表梅多斯小姐的皇家大律师菲利浦·哈弗斯先生对上诉法院判决表示质疑，希望维持伊普法官的论证。哈弗斯先生主张，“南澳大利亚资产管理公司案进路（*SAAMCO* approach）”关乎的是涉及纯粹经济损失的商业交易，并不适用于医患双方知识和权力不平衡的医疗过失案件。哈弗斯先生称，梅多斯小姐的诉求不应界定为纯粹经济损失，而应界定为混合诉求，即妊娠继续而丧失意志自主、孩子残疾带来的精神损害以及抚养费用请求的结合体。［哈弗斯先生称，］区分不希望任何妊娠的父母（如帕金森案、格鲁姆案）与不希望特定妊娠的父母，武断且不公平。由于下面两点，应判令医生承担责任：①若非被告过失，阿德朱旺不会出生，盖梅多斯小姐倘知晓孩子携带血友病基因，当已终止妊娠；②（如双方当事人同意的，）孩子出生即患孤独症的可能性是可预见的。相较帕金森案中孩子的孤独症和格鲁姆案中孩子的沙门氏菌脑膜炎，阿德朱旺的孤独症并不更难预见。这些足以令被告承担责任，盖法律在人身损害赔偿案件中宽泛理解可预见的损害类型：例如参见乔利案［*Jolley v Sutton London Borough Council*［2000］1 WLR 1082（HL）］。卡恩医生未向梅多斯小姐提供必要知识信息，使后者得就是否终止受血友病基因影响的妊娠做知情决定，正是这个特征使得卡恩医生的行为不法，而梅多斯小姐的全部损失都来源于该特征（feature）。阿德朱旺的孤独症是产前原因造成的，并没有什么介入原因。法院应使错误出生案件跟医疗过失造成直接人身损害的案件保持立场一致，在该类案件中，南澳大利亚资产管理公司案的原则并不起限制作用。涉及纯粹经济损失的商业案件会有责任不明确的风险（indeterminate liability），医疗过失案件则不会生出此风险。

22. ［哈弗斯接着主张，］倘与自己的主要观点相反，南澳大利亚资产管理公司案诚然跟本案相关，也不会限制梅多斯小姐的赔偿请求，盖帕金森案和格鲁姆案已确认，错误出生和错误怀孕案件中赔偿的损失类型延伸及于怀孕、子宫内发育及分娩［整个过程中］所有正常事件产生的残疾。这样的残疾应区别于房产市场的巨大变动或者南澳大利亚资产管理公司案中霍夫曼勋爵在登山者膝盖设例中的雪崩发生。[1]南澳大利亚资产管理公司案反事实因果分析于本案案情下不起作用，在本案中，损失直接产生于出生事实，而卡恩医生有义务向梅多斯小姐提供信息，得基于充分信息决定是否终止受血友病基因影响的特定妊娠。

23. 哈弗斯先生的陈词提出如下问题：①在医疗过失赔偿请求的分析中，"若非-则不"事实因果关系、可预见性以及损害间接性（remoteness）所起的作用；②被告义务范围问题如何纳入这个分析。还提出下面这个问题，即南澳大利亚资产管理公司案判决于此类诉讼中有何作用。

24. 很显然，过失侵权各构成要件相互关联，分析过失侵权赔偿请求中的这些相互关系并没有公认公式。过失侵权法的教科书往往指出过失侵权有四项要件，即注意义务、违反该义务、因果关系、损害。例如，《克拉克和林德赛论侵权法》（*Clerk and Lindsell on Torts*）2020 年第 3 版第 7-04 段，列举构

〔1〕 译注：前半句涉及布鲁塞尔-拉姆贝特银行案，被告对担保物价值估价过高，使得原告发放贷款，被告对此负有责任，但后来市场变化导致担保物价值下跌，对这部分损害不负责任。后半句的例子，登山者咨询如何保护膝盖，医生对膝盖受伤的风险负责，对雪崩损害风险不负责任。参见［英］汉顿·罗杰斯："英国法中的因果关系"，陈武译，载［荷］J. 施皮尔主编：《侵权法的统一：因果关系》，易继明等译，法律出版社 2009 年版，第 58—59 页。

成要件为：存在注意义务；被告违反该注意义务；被告的过失行为与损害间有因果关系；原告遭受特定类型的损害，该损害并非不可预见从而过于遥远（remote）。该书作者写道："这里所列次序中并无什么魔法（magic），也不应认为法院就会循规蹈矩地从第一点走到第四点。"《温菲尔德和乔洛维茨论侵权法》（*Winfield and Jolowicz on Tort*）2020年第20版认为，过失侵权由四项要件构成，依次为注意义务、义务违反、损害、因果关系（第5-002段）。该书作者指出，特定案情事实得将数个争议要件同时呈现出来，这些要件互相关联。该书建议，以义务问题为门槛，依次处理这些侵权构成要件，对法院来说比较方便（第5-007段）：

"依这个次序处理侵权要件，得帮助法官构造其决定，确保没有要件被遗漏。另外，考虑侵权行为这些要件的顺序很重要，盖这些要件形成综合的整体，每个要件的界定和分析都要用到其他要件。例如，由于因果关系和间接性（remoteness）问题涉及义务违反与损害间的联系，在考察因果关系前，应先考察过错和损害。"

就该分析下的第三和第四要件（损害、因果关系），该书认为有四个不同概念，即可诉损害、事实因果关系、法律因果关系和间接性（第7-001段）。

25.《查尔斯沃思和珀西论过失侵权》（*Charlesworth and Percy on Negligence*）2018年第14版将上述分析中的第三、第四要件合并为"造成损害（resulting damage）"，即"原告遭受损害，该损害不但与义务违反有因果关联，而且为法律所认可［应予赔偿］"。该书援引多西特游艇公司案中皮尔逊勋爵的意见：

"将过失侵权法熟悉的分析框架纳入三构成要件，[1]即注意义务、违反该义务以及造成损害。该分析在逻辑上是正确的，而且往往方便讲解，但仅仅是分析而已，不应排斥从整体上考虑过失侵权法。"（*Dorset Yacht Co Ltd v Home Office*［1970］AC 1004，1052，per Lord Pearson.）

---

〔1〕译注：原文为"The form of the order assumes the familiar analysis of the tort of negligence into its three component elements"，未找到判决上下文，颇为费解。

26.《克拉克和林德赛论侵权法》在请求赔偿纯粹经济损失场合讨论义务范围原则（scope of duty principle）的作用时写道：

“哪些［损害］被告得合理预料（contemplate）是其义务违反行为的后果，取决于其义务的范围或目的。倘特定类型损害的风险落在被告义务目的之外，该风险虽通常可预见（foreseeable），亦不在被告合理预料的范围内。”（第2-187段。）

本件上诉案遂提出如下问题：义务范围原则如何纳入传统的过失侵权分析，在纯粹经济损失赔偿请求之外是否有适用余地？

27. 皇家大律师西米恩·马斯克里（Simeon Maskrey）希望维持上诉法院判决，陈词当然要讨论在分析原告是否有权请求赔偿过失侵权造成的损失时会问的那些问题，而一开始提出的就是上议院在南澳大利亚资产管理公司案中强调的义务范围问题。这是有帮助的思路。本件判决会重新表述并详细阐述该问题，从事［跟马斯克里］类似的工作，接着才会解释该分析思路的各个不同阶段以及义务范围问题在该分析思路中的作用。

28. 依吾人意见，正如稍后会详细解释的，要分析义务范围原则在过失侵权法中的位置，以及哈弗斯先生依赖的其他要素的作用，下面6个依顺序列出的问题构成了有用的分析模板。这个分析模板并非排他的或者全方位的分析，但就南澳大利亚资产管理公司案强调的义务范围原则所起的作用，该分析模板有澄清效果。这6个问题是：

（1）赔偿请求的标的，也就是损害（损失、伤害、损害），在过失侵权法上是否可诉？（可诉性问题）

（2）什么样的损害风险，法律会让被告承担注意义务去保护原告？（义务范围问题）

（3）被告的作为或不作为，是否违反注意义务？（义务违反问题）

（4）原告请求赔偿的损害，是否为被告作为或不作为的后果？（事实因果关系问题）

（5）原告请求赔偿的特定损害（particular element of the harm），与被告注意义务的标的（如上面问题2分析的）是否有充分关联（nexus）？（义务关联问题）

（6）原告请求赔偿的特定损害，是否由于过于遥远，或者系由不同的实际原因造成，或者原告减轻了自己的损失，或者本可以合理期待原告避免损失而未做到，从而不能得到赔偿？（法律责任问题）

适用以上分析，也就依损害赔偿的原则给出了原告损害赔偿请求的价值；依该原则，法律令被告承担赔偿责任，旨在尽金钱之所能，置原告于倘无被告过失行为［原告］本当处的状况。

29. 以不同顺序考虑这些问题，还有一次解决多个问题，这些都非常有可能；比如，在很多情形，第二个问题和第五个问题很容易一起分析。这两个问题间的关系，放在下文第 38 段、第 48—52 段，在南澳大利亚资产管理公司案论证思路适用的赔偿请求场景下讨论。

30. 但这个分析框架可以证明，对（哈弗斯先生依赖的）事实因果关系和可预见性问题的回答，并不能避开涉及被告义务范围的必须予以回答的问题。

31. 第一个问题当然是出于平淡无奇的道理：不证明损害，侵权法上的赔偿请求即不成立。里德勋爵在卡特利奇案判决中写道：

“不法行为造成超出微不足道程度的人身伤害，诉讼理由即产生。”（*Cartledge v E Jopling & Sons Ltd*［1963］AC 758，771-772，per Lord Reid.）

在苏格兰的沃森案中，里德勋爵说：

“过失侵权法上的任何诉讼理由都是同时存在义务违反和损害……”［*Watson v Fram Reinforced Concrete Co*（*Scotland*）*Ltd* 1960 SC（HL）92，109，per Lord Reid.］

故得从考虑赔偿请求的标的也就是损害开始，探查损害是否具有可诉性。

32. 更近些时候，在罗思韦尔案中，霍夫曼勋爵就义务违反与损失同时存在发表了类似看法：

“不证明损害，过失侵权法上的赔偿请求即不成立。在这个意义上，损害是身体上或精神上变糟糕（being worse off）的抽象概念，从而以赔偿为恰当救济。并不仅仅意指身体变化，身体变化可以是让人变好，如成功手术的情形，可以是中性的，对健康或能力并未产生可观察到的影响。”（*Rothwell v*

Chemical & Insulating Co Ltd [2007] UKHL 39，para. 7，per Lord Hoffmann.)

是以，在罗思韦尔案中，上议院认为，这些肺部有胸膜斑块的原告，胸膜斑并无症状，也没有增加罹患其他石棉相关疾病的风险，没有缩短预期寿命，故未遭受产生诉讼理由的损害。类似地，上议院还认为，不管是将来损害的风险，还是对将来遭受损害的担忧，都不构成可诉损害：罗恩韦尔案判决第12段；格雷格案（*Gregg v Scott* [2005] UKHL 2）；希克斯案（*Hicks v Chief Constable of the South Yorkshire Police* [1992] 2 All ER 65）。在本件上诉案中，是否可诉的问题得到的是有利于原告的回答，盖原告请求赔偿的是妊娠对身体的影响以及抚养残疾孩子的经济费用。

33. 第二个问题是义务范围。自上议院南澳大利亚资产管理公司案判决以来，法律人一直关注义务范围问题，但该问题并不是从该案中突然冒出来的，而是出现在更宽阔的场景。如萨姆欣勋爵在休斯-霍兰案中指出的，法律在决定被告的损害赔偿责任工作中解决了被告义务的性质或程度问题，这是已得到确立的原则（*Hughes-Holland v BPE Solicitors* [2017] UKSC 21，paras. 21-24）。是以，在罗诉卫生部长案中，丹宁法官说，义务、因果关系和间接性这些问题不断相互碰上：

"在我看来，这些实为看待同一问题的三个不同方式。起点是下面这个立场，即过失行为人在合理范围内为其行为的后果承担责任，责任范围通过询问下面这个问题来确定：能否公平地认为，行为后果落在过失行为造成的风险范围之内？若是，过失行为人即负责任；否则，即不负责任。"（*Roe v Minister of Health* [1954] 2 QB 66，85，per Denning LJ.）

在侵权法上分析被告义务范围时，强调作为或不作为的后果为重要分析元素，这个思想贯穿了海外油船（英国）公司案中枢密院的进路，西蒙兹子爵发表意见称：

"就过失侵权责任的构成来说，在分析上认为，原告必须证明被告对自己负有义务、被告违反该义务以及由之而生后果损害，这无疑是妥当的。只有损害实际发生，才会有责任。侵权责任的基础并不是行为，而是［损害］后果。正如通常所说，并不存在无根据的过失（negligence in the air），那么也不存在无根据的责任……将责任从其背景中隔离出来，称某人负责任或不负责任，继而探寻对什么损害负责任，这是徒劳的。盖被告的责任是针对案涉损害的责任，而不是其他。”［*Overseas Tankship*（*UK*）*Ltd v Morts Dock and Engineering Co Ltd*（*The Wagon Mound*）［1961］AC 388，per Viscount Simonds.］

类似地，在萨瑟兰郡议会案中，布伦南法官写道：

“设被告负有义务不让原告遭受某类型损害，比如人身损害，现认定被告未尽到该义务，继而让被告为原告实际遭受的另外一种独立类型的损害（比如纯粹经济损失）承担赔偿责任，这是不容许的……问题永远都是被告是否负有义务避免或阻止损害，但实际遭受损害的性质对于避免或防止该损害的义务是否存在及程度如何颇有影响。”（*Sutherland Shire Council v Heyman*［1985］157 CLR 424，487，per Brennan J.）

法律在决定被告义务范围时，向来会考虑原告所遭受之损害的性质。例如，在请求赔偿的损害是过失陈述造成的纯粹经济损失的场合，法律要求被告可以合理预见原告会合理信赖案涉陈述，以此限制被告义务的范围：赫德利·伯恩案（*Hedley Byrne & Co Ltd v Heller & Partners Ltd*［1964］AC 465）；卡帕罗案（*Caparo Industries plc v Dickman*［1990］2 AC 605）；NRAM 公司案［*NRAM Ltd*（*formerly NRAM plc*）*v Steel*［2018］UKSC 13；［2018］1 WLR 1190；2018 SC（UKSC）141］。类似地，避免给交通事故或灾害事件中次受害人造成精神伤害（psychiatric injury），被告这个注意义务的范围就受到限制：麦克洛克林诉奥布赖恩案（*McLoughlin v O'Brian*［1983］1 AC 410）；阿尔科克案（*Alcock v Chief Constable of South Yorkshire Police*［1992］1 AC 310）；弗罗斯特案（*Frost v Chief Constable of South Yorkshire Police*［1999］2 AC 455）。

34. 在卡帕罗案中，上议院认为，公司审计员对不管是股东还是非股东都不负有注意义务，投资决定依赖的是官方报告，审计员就报告中的过失表述不对投资人承担责任。盖报告的目的仅限于，使得股东就如何依公司章程行使股东权利做知情决定。布里奇勋爵援引布伦南勋爵在萨瑟兰郡议会案中的意见（见上），并写道：

“只是问 A 是否对 B 负有注意义务，这是从来都不够的。参照 A 必须尽到注意义务不让 B 遭受伤害的损害类型从而决定注意义务的范围，这是永远必要的工作。”（*Industries plc v Dickman* [1990] 2 AC 605，627，per Lord Bridge.）

在该案中，罗思基尔勋爵写道：

“在决定任何责任是否成立及范围之前，首先有必要决定，是为何目的又在何情势下应给予案涉信息。”（*Caparo Industries plc v Dickman* [1990] 2 AC 605，629B，per Lord Roskill.）

奥利佛勋爵写道：

“应该牢记，注意义务与原告诉称因义务违反所遭受之损害不可分离。并不是在抽象上尽到注意的义务，而是避免给特定原告造成其事实上遭受的特定类型损害的义务。”（*Caparo Industries plc v Dickman* [1990] 2 AC 605，651，per Lord Oliver.）

奥利佛勋爵接着写道：

“为了某目的，依赖公司账户状况说明（accounts），扩大被告的义务范围俾将原告所受损失包括进来，但财务状况说明并非意图服务于该目的，就会超出从上议院判决可以推论得到的界限。”（*Caparo Industries plc v Dickman* [1990] 2 AC 605，654.）

35. 正如萨姆欣勋爵最近在休斯-霍兰案中解释的，这个原则［指义务范围以及与损害的关系］是由上议院在一系列案件中发展起来的，涉及 20 世纪 90 年代早期房产价值暴跌后对房产价值的过失评估：南澳大利亚资产管理公司案；Nykredit 案［*Nykredit Mortgage Bank plc v Edward Erdman Group Ltd*（*formerly Edward Erdman*（*an unlimited company*）（*No* 2）[1997] 1 WLR 1627］；房屋贷款平台案（*Platform Home Loans Ltd v Oyston Shipways Ltd* [2000] 2 AC 190）。本院在涉及律师过失陈述的休斯-霍兰案中适用了这个原则，上诉法院在医疗过失领域的帕金森案中也认可了这个原则。

36. 通常所说的南澳大利亚资产管理公司案原则（the *SAAMCO* principle）或者义务范围原则意指，“对落在注意义务范围之外的损失类型，被告不负损害赔偿责任”［*Aneco Reinsurance Underwriting Ltd*（*in liquidation*）*v Johnson & Higgins Ltd*［2001］2 All ER（Comm）929，para. 11，per Lord Lloyd of Berwick］。在房屋贷款平台案中，[1]霍布豪斯勋爵提出同样观点，称“是侵权法的范围（scope of the tort）决定受害人有权得到之救济的程度”（209B）。霍布豪斯勋爵接着指出，霍夫曼勋爵在南澳大利亚资产管理公司案中对此思路的发展是，“并非将之适用于损害类型或种类，而是适用于损害赔偿的计量（*quantification*）”（209G）。吾人以为，最好称此原则为义务范围原则，而不是南澳大利亚资产管理公司案原则，盖这个原则早于该案（predates *SAAMCO*），且同样适用于下面的情形，即并无必要通过参照南澳大利亚资产管理公司案发展起来的反事实因果分析方法论（counterfactual methodology），去单独考虑义务关联问题（duty nexus question）。如此界定的义务范围原则，不同于所谓南澳大利亚资产管理公司案的反事实因果分析（参见后文第53—54段的讨论），在评定被告（违反了界定的义务范围而生之）责任程度的有些案件中，但不是全部情形中，是有用的分析工具。

37. 义务范围原则在其他案情下也可以具有分析价值、起到核心作用，比如原告试图证明被告要对不作为承担责任。一个例子就是第三人造成原告人身或财产的损害，法院考虑被告是否负有义务防止原告的人身或财产遭受案涉损害。例如参见史密斯诉称利特尔伍兹（*Smith v Littlewoods Organisation Ltd*［1987］AC 241）；米切尔案（*Mitchell v Glasgow City Council*［2009］UKHL 11）；迈克尔案（*Michael v Chief Constable of South Wales Police*［2015］UKSC 2）。

38. 吾人以为，在考察义务违反和因果关系问题之前，先考察义务范围问题，往往有助于法律适用。这里要问：“是什么损害风险（若有），被告负有注意义务保护原告不受损害?”在这个阶段，该问题的恰当提出及回答（若能），涉及（比如）遭受损失的具体案情，如卡帕罗案，审计员对潜在投资者并不负有义务，或者涉及因被告不作为而生的赔偿请求，如前面提到的案例。若是义务范围问题的发生涉及损害的计量，如南澳大利亚资产管理公司案，该案中的问题是，原告请求赔偿的损失到底是部分还是全部都是被告有义务防范的风险造成的后果，这个场合，事情没那么清楚简单。此际，在确认了被告已允诺保护原告免于暴露的风险之后，前面建议序列中第五个阶段的问

〔1〕 译注：参见上注。

题（义务关联问题）将解决：被告的义务范围如何决定被告的责任范围。

39. 在南澳大利亚资产管理公司案中，霍夫曼勋爵说，考虑如何让原告处在若未受损害本当处的状况下，这是损害赔偿的计算问题，不能错误地用这个思路来分析义务范围问题。霍夫曼勋爵写道：

“我想这是错误的起点。在考虑原告有权请求赔偿的损失该如何计算的原则之前，有必要先确定原告有权请求赔偿何等类型的损失。正确描述估价人（valuer）应负责的损失，必先于损害赔偿如何计算的任何考虑。为此，最好是从头开始，并考虑贷款人的诉讼理由。”（南澳大利亚资产管理公司案判决第211页。）

霍夫曼勋爵在 Nykredit 案中进一步扩展其论证：[1]

“［南澳大利亚资产管理公司案中］诸位法官确认，由于担保物的估价低于估价人所建议之价格使得贷款人遭受损失的，估价人对此负有［注意］义务。上议院认可的原则是，估价人对贷款人参与此等交易不负有注意义务，是以，要让估价人承担责任，只是证明贷款人相较若未贷出金钱当处的状况变糟糕（worse off），并不足够……过失侵权的诉论理由要成立，贷款人必须证明损失归咎于估价过高，也就是说，相较倘若估价正确当处的状况变糟糕。

重要的是，要强调指出，这是上议院以限制思路界定估价人注意义务的结果，无关因果关系问题或者对本来可以得到之赔偿的任何限额或‘盖帽（cap）’……估价人只对贷款人担保太少的后果负责任。”（Nykredit 案判决第1638页。）

是以，若非［被告］过失估价贷款人本不会参与交易或者房产市场价值下跌可以合理预见，这些对于估价人责任程度无关紧要。

40. 萨姆欣勋爵在休斯-霍兰案中总结其立场，称南澳大利亚资产管理公司案的思路有两个基本特征：①若被告的付出是提供资料（material），而客户基于更宽泛的风险评估做决定时会将该资料纳入考虑，那么被告对客户的决定不负法律责任；②义务范围原则无关损失原因（causation of loss），如法

〔1〕 译注：参见第35段。

律上对该表达［指原因］通常的理解。

41. 霍夫曼勋爵在南澳大利亚资产管理公司案中讨论第一个特征时区分了“建议（advice）”和“信息（information）”，但正如萨姆欣勋爵在休斯-霍兰案中证明的（休斯-霍兰案判决第 39—44 段），这两者既不是泾渭分明也不是彼此排斥的范畴，而且霍夫曼勋爵的思路也没暗示是这样。事实上是一条光谱，是对个案具体案情的分析事宜。在提供建议或信息的案情下解决义务范围问题，法院要试图确定提供建议或信息的目的所在。若原告就某风险或者包含该风险的活动寻求建议，法院要问，“案涉建议或信息意图或者被合理认为要针对的是什么风险？”在涉及交易的案情下解决义务范围问题，向来区分光谱两端的案件。在一端的案件中，专业咨询人员承担的任务是，将客户决定是否参与某交易时应予考虑的一切重要事项都替客户想到，从而指导整个决策过程。在另一端的案件中，客户决定是否参与交易所依赖的考虑事项中，专业咨询人员提供的只占很小一部分。光谱表现为专业咨询人员提供的考虑事项，不管称之为信息还是建议，对于原告做决定起到作用的程度。若是专业咨询人员并未指导整个决策过程，义务关联问题（问题五，稍后讨论）就变成最重要的问题，盖法院必须从原告因参与交易而遭受的损失中分离出得归咎于被告过失提供所允诺之服务的那些要素（element of that loss）。如萨姆欣勋爵所说，“在两个极端之间，每个案件很可能都取决于被告对之承担责任的考虑事项有多少（range of matters），此外更无其他精确规则”（休斯-霍兰案判决第 44 段）。

42. 第三个问题（义务违反）逻辑上跟着前两个问题。在证实了被告作为或不作为的事实后，法院要问，被告对于落在（通过回答第二个问题确定的）其义务范围内的损害风险，是否未尽到合理注意。

43. 如果对义务范围问题的回答是，被告对于原告请求赔偿的标的也就是损害的至少一部分负有注意义务，那么通过询问被告是否或者如何有过失，得解决义务违反问题。这就是霍夫曼勋爵在南澳大利亚资产管理公司案中、萨姆欣勋爵在休斯-霍兰案中的进路。

44. 第四个问题（事实因果关系）要解决造成原告诉称之损害的事实原因。如霍夫曼勋爵在相关主题论文中指出的（Richard Goldberg ed., *Perspectives on Causation*, 2011, p. 9），不同法律规则有不同原因要求。在过失侵权法中，公认分析框架是区分事实因果关系和要求更为严格的法律因果关系（在第六个问题处讨论）。在科威特航空公司案中［*Kuwait Airways Corpn v Iraqi Airways Co*（*Nos* 4 *and* 5）［2002］2 AC 883］，上议院要处理的是基于侵占侵权（tort of conversion）提起的赔偿请求……尼科尔斯勋爵讨论如何在侵权案件中确认原告的真实损失，这些表述完全贴合过失侵权：

“讨论起点是公认的进路，被告对原告所受损失负多大程度的责任要做下面的两步考察（twofold inquiry）：不法行为是否在因果意义上促成了损失（causally contributed），若是，被告应负责任的损失范围有多大。第一步考察被普遍理解为简单的‘若非-则不’标准，主要是事实考察。”（*Kuwait Airways Corpn v Iraqi Airways Co*（*Nos* 4 *and* 5）［2002］2 AC 883，para. 69.）

45.《麦格雷戈论损害赔偿》（*McGregor on Damages*）2020 年第 21 版称，“若非-则不”标准是门槛标准，但不是承担责任的充分条件，并如是界定该标准：

“如果没有被告的不法行为，也就是若非该行为，原告即不会遭受损害，该不法行为即是损害的原因。”（第 8-003 段。）

尼科尔斯勋爵和麦格雷戈先生说到“不法行为（wrongful conduct）”，处理的并非南澳大利亚资产管理公司案（还有其他案件）中确认的案情，也就是被告的行为仅就损害的特定部分（certain elements of harm）为不法，对其他部分则否。若被告的行为得被恰当描述为过失行为，盖该行为产生了某些可诉损害，比如估价人过失案件，事实因果关系问题得被恰当构造为，原告请求赔偿的损失是否为被告过失行为的后果。在此情形，关于法律义务与损害特定部分（particular elements of the harm）之间关联的第五个问题，在确定被告责任范围的工作中具有关键作用。后面第 48—51 段解决这个问题。

46. 但“若非-则不”标准并非普遍有用（universal utility）。这个事实因果标准向来受到批评，一是该标准排除了普通法青睐的常识进路（common sense approach），还有就是该标准暗示在事实因果关系中价值判断并不起作用（*March v E and M H Stramare Pty Ltd*［1991］171 CLR 506，515 per Mason CJ，以赞成态度援引该案的 *Galoo Ltd v Bright Grahame Murray*［1994］1 WLR 1360，1374，per Glidewell LJ）。事实上，价值判断确实起作用，且在有多个不法加害人以及多个充分原因的情形，“若非-则不”标准并不足够。

47. 第五个问题（义务关联）在很多案件中得直截了当地予以回答，盖被告毫无疑问地负有义务保护原告不遭受后来让原告请求赔偿的伤害。比如汽车司机过失驾驶，撞伤在人行道上走路的行人，被告违反了对行人负有的不造成人身伤害的注意义务，对该人身伤害负赔偿责任，还要赔偿人身伤害带来的经济损失，如收入损失和医疗费用。类似地，外科医生施行手术有过失，造成患者疼痛、住院更长时间以及类似的经济损失，法院很容易对这些问题予以肯定回答。

48. 如卡帕罗案表明的，在有些案情下，发生的损失完全落在被告注意义务范围之外。此际，义务范围问题给了答案，而义务关联问题不需要单独考虑：审计员对投资者并不负有注意义务，包括受审计公司的股东，［虽说］股东决定投资于该公司时，依赖其［大概指审计员］审计法定账目的技能和注意。

49. 义务范围问题也可能在涉及损害赔偿范围时产生。被告的作为或不作为给原告造成的损失，可能有些部分（elements of loss）落在被告的注意范围内，有些部分落在该注意范围外。此种情形，也就是南澳大利亚资产管理公司案及其他估价人过失案件中的情形，法院在确定被告的作为或不作为与原告请求赔偿的损害之间有（事实）因果关系之后，接下来就要解决义务关联问题。

50. 如众所周知的，义务关联问题在涉及估价人过失的案件中引人瞩目，涉及的是贷出金钱以取得或开发商业房产这种商业交易中的风险分配。[1]专业估价师为潜在的贷款人提供关于房产价值的重要信息，该信息有时对于金融机构决定是否贷出款项（若是，又贷出多少款项）具有重要影响。但金融机构还会考虑其他商业因素，如金融机构自己对房产市场走向的评估、借款人的还款能力、向借款人贷款自己要承担的成本、合理的利率。若是考虑了估价师所允诺之专业服务的范围，可以得出结论认为专业估价师并未就商业交易的一切后果承担责任（义务范围问题），那么就有必要确认该金融机构因

---

〔1〕 译注：商业房产（commercial property），能产生收入的房地产，如办公楼、公寓等，相对于居住房产（residential property）。参见薛波主编，潘汉典总审订：《元照英美法词典》，法律出版社2003年版，第254页。

该交易所遭受的损失中有多少落在被告估价师的责任范围之内。

51. 在南澳大利亚资产管理公司案中，霍夫曼勋爵如是阐述：

“被告有义务以合理注意提供信息，而原告据之决定如何行为的，倘信息提供有过失，一般认为被告不必对原告行为的一切后果承担责任。被告只对信息错误造成的后果负责任。对于哪怕被告提供的信息正确也会发生的损失，若是注意义务竟要求信息提供人为此承担责任，鄙人以为，在双方当事人之间，即并不公平和合理……如此表述的原则区分两类义务，一是为使他人决定如何行为而提供信息的义务（duty to *provide information*），一是建议他人应该如何行为的义务（duty to *advise*）。倘义务的内容是建议他人是否应该实施某行为，提供建议之人即必须尽到注意，考虑该行为可能造成的一切后果。倘有过失，即要对该行为的后果也就是一切可预见的损失承担责任。倘义务内容只是提供信息，即必须尽到合理注意以确保信息正确，倘有过失，要对信息错误造成的一切可预见后果承担责任。”（南澳大利亚资产管理公司案判决第214页。）

52. 在这个场景中，被告估价人提供服务有过失，给原告造成可诉损失的，法院要确认有多少损失落在被告义务范围内，并排除落在被告义务范围外的损失。法院向来的思路是，先确认尼科尔斯勋爵在*Nykredit*案中描述的原告损失的“基本标准（the basic measure）”以及霍布豪斯勋爵在房屋贷款平台案中描述的原告遭受的“基本损失（basic loss）”。这是被告的过失评估引起的，在“若非-则不”事实因果关系意义上产生的全部损失，包括市场价值下跌造成的损失。由于评估人并未对市场价值波动承担责任，只是对评估有错误的后果承担责任，故必须从“基本损失”中辨识出落在估价人义务范围内的损失。

53. 在估价人过失案件中，解决义务关联问题的机制是询问下面这个反事实问题：倘若被告实际上提供的信息是正确的，原告的损失会是怎样的？吾人称此问题为“南澳大利亚资产管理公司案反事实因果分析方法（the SAAMCO counterfactual）”。这里时或会生出误会。这里的问题并不是，倘被告提供的信息正确，原告行事是否会有所不同。实则，反事实因果分析假定原告会如同实际上那般行事，并问，倘信息是正确的，原告的行为是否会造成同样的损失。通过这个方法，法院得确认可归咎于该信息错误的损失。在有些案情下，如同估价人过失案件，使用这个反事实因果分析方法也很恰当。在其他案情下，义务范围问题得帮助在当事人间合理分配风险，而不使用反事实因果分析方法。此际，南澳大利亚资产管理公司案反事实因果分析方法不起什么作用。

54. 当反事实因果分析方法适用于因过失而估价过高的案件时，为了回答反事实问题，所用工具是将判给的赔偿金额限于被告评估的价值与过失评估之时房产的真正价值之间的差额。如萨姆欣勋爵在休斯-霍兰案中解释的（休斯-霍兰案判决第45—46段），该工具向来被批评为有失精确，但也正如萨姆欣勋爵指出的，数学上的精确在损害赔偿法上并不总是可得。萨姆欣勋爵援引霍布豪斯勋爵的话，南澳大利亚资产管理公司案中强调的原则“是以粗犷方式（robust way）适用的法律规则，并不需要对因果关系的微调或者详细调查”（房屋贷款平台案判决第207页）。由是可知，霍布豪斯勋爵意思是南澳大利亚资产管理公司案的反事实因果分析方法及限额［规则］是以粗犷方式适用义务范围原则（para 36 above）。

55. 第六个问题（法律责任问题）实际上是必须解决的诸多分立问题，盖虽说被告的行为不法，法律也不会让被告就其作为或不作为引起的一切事情负责任。类似义务关联问题，这些问题是萨姆欣勋爵所称的“法律过滤器”（休斯-霍兰案判决第20段），这些法律规则发展起来，反映了法院对被告为不法行为所承担之责任范围的判断。

56. 这些法律过滤器包括损害间接性问题（remoteness）。法律要求不法行为是损失的有效原因或实质原因，而后被告以支付赔偿金的形式赔偿原告损失。在拉丁语仍于法律行业盛行的年代，这个概念常被称作“近因（*causa causans*）”。[1]间接性的法律标准着眼于最终实现的损害的可预见性［*Overseas Tankship*（*UK*）*Ltd v Miller Steamship Co Pty*（*The Wagon Mound*（*No* 2））［1967］AC 617］，或者实际发生的损害自类型言，是否可能由得预见的事故造成（*Hughes v Lord Advocate*［1963］AC 837）。关乎有效原因分析的还有新介

〔1〕 译注：直接原因、近因（causa causans），指因果关系链的最后一环。参见薛波主编，潘汉典总审订：《元照英美法词典》，法律出版社2003年版，第203页。

入行为（*novus actus interveniens*），[1]意指打断被告不法行为与损害间因果联系的一个不同有效原因，得为原告或第三人的行为，亦得为自然事件：例如麦丘案［*McKew v Holland & Hannen & Cubitts*（*Scotland*）*Ltd*［1969］3 All ER 1621］和卡斯洛吉汽船公司案（*Carslogie Steamship Co Ltd v Royal Norwegian Government*［1952］AC 292）。

57. 其他法律过滤器包括①原告的促成过失，例如斯特普利案（*Stapley v Gypsum Mines Ltd*［1953］AC 663）。②原告减轻了自己的损失，通过减轻措施得到了任何金钱利益，或者得合理期待原告避免的损失而原告未能避免，例如西屋电工制造公司案（*British Westinghouse Electric and Manufacturing Co Ltd v Underground Electric Railways Co of London Ltd*［1912］AC 673）；科氏海运公司案［*Koch Marine Inc v D' Amica Societa di Navigatione ARL*（*The Elena D' Amico*）［1980］1 Lloyd's Rep 75］；金海峡公司案［*Golden Strait Corpn v Nippon Yusen Kubishika Kaisha*（*The Golden Victory*）［2007］2 AC 353］。③抗辩事由，比如经同意的行为非为不法（*volenti non fit injuria*），自担风险，即原告在充分知晓风险的情况下自由且自愿地同意承担该风险。

58. 依吾人意见，采纳这种分析路径，为在医疗过失赔偿案件中评估义务范围原则、“若非-则不”因果关系及损害可预见性的作用提供了有用框架。这个分析路径的成果有助于依据损害赔偿的原则决定原告有权请求赔偿的范围；依损害赔偿的原则，通过赔偿金，法律试图尽金钱之所能，置原告于若无被告过失行为原告本当处的状况。由利文斯通案（*Livingstone v Rawyards Coal Co*［1880］5 App Cas 25，39）和沃森案［*Watson Laidlaw & Co Ltd v Pott Cassels & Williamson* 1914 SC（HL）18，29］确定的该原则，并不是正确的分析起点，霍夫曼勋爵在南澳大利亚资产管理公司案中即指出此点：由考虑原告的诉讼理由开始分析更好一些（前文第 39 段）。如萨姆欣勋爵在休斯-霍兰案中解释的（休斯-霍兰案判决第 47 段），义务范围原则（前文第 36 段）是损害赔偿法的一般原则。该原则要求法院在决定被告损害赔偿责任范围的时候区分下面两者，一是被告作为或不作为的后果之为事实，二是被告义务违反

---

〔1〕 译注：新介入的行为（novus actus interveniens），在确定某人对其行为所负责任时，倘其行为与损害结果之间的因果关系链因第三人行为、客观事件或受害人行为的介入而中断，则该人对该损害不负责，除非该损害是其行为的可预见后果。参见薛波主编，潘汉典总审订：《元照英美法词典》，法律出版社 2003 年版，第 985 页。

在法律上相关的后果（legally relevant consequences of the defendant's *breach of duty*）。被告作为或不作为事实上可能造成一些后果，由于并未落在被告义务范围内，故不产生过失侵权法上的责任（前文第 45 段）。

59. 巴罗斯勋爵在同意判决中发表意见说，吾人上面提出的分析进路在某些方面是新颖的。[1]吾人以为，该新颖性仅限于将南澳大利亚资产管理公司案强调的义务范围原则以合乎原则的方法纳入过失侵权传统分析路径。虽表敬意，但吾人对巴罗斯勋爵的判决有两点不敢苟同。第一点是巴罗斯勋爵对政策的强调。虽说政策决定或许影响了义务范围原则的延伸适用，将之适用于损失的计量，但现在既定的原则是，适用于或者不适用于哪些领域取决于诸如适用该原则是否公平并合理这样的政策判断。在（以及自）南澳大利亚资产管理公司案中发展起来的义务范围原则，是关于被告注意义务这个更大问题的一部分。第二，巴罗斯勋爵在判决第 79 段提出的方案假定，在第一和第二个分析步骤，不用决定对过失侵权成立来说必要的损害，就可以讨论注意义务及义务违反。吾人倾向于将义务范围原则锚定于被告的注意义务问题，并如实际上做的那样承认（前文第 41 段），在很多案件中，在被告至少对部分损害有过失已获证明之后，法院要将义务范围原则适用于对原告所受损失的计量，必须考察义务关联问题。

60. 在此背景下，吾人接着考虑哈弗斯先生对上诉法院判决的批评。

61. 本质上，哈弗斯先生的陈词得归结为两点：［第一，］适用于南澳大利亚资产管理公司案的义务范围原则并不适用于医疗过失情形的赔偿请求；［第二，］倘若法院认为该原则得一般适用，那么应为医疗过失案件创设例外。这两点，都不能接受。

62. 第一，将医疗过失排除于义务范围原则适用领域之外，并无牢靠基础。将该原则局限于商业交易场合的纯粹经济损失，亦无牢靠基础。如已经指出的，萨姆欣勋爵在休斯-霍兰案中称，该原则是损害赔偿法的一般原则（休斯-霍兰案判决第 47 段）。故，请求赔偿的到底是因人身伤害而生的后果经济损失还是纯粹经济损失，于该原则的适用并无影响。但该区分对于适用该原则的后果可能有影响，盖在被告有义务避免造成人身伤害的案件中，人身伤害带来的经济损失一般都在义务范围内，倘未被第六个问题处讲到的法

---

[1] 译注：参见前文第 20 段，当指无先例可循（novel case）。

律过滤器排除，皆得请求赔偿。

63. 在很多（十有八九绝大多数）医疗过失案件中，适用义务范围原则得到的结论是，原告的损失类型或者损失的某部分处于被告义务范围内，法院不必处理南澳大利亚资产管理公司案的反事实因果分析事宜。外科医生操作手术有过失，造成患者人身伤害及后果经济损失，这两类损失一般都在被告注意义务范围内。换言之，既然承担了给患者手术的工作，对于术中未尽到技能和注意义务给患者造成的人身伤害以及由此产生的后果经济损失，即要负赔偿责任。类似地，全科医生过失开出错误药物，从而造成人身伤害或者未能防止本可防止的病情的发展，该人身伤害或病情以及后果经济损失一般都在被告义务范围之内。为妊娠最后阶段的母亲提供医疗服务有过失，结果可能是生下的孩子脑损伤，被告一般要为该伤害以及因照顾残疾孩子而生的额外费用负赔偿责任。在帕金森案和格鲁姆案中，医疗服务的目的在于防止任何孩子的出生，这两件案子里，母亲都不想再要孩子。在帕金森案中，医疗服务旨在防止怀孕，而在格鲁姆案中，医生要做的工作是确认母亲没怀孕（虽说刚做了绝育手术）。这两件案子，照顾残疾孩子的额外经济损失（不论残疾状况如何）落在被告责任范围内，这是由被告所承担之医疗服务的性质决定的。这两件案子都用不着南澳大利亚资产管理公司案的反事实因果分析。但两件案子都有必要考虑医疗执业人所提供之服务的性质，俾便确定法律令医疗执业人尽到合理注意义务要避免的是什么风险。这是义务范围问题。

64. 第二，伊普法官接受了梅多斯小姐的证词，称若是得到正确信息，当会接受胎儿检测，一旦发现阿德朱旺携带血友病基因，当已终止妊娠，故哈弗斯先生说若非被告的过失，阿德朱旺不会生下来，这个说法没错。但这个事实因果关系的结论回答不了有关被告义务范围的任何问题。

65. 第三，要解决被告所承担之注意义务的范围问题，是否能预见到孩子生下来同时患有血友病和另一种不相干疾病的可能性（这个不相干的疾病，如孤独症，是任何妊娠都有的风险），是切题的考虑。盖若是不可预见该可能性，就会妨碍认定被告对此等风险负有注意义务。但对不相干疾病的可预见性对注意义务范围问题并不具有决定意义。盖义务范围问题主要取决于被告允诺为原告提供之医疗服务的性质。这里要问，“被告所承担之医疗服务意图解决的风险是什么？”若是医疗执业人并未对妊娠的发展承担责任，只是允诺对妊娠中的特定风险提供信息或建议，那么可能发生在任何妊娠中的可预见的不相干疾病风险，一般而言，不会落在医生的注意义务范围之内。可预见性当然还关乎法律过滤器，如损害间接性，一旦证实被告的注意义务超出妊娠中的特定风险，即生此问题。

66. 最后，伊普法官问自己，让被告为阿德朱旺全部的疾病相关费用在过失侵权法上承担责任，是否公平、公正及合理。但正如妮古拉·戴维斯法官指出的，本案并不涉及将过失侵权法适用于新领域从而有必要考察该问题的情况，[1]既定法律原则已提供了答案：*Robinson v Chief Constable of West Yorkshire Police*［2018］USKC 4，para. 27 per Lord Reed。

（四）适于用本案事实

67. 第一，照顾残疾孩子的经济损失自性质言显然是可诉损害。第二，要解答义务范围问题，便要考虑梅多斯小姐接受医疗服务的目的何在。梅多斯小姐去看全科门诊是为特定目的，想知道自己是否携带血友病基因。哈弗斯先生接受妮古拉·戴维斯法官在上诉法院判决（［2019］EWCA Civ 152）第27（i）段准确表述了就诊目的：

> “寻求咨询服务的目的，是为了让患者就自己怀上的任何孩子得为知情决定，这孩子后来发现携带血友病基因。”

在告知梅多斯小姐是否携带血友病基因时，卡恩医生负有义务以合理注意提供准确信息或建议。在这个场合，是否将被告的工作描述为提供信息或建议，无关紧要。重点是，被告的服务涉及特定风险，也就是生出罹患血友病的孩子的风险。

68. 第三，卡恩医生也承认，自己违反了合理注意义务。第四，就事实因果关系来讲，梅多斯小姐失去了终止妊娠的机会，正是这次妊娠得到的孩子同时患有血友病和孤独症。是以卡恩医生的错误与阿德朱旺的出生之间有因果联系。但这无关卡恩医生义务的范围。第五，在本案中，对义务范围问题的回答指向对义务关联问题直截了当的回答：就可能发生于任何妊娠中的不相干风险，法律并未让卡恩医生承担任何义务。由是可知，卡恩医生负有赔偿义务的，仅限于血友病造成的那部分费用。亦得以南澳大利亚资产管理公

[1] 译注：参见前文第20段，并非无先例可循的案件（novel case）。

司案的反事实因果分析方法为工具，问：倘若卡恩医生的信息是正确的，梅多斯小姐并非血友病基因的携带者，那么结果会是怎样的？毫无争议的答案是，阿德朱旺生下来即患孤独症。第六，考虑到卡恩医生提供服务的目的，也不存在损害过于遥远、其他有效原因或者损失减轻的问题，法律令被告为患血友病孩子的出生可预见的后果承担责任，尤其是抚养血友病孩子增加的费用。

（五）结论

69. 吾人驳回上诉。

巴罗斯勋爵

（一）小引

70. 捧读霍奇勋爵和塞尔斯勋爵的联合判决，我获益匪浅。我赞成两位法官驳回上诉的判决，但本案及一并处理的曼彻斯特建筑协会案给了本院新的机会，以解释南澳大利亚资产管理公司案设定之原则如何运行。是以，本件判决以我自己的语言来阐述如何理解南澳大利亚资产管理公司案，尤其是如何适用于本案清楚的事实。本件判决与我对曼彻斯特建筑协会案的判决当然立场保持一致，两件判决得并读。

71. 我要强调我在曼彻斯特建筑协会案中提出的下面五点：

（1）在适用南澳大利亚资产管理公司案立场的几乎所有案例中，案情都涉及被告为原告提供信息或建议这样的专业服务。就本案及曼彻斯特建筑协会案的案情来说，不必考虑南澳大利亚资产管理公司案的立场于该类型案情之外是否适用，以及若是，如何适用的问题。在眼前的案情下，可以这么说，南澳大利亚资产管理公司案原则（*SAAMCO* principle，亦称“义务范围原则”）意图解决的问题是，有事实因果关系的损失是否落在专业人员对原告所负注意义务范围之内。

（2）一般认为，南澳大利亚资产管理公司案原则是为可赔偿损失设定限制，不同于间接性及法律因果关系（亦可称介入原因）这些限制措施，[1]当

〔1〕 译注：介入原因（intervening cause），介于最初的过失行为与损害之间，改变了侵权行为因果关系的独立原因。可以是受害者的行为、第三人的行为或自然力。可能减轻最初侵害人的责任，也可能取代最初侵害人的责任。参见薛波主编，潘汉典总审订：《元照英美法词典》，法律出版社 2003 年版，第 724 页。

然，是否如此，或取决于你认可何者决定间接性及法律因果关系。

（3）专业人员的注意义务范围是法律问题，格外重视提供建议或信息的目的，背后的政策是在当事人之间公平、合理地分配损失风险。

（4）在决定义务范围的工作中，反事实分析检测标准（counterfactual test）得用作灵活的核实机制（cross-check）。适用反事实分析检测标准要问的是，倘提供的信息或建议正确，原告还会遭受同样的损失吗？倘答案为“是”，义务范围即不延伸及于赔偿该损失。倘答案为“否”，义务范围即会延伸及于赔偿该损失。

（5）虽说霍夫曼勋爵在南澳大利亚资产管理公司案中将反事实分析检测标准的适用情形限制于信息案件，不适用于建议，〔1〕但现在已经很清楚，该区分并不可取。虽说并不容易想到一个合适的简洁替代术语，但可以这么概括，提供的建议或信息越少（limited，在原告要决定的越多这个意义上），反事实分析检测标准可能越合适。〔2〕

72. 南澳大利亚资产管理公司案原则既然适用于其他专业人员提供的建议或信息，为何就不能适用于医生向患者提供信息或建议的案件呢，这［反对立场］并无充足理由。霍夫曼勋爵在南澳大利亚资产管理公司案中那个著名的登山者设例，就涉及医生向患者提供信息有过失。代表原告/上诉人的哈弗斯先生主张，南澳大利亚资产管理公司案原则不适用于医生过失案件，这个主张不能接受。要解决的问题是，该原则如何适用于本案事实，而非是否适用于本案。

（二）适用于本案事实之法律若干无争议的侧面

73. 感谢霍奇法官和塞尔斯法官在判决第3段到第20段对本案事实的概述以及稍后的决定。适用于本案事实的法律有很多侧面是没有争议的，当事人间并无分歧。包括：

（1）被告卡恩医生就原告梅多斯是否携带血友病基因事宜向之提供咨询服务，为此在过失侵权法上负有注意义务。

（2）被告让原告相信自己并非血友病基因携带者，违反了注意义务（即有过失）。原告接受的血检结果正常，这个信息无误。但该检测只确认原告自

〔1〕译注：参见本判决第51段。

〔2〕译注：大概是说，就更容易发挥赔偿限制功能。

己并非血友病人。血友病基因会遗传给孩子，为查明原告是否携带该基因，应将原告转给专科医生做基因检测。被告并未告知原告需要接受基因检测，从而使原告误以为血检结果即表明其并未携带血友病基因，被告于此有过失。

（3）事实因果关系成立。被告承认，“若非”其过失，原告在妊娠期间就会发现胎儿罹患血友病，继而会终止妊娠，阿德朱旺也就不会出生：参见妮古拉·戴维斯法官的上诉法院判决（［2019］EWCA Civ 152）。

（4）依向来所谓“错误出生”案件已确立的判例法立场，尤其是帕金森案，如里斯诉达林顿纪念医院案所确认的（*Rees v Darlington Memorial Hospital NHS Trust*［2004］1 AC 309），原告有权请求赔偿孩子“残疾”带来的额外抚养费用。麦案将之定性为赔偿纯粹经济损失，但很难看出来有什么重要的事情依靠这个定性（相对于将损失看作“人身伤害”的后果经济损失），盖毫无疑问，医生对其患者就该类型损失负有注意义务。跟判例法立场一致，本案亦认可原告得请求赔偿归咎于血友病的额外抚养费用（双方认可，该损害的赔偿金额为140万英镑）。

74. 从这些无争议的法律侧面可知，本件上诉案唯一争点在于，在血友病之外，就可归咎于孤独症的额外抚养费用，原告得否请求赔偿。我称之为“孤独症损失（autism losses）”，虽说不太精确。双方认可，这些费用的金额为760万英镑（跟两种疾病相关的额外抚养费用为900万英镑，仅跟血友病相关的额外抚养费用为140万英镑）。

75. 要补充三点。第一，血友病不会增加孩子得孤独症的风险。第二，适用“间接性”传统进路，着眼于义务违反时对发生可能性很小的损失类型的合理可预见性［see，e. g.，*Overseas Tankship（UK）Ltd v Morts Dock and Engineering Co Ltd*（*The Wagon Mound*）［1961］AC 388；*Hughes v Lord Advocate*［1963］AC 837；*Overseas Tankship（UK）Ltd v Miller Steamship Co Ltd*（*The Wagon Mound*（*No* 2））［1967］1 AC 617］，[1]生下患孤独症的孩子，并不算太遥远（too remote）。正如妮古拉·戴维斯法官在上诉法院判决（［2019］EWCA Civ 152）第16段所讲的，上诉人［梅多斯小姐］接受：

---

〔1〕译注：原文为“focusing on the reasonable foreseeability at the time of breach of the type of loss as a slight possibility”。

“可以合理预见，被告违反义务的后果是，在妊娠本会终止的情况下，原告产下孩子……任何这样的孩子都可能患上诸如孤独症这样的疾病。”

第三，代表被告/被上诉人的西蒙·马斯克里先生并未表达过法律因果关系不成立的意思，也就是说，并没有认为介入事件或介入行为打断了因果链条。

76. 由这些无争议的法律侧面以及上面补充的三点可知，本案要解决的问题是，适用南澳大利亚资产管理公司案原则，是否得请求赔偿孤独症损失。

（三）南澳大利亚资产管理公司案原则适用于本案事实

77. 在我看来，跟霍奇勋爵和塞尔斯勋爵意见一致，孤独症损失落在被告注意义务范围之外，依南澳大利亚资产管理公司案的立场，不得请求赔偿。试阐述理由如下：

（1）［原告寻求］建议或信息的目的最为重要。如被告知道或者应该知道的，原告造访全科诊所是出于特定目的，即确认自己是否携带血友病基因，以及对将来怀孕有何影响。［寻求］建议或信息的目的并非探查妊娠的一般风险，包括孤独症风险。正如妮古拉·戴维斯法官在上诉法院判决（［2019］EWCA Civ 152）第27段所说：

“寻求咨询服务的目的，是让患者就自己怀上的任何孩子得为知情决定，这孩子后来发现携带血友病基因。考虑到母亲咨询的事项很具体，也就是将来自己的孩子是否会携带血友病基因，在这样的咨询过程中，医生就没有必要向寻求特定信息的患者主动告知有关妊娠其他风险的任何信息，包括孩子可能得孤独症的风险，这样做也不恰当。”

（2）据该目的，公平且合理的风险分配是，孩子生下来患血友病的风险应分配医生，生下来患孤独症的风险应分配给母亲。跟任何考虑妊娠的母亲一样，如妮古拉·戴维斯法官在［上诉法院］判决第27段所说，原告承担了“不管是关乎自己还是涉及孩子，妊娠和分娩的一切其他［即无关血友病的］潜在困难的风险”。

（3）将南澳大利亚资产管理公司案的反事实分析检测标准用作核实机制，支持孤独症损失落在医生注意义务范围之外的决定。倘若问，要是信息/建议是正确的，原告是否还会遭受同样的损失，那么答案有二：就孤独症损失，答案为“是”（故注意义务范围不延伸及于赔偿孤独症损失），但就血友病损失，答案为“否”（故注意义务范围着实延伸及于赔偿血友病损失）。这是因为，假使原告并非血友病基因携带者的信息是正确的，原告仍会生下患孤独症的孩子，但不会生下患血友病的孩子。是以，适用反事实分析检测标准支持孤独症损失落在医生注意义务范围之外的观点。

（4）倘照准本件上诉，判令赔偿孤独症相关损失，那么假设孩子生下来患孤独症但没有血友病，就很难有理由否认，孤独症相关损失仍要赔偿。这是看起来更让人吃惊的结果，盖母亲关注的风险根本就没有实现。

（四）过失侵权的概念构造

78. 对两位法官表示敬意，但我并不认为在本案中或者在曼彻斯特建筑协会案中，倡导一条在我看来在某些方面颇为新颖的过失侵权法进路，如霍奇勋爵和塞尔斯勋爵创设的六问题模式，有何必要或者有何帮助。比如，该六问题模式并不以确认注意义务为起点，将南澳大利亚资产管理公司案原则理解为以“义务关联”为关注点，将促成过失与间接性看作并列的范畴。如我在前面第 73 段解释的，就被告负有注意义务、被告违反该义务以及事实因果关系，本案中并无争议。如第 75 段提到的，就损失过于遥远（在 *Wagon Mound* 案的意义上[1]），或者法律因果关系，也都没有什么争议。核心争点在于南澳大利亚资产管理公司案关于注意义务范围的原则。

79. 学术界向来有争论，过失侵权法的传统概念结构是否可以改进，尤其是，注意义务是否为并不必要的要件：例如参见 Donal Nolan，“Deconstructing the Duty of Care”（2013），129 *L. Q. R.* 559。但就本件判决来讲，我还是倾向于坚持相对传统的进路，即认为过失侵权包含 7 个主要问题。内容如下：

（1）被告对原告是否负有注意义务？（注意义务问题）

（2）是否违反注意义务？（义务违反，或者注意标准问题）

（3）损害或损失是否事实上由违反义务造成？（事实因果关系问题）

（4）损害或损失是否距义务违反过于遥远？（间接性问题）

（5）损害或损失是否在法律上由违反义务造成？（法律因果关系或者介入

〔1〕 译注：*The Wagon Mound no* 1［1961］AC 388。间接性标准（remoteness of damage）取代了直接后果标准（direct consequence test）。该标准意指原告所受损害是否属可预见的类型。倘损害属可预见类型，则被告对全部损害负赔偿责任，不管损害大小（extent of damage）是否可以预见。

原因问题)

(6) 损害或损失是否在注意义务范围内?(义务范围问题)

(7) 是否有任何抗辩?(抗辩问题)

80. 由于这个进路比较传统,我不认为有必要扩展判决的篇幅来解释每个问题。说明以下几点即可:注意义务概念控制着过失侵权法以及疑难领域(包括纯粹经济损失、精神疾病、不作为)的边界;不同于间接性,法律因果关系关注的是,是否有原告或第三人的介入行为或者自然事件打断了因果链条(从而义务违反不再是有效原因);南澳大利亚资产管理公司案关于损失是否落在注意义务范围内的原则,是第六个问题;抗辩机制包括促成过失(这是部分抗辩)、自担风险、不法性以及诉讼时效。第四到第六个问题紧密相关,都涉及对事实上造成的损失在赔偿上的限制:虽说一般被看作彼此不同,适用这三个限制中多于一个限制(考虑这些问题的顺序主要看怎么方便,取决于案情),可以得到同样结果。我还要补充,霍奇勋爵和塞尔斯勋爵所说的第一个问题,通常说法是"最低可诉损害(minimum actionable damage)"[see Jane Stapleton, "The Gist of Negligence" (1988), 104 *L. Q. R.* 213],在我看来,得方便处理为注意义务考察(我的第一个问题)下的子问题。

81. 在本案及曼彻斯特建筑协会案中,法院关注的是我的第六个问题,事实上造成的损失是否落入注意义务范围内(该案不同于本案,还涉及违反契约义务的竞合赔偿请求,在契约责任中也产生同样问题)。

(五) 结论

82. 基于以上理由,本质上(第77段)跟霍奇勋爵和塞尔斯勋爵给出的理由立场一致(但在对过失侵权的概念分析上并不在所有方面一致),我同意本件上诉应予驳回。

莱格特法官

83. 我同意霍奇勋爵和塞尔斯勋爵的意见,本件上诉应予驳回,大抵基于两位法官于处理案件事实时给出的理由。但两位法官对义务范围原则的分析至少表面上不同于我的理解,我愿解释我对该原则如何适用的理解。

84. 虽说义务范围原则并不总是很容易适用,本案却是如此。基于并无争议的事实,原告梅多斯小姐向被告卡恩医生的全科诊所寻求咨询服务,唯一目的是弄清楚自己是否携带血友病基因。这本身并不限制被告的义务范围，盖医生的义务有时会延伸及于患者就之并未寻求咨询服务的某些事项，医生认识到或者应该认识到这些事项给患者带来了实质风险。但在本案中，并未认定被告认识到或者本应该认识到某些事实，使得医生有义务向患者说明无关其是否携带血友病基因的其他任何事情。是以，被告的义务限于尽到注意就基因事宜向原告提供准确的建议。

85. 当事人并无争议，卡恩医生出于过失错误告知梅多斯小姐其并未携带血友病基因，事实上正相反。由于这个过失，原告后来怀孕并产下患血友病的孩子阿德朱旺。倘若安排了恰当的检测，并告知原告（如原告本应得知的）其确实携带血友病基因，原告在妊娠期间当会接受胎儿检测，在发现会生下患血友病的孩子后，应该会终止妊娠。

86. 当事人并无争议，倘出于过失的医疗咨询导致有残疾的孩子出生（如血友病），抚养残疾孩子的费用是原则上得请求赔偿的损失类型：帕金森案和里斯诉达林顿纪念医院案。当事人认可，依此立场，被告应赔偿原告跟孩子的血友病相关的抚养费用。当事人也认可，这笔赔偿金单独计算为 140 万英镑。

87. 双方当事人的争议生于以下事实，即阿德朱旺生下来不仅患有血友病，还患有孤独症。争点在于，原告得否请求赔偿跟孤独症相关的费用。并无疑义，倘原告有权请求赔偿该笔费用，初审法官判令赔偿 900 万英镑但遭上诉法院撤销的判决，即应予以恢复。

88. 共识是，倘被告尽到恰当注意，阿德朱旺本不会出生，原告也就不会承担抚养孤独症孩子的费用。同样得到认可的是，生下罹患疾病（比如孤独症）孩子的可能性是任何妊娠合理可预见的风险。由是可知，跟该疾病相关的费用是被告过失服务可预见的结果。

89. 但正如上议院在南澳大利亚资产管理公司案中确立，并得到多次重申，包括本院在休斯-霍兰案中重申的立场，倘专业人员的义务仅限于就关乎原告决策的特定事项提供咨询服务，出于过失提供了错误建议，并不需要对一切可预见的不利后果承担责任，而只对使得建议错误的内容造成的后果承担责任。这个原则通常表述为，专业咨询人员仅对落在其注意义务范围内的损失承担赔偿责任。我在曼彻斯特建筑协会案中详细考虑了这个原则的基本原理。

90. 义务范围原则同样适用于医疗执业人及其他提供专业咨询服务之人。如我在曼彻斯特建筑协会案判决第 85 段到第 89 段勾勒的，之所以要证明被告的建议内容与原告损失之间有因果联系，背后的基本原理是，倘某不利后果是接受咨询服务之人总会遭受的（哪怕建议内容正确），那么令专业咨询人员为该不利后果承担责任，即不能说公平和合理。这么做就是让在此事项上有过失的咨询人负起责任，保护原告不因不相干的彼事项遭受损害。没有充分理由在这个方面特别对待医生。

91. 将义务范围原则适用于本案事实，显然，原告决定是否想要怀孕，若怀孕（不管是否出于意愿），是否终止妊娠，是否携带血友病基因只是原告做任何选择时的一个相关因素。就是否要孩子的决定来说，还有很多其他因素相关（个人的、社会的、经济的以及医疗的因素），或者潜在相关。被告没有义务评估这些其他因素或为原告提供建议。故，原告因信赖被告的过失建议而做决定，被告并不为该决定一切可预见的不利后果承担责任，而只对被告出于过失表述错误从而建议有错误的事项导致的不利后果承担责任，也就是，原告携带血友病基因这个事实。

92. 并无争议，原告携带血友病基因的事实与孩子生下来即患血友病的事实之间有因果联系。是以，跟血友病相关的费用落在被告义务范围之内。

93. 上诉争点在于，原告携带血友病基因这个事实与阿德朱旺罹患孤独症之间是否也有因果关系。双方当事人都认同，孤独症并非血友病造成，也不会因血友病而增加孤独症的发病机会，这个问题也就有了定论。故，跟孤独症相关的费用不在被告注意义务范围之内。

94. 在曼彻斯特建筑协会案判决第 105 段到第 106 段，我讨论了在哪些情形下适用霍夫曼勋爵在南澳大利亚资产管理公司案中阐发的反事实因果分析方法可能会有助益，即询问，被告提供的建议或信息若是正确的，损失是否仍会发生。我还强调（曼彻斯特建筑协会案判决第 128 段到第 129 段），若是适用了反事实因果分析方法，那么相关问题并不是（如有时错误表述的），倘若被告提供了正确的建议，原告行事是否会有不同。相关问题是，倘若被告提供的建议在事实诚如其所述的意义上是正确的，那么原告因接受过失建议而采取的行动是否会造成同样损害。霍奇勋爵和塞尔斯勋爵在本案判决第 53 段表达了同样的观点。

95. 为了得到结论说阿德朱旺孤独症相关抚养费用跟被告建议的内容在因

果上并不相关，并没有必要适用反事实因果分析方法；但这样做也没什么困难。很显然，即便原告并未携带血友病基因的信息是正确的，其他一切情势不变，阿德朱旺还是会生下来即患孤独症。这可以解释让被告赔偿孤独症相关费用，何以并不公平和合理。

96. 霍奇勋爵和塞尔斯勋爵判决的大部分内容都用于讨论整个过失侵权法的概念结构。这些讨论触及学术界广泛争论的话题，远远超出本案及曼彻斯特建筑协会案提出的争点。我赞成巴罗斯勋爵的看法，这样的工作既不必要，也不可取。尤其是，这两件上诉案仅涉及专业人员提供建议有过失的责任。要确定此类案件中被告的义务范围，要看关乎原告要做的决定而被告已承担责任来评估和提供建议的事项是什么。这些事项的范围得以明示协议来界定，倘无明示协议，得从医生或其他专业人员依通常对该职业的理解所扮演的角色（在涉及审计人员的场合，依法律规定的角色），以及专业建议的客观目的（如我在曼彻斯特建筑协会案判决第160段讨论的，该客观目的并不必然吻合原告寻求咨询服务的目的）中推知。类似考虑是否适用于其他场合，如霍奇勋爵和塞尔斯勋爵判决第47段举的两个例子，过失驾驶和手术，以及在多大程度上适用，并不是这两件上诉案要解决的问题，也并未就此听取论辩。

97. 在提供建议有过失而承担专业责任的场合，我不太清楚，我对正确分析进路的解释与霍奇勋爵和塞尔斯勋爵的解释有何实质不同。我与两位法官的共识是，决定原告的“基本损失（basic loss）”是否（或者在多大程度上）在被告注意义务范围内，这是永远有必要的工作。霍奇勋爵和塞尔斯勋爵称此为“义务关联问题”，将之表述为，损失与被告义务的内容之间是否有充分关联。依我的理解，“关联（nexus）”就是我所称因果联系（causal connection）的另一个术语，因果联系术语或许更为乏味一些。我赞成霍奇勋爵和塞尔斯勋爵的意见，在有些案情下，原告的损失显然完全落在被告的义务范围之外。还有些案件，南澳大利亚资产管理公司案不恰当地称之为涉及给予“建议”而非“信息”的案件，被告的义务涵盖满足其他要件（如可预见性）的一切损失。这两类案件，损失是否或者在多大程度上系由被告责任领域内的事项造成（被告出于过失提供了错误信息或者未提供信息），不再需要更多或者更细致的分析。

98. 本案需要一些分析，但如我在开头说到的，很容易理解。卡恩医生所提供之建议的内容限于梅多斯小姐是否携带血友病基因，从而只有跟该内容有因果联系（或者更愿意用术语，就是充分关联）的损失落在被告义务的范围内。基于并无争议的事实，由（医生出于过失未发现或未报告）原告携带血友病基因这个事实造成的损失，正是跟孩子所罹患之血友病相关的损失，并不包括仅跟孤独症相关的费用，该费用在因果关系上不相干。故上诉必须驳回。